KiWi 400

Über das Buch
Michael Schneiders große Studie »Das Ende eines Jahrhundertmythos. Eine Bilanz des Staatssozialismus« hat heute, drei Jahre nach ihrem ersten Erscheinen, nichts an Aktualität verloren. Die Frage, die sich Schneiders »Bilanz des Staatssozialismus« stellt, ist, ob 1989 mit dem Zusammenbruch der Ostblockstaaten der Sozialismus zu Grabe getragen wurde und damit für alle Zeiten als Utopie und Ethik verabschiedet werden konnte oder ob nicht etwas ganz anderes beerdigt worden ist, was gar nicht das war, das es zu sein vorgab.

Dann müßte die Frage lauten, warum mehrere Generationen von Kommunisten und linken Intellektuellen den Staatssozialismus in den Ostblockstaaten gegenüber den hochentwickelten kapitalistischen Industrienationen als Fortschritt und höhere Zivilisationsstufe begreifen konnten. Wie war es möglich, daß ein System, dessen vorherrschende Charakteristika Zentralverwaltungswirtschaft, Einparteienherrschaft, Allmacht der Sicherheitsapparate und Zensur waren, überhaupt so lange mit dem Sozialismus verwechselt werden konnte?

Schneider weist als Kenner der sowjetischen Geschichte und ihrer zentralen Mythen nach, daß die Oktoberrevolution nicht den »weltgeschichtlichen Übergang vom Kapitalismus in den Sozialismus« einleitete, weil es im Rußland des Zaren den Kapitalismus nie gegeben hat. Das stalinistische Regime interpretiert er als Rückfall in die »allgemeine Staatssklaverei«, als »asiatische Variante« des rohen Kommunismus, den Marx selbst als die schlechte Negation des Privateigentums bezeichnet hat. Schneiders Werk kann auch dazu dienen, selbst noch die derzeitige komplizierte, teilweise desolate Situation in Rußland adäquat zu verstehen.

Gleichzeitig mit einer luziden Aufarbeitung der zusammengebrochenen realsozialistischen Despotien ist Schneiders Buch auch eine Warnung vor den Gefahren eines weltweit gewordenen Kapitalismus. Die »freie Marktwirtschaft« verschärft gerade die Probleme, die sie zu kurieren vorgibt, Welthunger und Weltflüchtlingsbewegung, ökologische Krise und strukturelle Massenarbeitslosigkeit. Nur mit einer radikalen Wende in den Nord-Süd-Beziehungen, einer neuen Weltwirtschaftsordnung und dem Primat der Ökologie vor der Ökonomie kann der Kapitalismus die größte Herausforderung seiner Geschichte bestehen.

»Michael Schneider zieht eine illusionslose Bilanz, wobei er zunächst noch einmal die Anfänge rekonstruiert . . . Seine ›Bilanz des Sozialismus‹ verklärt nichts und ist nicht halbherzig, sondern ebenso weitgespannt wie anregend.«
Stephan Reinhardt in der »Süddeutschen Zeitung«

»Das Ende eines Jahrhundertmythos, nicht das Ende der Geschichte: Michael Schneiders Buch ist in vielem das genaue Gegenstück zu dem des Amerikaners Francis Fukuyama . . . Es kann dazu beitragen, jenes Klima geistiger Aufgeschlossenheit zu schaffen, das wir so dringend brauchen, um aus der gegenwärtigen Situation herauszufinden.«
Johanno Strasser im »Westdeutschen Rundfunk«

Der Autor
Michael Schneider wurde 1943 in Königsberg geboren, studierte Naturwissenschaften, anschließend Philosophie, Sozial- und Religionswissenschaft. 1974 Promotion über Marx und Freud. Lektor, Journalist, Schauspieldramaturg, Professor an der Filmakademie Baden-Württemberg, Mitglied des PEN-Clubs und des Magischen Zirkels.

Weitere Titel bei k&w
Nur tote Fische schwimmen mit dem Strom, Essays, Aphorismen und Polemiken, 1984. *Die Wiedergutmachung oder wie man einen verlorenen Krieg gewinnt,* 1985. *Die Traumfalle,* Künstlernovellen, 1987. *Das Spiegelkabinett,* Novelle, KiWi 373, 1995.

Michael Schneider

DAS ENDE EINES JAHRHUNDERT-MYTHOS

Eine Bilanz des Staatssozialismus

KIEPENHEUER & WITSCH

1. Auflage 1996

© 1992, 1996 by Verlag Kiepenheuer & Witsch, Köln
Alle Rechte vorbehalten. Kein Teil des Werkes darf in irgendeiner Form
(durch Fotografie, Mikrofilm oder ein anderes Verfahren) ohne
schriftliche Genehmigung des Verlages reproduziert
oder unter Verwendung elektronischer Systeme verarbeitet,
vervielfältigt oder verbreitet werden.
Umschlaggestaltung Manfred Schulz, Köln
Gesetzt aus der Berthold Garamond Stempel
bei Kalle Giese Grafik, Overath
Druck und Bindearbeiten Clausen & Bosse, Leck
ISBN 3-462-02500-7

Die Menschen machen ihre eigene Geschichte, aber sie machen sie nicht aus freien Stücken, nicht unter selbstgewählten, sondern unmittelbar vorgefundenen, gegebenen und überlieferten Umständen. Die Tradition aller toten Geschlechter lastet wie ein Alp auf dem Gehirne der Lebenden. Und wenn sie eben damit beschäftigt scheinen, sich und die Dinge umzuwälzen, noch nicht Dagewesenes zu schaffen, gerade in solchen Epochen revolutionärer Krise beschwören sie ängstlich die Geister der Vergangenheit zu ihrem Dienste herauf, entlehnen ihnen Namen, Schlachtparole, Kostüm, um in dieser altehrwürdigen Verkleidung und mit dieser erborgten Sprache die neue Weltgeschichtsszene aufzuführen.

  Karl Marx in *Der achtzehnte Brumaire des Louis Bonaparte*

»Im Moment hat man sich darauf geeinigt zu sagen, daß der Kommunismus gescheitert ist, aber man kann auch sagen, daß der Kommunismus sein politisch-ideologisches Kostüm abgeworfen hat und jetzt nackt auftritt in Gestalt der Asylanten. Das Problem: Armut und Reichtum . . . Die zweite Welt ist implodiert, verschwindet, also ist die erste Welt – Europa, USA, Japan – direkt mit der dritten konfrontiert. Das ist, was passiert ist . . . Der Golfkrieg war in gewisser Weise der Beginn des Dritten Weltkrieges, Auftakt für einen Krieg, der an verschiedenen Punkten der Welt immer wieder stattfinden wird . . . Der Kapitalismus (hat) keine Alternative mehr, keinen Feind außer sich selber. Und das verspricht eine interessante Entwicklung. Im Zusammenhang mit Armut und Elend in vielen Teilen der Welt, mit der Bevölkerungsexplosion, mit den ökologischen Katastrophen. Da braucht man sich auch um Utopien keine Sorgen zu machen, höchstens um Apokalypsen . . .«

  Heiner Müller, September 1991

INHALT

DIE SÄKULARE VERWECHSLUNG (Einleitung)   13

I. KARL MARX, KIND SEINER ZEIT UND IHR DOCH UM EIN JAHRHUNDERT VORAUS   19

1. Die falsche Leiche bestattet   21
2. Das Proletariat als weltlicher Heiland   27
3. Die Bourgeoisie schafft sich eine Welt nach ihrem Bilde   33
4. Welche geschichtlichen Entwicklungsfaktoren hat Marx falsch eingeschätzt?   38
5. Der imperiale Aufbruch der europäischen Großnationen und die Spaltung der Arbeiterbewegung   44
6. Die zweite industrielle Revolution und das Ende des produzentensouveränen Arbeiters   47
7. Das »allgemeine Gesetz der kapitalistischen Akkumulation« setzt sich im Weltmaßstab durch   50
8. Der exoterische und der esoterische Marx   55
9. Dogmatisierung und ideologische Funktionalisierung der Marxschen Lehren in der II. und III. Internationale   59

II. DER MYTHOS VON DER »GROSSEN SOZIALISTISCHEN OKTOKBERREVOLUTION«
W. I. Lenin, die »asiatische Erbschaft« und die heroische Selbsttäuschung der Bolschewiki   67

1. Streiflichter auf das »asiatische Erbe«   69
2. Die Ikone »Lenin« – ein stalinistisches Erzeugnis   83
3. Der »blinde Fleck« in Lenins Enwicklungskonzeption   88
4. Anknüpfung an den eschatologischen Urmarxismus von 1848   93
5. Die »halb-asiatische« Formationsgeschichte Rußlands   96
6. Lenins Illusion vom »russischen Kapitalismus«   101

7. Die bolschewistische Kaderpartei –
   ein Produkt der Rückständigkeit   105
8. Der Erste Weltkrieg und die Spaltung
   der revolutionären russischen Demokratie   110
9. Die Februarrevolution von 1917 und Lenins April-Thesen   115
10. Das historische Versagen der narodnikischen Bewegung
    und der Oktoberumsturz   120
11. Lenins Putsch gegen die »Konstituante« und
    der Einparteienstaat   128
12. Der bolschewistische Revolutionsmythos
    und die III. Internationale   133
13. Die historische Mitverantwortung des Westens
    an der sowjetrussischen Fehlentwicklung   140
14. Sieg im Bürgerkrieg und Niederlage der Sowjetdemokratie   146
15. Das Modell des Sowjetstaates: die Pariser Kommune
    und die deutsche Kriegswirtschaft   152
16. Exkurs: Etatismus und Staatssozialismus
    in der Tradition der europäischen Sozialdemokratie   159
17. Fraktionsverbot und die Niederschlagung
    des Kronstädter Aufstandes   161
18. Die »Neue Ökonomische Politik« als Zwickmühle   165
19. Nachholende Industrialisierung ohne Hilfe von außen
    und ohne kapitalistische Kultur der Arbeit   170
20. Lenins Alptraum und letzter Kampf   174
    Epilog   178

III. DSCHINGIS-KHAN MIT TELEFON (ALIAS STALIN) UND DIE WIEDERKEHR DES ASIATISCHEN DESPOTISMUS UNTER DER ROTEN FAHNE   181

1. Verzögerte Vergangenheitsbewältigung der westlichen Linken   183
2. Hat der Stalin-Terror die Idee des Sozialismus widerlegt?   186
3. Probleme der Totalitarismustheorie   188
4. Die ausgeschlagene Entwicklungsalternative
   Ende der zwanziger Jahre   193
5. Die Zwangskollektivierung und der Rückfall
   in die »allgemeine Staatssklaverei«   198

6. Der Mythos von der »sozialistischen Industrialisierung« 201
7. »Ursprüngliche Akkumulation« in Westeuropa und
   in Sowjetrußland 205
8. Die »Moskauer Prozesse« im Kontext der
   asiatischen Restauration 211
9. Der »Kommunist« Stalin: größter Kommunistenschlächter
   des Jahrhunderts 216
10. Die vierfache Abstützung des Stalin-Kultes 222
11. Die asiatische Variante des »rohen Kommunismus« 227
12. Ökonomische Entwicklungsdespotie und
    neuformierte asiatische Staatsordnung 233

IV. »GROSSER VATERLÄNDISCHER KRIEG« UND ANTIFASCHISTISCHER WIDERSTAND – MYTHOS UND WIRKLICHKEIT 239

1. Der deutsche Revanchismus und
   die sowjetische Festungsneurose 241
2. Der rote Zar stellt das russische Imperium wieder her 243
3. Der deutsche Überfall 1941 – die dritte säkulare Katastrophe
   für die sowjetischen Völker 246
4. Mehr Kollaboration als Widerstand in der
   europäischen Völkerfamilie 251
5. Die Sowjetunion des Archipel Gulag und die Kollaboration
   mit den deutschen Besatzern 257

V. DIE HINTERLASSENSCHAFT DER STALIN-ÄRA UND DAS VERSAGEN IN DER SYSTEMKONKURRENZ 265

1. Unlösbare Widersprüche des administrativen Plan-
   und Leitungssystems 267
2. Die Zersetzung des menschlichen Faktors 271
3. Extensive Akkumulation und ökologische Verwüstung 274
4. Die ständige Überforderung durch den
   technologischen und den Rüstungswettlauf 279

VI. DER GROSSE UMBRUCH (1989-91) 285

1. Die Durchsetzung der »civil society« 287
2. Der friedliche Systemwechsel 291
3. Besonderheiten der osteuropäischen Emanzipationsprozesse 293
4. Der Import der kapitalistischen Produktionsweise 300
5. Rückkehr nach Europa oder neue Balkanisierung 308

VII. VOM FLUCH DER RÜCKSTÄNDIGKEIT UND DEM HOCHMUT DES WESTENS 313

1. Ausbruchsversuche aus Armut und Rückständigkeit, »Sozialismus« genannt 315
2. Der westliche Eurozentrismus ist ein schlechter Richter 319
3. Staat und Revolution in rückständigen Ländern 324

VIII. WIE IM WESTEN ALSO AUCH AUF ERDEN?
Warum das »siegreiche« westlich-kapitalistische Modell kein Modell für die ganze Welt sein kann 329

1. Die »Marktwirtschaft« – der neue Heilsbegriff 331
2. »Short profitting«, Deregulierung und der Niedergang der USA 337
3. Das »Erfolgsmodell BRD« und seine verschwiegene Kehrseite 342
4. Prosperität auf Pump und die Krisenanfälligkeit des internationalen Finanzsystems 346
5. »Freier Markt« im Trikont – ein Piratenschiff 353
6. Östliche Wohlstandsillusionen und die soziale Spaltung Europas 362
7. Primat der Ökologie oder Generalstreik der Natur 370
8. Neue Weltwirtschaftsordnung oder neue Völkerwanderung 377
9. Verkürzung und Umverteilung der Arbeit oder duale Gesellschaft 385
10. Ein neuer / alter Sozialismusbegriff 393
    Zitatnachweis 404

DIE SÄKULARE VERWECHSLUNG (Einleitung)

1989, im zweihundertsten Jahr der Französischen Revolution, haben die osteuropäischen Völker ein Jahrhundert abgewählt. So wie das feudalabsolutistische 18. Jahrhundert schon im Jahre 1789, mit dem Ausbruch der »Grande Révolution«, so ist auch das 20. Jahrhundert, das durch die Systemauseinandersetzung und den Ost-West-Konflikt geprägt war, »vorzeitig« zu Ende gegangen.Die osteuropäischen Kettenrevolutionen und die Umbrüche in der Sowjetunion markierten das Ende einer Epoche, die 1917 in Rußland ihren Anfang nahm. Die Sowjetunion,das letzte multinationale Imperium auf dem Kontinent, hat sich, nach dem gescheiterten Putsch der Junta vom 19. August 1991, wie eine Brausetablette in Wasser aufgelöst. Wo noch vor kurzem die Rote Fahne wehte,verkünden die (früher verbotenen) Flaggen in den jeweils eigenen Landesfarben die Souveränität der wiedererstandenen oder sich neu bildenden Nationalstaaten.

Nach den Stalin-Denkmälern werden nun auch die Statuen und Denkmäler Lenins geschleift und die nach Marx und Engels benannten Plätze,Straßen, Institute, Universitäten, Schulen etc. eilig umgetauft. Seit 1989 sind auch die kommunistischen Parteien des Westens in wilder Auflösung begriffen oder gehen den Weg der Sozialdemokratie. Das »Gespenst des Kommunismus«, das zu Zeiten von Marx und Engels »in Europa umging«, ist sang-und klanglos untergegangen. Die ihm nahestanden oder gar geglaubt haben, daß ihm die Zukunft gehöre, sind noch wie betäubt und reiben sich fassungslos die Augen. Wenn die Welt sich schneller als die Weltbilder ändert, wie soll man da auch nicht aus dem Lot geraten? »Was bleibt vom Sozialismus?« fragen sich nun all diejenigen, für die dieser Begriff nicht nur ein Weltbild konstituiert hat, das jetzt in Scherben liegt, sondern auch ein bestimmendes Element ihrer politischen Biographie und Arbeit gewesen ist.

Für die »Sieger« im Systemkampf und ihr multimediales Dienstpersonal ist die Antwort klar: Man kann den Sozialismus abschreiben. Zugleich mit den »real existierenden Sozialismen« haben sich auch Idee, Utopie, Ethik, Menschenbild und Programm des Sozialismus für alle Zeiten erledigt. Und die »Erfinder« dieses Programms und die Initiatoren dieser Bewegung, die »in die Irre führte« - so Ralf Dahrendorf in der *Zeit*[1] –, haben fortan ihren Platz im Museum der Geistes- und Sozialgeschichte, auch wenn ihnen edle und uneigennützige Motive durchaus nicht abgesprochen werden. Auch das »Jahrhundertwerk« von Marx und Engels (die Frühschriften und die Feuerbach-Thesen des Trierer Philosophen vielleicht ausgenommen) gehört, glaubt man der öffentlichen Meinung, auf den Müllplatz der Geschichte; denn es war die große »Irrlehre«, die Millionen Menschen auf einen geschichtlichen Irrweg geführt hat, die große Anstiftung zu jener säkularen Ausfahrt, die jetzt endgültig Schiffbruch erlitten hat.

Damit die En-gros-Bestattung der kommunistischen »Jahrhundertleiche« samt ihren ideologischen Rückständen, der ganzen marxistischen, marxistisch-leninistischen und sozialistischen Hinterlassenschaft, möglichst reibungslos über die Bühne gehen kann, müssen die Nachrufe so gestrickt sein, daß auch die große Gemeinschaft der Hinterbliebenen und Irregeführten vor allzuviel Pietät, gar vor nostalgischen Rückfällen bewahrt bleibt. Auch muß der bei solchen Anlässen gebotene Rückblick auf die Vita des Verschiedenen so beschaffen sein, daß keine offenen, keine die Nachwelt beunruhigenden Fragen zurückbleiben. Bei der Bilanzierung des gescheiterten Lebensweges des Dahingeschiedenen muß vor allem die Schuldfrage vollkommen klar und unmißverständlich beanwortet werden – nach dem Motto: »Der Sozialismus bzw. Kommunismus ist gescheitert, weil er von einer falschen Idee, von einer falschen Theorie, von einem falschen Menschenbild ausging. Kurzum: er ist an sich selber, an seiner eigenen marxistischen Ideologie gescheitert.«

Weitere Nachfragen an die Vita des offenkundigen Bankrotteurs sind derzeit kaum erwünscht. Sonst könnte sich ja womöglich herausstellen, daß dieser nicht nur an sich selbst, an seinen eigenen Illusionen und ideologischen Verblendungen, sondern auch an den miserablen Umständen und an den übermächtigen Gegenkräften gescheitert ist, die seine Entwicklung von Anfang an behindert haben. Es könnte sich herausstellen, daß er nicht zuletzt deshalb das »schwarze Schaf« der bürgerlichen Völkerfamilie geworden und auf die schiefe Bahn geraten ist, weil man ihm von Anfang an die Daumenschrauben angelegt und ihn mit allen Mitteln daran gehindert hat, das zu werden, was er ursprünglich werden wollte. Es könnte sich ferner herausstellen, daß er, um überhaupt so etwas wie ein Selbstbewußtsein zu gewinnen und vor der

Welt etwas darzustellen, sich ständig selbst belogen und betrogen, sich falsche Titel und hochstaplerische Etiketten zugelegt hat. Ja, es könnte sich, zur großen Verwunderung und zum Erschrecken der Nachwelt, herausstellen, *daß der, den man da so beredt zu Grabe getragen hat, gar nicht der war, der er zu sein vorgab und für den man ihn gehalten hat*. Die eigentliche Frage, die die Epochenwende von 1989 aufgeworfen hat, ist nämlich gar nicht die, welche jetzt in aller Munde ist: warum »der« Sozialismus gescheitert ist. Die Frage müßte vielmehr lauten: warum mehrere Generationen von Kommunisten und linken Intellektuellen *den »Staatsozialismus« der rückständigen Regionen* – denn nur dort ist er ja zur Macht gelangt und jenes Modell entstanden, das nach 1945 auch den industriell und kulturell entwickelteren Ländern Osteuropas oktroyiert wurde – gegenüber den hochentwickelten kapitalistischen Industrienationen als Fortschritt und höhere Zivilisationsstufe begreifen konnten. Wie war es möglich, daß ein System, dessen vorherrschende Charakteristika Zentralverwaltungswirtschaft, Einparteienherrschaft, Allmacht der Sicherheitsapparate und Zensur waren, überhaupt so lange mit »Sozialismus« verwechselt werden konnte?

Eine nachträgliche Exhumierung und Bergung der »Jahrhundertleiche« scheint also dringend geboten, um ihre wirkliche Identität festzustellen sowie eine Analyse des geschichtlichen Werdegangs, der Bruchstellen und Zwangslagen, die die schwierige Biographie des Bankrotteurs bestimmt und verbogen haben und mitursächlich für sein Scheitern waren.

Von einem Nachruf unterscheidet sich eine Biographie, die den Namen verdient, vor allem durch zweierlei: erstens durch das Bemühen, den wirklichen, den *Orginal-Text* der fraglichen (Lebens-)Geschichte zu rekonstruieren und unter dem Wust von Legenden und Mystifikationen, die über den Toten in Umlauf sind (bzw. die dieser selbst in die Welt gesetzt hat) wieder hervorzuholen. Und zweitens durch das Bemühen, den *geschichtlichen Kontext* herauszuarbeiten, in den diese Biographie eingebettet war. Dies bedeutet in unserem Falle (da wir es mit der Biographie eines Kollektiv-Subjektes zu tun haben), die zentralen Mythologien der Sowjetgeschichte zu durchleuchten, damit ihre wirkliche Geschichte wieder zum Vorschein kommt, und zugleich die geschichtlichen Bedingungen und Umstände, die die Akteure vorfanden, sowie den Horizont *ihrer* Zeit auszuleuchten, der ihr Denken, Handeln

und Fehlhandeln bestimmt hat. Denn es ist billig, eine geschichtliche Epoche und ihre Akteure an den politischen und moralischen Normen der Gegenwart zu messen. So wird man ihr und ihnen nicht gerecht.
Es ist charakteristisch für das Zeitalter der elektronischen Medien, insbesondere für das Medium Fernsehen, daß es Geschichte erstens auf Tagesgeschehnisse reduziert und zweitens nur noch in Bruchstücken und gut verkäuflichen Bildern an sein Publikum bringt. So aber wird gerade das verhindert, was das wirkliche Verständnis von Geschichte ausmacht: *nämlich die einzelnen Informationen und Geschehnisse in ihrem geschichtlichen Kontext zu lesen.* »Wir ... wissen anscheinend alles über die letzten vierundzwanzig Stunden, aber sehr wenig über die letzten sechs Jahrhunderte oder die letzten sechzig Jahre ... Unter der Vorherrschaft von Medien, die ihrer Struktur nach so angelegt sind, Bilder und Bruchstücke zu liefern, ist uns der Zugang zu einer historischen Perspektive versperrt. Wo es keine Kontinuität und keinen Kontext gibt, können Bruchteile von Informationen nicht zu einem verständigen und konsistenten Ganzen führen. Wir weigern uns nicht, uns zu erinnern ... wir werden unfähig gemacht, uns zu erinnern«, schreibt der amerikanische Medienanalytiker Neil Postman.[2]
Das parzellierte, um den Kontext gebrachte Zeitbewußtsein neigt dazu, über geschichtliche Ereignisse und ganze Epochen ebenso rasch ein Urteil zu fällen, wie es mit Bildern und Bruchstücken von Geschichte bombardiert wird. So triumphiert, da wirkliche Urteilsbildung verhindert wird, das medien- und öffentlichkeitswirksame Vor-Urteil, das eine komplexe Geschichte auf ein griffiges Kürzel bringt, z. B. auf dieses: »Durch ihren Putsch von 1917 schufen die Bolschewiki die Sowjetunion. Mit ihrem Putsch vom 19. August haben sie sich selbst und die Sowjetunion wieder ausgelöscht. Die russischen Kommunisten verschwanden aus der Geschichte, wie sie 1903 in sie eingetreten waren – als Obskuranten und Konspiranten.« So der Sowjetunion-Korrespondent der *Zeit* Christian Schmidt-Häuer![3]
Entgegen dem »Zeitgeist«, der Geschichte und ihre Akteure im Schnellverfahren aburteilt, will dieses Buch helfen, den Zugang zu einer *historischen Perspektive der Hammer & Sichel-Epoche* zu eröffnen. Von ihrem unvermutet plötzlichen Ende und Abbruch her muß auch ihr Beginn neu gesichtet und neu bewertet werden; dies gilt insbesondere für ihr initiales Ereignis: die Oktoberrevolution. Aber auch die

stalinistische Ära muß neu belichtet werden, denn ohne ein genaueres Verständnis jener terroristischen Epoche, die die reale Negation des Sozialismus verkörperte und seinen Begriff zutiefst diskreditiert hat, kann es auch keine Neuformulierung des sozialistischen Projektes geben.
Was aber kommt nach dem Zusammenbruch des sowjetischen Imperiums? Und nach dem Ende der Vollbeschäftigungshoffnungen der sozialdemokratischen Wohlfahrtsstaaten? Das zwanzigste Jahrhundert war vielleicht das Jahrhundert der »Illusionen des Fortschritts« (Georges Sorel) par excellence. Doch die Fragen des neunzehnten und des einundzwanzigsten Jahrhunderts – Welthunger und ökologische Krise – bleiben für die Mehrheit der Menschen jenseits der Ersten Welt noch ohne Antwort. Der »Realsozialismus« war ein Versuch, die soziale Frage zu lösen, die der Industriekapitalismus erzeugt hatte, zugleich ein Ausbruchsversuch aus der Rückständigkeit, die das Produkt einer ungleichzeitigen Entwicklung war. Dieser Versuch ist auf einer bestimmten geschichtlichen Stufe gescheitert. Und was nun? Sind Marx und Engels damit widerlegt?
Die von ihnen gestellte soziale Frage, die heute von der ökologischen Frage nicht mehr zu trennen ist, ist nicht gelöst, sie hat sich vielmehr verallgemeinert und stellt sich im Weltmaßstab dringlicher als jemals zuvor: Das vor Krieg und Hunger flüchtende und seiner natürlichen Lebensgrundlagen beraubte Proletariat des Südens steht jetzt vor den Toren der reichen Metropolen des Nordens und begehrt Einlaß bzw. Asyl: Wie wird der Norden, wie wird das reiche EG-Europa auf die Herausforderung dieser neuen Völkerwanderung reagieren? Gibt es überhaupt noch eine Lösungsmöglichkeit für die globalen Fragen? Ist der reiche Norden bereit oder überhaupt noch willens, die Ursachen der weltweiten Migrationsströme zu bekämpfen – was eine neue Weltwirtschaftsordnung, eine qualitativ neue Entwicklungspolitik und eine globale Umweltvorsorge voraussetzte –, oder werden die Europäer alles tun, um das »Palais Europa« dichtzumachen und statt der Ursachen der Migration die Migranten, die Elendsflüchtlinge selber zu bekämpfen? Gehen wir nach dem Ende des Ost-West-Konfliktes einer neuen Epoche von Kriegen entgegen, die der Norden gegen den Süden führt, wozu der Golfkrieg bereits das Vorspiel war? Werden wir von unseren Wohl-

standsfestungen aus zusehen, wie die Völker des Südens erbitterte Verteilungskriege um die letzten fruchtbaren Böden und intakten Biotope führen?

Nachdem der Osten sozusagen zum Westen geworden ist (oder zu sein scheint), glaubt der Westen, er könne einfach so weitermachen und weiterwirtschaften wie bisher. Die ökonomischen Sieger im kalten Kriege scheinen noch nicht begriffen zu haben, daß der jetzt erst global gewordene Kapitalismus vor der größten Herausforderung seiner Geschichte steht und daß er diese nicht wird bestehen können, wenn es nicht zu einer radikalen Wende in den Nord-Süd-Beziehungen kommt und der Primat der Ökologie über die Ökonomie durchgesetzt wird. Davon handelt der letzte Abschnitt dieses Buches.

September 1991

I. KARL MARX, KIND SEINER ZEIT UND IHR DOCH UM EIN JAHRHUNDERT VORAUS

»*Die Bourgeoisie reißt durch die rasche Verbesserung aller Produktionsinstrumente, durch die unendlich erleichterten Kommunikationen alle, auch die barbarischsten Nationen, in die Zivilisation. Die wohlfeilen Preise ihrer Waren sind die schwere Artillerie, mit der sie alle chinesischen Mauern in den Grund schießt, mit der sie den hartnäckigsten Fremdenhaß der Barbaren zur Kapitulation zwingt. Sie zwingt alle Nationen, die Produktionsweise der Bourgeoisie sich anzueignen, wenn sie nicht zugrunde gehen wollen; sie zwingt sie, die sog. Zivilisation bei sich selbst einzuführen, d. h. Bourgeois zu werden. Mit einem Wort, sie schafft sich eine Welt nach ihrem eigenen Bilde.*«
(Karl Marx/Friedrich Engels,
»Manifest der Kommunistischen Partei«)

1. Die falsche Leiche bestattet

Es gibt wohl in der neueren Geschichte kaum einen großen Denker, der einerseits von so vielen Menschen, Parteien, Fraktionen und sich »kommunistisch« nennenden Regimen des 20. Jahrhunderts als Prophet und Künder einer neuen Welt in Anspruch genommen und der andererseits so heftig bekämpft, diffamiert, verketzert und abgelehnt worden ist wie der Begründer des historischen und dialektischen Materialismus. Dennoch oder vielleicht gerade darum ist Karl Marx weithin ein Unbekannter geblieben – und zwar im Westen wie im Osten. Dort wurde er zur Gallionsfigur des »realen Sozialismus« erhoben, während gleichzeitig seine originären Lehren durch den offiziellen »Marxismus-Leninismus« bis zur Unkenntlichkeit entstellt und verschüttet wurden. Nirgends war Karl Marx zuletzt so tot wie in den Ländern, die ganze Städte, Institute, Universitäten, Plätze und Straßen nach ihm benannt haben. Wenn daher die ehemaligen Sachwalter des »realen Sozialismus« genauso wie deren Gegner so getan haben – und bis heute so tun –, als habe das Marxsche Denken erst in Fünfjahresplänen, Staatsmonopolwirtschaft, Einheitspartei und Staatssicherheit seinen wahren Ausdruck und praktischen Niederschlag gefunden, dann offenbart dies nur, wie sehr Marx seinen vermeintlichen Schülern wie seinen Gegnern ein Fremder und Unbekannter geblieben ist.
Im Westen dagegen wurde das Marxsche Werk in den Jahrzehnten des Kalten Krieges erst gar nicht zur Kenntnis genommen, es wurde einfach totgeschwiegen und aus dem offiziellen Wissenschaftsbetrieb ausgegrenzt; mit dem absurden Ergebnis, daß die öffentliche Meinung heute einen Denker für »widerlegt« hält, von dem sie außer ein paar schlichten Merksätzen wie »Das Sein bestimmt das Bewußtsein« kaum etwas weiß. Erst der »western marxism« der sechziger Jahre und die Studentenbewegung von 1968 entdeckten ihn wieder; doch wer sich damals ernsthaft mit Marx beschäftigte und mit seinen Erkenntnissen und Methoden in der Öffentlichkeit operierte, riskierte allemal seine bürgerliche Karriere.
Nun aber, nach dem Dahinscheiden des »Realsozialismus«, wird Karl Marx auch im Osten ingrimmig zu Grabe getragen. Vor allem die Ostdeutschen haben es sehr eilig, nach ihm benannte Städte, Universitäten, Straßen und Plätze wieder umzutaufen, als könnten sie so ihrer

Geschichte und den radikalen, noch immer aktuellen Fragen entfliehen, die der gründliche Denker aus Trier gestellt hat. Es zeugt von einer eigenartigen geistigen Provinzialität der Deutschen, daß sie sich noch heute, erst recht jetzt, nach dem Abriß der ehemaligen DDR, ihres großen Sohnes zu schämen scheinen, der wie kein anderer deutscher Philosoph, Sozialhistoriker und Revolutionär (Wirkungs-)Geschichte gemacht hat und dessen Nachruhm bis in die letzten Winkel dieses Globus vorgedrungen ist.

Erst jetzt, da sich die Qualmwolken über den ideologischen Schlachtfeldern des kalten Krieges verzogen haben, erst jetzt, da die Macht derer, die sich zu Unrecht auf Marx berufen haben, zerbrochen und ihren Gegnern das Feindbild genommen ist, könnte sie eigentlich erst beginnen: die vorurteilslose (Wieder-)Entdeckung von Marx, die Neuausgrabung und Sichtung eines säkularen Forschungswerkes, das bis heute nicht einmal vollständig ediert ist und das wirklich zu kennen nur ganz wenige Spezialisten von sich behaupten können. Doch gerade jetzt wird Karl Marx von denen unisono für »tot« erklärt, für die er der spiritus rector des abgetretenen Irrealsozialismus gewesen ist. Dabei ist die Behauptung, die »Irrlehre« des Sozialismus sei letztlich eine Erfindung von Marx und Engels gewesen, selbst blanke Ideologie, d. h. falsches Bewußtsein. Der Sozialismus als reale Bewegung wie als theoretisches (keineswegs einheitliches Gedankengebäude) war vielmehr die Antwort auf die soziale Frage, die der beginnende Industriekapitalismus selbst erzeugt hat. Marx und Engels waren die Theoretiker einer realen sozialen Bewegung, die längst vor ihnen da war und ihre Wurzeln in der europäischen Aufklärung und der Französischen Revolution, d. h. gerade in den republikanischen Freiheits- und Gleichheitsforderungen hatte, die auch zum entscheidenden Antrieb der osteuropäischen Emanzipationsbewegungen von 1989 geworden sind.

Bei der Suche nach den Ursachen für das plötzliche Verlöschen des »Realsozialismus« könnten die Hinterbliebenen und Geschädigten nirgendwo fündiger werden als in den jetzt eingestampften oder in den Tagebau gekippten blauen MEW-Bänden. Doch die meisten wollen ja gar nicht verstehen, warum und woran dieser gescheitert ist, sie wollen vielmehr, ohne lange zu fackeln, die »Schuldigen« und die geistigen Mittäter dingfest machen. Mit besonderem Eifer beteiligen sich nun gerade diejenigen am Denkmalssturz des Großen Unbekannten, die dem

»Marximus-Leninismus« jahrzehntelang als einem zeitlos gültigen, über jeden Zweifel erhabenen Denksystem und Dogma gehuldigt haben. Dabei hätten sie gerade von Marx lernen können, daß jede Theorie in ihrem historischen Entstehungs- und Bedingungszusammenhang, d. h. als Reflex und Ausdruck bestimmter gesellschaftlicher Verhältnisse, begriffen werden muß: so auch das kanonisierte Denksystem des »Marxismus-Leninismus«.

Und so werden Marx und Engels nachgerade zu den geistigen Begründern einer Tradition ernannt, deren Saat in den totalitär verfaßten Gesellschaften des ehemaligen Ostblocks und der Sowjetunion, im Stalinismus und im Stasinismus aufgegangen sei. Schließlich stamme ja der Begriff »Diktatur des Proletariats«, in dessen Namen die Kommunistischen Parteien ihre diktatorischen Regime errichteten, von den Begründern des »wissenschaftlichen Sozialismus« – so erklären uns die frisch bekehrten östlichen Demokraten nunmehr im besten Einvernehmen mit den westlichen Altkonservativen, die dies »schon immer gewußt« haben. Die sich jetzt im Hauruck-Verfahren vom »Marxismus-Leninismus« der Vergangenheit befreit haben, sind gleichwohl seinen Dogmen noch immer in negativer Treue verhaftet. Denn genau darin bestand ja eine der großen ideologisch-theoretischen Manipulationen des ML, das Modell der Einheits- und Staatspartei und deren diktatorische Alleinherrschaft über Lenin direkt von Marx und Engels abzuleiten.

Dabei hatten gerade Marx und Engels mit der in der deutschen Geistes- und Philosophiegeschichte, auch bei Fichte und Hegel ausgeprägten Staatsvergötzung gründlich gebrochen. Man lese nur Marxens »Kritik des Hegelschen Staatsrechts« und Engels »Anti-Dühring«. Zwar war in der deutschen Arbeiterbewegung des 19. Jahrhunderts und der II. Internationale der Etatismus weit verbreitet – bis hin zur Verherrlichung der Allmacht des Staates, desgleichen die Vorstellung, Sozialismus sei identisch mit Staatsmonopolwirtschaft. Doch diese etatistische Denktradition, die wir auch bei Lenin und den Bolschewiki wiederfinden werden, entstammt nachweislich der lassalleschen Strömung in der Deutschen Sozialdemokratie, die Marx und Engels stets auf das schärfste kritisiert und bekämpft haben. (Ich komme darauf zurück.)

Nicht den Staat, weder den lassalleschen »Zukunftsstaat«, von dem ein halbes Jahrhundert lang die Mehrheit der Deutschen Sozialdemokratie träumte, noch den bolschewistischen Einheitsstaat und seinen Despotismus sah Marx als Modell sozialistischer Vergesellschaftung an, sondern die sich selbstverwaltende »freie Assoziation der Produzenten« im Sinne der Pariser Kommune, die den Staat für kurze Zeit überflüssig machte.

Marx war nicht nur kein »Staatstheoretiker«, er und Friedrich Engels teilten vielmehr die aus der rousseauistisch-anarchistischen Tradition kommende Vorstellung, daß der Staat immer ein Unterdrückungsinstrument sei und daher sukzessive in die Gesellschaft »zurückgenommen« werden müsse. Die »Maschine der Klassenherrschaft« – in der Hand welcher Klasse auch immer – sahen sie am liebsten »im Museum der Altertümer neben dem Spinnrad und der bronzenen Axt« (F. Engels)[1]. Im Zeitalter des Sozial- und des wirtschaftspolitischen Interventionsstaates mag uns der radikale Anti-Etatismus der sozialistischen Klassiker als rührender Anachronismus erscheinen, doch gerade sie zu theoretischen Begründern jener staatlichen Leviathane zu ernennen, die im imperium sovieticum entstanden sind, das war schon immer eine ideologische Farce sondergleichen.

Was nun den von Marx und Engels (übrigens sehr selten) gebrauchten Begriff der »Diktatur des Proletariats« angeht, so müßte es jedem historisch denkenden Menschen eigentlich einleuchten, daß er sich auf einen ganz bestimmten geschichtlichen Kontext bezog; nämlich auf eine Epoche, in der die Diktatur des absolutistischen Staates noch zum politischen Alltag in Deutschland und Europa gehörte.

Der Gedanke an die »Revolution« lag im Deutschland und Europa von 1847 nicht nur in der Luft, diese war auch unter den damaligen Zeitumständen gar nicht anders vorstellbar als durch eine Art Gegendiktatur der Volksmehrheit über die Minderheit der feudalen Ausbeuterklassen. Es gab kein allgemeines Wahlrecht, kein auf diesem Weg konstituiertes Parlament als oberstes Verfassungsorgan. Während das Bürgertum auf politischen Einfluß drängte, bewahrte doch die Monarchie (und dies selbst noch im Frankreich nach der »grande révolution«) weitgehend die Privilegien des Adels und der Besitzenden und schaltete frei mit den Machtmitteln: der Armee, der Polizei, der Steuerhoheit und dem Zugriff auf die Köpfe mittels Zensur und kirchlicher Frömmelei. In Preußen herrschte bis 1918 das Dreiklassenwahlrecht, im Deutschen Reich war der Reichskanzler dem Parla-

ment nicht verantwortlich, und selbst in England blieb das Prärogativ der Krone erhalten.
Im Zeithorizont von Marx und Engels bedeutete der so aufrührerisch klingende Begriff »Revolution« damals das, was für uns heute blanke Selbstverständlichkeiten sind: allgemeines Wahlrecht, deutsche Einheit, Republik, kostenlose Elementarerziehung u. a. Mit der verfänglichen Formel »Diktatur des Proletariats« war gemeint, die große Masse der Kleinbauern, Kleinbürger und Lohnarbeiter zur politischen Herrschaft zu bringen und der Republik zum Durchbruch zu verhelfen, nebst Enteignung des feudalen Großgrundbesitzes und der Nationalisierung des großen Produktivvermögens (Eisenbahnen, Schwerindustrie, Banken) – dies war die Hoffnung der Demokraten und der sog. Kommunisten im Deutschland von 1847. In den von Engels verfaßten »Grundsätzen des Kommunismus« lautet die Antwort auf die Frage, welchen Entwicklungsgang die Revolution nehmen werde: »Sie wird vor allen Dingen eine demokratische Staatsverfassung... herstellen.«[2] Die »Diktatur des Proletariats« sollte eine legale Spielart demokratischer Mehrheitsregierung bezeichnen, die sich über die Interessen der Minderheit hinwegsetzt, ganz so wie es zu Marxens Zeiten etliche »Diktaturen der Bourgeoisie« mit dem Interesse der Mehrheit gemacht hatten.
Der Begriff »Diktatur des Proletariats« stammt übrigens nicht von Marx, sondern aus der Tradition der französischen kommunistischen Verschwörungen von Babeuf bis Blanqui. Bei diesen bedeutete er politisch die Diktatur der disziplinierten, zentralistisch organisierten Partei, die sie zu schaffen versuchten. In diesem Sinne hat ihn auch der mit Blanqui befreundete russische Verschwörer Tkatschew übernommen und Lenin ihn später unter Berufung auf Marx verwirklicht. Dabei konnte er sich zwar auf den von Marx und Engels gegründeten »Bund der Kommunisten« berufen, der noch in der Babeufschen Tradition stand, doch spätestens mit dem Aufgehen dieser (von Marx selbst als »kommunistischen Sekte« bezeichneten) Miniorganisation in der I. Internationale haben sich beide von dieser Tradition verabschiedet.
»Außerhalb von Massenbewegungen, die wirklich die Sympathie und Unterstützung breiter Mehrheiten auf ihrer Seite wissen, gibt es in seinem (Marxens) Denken weder Revolution noch Volkssouveränität – und beides konnte zu seiner Zeit füreinander einstehen.« (B. Sichtermann)[3]

Unter »Partei« verstand Marx die proletarische Klassenbewegung, nachdem sie zur Mehrheit angewachsen sein würde. Und schon im »Kommunistischen Manifest« hieß es, die Kommunisten sollten »keine besondere Partei gegenüber den anderen Arbeiterparteien sein.«[4] Der Begriff der Diktatur des Proletariats hatte bei Marx nie den Sinn der Parteidiktatur und weist mit der verewigten Stellvertreterdiktatur einer bolschewistischen Parteielite über die Volksmehrheit keinerlei Gemeinsamkeiten auf.

Es war übrigens erst die Pariser Kommune, die Marx im Namen des Generalrats der Internationale als Beispiel einer »Diktatur des Proletariats« verherrlichte. Doch in der Kommune gab es keine Parteidiktatur – ihre freigewählten Organe bestanden aus einer Mehrzahl unabhängiger Parteien, darunter keine Marxisten und nur eine Minderheit von Blanquisten. Was Marx an ihr vorbildlich fand, war der Versuch einer radikalen, direkten »Basis-Demokratie«, die später Lenin als Modell der Sowjets feiern sollte und die die sozial-ökologischen Bürgerbewegungen der siebziger und achtziger Jahre des 20. Jahrhunderts auf ihre Weise wiederbelebten.

Auch wenn Marx bis zu seinem Tode ein Revolutionär nicht nur im sozialen, sondern auch im politischen Sinne des Wortes geblieben ist, so war er keinesfalls der Propagandist, geschweige denn der organisatorische Vorläufer einer revolutionären Parteidiktatur. Selbst seine Überzeugung von der Unvermeidlichkeit der gewaltsamen politischen Revolution, einer bewaffneten Machtergreifung des Proletariats zur Verwirklichung des sozialistischen Ziels, hat er schon 1872, im Augenblick der Auflösung der ersten (von ihm gegründeten) Internationale, auf Länder mit starkem staatlichen Militär- und Polizeiapparat, wie das bonapartistische Frankreich und das Bismarcksche Deutschland, eingeschränkt: In seiner berühmten Amsterdamer Rede gab er der Überzeugung Ausdruck, daß in Ländern ohne stehendes Heer und zentralisierte Polizei, wie England, Schweiz, Holland und Amerika, ein demokratischer Sieg der Arbeiterbewegung ohne gewaltsame Revolution möglich und wünschenswert sei. Marx war, genau wie Engels, die fundamentale Bedeutung des allgemeinen Wahlrechts sehr wohl bewußt. In seinem Vorwort zu Marxens Schrift »Die Klassenkämpfe in Frankreich« (aus dem Jahre 1895) hob Engels sogar expressis verbis hervor, daß das allgemeine Wahlrecht die aufständischen Methoden, die Barrikadenkämpfe von 1848 und selbst die Pariser Kommune obsolet gemacht habe und daß der Staat selbst von innen heraus reformiert werden könne. Und es ist durchaus vorstellbar, daß Marx – hätte er länger gelebt – auch seinen Frieden mit dem »Revisionisten« Eduard Bernstein gemacht hätte, der für die deutsche Sozialdemokratie den parlamentarischen Weg der Machtergreifung als den einzig realistischen und gangbaren Weg ansah.

Es gehört daher schon reichlich viel Ignoranz oder Demagogie dazu, den antidemokratischen und durchzentralisierten Obrigkeitsstaat (sowjetischen Typs) und die Einheitspartei, gar noch den Bespitzelungswahn der diversen »Staatssicherheiten« und ihre Strafkolonien namens »Gulag« oder »Fünfeichen« aus den Schriften des Trierer Philosophen und Sozialhistorikers heraus lesen zu wollen. Die jetzt glauben, Karl Marx für immer beerdigt zu haben, scheinen noch nicht gemerkt zu haben, daß man ihnen (wie in der Boulevardkomödie) die falsche Leiche untergeschoben hat: eine Staatsleiche namens Karl Marx, die mit dem gebürtigen Philosophen aus Trier außer dem Namen nichts gemein hat. Der seit 150 Jahren geführte Streit um das Original und dessen genuine Lehren ist daher noch keineswegs zu Ende, er wird im Gegenteil weitergehen, solange es den Kapitalismus und mit ihm eine im Weltmaßstab ungelöste soziale und erst recht eine ungelöste ökologische Frage gibt.

2. Das Proletariat als weltlicher Heiland

Die Geschichte, vor allem die des Sozialismus und »Kommunismus«, hat allerdings einen ziemlich anderen Verlauf genommen, als Marx und Engels zu ihrer Zeit prognostiziert haben. Die Epoche des Kapitalismus ist nicht, wie erwartet, zu Ende gegangen, sie scheint vielmehr erst jetzt, Ende des zwanzigsten Jahrhunderts, in ihrem Zenit zu stehen und keine große Systemalternative mehr zuzulassen. »Das Gespenst des Kommunismus«, das zu Marxens Zeiten in Europa umging, ist in Osteuropa und der Sowjetunion gerade zu Grabe getragen worden. Hat also der Lauf der Geschichte Karl Marx und all diejenigen widerlegt, die in seiner Denktradition standen (und vielleicht noch immer stehen)? Die meisten Menschen, Staatsmänner, Parteien, Medien, Ma-

gazine und Zeitschriften beantworten diese Frage heute mit einem eindeutigen »Ja!«. Und der Augenschein scheint ihnen recht zu geben. Wer immer sich an einer Ehrenrettung des großen Denkers versucht – und ich meine, daß gerade wir Heutigen ihm diese schuldig sind! –, muß also zunächst von seinen greifbaren Irrtümern und offenkundigen Fehleinschätzungen sprechen. Erst dann läßt sich glaubhaft bestimmen, worin Marx gleichwohl recht behalten sollte. Bezüglich seiner Fehlprognosen sollte man allerdings genau unterscheiden: zwischen solchen, die auf fragwürdige, nicht wissenschaftlich begründete Prämissen und Axiome seiner Theorie zurückzuführen sind, und solchen, die aus gesellschaftlichen Entwicklungen resultieren, die Marx und Engels zu ihrer Zeit nicht vorhersehen konnten. Schließlich gibt es eine dritte Kategorie von Irrtümern, die auf die dogmatisch-verkürzten Auslegungen des genuinen Marxismus zurückzuführen sind, wobei oft gerade dessen »Leerstellen« zu Einfallstoren für ideologische Dogmatisierungen und Funktionalisierungen geworden sind.
Als der junge Marx seinen berühmten Satz von der Theorie schrieb, die zur materiellen Gewalt werde, sobald sie die Massen ergreife, mag er wohl kaum das eigene, noch ungeschriebene Hauptwerk im Sinne gehabt haben. Denn daß sich die Massen ausgerechnet von der »Warenanalyse«, den »Grundrissen« oder dem »Kapital« würden ergreifen lassen, muß er bezweifelt haben; gerade seine großen wissenschaftlichen Arbeiten dienten bis zum Schluß der Selbstverständigung innerhalb einer schmalen Schicht intellektueller Kommentatoren und Programmatiker der Arbeiterbewegung. »Einmal dogmatisiert und zur ›Lehre‹ kanonisiert«, schreibt Barbara Sichtermann im Vorwort zu ihrer Neu-Vorstellung der Schriften des großen Unbekannten, »fiel seine, Marxens, Aufklärung der Kasuistik streitlustiger Schriftgelehrter zum Opfer und wurde je nach Lage getrimmt, verkürzt, gedehnt, unterschlagen und umgeschrieben. In der Hand sozialdemokratischer, kommunistischer, gewerkschaftlicher und sonstiger Fraktionen der Arbeiterbewegung mutierte sie zu ideologischem Kitt, der so oder so zurechtgeknetet werden konnte, der Anhänger wie Führungskader auf die Parteizentrale einschwören und sie an die jeweils herrschende Linie binden sollte. Daß durchaus Versuche gemacht wurden, den ›wahren‹ Marx unter dem Wust der Umdeutungen hervorzubefördern... ändert nichts daran, daß dieses Werk weder in seiner ursprünglich komplexen

und anspruchsvollen Fassung den Arbeiterführern Europas als handlungsleitende Maxime gedient hat, noch jemals die Massen ergriff.«[5]
Daß sich gleichwohl so unterschiedliche und oftmals konträre Strömungen der Arbeiterbewegung, die sozialdemokratische, die kommunistische, die anarchistische, die trade-unionistisch gewerkschaftliche etc., auf das Marxsche Werk berufen konnten und von diesem beeinflußt worden sind, hängt nicht nur mit der phänomenalen Zusammenschau solcher sonst getrennter Denkbereiche, wie Philosophie und Geschichte, Ökonomie und Politik, zusammen, sondern auch – wie Richard Löwenthal richtig erkannte – mit dem »Dualismus der Impulse des Marxschen Denkens«: »Denn Marx war einerseits ein wissenschaftlicher Forscher, der viele Jahres seines Lebens dem Streben nach immer umfassenderer, empirisch belegbarer und logisch geschlossener Erkennntis widmete, er war aber zugleich auch, ohne sich dessen bewußt zu sein, der Stifter einer Diesseits-Religion, einer Lehre von der Verwirklichung des Heils auf dieser Erde durch sozialen und politischen Kampf um eine vollkommene, konfliktfreie Gesellschaftsordnung.«[6]
Dieser eigentümliche Doppelcharakter der Marxschen Lehren als soziale Erlösungsutopie und als empirisch abgesicherte und systemlogisch unanfechtbare wissenschaftliche »Kapital«-Analyse erklärt sowohl ihre ungeheure Wirkung als auch die Grenzen dieser Wirkung, erklärt sowohl die Marxschen Fehlprognosen bezüglich der Reichweite des Arbeitersozialismus seiner Zeit als auch seine sich erst heute bewahrheitenden Langzeitprognosen über die Entwicklungslogik des Kapitals und die ebenso dynamische wie destruktive Funktionsweise der kapitalistischen Weltmarkt-Ökonomie, die heute mit dem harmlos-neutralen Oberflächenbegriff »Marktwirtschaft« etikettiert wird.
Werfen wir also zunächst einen Blick auf den eschatologischen Marx. Damit ist vor allem der Junghegelianer gemeint, der zwar Hegel alsbald vom Kopf auf die Füße stellen sollte, gleichzeitig aber dem Hegelschen Weltgeist, diesem, einem immer höheren Zustand der Freiheit zustrebenden absoluten Wesen, nur eine neue Reverenz erwies, indem er ihm die irdische Gestalt des »Proletariats« gab. Der junge Marx ging nämlich weniger vom empirischen Proletariat aus, von dessen Not und Elend, von der Notwendigkeit, es zu befreien. Er ging vielmehr aus von sich selbst, von seinen eigenen geistigen und seelischen Nöten, von der

Hölderlin-Stimmung des jungen deutschen Intellektuellen im Vormärz (die sich in vielen Briefen, vor allem an seinen Freund Ruge,[7] Mitherausgeber der »Deutsch-französischen Jahrbücher«, bekundet). Er suchte sich von dem Druck zu befreien, den der deutsche Philister- und Polizeistaat auf ihn und seinesgleichen ausübte. Eine solche Befreiung aber war nur möglich durch die deutsche Revolution. In dieser wies Marx dem Proletariat eine ebenso merkwürdige wie großartige Rolle zu. So heißt es in der Einleitung zur »Kritik der Hegelschen Rechtsphilosophie«:
»Wie die Philosophie im Proletariat ihre materiellen, so findet das Proletariat in der Philosophie seine geistigen Waffen, und sobald der Blitz des Gedankens gründlich in diesen naiven Volksboden eingeschlagen ist, wird sich die Emanzipation der Deutschen zu Menschen vollziehen ... In Deutschland kann keine Art der Knechtschaft gebrochen werden, ohne jede Art der Knechtschaft zu brechen. Das gründliche Deutschland kann nicht revolutionieren, ohne von Grund aus zu revolutionieren. Die Emanzipation des Deutschen ist die Emanzipation des Menschen. Der Kopf dieser Emanzipation ist die Philosophie, ihr Herz das Proletariat. Die Philosophie kann sich nicht verwirklichen ohne die Aufhebung des Proletariats, das Proletariat kann sich nicht aufheben ohne die Verwirklichung der Philosophie. Wenn alle inneren Bedingungen erfüllt sind, wird der deutsche Auferstehungstag verkündet werden durch das Schmettern des gallischen Hahns.«[8]
Im Denken des jungen Marx wird dem Proletariat eine messianische Befreierrolle zugewiesen, die hier sogar ausdrücklich mit dem christlichen Auferstehungsmythos verknüpft ist. Daß es »die Philosophie verwirklichen« solle, wird der spätere wissenschaftliche Marx, der die realen Lebens- und Arbeitsbedingungen der »labouring class« sehr genau und mit leidenschaftlicher Anteilnahme beschrieben hat, zwar nicht mehr sagen, doch die Funktion des Proletariats in seinem von Hegel übernommenen dialektischen System bleibt erhalten: die These, die bürgerliche Gesellschaft muß von der im Proletariat verkörperten Antithese aufgehoben werden, um so der neuen Synthese, sprich: der klassenlosen Gesellschaft, den Weg zu bahnen. Diese aber stellt, wenn auch auf höchster Entwicklungsstufe, die Wiederstellung jener urkommunistischen Gesellschaft dar, die uns aus vielen alten Kulturen und Mythen überliefert ist. Die Parallele dieser Vision zur biblischen Heils-

geschichte mit ihren Stufen Paradies-Sündenfall-Paradies ist offenkundig. Dieses dialektische Stufenmodell, das für Marxens Anthropologie und Geschichtsbild bestimmend war, schimmert selbst noch durch seine reifen, empirisch gesättigten und systemlogisch abgesicherten Werke, die scheinbar von allen eschatologischen Resten gereinigt sind. Die »historische Mission des Proletariats« hat Marx nicht aus einer stringenten soziologischen Analyse abgeleitet, vielmehr resultiert sie aus einem dialektischen Umkehrschluß: »Wo also die positive Möglichkeit der deutschen Emanzipation? Antwort: In der Bildung einer Klasse mit radikalen Ketten, einer Klasse der bürgerlichen Gesellschaft, welche keine Klasse der bürgerlichen Gesellschaft ist, eines Standes, welcher die Auflösung aller Stände ist, einer Sphäre, welche einen universellen Charakter durch ihre universellen Leiden besitzt ... welche mit einem Wort der völlige Verlust des Menschen ist, also nur durch die völlige Wiedergewinnung des Menschen sich selbst gewinnen kann. Diese Auflösung der Gesellschaft als ein besonderer Stand ist das Proletariat.«[9]

Es handelt sich sozusagen um eine Beweisführung ex negativo: Eben weil das Proletariat außerhalb der Gesellschaft steht, ist es nach Marx dazu berufen, diese zu befreien. Daß die »Outsider«-Klasse aber vielleicht primär das Bedürfnis haben könnte, in die Gesellschaft hineinzuwachsen, ihren sozialen und politischen Status in ihr schrittweise zu verbessern und an ihrem sich mehrenden Reichtum, ihren Produktivitätsfortschritten teilzuhaben, diese ganz unheroische, sozialreformerische Vorstellung paßt nicht in Marxens revolutionär-eschatologisches Grundmuster. Dies soll nicht heißen, daß Marx die sozialreformerische Kleinarbeit verachtet hätte, im Gegenteil: Als Chronist der englischen Sozialgesetzgebung hat er jede wirksame Schutzbestimmung für die »labouring poor« begrüßt und ausführlich kommentiert. Aber das von ihm zum Geschichtshelden stilisierte Proletariat sollte sich mit flickschusternder Systemverbesserung keinesfalls begnügen.

Ein (bis heute aktueller) Hauptpunkt der Marxschen Kritik am Kapitalismus ist, daß dieser die Individualität des arbeitenden Menschen zerstört. »... alle Mittel zur Entwicklung der Produktion schlagen um in Beherrschungs- und Exploitationsmittel des Produzenten, verstümmeln den Arbeiter in einen Teilmenschen, entwürdigen ihn zum Anhängsel der Maschine, vernichten mit der Qual seiner Arbeit ihren Inhalt, entfremden ihm die geistigen Potenzen des Arbeitsprozesses im selben Maße, worin letzterem die Wissenschaft als selbständige Potenz einverleibt wird...«[10] Indem das Produkt seiner eigenen Arbeit ihm als fremde Macht (in Gestalt des Kapitals) gegenübertritt, wird er zugleich seines wirklichen Wesens, der Totalität seiner menschlichen Fähigkeiten und Möglichkeiten entfremdet. Woher aber gerade die am meisten entindividualisierte und der »geistigen Potenzen des Arbeitsprozesses« entfremdete Klasse das Selbstbewußtsein und die Kompetenz nehmen soll, um die »ganze Gesellschaft zu regieren«, das hat sich Marx seltsamerweise nicht gefragt.

Eine der großen Leistungen von Marx bestand ja bekanntlich darin, daß er all die spirituellen Gewalten, an denen sich die Philosophie seiner Zeit abgearbeitet hatte: des absoluten Geistes, der Religion, des Staates etc., auf ihr wirkliches Fundament zurückführte. Er entdeckte dieses Fundament in der »bürgerlichen Gesellschaft«, in ihrem »wirklichen Lebensprozeß«, der »Arbeit«, dem »Produktionsprozeß des Kapitals«. In dieser von Klassengegensätzen zerrissenen Gesellschaft fand er den Grund für die Chimärenwelt des absoluten Geistes, der Religion, der deutschen Ideologie, den Grund auch für das Eigenleben des Staates als scheinbar über den Klassen thronende Verkörperung der Vernunft und des »absoluten Geistes« (Hegel). Solange die Gesellschaft zerrissen war, brauchte sie auch diese transzendentalen Instanzen, die den Riß zu heilen, über ihn hinwegzutrösten oder ihn zu verwalten hatten. Die wirkliche Heilung im Sinne der Überwindung dieser Spaltung aber war nach Marx nur durch die Revolutionierung der Gesellschaft, durch die Aufhebung der Klassenwidersprüche und die endliche Einlösung des Gleichheitsversprechens möglich. Den Rettungsakt aber sollte das Proletariat als weltlicher Heiland vollziehen.

Als Rückführer der ideal-, religions- und staatsphilosophischen Kontroversen seiner Zeit auf das Fundament Gesellschaft und ihren »wirklichen Lebensprozeß« war Marx ein konsequenter Antimetaphysiker und ein von den »positiven« Erfahrungswissenschaften geleiteter materialistischer Geschichtsphilosoph. Doch zugleich war er auch ein messianischer Idealist. Seine teleologische Zielvorstellung von der Geschichte, sein Tableau der staatsfreien klassenlosen Gesellschaft, in der die sozialen Kämpfe für immer ein Ende finden sollten, hat der große Religions- und Ideologiekritiker nie ernstlich in Frage gestellt; viel-

leicht weil es diese messianisch – heilsgeschichtliche Erwartung war, aus der er die Kraft für sein ungeheueres Lebenswerk schöpfte.
Gerade jenes Kernstück der Marxschen Theorie, das Axiom von der »historischen Mission des Proletariats« und seiner universellen Befreierrolle, war nicht wirklich wissenschaftlich begründet, nicht wirklich aus der Kritik der Politischen Ökonomie des Kapitals abgeleitet; es war wohl doch eher eine Wunschtheorie chiliastischen Ursprungs, die allerdings im revolutionären Geist der Zeit lag und in der verzweifelten Lage der Arbeiter im Manchester-Kapitalismus begründet war. Dessen »moderne Arbeitshäuser«, Fabriken genannt, waren nichts anderes als »Häuser des Schreckens« (wie sie im Volksmund genannt wurden), in denen die Menschen durch Arbeit zugrunde gerichtet wurden. Bis zur gesetzlichen Beschränkung des Arbeitstages auf 10 Stunden war der 12-, 13- und 14-Stundentag, waren Kinderarbeit, Schwerstarbeit für Frauen, Nacht- und Sonntagsarbeit bei Hungerlöhnen in allen westeuropäischen Ländern ebenso normal wie Schwindsucht, Asthma, Bronchitis etc., Frühinvalidität und eine weit unterdurchschnittliche Lebensdauer für die Arbeitsbevölkerung. Bäckergesellen, Töpfer, Gerber, Bergwerksarbeiter erreichen selten das 45. Lebensjahr.[11] Die soziale Anteilnahme mit dem Schicksal der englischen Paupers brachten Marx und Engels die Überzeugung bei, daß nur eine proletarische Revolution die ganze Klasse von der Ausbeutung befreien könne.

3. Die Bourgeoisie schafft sich eine Welt nach ihrem Bilde

Die dualistischen Impulse des Marxschen Denkens kommen nirgendwo gedrängter zur Geltung als in jener Schrift, die Marx und Engels erst populär gemacht haben: in dem am Vorabend der deutschen Revolution geschriebenen »Kommunistischen Manifest«. Seine ungeheure (Nach-)Wirkung verdankt es gerade dieser eigentümlichen Mischung: halb revolutionär – messianische Verkündung, halb wissenschaftliche Tendenzanalyse des Kapitalismus.
Gerade jetzt, nachdem die Hammer-und-Sichel-Epoche zu Ende gegangen ist, ist es erhellend, sich noch einmal auf diesen berühmten Text einzulassen, der allen sozialistisch-kommunistischen Bewegungen und Parteien später als Leitfaden und programmatische Vorlage gedient hat.

Liest man das »Manifest« mit frischen, mit heutigen Augen, ergibt sich ein zwiespältiger Eindruck: Einerseits wirkt der Text historisch und antiquiert, soweit er von der historischen Rolle des Proletariats und der Zukunft des Kommunismus handelt. Andererseits verblüfft er durch seine Modernität gerade dort, wo von der historischen Rolle der Bourgeoisie und der neuen kapitalistischen Produktionsweise, die alle früheren Verhältnisse revolutioniert hat, die Rede ist.
Ja, man ist geradezu überrascht, wie positiv Karl Marx die geschichtliche Leistung der Bourgeoisie und des modernen Industriekapitalismus bewertet. In einer Mischung aus Bewunderung und Schauer beschreibt er, wie »die Bourgeoisie ... in ihrer kaum hundertjährigen Klassenherrschaft massenhaftere und kolossalere Produktionskräfte geschaffen (hat) als alle vergangenen Generationen zusammen. Unterjochung der Naturkräfte, Maschinerie, Anwendung der Chemie auf Industrie und Ackerbau, Dampfschiffahrt, Eisenbahnen, elektrische Telegraphen, Urbarmachung ganzer Weltteile, Schiffbarmachung der Flüsse, ganze aus dem Boden hervor gestampfte Bevölkerungen – welch früheres Jahrhundert ahnte, daß solche Produktionskräfte im Schoße der gesellschaftlichen Arbeit schlummerten ... Die Bourgeoisie kann nicht existieren, ohne die Produktionsinstrumente, also die Produktionsverhältnisse, also sämtliche gesellschaftlichen Verhältnisse fortwährend zu revolutionieren ... Die fortwährende Umwälzung der Produktion, die ununterbrochene Erschütterung aller gesellschaftlichen Zustände, die ewige Unsicherheit und Bewegung zeichnet die Bourgeois-Epoche vor allen früheren aus. Alle festen eingerosteten Verhältnisse mit ihrem Gefolge von altehrwürdigen Vorstellungen und Anschauungen werden aufgelöst ... Alles Ständische und Stehende verdampft ...«[12]
Die »zivilisatorische Seite des Kapitals« beschreibt Marx mit einer Faszination, als habe er schon damals geahnt, daß die »historische Mission« der Bourgeoisie, dieser neuen »weltbürgerlichen Klasse«, noch lange nicht erschöpft ist, als sei gegen die Dynamik der neuen kapitalistischen Produktionsweise eigentlich kein Kraut gewachsen und als könne nichts ihren globalen Siegeszug aufhalten: »Die Bourgeoisie reißt durch die rasche Verbesserung aller Produktionsinstrumente, durch die unendlich erleichterten Kommunikationen alle, auch die barbarischen Nationen in die Zivilisation. Die wohlfeilen Preise ihrer Waren sind die schwere Artillerie, mit der sie alle chinesischen Mauern in

den Grund schießt, mit der sie den hartnäckigsten Fremdenhaß der Barbaren zur Kapitulation zwingt. Sie zwingt alle Nationen, die Produktionsweise der Bourgeoisie sich anzueignen, wenn sie nicht zugrunde gehen wollen; sie zwingt sie, die sogenannte Zivilisation bei sich selbst einzuführen, d. h. Bourgeois zu werden. Mit einem Wort, sie schafft sich eine Welt nach ihrem eigenen Bilde.«[13]
Angesichts der jüngsten Entwicklungen im Osten kommt diesen Sätzen eine geradezu prophetische Bedeutung zu; auch die ehemals »kommunistischen« Völker Osteuropas und der Sowjetunion sind heute »gezwungen«, die »Produktionsweise der Bourgeoisie sich anzueignen, wenn sie nicht zugrunde gehen wollen«, d. h. wenn sie mit ihren Produkten nicht völlig konkurrenzunfähig werden wollen. Marx sah auch, daß die Struktur dieses Wirtschaftssystems so geartet ist, daß es sich nur unter der Bedingung ständiger Expansion und Konzentration behaupten kann. Die industriellen Kapitalisten sind daher gezwungen, bei Strafe des Untergangs ständig die Produktionsbedingungen weiter zu revolutionieren. In diesem Prozeß müssen notwendig die kleinen und mittleren Unternehmer auf der Strecke bleiben und immer größere und mächtigere internationale Unternehmen entstehen. Auch dieser Aspekt der Marxschen Kapitalanalyse ist durch die geschichtliche Entwicklung bestätigt worden und hat sich vollends bewahrheitet im Zeitalter der transnationalen Monopole, die sich durch gigantische Kapitalkonzentrationen- und fusionen herausgebildet haben, die heute den Weltmarkt beherrschen und nun dabei sind, auch die östlichen Märkte zu durchdringen. Die jüngste Kooperation und Elefantenhochzeit von Daimler-Benz, dem größten Automobil-, Rüstungs- und Raumfahrttechnik-Konzern in Europa, mit Mitsubishi, dem größten multilateralen Konzern der Welt, der buchstäblich alles herstellt – von der elektronischen Registrierkasse bis zur Weltraumrakete, vom Autolack bis zum Megachip –, bestätigt diese globale Konzentration, gegen die keine Regierung, kein Parlament etwas vermag.
Auch in einem anderen Sinne hat sich Marxens Diagnose von 1848 erst heute vollständig erfüllt: daß der Kapitalismus die gesellschaftlichen Beziehungen radikal »verdinglicht«, alle persönlichen Abhängigkeitsverhältnisse in sachliche, in anonyme Waren- und Geldbeziehungen verwandelt und an die Stelle aller früheren gemüthaften Bindungen das »nackte Selbstinteresse« und die »gefühllose bare Zahlung« treten läßt.

Sachlich, vermittelt bloß über das äußerliche ökonomische Band, verhalten sich die Personen zueinander, während die Sachen, die *Waren*, das gesellschaftliche Verhältnis usurpieren. Die Welt ist verkehrt, die Menschen sind einander und sich selbst entfremdet. Während der Markt sie in ein allseitiges, aber sachliches und kaltes Verhältnis setzt, raubt er ihnen nach und nach ihre letzten Refugien persönlicher Verbundenheit, durchdringt ihre letzten lebensweltlichen Zusammenhänge, unterwirft er alle gesellschaftlichen Sphären seinem Gesetz.
Die kapitalistischen Markt- und Verwertungsgesetze bestimmen heute nicht nur die Ökonomie (im engeren Sinne), sondern weitgehend auch Politik, Unterhaltung, Journalismus, Wissenschaft, Freizeit und die industrialisierten Dienstleistungen. Nach den Künsten ist es eine so beliebte kulturelle Errungenschaft wie der Sport, der zu einem gigantischen, den Sinn des edlen Wettstreits pervertierenden (Doping-)Geschäft geworden ist. Desgleichen die Geschlechtlichkeit des Menschen und dessen Surrogate, wobei jedes einzelne Triebmoment der »polymorph-perversen Sexualität« (Freud) von einem eigenen Industriezweig exploitiert wird. Selbst die auf dem neuzeitlichen Psycho-Markt mit den diversen Therapie-Unternehmen konkurrierenden Konfessionen sind heute zu Anbietern von Seelentrost und Glaubensgewißheiten geworden, die um ihre Nachfrage mit professioneller Reklame werben.
Alles – von der Wiege bis zur Bahre – ist käuflich und verkäuflich, d. h. zur Ware geworden, nicht nur Arbeitskräfte, Produktionsinstrumente, Grund und Boden, Rohstoffe, Unternehmen und Aktien, auch sakrale und Kunstobjekte (man denke nur an die van Gogh-Vermarktung!), Frequenzen und Lizenzen aller Art; selbst die Übertragungsrechte von Fußball- und Tennisspielen werden heute wie Aktien gehandelt. Die Durchkapitalisierung der Gesellschaft hat diese in eine gigantische Verwertungs-GmbH verwandelt. Natürlich macht der Verwertungstrieb auch vor Armut und Elend, vor Alter, Krankeit und Tod nicht halt. Man handelt und spekuliert – ob mit Waffen oder Giftgasen, Drogen oder Organen – rund um die Uhr und rund um den Erdball. Die Spekulation, die zu Marxens Zeiten unter »guten Christen« noch verpönt war (deswegen wurde schon im Mittelalter das Zins- und Wuchergeschäft den »Ungläubigen«, den »Geldjuden«, überlassen), hat inzwischen eine weltweite Reputation gewonnen. Mit der Globalisierung

der Spekulation, die wir seit Beginn der achtziger Jahre erleben, hat auch die Käuflichkeit und Korrumpierung der Politik und der Regierungen (am deutlichsten in Japan und den USA) dramatisch zugenommen.
Die ökonomische Rationalität, das Denken in Kategorien des Tausches, des Profits und Gewinns, hat buchstäblich jede Lebenssphäre durchdrungen und bestimmt zunehmend die menschlichen, selbst die Partner- und Sexualbeziehungen. Man »investiert«, ob Geld, Zeit oder Gefühle, »um zu gewinnen«; eine Vorstellung, die den alten Kulturen Asiens, Afrikas oder Amerikas völlig fremd war. In diesem Sinne ist der Verwertungs-, der »Liebestrieb des Kapitals« (Marx) zur »Triebnatur des Menschen« geworden. Der westliche Mensch hat die Gesetze der kapitalistischen Produktionsweise so sehr verinnerlicht, daß sie ihm längst als »natürlich« erscheinen. Was deren Durchsetzungs- und Durchdringungsfähigkeit betrifft, hat die Wirklichkeit des 20. Jahrhunderts Marxens Bilanz aus der Mitte des vorigen bei weitem übertroffen.
Daß die Bourgeoisie »sich eine Welt nach ihrem Bilde schafft«, dieser Satz hat sich aber auch in einem anderen (von Marx nicht gewünschten) Sinne erst heute vollkommen bewahrheitet. Denn sie hat auch die Welt, die Lebensweise und das Bewußtsein der lohnabhängigen Bevölkerungsmehrheit, »nach ihrem Bilde« modelt. Auch wenn die modernen Arbeitnehmer objektiv proletarisiert worden oder, wie Marx sarkastisch sagt, im doppelten Sinne frei sind: nämlich frei von Produktionsmitteln und frei, die eigene Arbeitskraft als die ihnen einzig verfügbare Ware auf dem Arbeitsmarkt zu verkaufen, subjektiv betrachten sie sich selbst keineswegs mehr als »Proletarier«, ein Ausdruck, der heute eher als diskriminierend empfunden wird. Eine eigene, originäre »Arbeiterkultur« gibt es schon lange nicht mehr, vor allem deshalb, weil die elektronische Revolution das klassische Industrieproletariat immer weiter schrumpfen ließ und weil die multimediale Kommerz- und industrialisierte Massenkultur, die »Fun- und Showkultur«, den kritischen und Erkenntnisgehalt von Kultur immer mehr nivelliert und entsubstantialisiert hat.
Das Ideal der überwältigenden Mehrheit der erwachsenen Arbeitnehmer, das durch eine multimediale Verkaufsmaschinerie propagiert wird, ist heute vielmehr der Kleineigentümer, der »petit bourgeois«,

der in der modernen Wohlstands- und Konsumgesellschaft freilich mehr zu verlieren hat als »seine Ketten«. Das verführerische und stets vermehrte Konsum- und Freizeitangebot, der im Vergleich zu früher hohe Lebens- und Sozialstandard, die neuen Bildungs- und Fortbildungsmöglichkeiten, die Individualisierungsprozesse, die vielfältigen Formen der »Eigentumsbildung in Arbeitnehmerhand« u. a. kompensieren die weniger leicht erkennbaren Formen des Elends: die nach wie vor bestehende Fremdbestimmung der Arbeit, die Verwandlung der schöpferischen Individuen in stumpfsinnige Lohnarbeiter und Konsumenten, die Passivisierung des Verhaltens, der zunehmende Arbeitsstreß, die horrenden Krankheitsbilanzen infolge der fortschreitenden Intensivierung der Arbeit etc. Die vollständige Freiheit als Konsumbürger und die (auf den Wahltag) begrenzte Freiheit als Staatsbürger lassen die nach wie vor bestehende Unfreiheit als Wirtschaftsbürger – denn vor den Toren der Fabrik und der Großraumbüros hören Demokratie und Selbstbestimmung auf! – erträglich erscheinen. Das Bedürfnis nach einem radikalen Wandel, gar nach einem Systemwandel, ist daher in den hochentwickelten kapitalistischen Gesellschaften des Westens nur noch in unterprivilegierten Randgruppen und bei intellektuellen Minoritäten vorhanden.

4. Welche geschichtlichen Entwicklungsfaktoren hat Marx falsch eingeschätzt?

Im Unterschied zu ihren Vorgängern haben Marx und Engels den Arbeitern ihrer Zeit nicht irgendein Modell von Sozialismus oder Kommunismus in die Köpfe gesetzt, wie immer wieder behauptet wird. Ihre Methode und analytische Leistung bestand vielmehr darin, daß sie große geschichtliche Umbrüche und Veränderungsinitiativen weniger auf ihre »Ziele« oder Utopien hin, sondern von ihren geschichtlichen Voraussetzungen und materiellen Bedingungen her analysierten. Die vor 1848 üppig blühende Zielvision und Eschatologie des Sozialismus, die vielen romantisierenden und visionären Kommunismus-Vorstellungen, wie sie unter den französischen und deutschen Arbeitern und Handwerkern sehr verbreitet waren, hatten Marx und Engels schon im »Manifest« auf den nüchternen Boden der politisch-ökonomischen Tat-

sachen zurückgeholt. Vom Eschatologischen und Visionären, dem auch der junge Marx noch sehr verhaftet war, blieb nach der kritischen Inventur von 1848 nur die an Gewißheit grenzende Hoffnung übrig, daß die Bourgeoisie in den modernen Arbeitern »ihre eigenen Totengräber« erzeuge, und die stolze Utopie, daß die Arbeiterschaft über die proletarische Revolution vom Objekt zum Subjekt des Produktionsprozesses werden und sich die im universellen Austausch erzeugten Produktivkräfte »universell aneignen« könne.
Am Ende des 20. Jahrhunderts muß man freilich konstatieren: die Klasse, die das historische Subjekt der Überwindung des Kapitalismus, sei es auf dem revolutionär-kommunistischen, sei es auf dem gradualistisch-sozialdemokratischen Wege, sein sollte, war und ist mit dieser »historischen Mission« offenbar weit überfordert gewesen. Die internationale Arbeiterklasse hat sich nicht als die neue »weltbürgerliche Klasse« erwiesen, die eine der modernen Bourgeoisie vergleichbare geschichtsmächtige Kraft hätte entwickeln können. In dieser Hinsicht haben sich die sozialistischen Klassiker getäuscht. Dagegen hat sich Marxens Charakteristik der kapitalistischen als einer alle gesellschaftlichen Verhältnisse durchdringenden, nach innen wie nach außen expansiven, ja, globalen Produktionsweise um so mehr bewahrheitet.
Marx war ein Kind seiner Zeit und ihr doch um ein glattes Jahrhundert voraus. Als Propagandist, Berater und Mitorganisator der frühen Arbeiterbewegung war er in ihren revolutionären Prätentionen befangen, aber als historischer Materialist, wissenschaftlicher Forscher und Sozialhistoriker, der den größten Teil seines Lebens in der Londoner Bibliothek verbracht hat, um mit faustischem Erkenntnishunger die Genese und »Anatomie der bürgerlichen Gesellschaft« zu studieren, war er in vielen Zeiten und Jahrhunderten zugleich zu Hause. Darum ist seine »Kritik der Politischen Ökonomie des Kapitals« auch ein Jahrhundertwerk in dem präzisen Sinne geworden, daß es die entscheidenden Charakteristika dieser Produktionsweise, die jetzt in ihr drittes Jahrhundert geht, herauspräpariert und die wesentlichen Tendenzen ihrer Entwicklungslogik, die erst heute voll durchgeschlagen sind, genial antizipiert hat. Die »Kapital«-Analyse ist daher noch nie so aktuell gewesen wie gerade heute, da ihr Autor vom Lauf der Geschichte widerlegt zu sein scheint.
Es bleibt freilich erklärungsbedürftig, wie ein so überragender Analyti-

ker den (begrenzten) Horizont und die Reichweite des Arbeitersozialismus seiner Zeit derart überschätzen und gleichzeitig die enorme Anpassungsfähigkeit und Flexibilität des Kapitalismus, der aus allen Krisen und Katastrophen mit erneuerter Schwungkraft wieder aufgestiegen ist, derart unterschätzen konnte. Welche Faktoren und Momente der kapitalistischen Entwicklung hat Marx falsch eingeschätzt, und welche konnte er zu seiner Zeit noch nicht reflektieren?

Die Notwendigkeit, ja, Unvermeidlichkeit der sozialistischen Revolution in den am höchsten entwickelten Ländern des Westens ergab sich für Marx aus den sich zuspitzenden Antagonismen des Kapitalismus sowie aus dessen Unfähigkeit, seine periodisch auftretenden Krisen und Verwertungsprobleme zu meistern. Mit der Akkumulation und Konzentration des Kapitals verlor der kleine selbständige Produzent immer mehr an Boden und wurde ins Proletariat hinabgeschleudert. Zu Marxens Zeiten trat die Polarisierung der bürgerlichen Gesellschaft in eine Minderheit von Produktionsmittelbesitzern und in eine Mehrheit von besitzlosen Proletariern immer krasser zutage. Von daher erklärt sich auch die radikale Forderung des »Manifestes« und der kommunistischen Bewegung nach Aufhebung des Privateigentums an Produktionsmitteln: »Ihr entsetzt euch darüber, daß wir das Privateigentum aufheben wollen. Aber in eurer bestehenden Gesellschaft ist das Privateigentum für neun Zehntel ihrer Mitglieder aufgehoben; es existiert gerade dadurch, daß es für neun Zehntel nicht existiert. Ihr werft uns also vor, daß wir ein Eigentum aufheben wollen, welches die Eigentumslosigkeit der ungeheuren Mehrzahl der Gesellschaft als notwendige Bedingung voraussetzt«.[14]

Das Industrieproletariat nahm damals nicht nur in Deutschland, sondern europaweit mit großer Geschwindigkeit zu. Diese Tendenz hielt bis zum Ende des 2. Weltkrieges an. Bis dahin, d. h. für ein knappes Jahrhundert, war Marxens Prognose von der zunehmenden Proletarisierung der unmittelbaren Produzenten also durchaus zutreffend und seine Hoffnung, daß die Arbeiterklasse die entscheidende Triebkraft für gesellschaftliche und revolutionäre Veränderungen sein würde, soziologisch wohl begründet. Mit der Einführung der großen Industrie, durch die massenhaft Arbeiter an einem Ort zusammenströmen, und mit der Erfindung moderner Kommunikationsmittel waren Chancen eines Zusammenschlusses entstanden, der die Verwandlung des Industrieproletariats in eine selbstbewußte, handlungsfähige Klasse erleichterte. Mit der Verwandlung der zunächst nur »an sich« (oder für den soziologischen Betrachter) eine Klasse bildenden Industriearbeiter in eine »Klasse für sich«, d. h. in eine selbstbewußte politische Gemeinschaft, wäre bereits der entscheidende Schritt zur Revolution getan. Tatsächlich hat der Organisationsgrad der Arbeiterschaft in Europa (nicht in den USA) bis zur Mitte des 20. Jahrhunderts stetig zugenommen. Das Anwachsen des Proletariats war aber nur das Kennzeichen einer bestimmten Ära, der Ära des Industriekapitalismus, gewesen und nicht ein permanenter Trend. Die dritte industrielle bzw. postindustrielle (elektronische) Revolution hat das klassische Industrieproletariat zunehmend wegrationalisiert und damit auch die Voraussetzungen des klassischen Sozialismus-Konzeptes aufgehoben. Bereits in den fünfziger Jahren des 20. Jahrhunderts begann sich der Anteil der Industriearbeiter an der gesamten arbeitenden Bevölkerung zu verringern. Gegen Ende des 20. Jahrhunderts wird er weniger als 20 Prozent der arbeitenden Bevölkerung in den hochentwickelten Ländern des Westens ausmachen.

Aber auch schon die im letzten Drittel des 19. Jahrhunderts einsetzende zweite industrielle Revolution, die Marx nur im Ansatz miterlebte und deren Auswirkungen er daher nicht mehr umfassend reflektieren konnte, hatte manche seiner Aussagen und Prognosen überholt. Tatsächlich läßt sich mit seiner ureigensten Methode, mit der des »historischen Materialismus«, selber am besten erklären, warum sich seine Hypothese bzw. Prognose, daß die Antagonismen der bürgerlichen Gesellschaft diese schon bald zur revolutionären Aufhebung treiben würden, als Fehlanzeige herausstellen sollte.

Im Vorwort zur »Kritik der politischen Ökonomie« schreibt Marx: »Eine Gesellschaftsformation geht nie unter, bevor alle Produktivkräfte entwickelt sind, für die sie weit genug ist, und neue, höhere Produktionsverhältnisse treten nie an die Stelle, bevor die materiellen Existenzbedingungen derselben im Schoß der alten Gesellschaft selbst ausgebrütet worden sind.«[15] Tatsächlich hatte zur Zeit der ersten industriellen Revolution, die Marxens eigentliches Studienobjekt war, die moderne bürgerliche Gesellschaft noch längst nicht alle Produktivkräfte in ihrem Schoß entwickelt, ihre Produktions- und Eigentumsverhältnisse waren trotz der periodisch auftretenden Handelskrisen und Bör-

senkräche noch längst nicht zur Fessel für die weitere Produktivkraftentwicklung geworden: *Die zweite industrielle Revolution stand erst noch bevor.*
Neben Kohle und Dampf trieben nun Petroleum und Elektrizität die Räder der Maschinen an. Und seit Ende des Jahrhunderts verdrängten die Explosions- und die Elektromotoren die ersten von Dampf getriebenen Motoren. Auch die chemische Industrie erfuhr einen ersten großen Aufschwung. Die Herstellung synthetischer Produkte und Textilien begann. Ein Jahrhundert lang hatten Baumwolle und die Kohle dominiert. Jetzt nahm der Stahl die erste Stelle ein, dem bald der Maschinenbau und die Automobilproduktion folgten. Die Elektroenergie gestattete die Gleichschaltung der Fabrikarbeit, die Einführung der Fließbandarbeit und neue Formen der Arbeitsteilung, die die horizontale und vertikale Integration von Unternehmen begünstigten.
Diese energetische Revolution, die neuen wissenschaftlichen Verfahrenstechniken, die neue Stufe der Arbeitsteilung veränderten das gesamte industrielle Leben und auch die Struktur und Zusammensetzung der Arbeiterschaft. Im »Manifest« hatte Marx die kommende proletarische Revolution in den höchstentwickelten kapitalistischen Ländern u. a. mit der Unfähigkeit der Bourgeoisie begründet, selbst die notwendigsten Lebensbedingungen der Arbeiterklasse zu sichern: »Der moderne Arbeiter, statt sich mit dem Fortschritt der Industrie zu heben, sinkt immer tiefer unter die Bedingungen seiner eigenen Klasse herab. Der Arbeiter wird zum Pauper, und der Pauperismus entwickelt sich noch rascher als Bevölkerung und Reichtum ... Sie (die Bourgeoisie) ist unfähig zu herrschen, weil sie unfähig ist, ihrem Sklaven die Existenz selbst innerhalb seiner Sklaverei zu sichern, weil sie gezwungen ist, ihn in eine Lage herabsinken zu lassen, wo sie ihn ernähren muß, statt von ihm ernährt zu werden.«[16]
Der Pauperismus des englischen Früh- und Manchesterkapitalismus hatte Marx zu dieser allgemeinen Einschätzung gebracht, und er glaubte, daß die Verelendung des englischen Proletariats dieses notwendig revolutionieren müsse. Schon mit der zweiten industriellen Revolution aber setzte ein deutlicher Differenzierungsprozeß innerhalb der ganzen Klasse ein, was die Qualifikation, die Entlohnung und die soziale Lage betraf. *Die »Klasse« wurde nicht homogener, sondern im Gegenteil heterogener.* Die von Marx beschriebene Pauperisierung traf nur für

einen Teil der Fabrikarbeiter zu. Die neuen Technologien erzeugten gleichzeitig einen neuen Stand qualifizierter und besser bezahlter Facharbeiter, die deutlich korporative Interessen entwickelte, eine neue technisch-wissenschaftliche Intelligenz, daneben einen gewerblichen und kaufmännischen Mittelstand und eine Angestelltenschaft, die allesamt mehr zu verlieren hatten als bloß »ihre Ketten«. Inzwischen hatte auch die Gewerkschaftsbewegung gesetzliche Mindestbestimmungen zum Schutz der Arbeitskraft (Beschränkung des Arbeitstages, Abschaffung der Kinderarbeit, Beschränkung der Nacht- und Sonntagsarbeit u. a.) durchgesetzt.

Auch war die Arbeiterschaft noch keineswegs vollständig proletarisiert und in der Großen Industrie zusammengefaßt, d. h. so vereinheitlicht, wie es Marx im »Manifest« allzu sehr schematisiert hatte. In England koexistierten bis 1830, im übrigen Europa bis zum Ende des Jahrhunderts, der Manufakturkapitalismus und dann der Industriekapitalismus mit und neben der Heimarbeit. Und noch in den 90er Jahren machte die Dienstbotenklasse in England etwa 14 Prozent der Bevölkerung aus. Die »Epoche der Bourgeoisie« hatte also die Klassengegensätze keineswegs so »vereinfacht«, wie das »Manifest« es darstellte.

Auch auf der Ebene der Eigentumsverhältnisse war es zu einer Transformation gekommen, die die neue stürmische Entwicklung der Produktivkräfte begünstigte und förderte. Neben die frühbürgerliche Figur des selbständigen Fabrikanten und Privatunternehmers trat jetzt die Aktiengesellschaft, von der Marx selbst noch geschrieben hatte: »Das Kapital ... erhält hier direkt die Form von Gesellschaftskapital (Kapital direkt assoziierter Individuen) im Gegensatz zum Privatkapital, und seine Unternehmungen treten auf als Gesellschaftsunternehmungen im Gegensatz zu Privatunternehmungen. Es ist die Aufhebung des Kapitals als Privateigentum innerhalb der Grenzen der kapitalistischen Produktionsweise selbst.«[17] Die Aktiengesellschaft ermöglichte nicht nur eine enorme Allokation und Konzentration des Kapitals, das nun als Gesellschaftskapital auftrat und gegen die Risiken des Privatunternehmers ungleich besser geschützt war; durch die gleichzeitige Trennung von Kapitaleigentum und Verfügungsgewalt, die nun die Manager innehatten, kam es auch zu einer weiteren Professionalisierung und Dynamisierung der kapitalistischen Funktionsträger und Führungskader.

5. Der imperiale Aufbruch der europäischen Großnationen und die Spaltung der Arbeiterbewegung

Aber nicht nur die Auswirkungen der zweiten industriellen Revolution, auch den mit ihr einhergehenden *imperialen Aufbruch der bürgerlichen Klassen in Europa* hat Marx nur im Ansatz noch miterlebt. Die ökonomische Grundlage dieses Aufbruchs war eine neue Stufe der Kapitalkonzentration, die Ablösung der freien (und ruinösen) Konkurrenz durch das Monopol, durch Kartelle, Syndikate und Trusts, wie Lenin in seiner Schrift »Der Imperialismus und die Spaltung der Arbeiterbewegung«[18] sehr genau bilanziert hat.

Die Monopolstellung der Banken – drei bis vier Großbanken beherrschten das ganze Wirtschaftsleben Amerikas, Frankreichs und Deutschlands – und die Verschmelzung des Bank- mit dem Industriekapital ermöglichten eine ungeheure koloniale Expansion und Exploitation in Afrika, Asien und Südamerika. Der Akkumulationsprozeß des Kapitals saugte immer neue Ressourcen und Rohstoffe aus den neuen überseeischen Kolonien an und erschloß den europäischen Bourgeoisien ganz neue Märkte. Diese konnten das klassische Verwertungsproblem des Kapitals, das aus dem Widerspruch zwischen Überakkumulation bzw. Überproduktion und einem nur begrenzt aufnahmefähigen Markt resultiert, schon damals leidlich lösen durch die imperiale Expansion, durch vermehrten Waren- und teils auch Kapitalexport in die kolonialen und halbkolonialen Hinterländer.

Die territoriale Aufteilung der Welt unter die führenden imperialistischen Nationen verwickelte diese beim Kampf um die koloniale Beute schon gegen Ende des Jahrhunderts in schwere Konflikte und – noch begrenzte – Kriege. Der spanisch-amerikanische Krieg (1898), der Burenkrieg (1899-1902), der russisch-japanische Krieg (1904-1905) waren die wichtigsten Markensteine der neuen imperialistischen Epoche der Weltgeschichte.

Damit aber wurde der innere Gegensatz zwischen nationaler Arbeiterklasse und nationalem Kapital überlagert und gleichsam überspielt durch den äußeren Gegensatz und Konkurrenzkampf zwischen den verschiedenen imperialistischen Großnationen. Die im letzten Drittel des 19. Jahrhunderts einsetzende imperialistische Dynamik aber setzte auch für die Arbeiter-Emanzipationsbewegung ganz neue Koordinaten und Prioritäten und mußte ihren politischen Entfaltungsspielraum entschieden einengen. Schon der deutsch-französische Krieg von 1870/71 und die Niederschlagung der Pariser Kommune durch das gemeinsame Komplott von Thiers und Bismarck hatte darüber entschieden, daß nicht der soziale Kampf der Arbeiterklasse, sondern der imperiale Kampf der Nationen der »Hauptkampf« der Epoche sein würde. Von nun an wurde das Ringen um die innere Sozialordnung, die nach Engels den »Hauptkampf unserer Tage« bildete, zum Nebenschauplatz.

Der moderne Imperialismus stufte die Kämpfe des europäischen Proletariats nicht nur zum »Nebenwiderspruch« herab, er unterminierte auch die naturwüchsige Klassensolidarität und den »proletarischen Internationalismus«, indem er Teile der Arbeiterschaft gegenüber der Masse der Lohnarbeiter und das einheimische Proletariat insgesamt gegenüber den Kolonialvölkern mehr und mehr privilegierte und somit die internationale Arbeiterbewegung spaltete.

Schon Ende der fünfziger Jahre des vorigen Jahrhunderts konstatierte Engels, »daß das englische Proletariat faktisch mehr und mehr verbürgert ... Bei einer Nation, die die ganze Welt exploitiert, ist das allerdings gewissermaßen gerechtfertigt.«[19] Daß es England aufgrund seiner unermeßlichen Kolonien und der Extraprofite (die ihm seine Monopolstellung auf dem Weltmarkt sicherte) schon damals gelungen war, einen Teil seiner Arbeiterklasse zu privilegieren, diese ins Fahrwasser der konservativen »trade unions« zu lenken und überhaupt dafür zu sorgen, daß sich die englischen Arbeiter mehr und mehr mit der Kolonialmacht England identifizierten, beklagte Engels auch in einem Brief an Kautsky vom 12. Sept. 1882: »Sie fragen mich, was die englischen Arbeiter von der Kolonialpolitik denken? Nun, genau dasselbe, was sie von der Politik überhaupt denken ... Es gibt hier ja keine Arbeiterpartei, es gibt nur Konservative und Liberal-Radikale, und die Arbeiter zehren flott mit von dem Weltmarkts- und Kolonialmonopol Englands.«[20] Im Vorwort zur zweiten Auflage der »Lage der arbeitenden Klasse in England« 1892 spricht Engels von einer »Aristokratie in der Arbeiterklasse«, von einer »bevorrechteten Minderheit« der Arbeiter im Gegensatz zur »großen Masse«. Eine »kleine, privilegierte, geschützte Minorität« der Arbeiterklasse allein hatte »dauernden Vorteil« von der privilegierten Lage Englands in den Jahren 1848-1868 (solange

England zusätzlich zum Kolonialmonopol auch das Industriemonopol innehatte, Anmk. d. Verf.), während »die große Masse im besten Fall nur eine vorübergehende Verbesserung ihrer Lage erfuhr.«[21]
Im letzten Drittel des 19. Jahrhunderts traten auch die anderen europäischen Großnationen – Frankreich, Deutschland und die Vereinigten Staaten – als Rivalen bei der Aufteilung der Welt in Kolonien und Absatzmärkte verstärkt auf den Plan. Damit setzte hier eine ähnliche Entwicklung ein wie schon vorher in England.
Aber nicht nur aufgrund der gewaltigen Extraprofite, die *sie* aus ihren Kolonialreichen zogen, sondern auch aufgrund der enormen Produktivitätsfortschritte in den Zentren des Kapitals, konnten die europäischen Bourgeoisien einen Teil des einheimischen Proletariats gegenüber der Masse der Arbeiter privilegieren und ihren gewerkschaftlichen Klassenorganisationen weitere Zugeständnisse auf dem Gebiet der Sozialpolitik machen.
Wie Lenin 1916, mitten im Weltkrieg, mit bitteren Worten bilanzierte, kam es in allen europäischen Ländern zur Spaltung der Arbeiterbewegung in einen reformistischen, sozialchauvinistischen Flügel, dessen Kern (nach Lenin) die »bestochene« und »korrumpierte Arbeiteraristokratie« war, und einen radikalen Flügel, der immer mehr an Einfluß verlor: »Jetzt ist die ›bürgerliche Arbeiterpartei‹ unvermeidlich und typisch für alle imperialistischen Länder... Die Geschichte der Arbeiterbewegung wird sich jetzt unvermeidlich im Kampf zwischen diesen beiden Tendenzen entwickeln. Denn die erste Tendenz besteht nicht zufällig, sondern ist ökonomisch ›begründet‹.«[22]
Die Spaltung der Arbeiterbewegung war aber nicht nur ökonomisch begründet, sondern auch ein Produkt der neuen Stufe der Arbeitsteilung, die die ganze Klasse erheblich differenziert und in unterschiedliche Qualifikations- und damit auch Entlohnungsstufen aufgeteilt hatte. Daß ein qualifizierter Facharbeiter, ein Ingenieur oder Angestellter nicht die gleiche Interessenlage hat (und haben kann) wie ein taylorisierter Fließbandarbeiter und in der Regel lieber den Weg des Sozialreformismus ging als den der »proletarischen Revolution«, dies läßt sich mit moralisierenden Werturteilen und Pauschalvorwürfen wie »Opportunismus« und »Bestechlichkeit« kaum erklären, geschweige denn ändern. Auch hatte der Beginn der Sozialgesetzgebung und der Sozialpolitik (in Deutschland seit 1890 durch entsprechende Erlasse des »Ar-

beiterkaisers« Wilhelm II.) zur Folge, daß sich die sozialdemokratischen Arbeiter und Führer mit dem preußischen Staat, der sie bis dahin durch das »Sozialistengesetz« verfolgt und gezüchtigt hatte, allmählich auszusöhnen begannen. Der spätere »Burgfrieden« mit dem wilheminischen Imperialismus hatte also auch eine sozialpolitische Grundlage, die Lenin vollkommen übersah. Darum täuschte er sich auch gewaltig, wenn er glaubte, man könne die Massen des westeuropäischen Industrieproletariats »durch schonungslosen Kampf gegen den Opportunismus zur Revolution erziehen«.[23]

6. Die zweite industrielle Revolution und das Ende des produzentensouveränen Arbeiters

Tatsächlich hatten schon die meisten europäischen Arbeiterparteien der II. Internationale, kaschiert hinter revolutionärer Phraseologie, den Rückzug vom Ziel des klassischen Marxschen Arbeitersozialismus vollzogen. Insofern war der Weg der deutschen Sozialdemokratie kein Sonderweg. Die Radikalsozialisten und Kommunisten pflegten zwar fortan von »Verrat« und »Opportunismus« zu sprechen, doch mußte der bloß moralisierenden Polemik der eigentliche, der tiefere Grund dieses Rückzugs ebenso verborgen bleiben wie Lenins These von der bestochenen und korrumpierten »Arbeiteraristokratie«. Dieser Grund lag nämlich in der *immanenten Entwicklungslogik des Kapitals selbst*.
Marx und Engels hatten die Produktions- und Arbeitsverhältnisse während der ersten industriellen Revolution und die unter diesen Bedingungen möglichen Formen des Klassenkampfes noch genau untersucht. Die Erste Internationale der Arbeiterklasse (1865-76), die noch frei vom Namen, Bild, Symbol und Mythos des »Marxismus« war, war denn auch der erste organisatorische Zusammenschluß der kommunistisch-sozialistisch orientierten Handwerker und Proletarier. Durch politischen Klassenkampf den gewordenen kapitalistischen Produktionsverhältnissen Widerstand und befreiende Alternative entgegenzusetzen, war die Aufgabe.
In der Zweiten Internationale, die sich 1889 in Paris konstituierte, wurde es üblich, »Marxist« zu sein. Die verschiedensten Strömungen traten in Erscheinung, der Marxismus wurde mehr und mehr zur soziali-

stisch-kommunistischen Heilslehre mit doktrinären Zügen, doch das Schöpferische an ihm, das, was ihn eigentlich auszeichnete, die historisch-materialistische Methode, ging tendenziell verloren. Nicht umsonst hatte ja Marx gesagt: »Alles, was ich weiß, ist, daß ich kein Marxist bin!« Die »Marxisten« der Zweiten Internationale machten sich nicht mehr die Mühe, zu analysieren, wie die zweite industrielle Revolution die Produktions- und Arbeitsverhältnisse revolutioniert hatte. Die nach 1880 entstehende Montageindustrie, die neuen Verfahrenstechniken und Methoden der Verwissenschaftlichung des Produktionsprozesses, die damit gegebenen neuen Formen der Arbeitsteilung, die Trennung von körperlicher und geistiger Arbeit auf neuer Stufe – all dies mußte auch Lebensweise, Alltag und (Selbst-) Bewußtsein der Industriearbeiterschaft tiefgreifend verändern.

Der sozialistische Aufbruch der Arbeiterbewegung während der ersten industriellen Revolution war sich gerade deshalb sicher, am Ziel jenseits der kapitalistischen Gesellschaft anzukommen, weil er von einer noch nicht durch das Kapital eingenommenen Bastion aus gegen dessen Herrschaft anrannte. Diese Bastion war die Produzentensouveränität der alten, noch weitgehend handwerklich strukturierten Arbeitskultur. Die meisten Lohnarbeiter waren auf dieser Stufe (wie Marx schreibt) nur »formell«, d. h. mittels Kauf der Ware Arbeitskraft, »unter das Kapital subsumiert«, doch waren sie weithin noch im Besitz ihrer fachlich-handwerklichen Fähigkeiten, die ihr Berufsethos und ihr Selbstbewußtsein konstituierten.

Dies sollte sich ändern mit der Verwissenschaftlichung des Produktionsprozesses, die im Zuge der zweiten industriellen Revolution um 1880 einsetzte, in einigen Industriezweigen auch schon vorher. Ihre Auswirkungen auf Arbeit, Lebensweise und (Selbst-)Bewußtsein der Industriearbeiterschaft konnte Marx daher schon in den »Grundrissen« und im »Kapital« reflektieren – und damit wiederum eine Entwicklungstendenz des Kapitals vorwegnehmen, die erst im 20. Jahrhundert voll zum Durchbruch gelangen sollte. Er beschreibt hier sehr genau, wie sich mit der Verwissenschaftlichung des Arbeitsprozesses das Verhältnis des Arbeiters zu seinem Arbeitsmittel radikal wandelt: Dieses fungiert nicht mehr als ein vom ihm gehandhabtes Werkzeug, das ihn zum souveränen Subjekt des Arbeitsprozesses macht, sondern es erscheint jetzt als Teil der Maschinerie, und die Produktionsintelligenz geht jetzt von ihm auf den intelligenten Automaten über: »... dieser Automat, bestehend aus zahlreichen mechanischen und intellektuellen Organen, so daß die Arbeiter nur als bewußte Glieder desselben bestimmt sind ... Die Maschine erscheint in keiner Beziehung als Arbeitsmittel des einzelnen Arbeiters ... die Maschine, die für den Arbeiter Geschick und Kraft besitzt, ist selbst der Virtuose, der eine eigene Seele besitzt ... Die Wissenschaft, die die unbelebten Glieder der Maschinerie zwingt, durch ihre Konstruktion zweckgemäß als Automat zu wirken, existiert nicht im Bewußtsein des Arbeiters, sondern wirkt durch die Maschine als fremde Macht auf ihn, als Macht der Maschine selbst.«[24] Die Arbeit erscheint jetzt nur noch als »zerstreut, subsumiert unter den Gesamtprozeß der Maschinerie«, gegenüber dessen »gewaltigem Organismus« der einzelne Arbeiter sein Tun als »unbedeutend« empfinden muß: Er ist nur mehr »bloßes lebendiges Zubehör dieser Maschinerie«, und gemessen an ihr verschwindet »die verwertende Kraft des einzelnen Arbeitsvermögens als unendlich kleines.«[25]

Damit aber wird seine eigene handwerkliche und fachliche Kompetenz radikal entwertet und die lebendige Arbeit nicht nur formell (über das formelle Kontraktverhältnis mittels Kauf der Ware Arbeitskraft), sondern auch »reell« unter das Kapital fixe, die Maschinerie etc., subsumiert.[26] Die Zerstörung der überkommenen Produzentensubjektivität der (Hand-)Arbeiter, ihre Verwandlung in bloße Anhängsel eines automatischen Maschinensystems mußte denn auch die klassische Utopie von der »Befreiung (in) der Arbeit« und der Beherrschung des Produktionsprozesses durch die »frei assoziierten Produzenten« nachhaltig zersetzen.

In dem von Taylor begründeten neuen Arbeitssystem wurde jeder Handgriff, jede Bewegung, jede Tätigkeit des Arbeiters Gegenstand wissenschaftlichen Studiums. Ein eigenes, den Arbeitern entgegengesetzes Arbeitsbüro mit wissenschaftlichen Prinzipien der Ausbeutung und Herrschaft wurde in die Betriebe eingeführt, um über Zeitstudien und Bemessung des Stücklohns die Profitrate zu erhöhen und einen gewissen »Hochlohn« zu ermöglichen, der Streiks vorbeugen sollte. »Scientific management« wurde damit zur Grundlage für die innere Zerrissenheit und Zersetzung der Klasse. Phantasie und geistige Entwicklung, die Freiwerdung der neuen Bedürfnisse, wurden nicht nur durch das allgemeine Kapitalverhältnis, durch die lange Arbeitszeit, sondern auch durch die sich im Taylor-System spezifisch vollziehende Ent-Intellektualisierung, Ent-Geistigung unmöglich gemacht. Auch die Arbeiterbildungsbewegung konnte diesen Prozeß kaum aufhalten. In der sich so verändernden Betriebsstruktur konnte der vorher gegebene unmittelbare Klasseninstinkt nicht mehr wie zuvor in die naturwüchsige Klassensolidarität umschlagen.

Während auf den Tribünen der Zweiten Internationale das »revolutionäre Subjekt« und die »historische Mission des Proletariats« in salbungsvollen Worten beschworen wurde, war dieses längst zersplittert, weitgehend entintellektualisiert, um seine handwerkliche Kompetenz und sein Produktionswissen gebracht, d. h. nicht nur formell, sondern auch *reell unter das Kapital subsumiert worden.*

Die wissenschaftliche Beherrschung der Natur durch den Menschen hatte sich längst in die Beherrschung des Menschen durch diesen wissenschaftlichen Prozeß der Naturbeherrschung selbst verkehrt. Und daran kann auch die Aufhebung der kapitalistischen Eigentumsverhältnisse kaum etwas ändern. Dies hat wohl als erster André Gorz klar ausgesprochen: »Die Industrie ist die Tochter des Kapitalismus, sie trägt sein unauslöschliches Mal... Entstanden aus der Trennung des Arbeiters von ›seinem‹ Produkt und seinen Arbeitsmitteln, macht die industrielle Maschinerie diese Trennung selbst zur Notwendigkeit... Sie kann also ihrem Wesen nach nicht durch die Arbeit angeeignet werden, und sie wird auch dann noch fortbestehen, wenn das Privateigentum an Produktionsmitteln und das Primat des Profits längst beseitigt sein sollten.«[27]

7. Das »allgemeine Gesetz der kapitalistischen Akkumulation« setzt sich im Weltmaßstab durch

Marxens Vorhersage, daß die privatkapitalistischen Eigentumsverhältnisse zu einer Fessel für die weitere Entwicklung der Produktivkräfte werden würden und daher notwendig gesprengt werden müßten, sollte sich gerade in jenen Ländern nicht bewahrheiten, deren ureigenstes Produkt der moderne industrielle Kapitalismus und der voll entwickelte Warenverkehr war: in den Ländern zu beiden Seiten des Atlantiks.

Hier entwickelte die Bourgeoisie eine Lebenskraft und Anpassungsfähigkeit, die ihr freilich 1870 noch nicht im Gesicht geschrieben stand. Doch hat sich seine Prognose in einer anderen Hinsicht bewahrheitet: Der freie Markt und die imperiale Expansion der führenden Industrienationen wurden zum Hindernis für die Industrialisierung der zurückgebliebenen Länder und der kolonisierten Erdteile. In seinen Heimatländern bewirkte der freie Markt die rasanteste industrielle Entwicklung, in seinen Randzonen hemmte er sie und zwang die zurückbleibenden Länder, Schutzdämme gegen ihn zu errichten. Das 19. Jahrhundert hat im Wechselspiel der heutigen nordatlantischen Industrienationen ein Vorspiel davon gegeben. Die erste Industriemacht, Großbritannien, war Verfechter des Freihandels, die zurückbleibenden Vereinigten Staaten, Frankreich, Deutschland, Belgien u. a. konnten nur durch zeitweilige Schutzpolitik den Vorsprung aufzuholen suchen, was ihnen gelang. »Das Protektionssystem«, schreibt Marx im »Kapital«, »war ein Kunstmittel, Fabrikanten zu fabrizieren, unabhängige Arbeiter zu expropriieren, die nationalen Produktions- und Lebensmittel zu kapitalisieren, den Übergang aus der altertümlichen in die moderne Produktionsweise gewaltsam abzukürzen.«[28]

Der Schutzzoll ist jedoch ein zweischneidiges Schwert, vor allem in den Händen der rückständigen Länder. Zunächst sichert er den eigenen Markt vor der Überschwemmung mit fremden und billigen Waren, aber von einem bestimmten Zeitpunkt an hindert er die eigenen Waren, international konkurrenzfähig zu werden, weil er sie aus dem internationalen Wertvergleich heraushält. Begünstigt der Protektionismus zunächst den eigenen industriellen Fortschritt, so begünstigt er doch auf einmal die eigene Rückständigkeit, das Hinterwäldlertum, den Provinzialismus. Dasselbe Dilemma sollte im 20. Jahrhundert in den Ländern der asiatischen Zone wiederkehren, die durch eine soziale oder »proletarische Revolution« ihre Rückständigkeit zu überwinden und sich zugleich durch die Zentralisation der Produktionsmittel in den Händen des Staates dagegen zu schützen suchten, zum kolonialen Hinterhof und Absatzmarkt für die entwickelten Industrienationen zu werden.

Der freie Markt und die rasante Entwicklung der Produktivkräfte in den hochentwickelten westlichen Industrieländern wurden somit zur Fessel für die Entwicklung der zurückgebliebenen Länder; sei es dadurch, daß diese sich vor dem Weltmarkt protektionistisch abzuschotten suchten, sei es dadurch, daß sie ihren inneren Markt den billigen Industrieprodukten der europäischen Großmächte zuletzt doch öffnen mußten; was zur Zerstörung des heimischen Handwerks und der heimischen Manufakturen führte und die Entwicklung einer eigenen Industrie behinderte, wie es Marx für die britische Kronkolonie Indien exemplarisch beschrieben hat. Die Hindu-Spinnerei und Hindu-Weberei wurden von der billigen englischen Baumwolle niederkonkurriert und zerstört.[29] Das Zurückbleiben der Länder der Peripherie hinter denen der kapitalistischen Zentren war allerdings auch in deren rückständigen Verhältnissen und Produktionsweisen begründet; dies galt besonders für Länder mit asiatischer oder halbasiatischer Produktionsweise, die von innen heraus keinerlei Impulse für eine dynamische Produktivkraftentwicklung freisetzen konnten und, wie das russische Zarenreich, in eine Entwicklungsfalle geraten waren.

Für die kolonisierten und halbkolonialen Völker Asiens, Afrikas und Lateinamerikas sollte denn auch Marxens Prognose von der »Verelendung des Proletariats« bittere Wirklichkeit werden; schon im 19., erst recht aber im 20. Jahrhundert. Dies zeigt allein die Tatsache, daß heute jeden Tag 40 000 Kinder in den Ländern der Dritten und Vierten Welt vor Hunger und an Krankheiten sterben, die mit billigen Impfstoffen zu bekämpfen wären, und daß derzeit weltweit 200 Millionen Kinder arbeiten müssen, um nicht Hungers zu sterben. Von den 80 Millionen »street kids«, die keine Bleibe haben und sich mit Prostitution, Drogenhandel, Kriminalität und Gelegenheitsjobs etc. über Wasser halten, leben 40 Millionen in Lateinamerika, d. h. in dem vom US-Kapitalismus beherrschten Subkontinent. Die Epoche des Manchester-Kapitalismus und das mit ihm verbundene Massenelend liegt also noch längst nicht hinter uns, sie ist im Gegenteil für den übergroßen Teil der Menschheit noch immer brutale Wirklichkeit.

Ja, in vielen Ländern des Südens hat die barbarische Frühphase der bürgerlichen Gesellschaft gerade erst begonnen, so z. B. in bestimmten Regionen Argentiniens und Brasiliens, wo sich eine klassische »ursprüngliche Akkumulation« mit all dem Terror vollzieht, wie er für Westeuropa seinerzeit charakteristisch war: So wie damals in England und Schottland die Bauern und kleinen Pächter zu Tausenden und Abertausenden von ihren Höfen, ihrem Grund und Boden vertrieben und gewaltsam expropriiert wurden, weil ihr Ackerland in Viehweide

zum Nutzen der großen Baumwoll- und Textilmanufakturen umgewandelt wurde, so werden heute die Indios der Amazonasregion mit Gewalt vertrieben und der Regenwald abgeholzt, im Interesse der heimischen Großgrundbesitzer, die große Viehweiden für die Rinderzucht benötigen, und der westlichen Multis, die die Fleischkonserven und die Edelhölzer billig einkaufen.
Nach dem Fall der Rohstoffpreise sind die in Unterentwicklung gehaltenen Länder bekanntlich immer weniger in der Lage, die notwendigen Industrieprodukte und -ausrüstungen der Ersten Welt zu bezahlen. Nicht zuletzt infolge der Politik des Internationalen Währungsfonds und der Weltbank, den Monopolorganisationen der reichen Industriestaaten gegenüber der Dritten Welt, hat sich seit den frühen achtziger Jahren der Kapitalfluß wieder umgekehrt – trotz Entwicklungshilfe! Allein im Jahre 1989 sind 37 Milliarden Dollar vom armen Süden in den reichen Norden geflossen. Das ist ungefähr so, wie Willy Brandt treffend formulierte, als würde ein todkranker Patient dem Arzt noch sein Blut spenden. Der Souverän von 1989 trägt, scheint es, schwer an den Früchten der Freiheit. Er bricht schier zusammen unter der Last seiner vollen Einkaufs- und Mülltüten; während seine schwarzen und dunkelhäutigen »Brüder« in Afrika und Asien, in Nairobi und Kalkutta vor Entkräftung und Hunger zusammenbrechen. Etwa 20 Millionen Menschen sterben jährlich an Hunger.
1789 verzehrte ein Viertel des französischen Volkes über 70 Prozent aller Nahrungsmittel und Güter des Landes. Die Folge waren Hungerrevolten und der »Sturm auf die Bastille«. 1989 verkonsumiert ein Sechstel der Weltbevölkerung, vor allem Westeuropa, die USA und Japan, siebzig Prozent der vorhandenen Rohstoffe und Ressourcen. Aber die Internationale des Hungers und der Armut hält still. Womit auch sollte sie die waffenstarrende »Bastille« der reichen Industrienationen erstürmen? Die Zivilisation des »weißen Mannes« hat kein Recht, sich im 200. Jahr der Freiheit als Erben der Französischen Revolution zu feiern. Gegenüber der Internationale des Hungers verkörpert sie heute mit all ihrer privilegierten Freiheit und Demokratie das Ancien Régime!
Marx hat von Anfang an sein Studienobjekt, den Kapitalismus, als universellen und globalen Gegenstand aufgefaßt und stets auch seine Auswirkungen auf die Peripherie im Auge gehabt. Er hat zwar nicht vorausgesehen und es zu seiner Zeit nicht für möglich gehalten, daß der

Kapitalismus in seinen Zentren durch einen sozialstaatlichen Kompromiß gezähmt werden könne, doch hat er genau gewußt, was die Jagd des Kapitals um die Erdkugel für die kolonisierten Völker bedeutet. Die Tatsache, daß die reichen Länder immer reicher und die armen immer ärmer werden, beweist denn auch, daß sich das »allgemeine Gesetz der kapitalistischen Akkumulation« im Weltmaßstab durchgesetzt hat: »Die Akkumulation von Reichtum auf dem einen Pol ist also zugleich Akkumulation von Elend, Arbeitsqual, Sklaverei, Unwissenheit, Brutalisierung und moralischer Degradation auf dem Gegenpol« (Marx).[30] Nur der bornierte eurozentrische Betrachter kann daher behaupten, die Entwicklung der »sozialen Marktwirtschaft« (die nur in wenigen hochentwickelten Ländern des Westens einigermaßen funktioniert, aber auch hier zu alter und neuer Armut und zur »dualen Gesellschaft« führt), habe die Marxsche »Kapital«-Analyse in toto widerlegt.

Im Zeithorizont des 19. Jahrhunderts war auch die Marxsche Krisen- und Zusammenbruchstheorie durchaus begründet. Tatsächlich nahmen die zyklischen Krisen damals immer zerstörerische Verlaufsformen an. Und nur wenn man den Marxschen Krisenbegriff eng ökonomistisch auslegt und auf die jeweils nationale Ökonomie einschränkt, kann Marx in dieser Hinsicht als widerlegt gelten. Was aber war der Erste Weltkrieg mit seinen 10 Millionen Toten und seinen 30 Millionen Verkrüppelten anderes als ein epochaler Zusammenbruch des damaligen Weltkapitalismus, verursacht letztlich durch den ruinösen Konkurrenzkampf der einzelnen imperialistischen Großnationen um die Weltherrschaft und um die Hegemonie auf dem Weltmarkt?

Allerdings sollte sich Lenins Diktum, daß der Imperialismus als »höchstes Stadium des Kapitalismus« zugleich auch sein »letztes«, sein »Fäulnisstadium « einleite, als Fehlanzeige erweisen. Vor allem Lenins Imperialismus-Schrift, der gleichwohl ein hoher Erklärungswert bezüglich der Entstehung des Ersten Weltkrieges zukommt und die daher noch bis vor kurzem zu den nahezu sakrosankten Schriften der Linken und Kommunisten aller Länder gehörte, hat den Blick für die unerhörte Anpassungs- und Innovationsfähigkeit dieses Systems getrübt, das – entgegen allen marxistischen Prognosen – seine Krisen und Zusammenbrüche nicht nur überlebt hat, sondern mit erneuerter Schwungkraft aus ihnen wieder aufgestiegen ist. Das heißt indessen nicht, daß es nun für alle Zeiten krisenfest geworden wäre.

8. Der exoterische und der esoterische Marx

Unter dem Eindruck der Epochenwende des Jahres 1989 und dem Verlöschen der »kommunistischen« Systeme ist es, auch unter vielen Linken und Grünen, üblich geworden, die Wissenschaftlichkeit des Marxismus pauschal in Abrede zu stellen; dies aber ist nur die schlechte und törichte Antithese zur früheren unkritischen Verabsolutierung der Marxschen Lehren als universell gültige. Aus dem über hundertjährigen Abstand von heute können und sollten wir vielmehr genauer unterscheiden zwischen dem Teil des Marxschen Werkes – und damit ist vor allem das Frühwerk bis 1848 gemeint –, das noch stark eschatologisch geprägt ist, und seinem wirklich wissenschaftlich begründeten, methodologisch schlüssigen und empirisch abgestützten Hauptwerk, womit vor allem die »Kritik der Politischen Ökonomie des Kapitals« gemeint ist.

Eine in diesem Zusammenhang sehr nützliche Unterscheidung hat Stefan Breuer[31] getroffen: Er unterscheidet strikt den »exoterischen« vom »esoterischen« Marx. Der erstere ist identisch mit dem Tribunen und Propagandisten der Arbeiterbewegung seiner Zeit, mit dem eschatologischen Revolutionskünder, dem wir (samt den dazugehörigen Schriften) heute getrost den ihm gebührenden Platz im Museum der Sozialgeschichte des 19. Jahrhunderts zuweisen können. Dies gilt auch für den »wissenschaftlichen Sozialismus«, soweit es sich dabei um »die Wissenschaft von den Bedingungen der Befreiung des Proletariats« (Engels) handelt; diese »Wissenschaft« war, wie schon gesagt, eher Ausdruck der Revolutionserwartung der Arbeiterbewegung des 19. Jahrhunderts denn eine stringente, aus der Kapitalbewegung abgeleitete soziologische Disziplin.

Der andere aber, der »esoterische« Marx, ist der geniale Analytiker und erste Sozialhistoriker seiner Zeit, der den geschichtlichen Formationsprozeß und die »Anatomie der bürgerlichen« Gesellschaft und darüberhinaus die (bisherige) Gattungsgeschichte der Menschheit in ihren verschiedenen Produktionsweisen und -epochen (die urkommunistische, die antike, die asiatische, die feudale und die kapitalistische) mit einer Methode rekonstruiert hat, die noch heute unübertroffen ist. Darin ist sein Werk dem von Charles Darwin vergleichbar, der die Evolutionsgeschichte, die Stufen- und Abstammungsfolge der ver-

schiedenen Arten aus dem empirischen Material der (noch) vorhandenen Tier- und Pflanzenbiotope abgeleitet hat. Was für Darwin die Galapagos-Inseln, war für Marx die Londoner Bibliothek. Das säkulare sozialhistorische Forschungswerk von Marx und Engels wird daher auch diejenigen überdauern, die es heute, meist ohne es zu kennen, auf den Müllplatz der Geschichte deponieren wollen.
»Esoterisch« nennt Breuer diesen Marx deshalb, weil er längst nicht so populär wie der »exoterische« Marx, der Propagandist und Künder der kommenden proletarischen Revolution, war. Der »esoterische« Marx war im Gegenteil ein einsamer und zu seinen Lebzeiten fast unbekannter Mann. Als der 1. Band des »Kapital« erschien, hatte dieses kaum ein öffentliches Echo. Auch wenn sich viele Arbeiterführer und -parteien später auf das »Kapital« beriefen, gekannt haben sie es meistens nur vom Hörensagen. Die Arbeiterbewegung des 19. Jahrhunderts war nicht auf der Höhe der Marxschen »Kapital«-Analyse (konnte es auch nicht sein), und die marxistische Theorie nach Marx war (von wenigen Ausnahmen abgesehen) nie mehr auf der Höhe ihrer Zeit, d. h. der jeweils neuesten Entwicklungsstufe des Kapitalismus.
Daß das »Kapital« auch heute meist nur von linken Insiderzirkeln und marxistischen »Esoterikern« gelesen wird, liegt nicht etwa daran, daß es »so schwierig« und »abstrakt« ist. Das ist es gar nicht. Marx war nicht nur ein blendender Stilist und ein hochkarätiger Schriftsteller, der über eine Sprachmächtigkeit, einen Metaphernreichtum und einen Witz verfügte wie kaum einer seiner Zeitgenossen – manche seiner Schriften, wie z. B. »Der 18. Brumaire des Louis Bonaparte«, lesen sich wie Shakespeare in Prosa –, er war auch ein vorzüglicher Didaktiker, der seinen gewaltigen und komplexen Stoff wunderbar aufzubereiten verstand. Der eigentliche Grund für die allgemein verbreitete Unkenntnis des Marxschen Hauptwerkes liegt in dem Skandalon, den dieses noch immer für das bürgerliche Bewußtsein verkörpert, liegt in der methodischen Radikalität und Rücksichtslosigkeit, mit der Marx sämtliche Illusionen und Mystifikationen bezüglich der barbarischen Frühphase der bürgerlichen Gesellschaft und ihren Ausbeutungscharakter ab- und beiseitegeräumt hat. Vor allem kommt Marx das Verdienst zu, wie Claude Lévy-Strauss sagt, die moderne theoretische Modellkonstruktion der »bürgerlichen Gesellschaft« erfunden zu haben. »Ein Werk wie ›Das Kapital‹ mit seinem Reichtum und seinen Komplikatio-

nen ist letztlich die Laborkonstruktion eines Modells der kapitalistischen Gesellschaft. Marx hat das Modell funktionstüchtig gemacht und die Beobachtungen, die er an ihm anstellen konnte, mit der empirischen Wirklichkeit verglichen.«[32]
Gewiß gibt es in dieser Modellkonstruktion einige von Marx als soziologische »Gesetze« verabsolutierte Theoreme, die heute fragwürdig geworden sind und einer Überprüfung bedürfen (so etwa das Theorem vom »tendenziellen Fall der Profitrate« und seine Theorie der zyklischen Krisen, die auch heute noch verifiziert werden kann, nur in ihrer Zuspitzung als Zusammenbruchstheorie nicht mehr stichhaltig ist). Auch darin war Marx ein Kind seiner Zeit, nämlich des szientistischen Zeitalters mit seinem deterministischen »Gesetzes«-Begriff und seinem positivistischen Fortschrittsdenken, das seine stärkste Ausprägung in den Naturwissenschaften fand und von dort auch auf die Sozialwissenschaften ausstrahlte. Die modernen Naturwissenschaften entpuppten sich gerade erst als die großen Entzauberer, welche die Geheimnisse aller Lebensfunktionen endgültig der Zuständigkeit von Magie, Glauben und okkulten Wissenschaften zu entreißen versprachen. Als Aufklärer verbündeten sich Biologie, Physik, Chemie mit der modernen Technik, die ihrerseits als zentrale Produktivkraft in das Ensemble der kapitalistischen Fortschrittskräfte eintrat. Darwin, Liebig und die Vorläufer Edisons bewunderte Marx denn auch weit mehr als Proudhon, Lassalle und Bakunin. Nicht zuletzt der Bewunderung für die Pionierleistungen seiner naturwissenschaftlichen Zeitgenossen entsprang Marxens theoretischer Ehrgeiz, die bürgerlich-kapitalistische Gesellschaft als ein »System« zu erfassen, das sich zwar ständig weiterentwickelte, dessen Entwicklungs*gesetze* jedoch mit der historisch-materialistischen Methode vollständig entschlüsselt und in quasi-mathematischen Formeln fixiert werden sollten. Aus der panrationalistischen Utopie der Aufklärung, Natur und gesellschaftliche Synthesis seien vollständig erkenntnisfähig, erklärbar und damit auch beherrschbar, resultierte letztlich auch die trügerische Selbstgewißheit der Kommunisten, daß sie – wie es im »Manifest« heißt – »theoretisch vor der übrigen Masse des Proletariats die Einsicht in die Bedingungen, den Gang und die allgemeinen Resultate der proletarischen Bewegung voraus (haben).«[32a] Der politische Avantgarde- und Alleinvertretungsanspruch der späteren kommunistischen Einheitsparteien gründete auf

der Vorstellung, daß das Wissen um den Lauf der Geschichte und den »richtigen Weg« der sozialistischen Revolution in der Partei inkorporiert sei. Wenn auch der anti-etatistische Sozialist Marx nicht als theoretischer Vorläufer des Staatssozialismus und seiner Einparteiendiktatur dingfest gemacht werden kann, so hat doch sein deterministischer »Gesetzes«-Begriff und seine rationalistische Utopie von der bewußten und planmäßigen Gestaltung des gesellschaftlichen Lebensprozesses dem Wahn seiner »marxistisch-leninistischen« und stalinistischen Erben Vorschub geleistet, daß die Partei immer im Recht sei, weil sie das »Gesetz der Geschichte« auf ihrer Seite habe, und daß darüberhinaus der gesellschaftliche Prozeß im Sinne dieses »Gesetzes« vollkommen beherrschbar und durch einen »vernünftigen« (Zentral-)Plan zu steuern sei.

Erst die großen erkenntnistheoretischen Entdeckungen der Naturwissenschaften des 20. Jahrhunderts – Einsteins Relativitätstheorie, Max Planks Quantenmechanik, Heisenbergs Unschärferelation u. a. – sollten den deterministischen Wissenschafts- und mechanistischen Systembegriff des 18. und 19. Jahrhunderts, der noch sehr von den Modellen der Newtonschen Mechanik geprägt war, durch einen neuen Wissenschaftsbegriff ablösen, in dem die Relativität (von Zeit und Raum), die Kategorien der Wahrscheinlichkeit und der Möglichkeit einen zentralen Stellenwert einnehmen. Nicht zuletzt der hochmütigen Ignoranz der meisten Nach-Marxschen Denkschulen gegenüber den Erkenntnissen der modernen Naturwissenschaften und der Kanonisierung gewisser Ausführungen von Friedrich Engels zur »Dialektik der Natur« (»Anti-Dühring«) ist es zu danken, daß der »Marxismus-Leninismus« und die meisten neomarxistischen Schulen des 20. Jahrhunderts auf erkenntnistheoretischer Ebene über das 19. Jahrhundert nicht hinausgelangt sind.

Marxens historisch erklärbarer Glaube an das soziologische »Gesetz« weist ihn zwar als Denker des 19. Jahrhunderts aus; seine analytische Gründlichkeit und seine modelltheoretische Genialität ließen ihn jedoch Erkenntnisse zutage fördern, die seiner Zeit weit vorausgriffen. »Das Kapital« als Modellkonstruktion beschreibt nicht nur exakt die Funktionsweise des beginnenden Industriekapitalismus. Auch wenn dieser im letzten Drittel des 19., erst recht im 20. Jahrhundert erhebliche Wandlungen durchgemacht und neue Spezifika entwickelt hat, die charakteristischen Momente dieser Produktionsweise und ihrer Entwicklungslogik haben sich nicht verändert. Übrigens werden ja viele Marxsche Erkenntnisse über die Wirkungsweise der »Marktwirtschaft« heute ganz selbstverständlich auch von Leuten benutzt, die nie auf die Idee kämen, sich als »Marxisten« zu bezeichnen. Selbst der Wirtschaftsteil der FAZ liest sich wie eine unfreiwillige Lose-Blatt-Sammlung zum – leider nicht mehr geschriebenen – 4. Band des »Kapitals.« Wenn sich auch Marxens revolutionäre Therapie in der asiatischen Zone, wo sie zweckentfremdet, gleichwohl in seinem Namen appliziert wurde, als historische Fehlindikation herausgestellt hat, *seine Diagnose ist noch immer zutreffend*. Heute, da die große Perspektive des Umsturzes zur schlichten Systemreform heruntergekürzt wurde, scheint er zwar nicht mehr zuständig. Doch jetzt, wo sich das Gespenst des »real existierenden Sozialismus« aus Europa und der Sowjetunion verabschiedet hat, wird der Kapitalismus – und zwar auf globaler – Ebene nur noch mit seinen eigenen Widersprüchen, seinen sozial und ökologisch destruktiven Tendenzen konfrontiert werden. Und die hat ihm Karl Marx am klarsten auf den Leib geschrieben. »Die ›Kapital‹Analyse ist der Biß des toten Hundes, und er geht immer noch durch bis auf die Knochen« (Barbara Sichtermann).[33]

9. Dogmatisierung und ideologische Funktionalisierung der Marxschen Lehren in der II. und III. Internationale

Nicht wenige Fehleinschätzungen über den Lauf der geschichtlichen Entwicklung und des Sozialismus werden heute auf dem Konto von Marx und Engels verbucht, obwohl sie in Wirklichkeit den dogmatischen Auslegungen und theoretischen Verengungen der späteren »Marxismen« anzulasten sind.
Zwar hat Marx seine teleonomische Zielbestimmung der Geschichte, die der im Weltproletariat verkörperte »Weltgeist« bzw. die Internationale schon zu einem guten Ende führen werde, nie ernstlich in Zweifel gezogen; doch hat er seine sehr differenzierten Beschreibungen der verschiedenen Produktionsweisen und -epochen der Menschheit nie im Sinne einer zwingenden Abfolge, einer notwendigen Stufenleiter verstanden. Dagegen haben der »Marxismus« der II., erst recht der »Mar-

xismus-Leninismus« der III. Internationale aus Marxens sozialhistorischer Rekonstruktion der verschiedenen Produktionsweisen ein weltgeschichtliches Kalendarium gezimmert, demzufolge die Geschichte mit »eherner Notwendigkeit« und nach dem immerselben Fahrplan von der feudalen zur kapitalistischen und von dieser zur sozialistischen Stufe der Entwicklung fortschreite, wobei der Übergang stets durch den Paukenschlag einer Revolution eingeleitet und vollzogen werde. Daß ein gesellschaftlicher Formationswandel sich auch auf evolutionärem Wege oder durch Fremdeinwirkung von außen, etwa durch Eroberungen, vollziehen kann oder daß ganze Reiche untergehen können, ohne daß eine höhere Gesellschaftsordnung an ihre Stelle tritt, dafür liefert die ältere und neuere Geschichte viele Belege, die Marx zum Teil sehr genau untersucht hat (etwa die Asiatisierung der russischen Gesellschaft durch die mongolischen Eroberer, der Untergang des römischen Reiches, das sang- und klanglose Versinken der alten Inka- und Maja-Kulturen). Auch der Zerfall des Sowjetimperiums und der durch Gorbatschows »Perestroika« eingeleitete Systemwandel in der vormaligen Sowjetunion ist ein evolutionärer Prozeß mit durchaus ungewissem Ausgang.

Auch neigten die diversen Nach-Marxschen Denkschulen dazu, die Rolle der Ideologie und des sog. »subjektiven Faktors« im Geschichtsprozeß sträflich zu vernachlässigen. Dies hing allerdings mit einer spezifischen Leerstelle schon im Marxschen Werk zusammen. Marx hatte ja, im Vorwort zum ersten Band des »Kapital«, ausdrücklich betont, daß »es sich hier um die Personen nur (handelt), soweit sie Personifikation ökonomischer Kategorien sind, Träger von bestimmten Klassenverhältnissen und Interessen.«[34] Mit dem Begriff der »Charaktermaske« hatte er eine Priorität gesetzt, nämlich die Priorität des ökonomischen Prozesses, der sich unabhängig vom Willen und Bewußtsein des Subjekts, hinter seinem Rücken vollzieht; aber dieser Begriff bezeichnete zugleich die Marx sehr wohl bewußte »Leerstelle« seiner Theorie: nämlich den »Charakter« des Subjekts, soweit er nicht in der »Charaktermaske«, der Warenform der Identität, aufgeht; das Bewußtsein des Subjekts, soweit es nicht mit seinem Sein, die Lebensgeschichte des Subjekts, soweit sie nicht mit seiner Klassengeschichte identisch ist. Der berühmte Satz »Das Sein bestimmt das Bewußtsein« richtete sich polemisch gegen die idealistische Geschichtsauffassung seiner Zeit, die

blind für die ökonomischen und sozialen Determinanten geschichtlicher Prozesse war. Daß Marxens Interesse nicht der Erforschung dieser Differenz zwischen subjektivem Bewußtsein und ökonomischem Sein galt, heißt jedoch nicht, daß diese Differenz für den Geschichtsprozeß überhaupt irrelevant sei. Marx hat sie aus seinen Forschungen lediglich ausgeklammert. Doch hat er immer wieder von den »Leidenschaften des menschlichen Kopfes« gesprochen, und wie geschichtsmächtig diese unter Umständen sein konnten, dies wußte der profunde Kenner Shakespeares, der dessen Dramen auswendig kannte, nur allzu gut.
Just diese methodologisch begründete Leerstelle im Marxschen Werk sollte jedoch zum Einfallstor für eine ökonomistisch verengte Auslegung seiner Erkenntnisse werden, die später in der »marxistischen Widerspiegelungstheorie« der III. Internationalen gipfelte, welche die Rolle des Subjekts und seiner Psychologie im Geschichtsprozeß vollkommen negierte. Doch auch schon der offizielle »Marxismus« der II. Internationale hat die relative Eigenständigkeit der Ideologie gegenüber der Basis, des »falschen Bewußtseins« gegenüber dem Sein, sträflich unterschätzt. Daß sich, vor allem in geschichtlichen Krisen- und Umbruchsituationen, die Mitglieder der unterdrückten und ausgebeuteten Klassen oftmals konträr zu ihren objektiven Klasseninteressen verhalten, diese »Schere zwischen Sein und Bewußtsein« (Wilhelm Reich),[35] diese Abwehr- und Destruktionsmechanismen von Klassenbewußtsein sind nicht erst im Nationalsozialismus und Stalinismus zur »materiellen Gewalt« geworden. Schon 1914 haben die Nationalgefühle der europäischen Arbeiterschaft über den sozialen Instinkt und die internationale Klassensolidarität gesiegt. Und bereits Marx hatte ja mit nicht gelindem Entsetzen beschrieben, wie sich Napoleon III. bei seinen protofaschistischen Gewaltorgien gegen die sozialistischen und republikanischen Arbeiter von Paris auf das Lumpenproletariat stützen konnte, das doch auch zu jenen »Erniedrigten und Beleidigten« zählte, denen eigentlich die Zukunft gehören sollte. Die politische Sozialpsychologie und Psychopathologie gesellschaftlicher Umbruch- und Krisensituationen gehörte denn auch zu den chronischen Defiziten der diversen »Marxismen« und der Arbeiterbewegung.
Auch eine andere Lücke der Marxschen Theorie sollte zum Angelpunkt für folgenschwere ideologische Funktionalisierungen werden.

Marx und Engels hatten zwar einige axiomatische Aussagen über die Strukturprinzipien der kommenden sozialistischen bzw. kommunistischen Gesellschaft gemacht, doch über die konkreten politischen und institutionellen Formen einer revolutionären Übergangsgesellschaft, zumal in einem rückständigen Land, haben sie nicht nachgedacht. Den Kapitalismus zu verstehen war für sie wichtiger, als sich den Kopf über die künftige Revolution und deren Transformationsprobleme zu zerbrechen. In welchen politisch-institutionellen Vermittlungsformen sich ein solcher Übergang vollziehen mußte, damit die »Diktatur des Proletariats« wirklich zur Herrschaft der Volksmehrheit über die Minderheit der Ausbeuter führe statt zur Diktatur einer Partei oder Parteielite, wie die Gemeinschaft der »frei assoziierten Produzenten« die Wirtschaft gestalten und handhaben sollte, ohne daß dabei Staatsmonopole und repressive Staatsbürokratien herauskommen, diese Fragen behandelten sie nicht, weil sie sich zu ihrer Zeit noch nicht stellten.

Dieses Defizit der Theorie hing allerdings auch mit Marxens geschichtsphilosophischem Radikalismus und Reduktionismus zusammen: Alle vermittelnden Verhältnisse wie Geld, Markt und Staat sah er letztlich als »entfremdete Verhältnisse« an, die im Kommunismus »aufgehoben« seien. Daß die Menschen selbst in einer vollendeten kommunistischen Gesellschaft bestimmte institutionelle Formen, eine politische Bühne zur Austragung ihrer Konflikte und unterschiedlichen Interessen benötigen, diese Vorstellung paßte nicht in sein Tableau der konfliktfreien klassenlosen Gesellschaft. Marxens eher geschichtsphilosophische Theorie der »Revolution« als Aufhebung der menschlichen Selbstentfremdung haben die russischen Kommunisten denn auch wörtlich genommen und sofort nach der politischen Machtergreifung mit der Abschaffung all dieser »Entfremdungsphänomene«, d. h. von Markt und Geld, begonnen, was im Ergebnis bekanntlich die gegenteilige Wirkung hatte, nämlich zur Potenzierung der Entfremdung und der Unterdrückung in Gestalt eines neuen Zwangsstaates führte. Dies soll gewiß nicht heißen, daß Marx als geistiger Wegbereiter des Stalinismus anzusehen sei, wie ihm heute gerne unterstellt wird, es soll nur verständlich machen, warum seine kommunistische Eschatologie sich für fremde Zwecke funktionalisieren ließ.

Indessen haben Marx und Engels nicht den geringsten Zweifel daran gelassen, daß die Gemeinschaft der »frei assoziierten Produzenten« –

und nicht der Staat – die Agentur der Vergesellschaftung sein müsse. Eben diese Grundüberzeugung brachte sie von Anfang an in einen scharfen Gegensatz zu der lassalleschen (Haupt-)Strömung in der Deutschen Sozialdemokratie. Denn diese sah im Staat, den es, sei es auf parlamentarischem, sei es auf revolutionärem Wege, zu erobern galt, den zentralen Hebel zur Einführung des Sozialismus. Die sozialistische Arbeiterregierung hätte nichts weiter zu tun, als die Leitung der Betriebe aus den Händen der Kapitalistenklasse zu übernehmen und diese den politischen Organisationen der Arbeiterklasse zu übertragen – und schon wäre der Sozialismus fix und fertig! Der preußisch-bismarcksche Obrigkeitsstaat, der sie verfolgte, den sie bekämpfte und mit dem sie schließlich, nach der Einführung der Sozialgesetzgebung, ihren »Burgfrieden« schloß, saß der Deutschen Sozialdemokratie so tief in den Knochen, daß sie ihre Staatsfixierung seitdem nicht mehr losgeworden ist.
In der Frage des Etatismus und des Staates standen sich denn auch Marxismus und Lassalleanismus von Anfang an unvereinbar gegenüber. Diese Gleichsetzung von Staat und Gesellschaft, schrieb Friedrich Engels am 12. März 1881 an Eduard Bernstein, »sollen wir kritisieren, nicht aber glauben.« Im gleichen Brief sagt er uns auch, worauf ein solcher Staatssozialismus hinausläuft: »Möglichst viele Proletarier in vom Staat abhängige Beamte und Pensionäre zu verwandeln, neben dem disziplinierten Kriegs- und Beamtenheer auch ein dito Arbeitsheer zu organisieren. Wahlzwang durch staatliche Vorgesetzte statt durch Fabrikaufseher – schöner Sozialismus! Dahin aber kommt man, wenn man dem Bourgeois glaubt, was er selbst nicht glaubt, sondern nur vorgibt: Staat sei Sozialismus!«[36]
An anderer Stelle erklärt Engels, daß eine Verwandlung der Produktionsmittel in Staatseigentum noch keineswegs deren Kapitaleigenschaft aufzuheben vermag, daß es also hiernach nur zu einem Staatskapitalismus kommen kann, unter dem die Proletarier nicht nur Lohnarbeiter bleiben, sondern das Kapitalverhältnis sogar noch »auf die Spitze getrieben wird.«[37] Gerade in dem Maße und in dem Umfang, in dem der moderne Staat mehr und mehr Produktivkräfte in sein Eigentum oder in seine Verfügungsgewalt bekomme, werde er auch wirklich »Gesamtkapitalist«. Und er resümiert: »Das Staatseigentum an den Produktivkräften ist nicht Lösung des Konfliktes«.[38]

Staatseigentum an den Produktionsmitteln und eigenverantwortliches Wirtschaftshandeln, sei es auf Basis des privatkapitalistischen, sei es auf Basis des kooperativen oder genossenschaftlichen Eigentums, schließen sich weitgehend aus. Der Staat als »ideeller Gesamtkapitalist« kann sich nicht darauf beschränken, den Rahmen vorzugeben, in dem die Produzenten selber entscheiden können, wie und was sie produzieren, sondern er muß jede eigenverantwortliche Beziehung der Produktionseinheiten untereinander durch ein lückenloses Reglement ersetzen.

Auf die Zwangsläufigkeit dieser Entwicklung hatte schon Marx in der Auseinandersetzung mit dem »utopischen Sozialismus« hingewiesen. Er nennt zwei Entwicklungsmöglichkeiten für die Regierung auf der Grundlage der Gemeinsamkeit der Produktionsmittel: »In der Tat wäre sie entweder die despotische Regierung der Produktion und Verwalterin der Distribution, oder sie wäre in der Tat nichts weiter als ein board, das für die gemeinsam arbeitende Gesellschaft Buch und Rechnung führt.«[39]

Daß jedwede despotisch-bürokratische Reglementierung der gesellschaftlichen Verhältnisse der Marxschen Vorstellung von Kommunismus zuwiderlief, belegt u. a. auch seine Polemik gegen den Geist der »kommunistischen Kaserne« bei den Bakunisten: »Da haben wir alles, gemeinsame Schlafräume und Kosthäuser, Taxatoren und Kontors zur Bevormundung der Erziehung, der Produktion, der Konsumtion, mit einem Wort jeder sozialen Tätigkeit, und hoch über allem die Oberleitung.«[40] Gerade diese, schon von Marx und Engels kritisierte Linie eines »Kommunismus ... der autoritärer ist als der primitivste Kommunismus«, ist aber im sowjetischen »Kriegskommunismus« und sodann, mit ein paar Jahren Unterbrechung, vollends in der Stalin-Ära zum Durchbruch gekommen.

In der alten Sozialdemokratie hat, unter dem Einfluß von Engels und der ersten Marxisten, noch ein kritisches Bewußtsein in der Abwehr der etatistischen Ideen von Lassalle bestanden und sich sogar immer wieder durchgesetzt. Es gab sozialdemokratische Parteitage, die sich gegen eine bloße Verstaatlichung erklärten, weil Sozialdemokratie und Staatssozialismus unvereinbare Gegensätze seien. Ja, Wilhelm Liebknecht prophezeite damals sogar: »Der letzte Kampf, den die Sozialdemokratie zu kämpfen hat, wird ausgefochten werden unter dem

Schlachtrufe: ›hie Sozialdemokratie – hie Staatssozialismus‹!«[41] Bei vielen orthodoxen Marxisten der Zweiten Internationale waren Marx und Lassalle, Sozialismus und Etatismus indessen eine merkwürdige Verbindung eingegangen, die wir auch in der russischen Sozialdemokratie, die durch die Schule der II. Internationale gegangen ist, wieder finden werden.

Eine derzeit populäre Schuldzuweisung, die von höhnischen *Spiegel*-Titeln wie »Abschied von der Marx- und Murxwirtschaft« begleitet und multimedial verstärkt wird, behauptet zwar, es habe am marxistischen Kompaß gelegen, daß der Fortschrittsdampfer mit der roten Fahne am Mast Schiffbruch erlitten hat. Doch diese Behauptung hält einer genaueren Nachprüfung nicht stand. Nicht Karl Marx und Friedrich Engels haben die Baupläne für jenes Gesellschafts- und Wirtschaftsmodell geliefert, das in ihrem Namen in der Sowjetunion und in Osteuropa exekutiert wurde. Was da gescheitert oder an sein Ende gekommen ist, war nicht »der« Sozialismus, geschweige denn der »real existierende«, sondern nur einer seiner geschichtlichen Vor- und Irrläufer, ein armseliger und geprügelter zumal, der zwar mit Marx- und-Engels-Zungen redete, jedoch von ganz anderen Ahnherren und Stimmen beherrscht wurde und darum auch kein »Reich der Freiheit« stiften konnte.

Umso notwendiger ist es, die Genese jener nun abgetretenen Gesellschaftsformation zu untersuchen, die in Marxens Namen die Marxsche Utopie des Sozialismus so tief diskreditiert hat. Unterziehen wir uns also der Anstrengung, die »kommunistische« Jahrhundertleiche zu obduzieren, bevor sie gänzlich verwest und damit unkenntlich geworden ist. Wir werden dabei feststellen, daß ihre wirkliche Anatomie sich mit dem analytischen Besteck gerade jenes Denkers am besten entschlüsseln läßt, der heute allenthalben für tot erklärt wird: mit der historisch-materialistischen Methode des Dr. Karl Marx!

II. DER MYTHOS VON DER »GROSSEN SOZIALISTISCHEN OKTOBERREVOLUTION«

W. I. Lenin, die »asiatische Erbschaft« und die heroische Selbsttäuschung der Bolschewiki

> »Wir Russen sitzen mit der einen Hälfte in Europa und mit der anderen in Asien und wundern uns, daß wir so unbequem sitzen!«
> *(Rady Fish)*

Auf Einladung des sowjetischen Schriftstellerverbandes erhielten meine Frau und ich im Rahmen eines Austauschprogramms die Gelegenheit, im Sommer 1987 und 88 für je einen Monat die Sowjetunion zu bereisen. Die vorzüglich organisierte Reise führte uns kreuz und quer durch die – damals noch bestehende – »Union der Sozialistischen Sowjetrepubliken«, die seit dem August 1991 zu existieren aufgehört hat: vom Baltikum (Lettland) über Moskau bis ins tiefstes Zentralasien (Kasachstan, Altai), vom hohen Norden (Murmansk, Kola-Halbinsel, Karelien) bis in den mittelasiatischen Süden (Usbekistan, Tadschikistan).

Unser Reisebegleiter und Freund, der sowjetische Schriftsteller Rady Fish (mit dem ich dann später zusammen die Bundesrepublik bereiste), verfügte nicht nur über einen unerschöpflichen Witz und Humor, sondern auch über enorme Detailkenntnisse der sowjetischen Geschichte und ihrer zahllosen nationalen und ethnischen Kulturen. Das Glück hatte uns in ihm einen Reisegefährten geschenkt, der zugleich ein studierter Orientalist war und sich besonders gut in den zentral- und mittelasiatischen Republiken und Kulturen auskannte. Erstmals begannen wir die Sowjetunion, ihre Kultur und Geschichte nicht von ihrem vorgeschobenen europäischen Teil aus, sondern aus der rückwärtigen Perspektive ihres riesigen asiatischen Hinterlandes wahrzunehmen. So lernten wir das Europa abgewandte ältere Gesicht Rußlands kennen, dessen charakteristische Züge selbst dort noch durchscheinen, wo sich die Sowjetunion modern-europäisch gibt. So gewannen wir eine konkrete, anschauliche Vorstellung von dem, was in der frühen sozialrevolutionären Literatur über Rußland, auch in der leninistischen, unter dem Begriff »aschiatina«, d. h. »asiatische Erbschaft« subsumiert wird. Diese aber hat allen Europäisierungs- und Modernisierungsversuchen Rußlands – von Peter dem Großen bis zu Katherina II., von Lenin bis Gorbatschow – einen hartnäckigen Widerstand entgegengesetzt, sie tut dies noch heute und wird es wohl auch in Zukunft tun.

1. Streiflichter auf das »asiatische Erbe«

Da die »aschiatina« für mein Thema ein zentrales Stichwort ist, gewissermaßen *das* Leitmotiv der ganzen Analyse, möchte ich mit einem kleinen Auszug aus unseren Reiseerfahrungen[1] beginnen, mit ein paar Streiflichtern, die verschiedene Aspekte der asiatischen Vergangenheit der Sowjetunion beleuchten.

Von Stammesorganisation und Kehlkopfgesängen

Gorno-Altaisk, Hauptstadt der südsibirischen Autonomen Gebirgsrepublik Altai, zwischen Kasachstan und der Mongolischen Volksrepublik gelegen, ca. 4000 Flugkilometer von Moskau entfernt.

Empfang im Altaiischen Schriftstellerverband

Der erste Sekretär des Verbandes stellt uns einen schwarzhaarigen, dunkelhäutigen Mann von kleinem Wuchs und unbestimmbarem Alter vor. Er ist ein »Kaitschi«, ein berühmter altaischer Kehlkopf- und Ritualsänger, und ist gekommen, den weitgereisten Gästen zu Ehren ein Begrüßungslied zu singen, das tausend Jahre alt ist. Doch bevor er zu singen beginnt, nennt er den Stamm To-Dosch, zu dem er gehört, und zählt, bis in die siebte Generation, die Namen seiner Vorväter auf. Wir erfahren, daß schon sein Großvater ein berühmter »kaitschi« und der »Hirt der hundert Herden« gewesen ist. Er wurde 120 Jahre alt, während der Vater »sehr jung«, nämlich schon mit 90 Jahren, gestorben ist. Erst nach dieser Reverenz an die Ahnen nennt der Kaitschi seinen eigenen Namen: Schunur.
Wir begreifen, daß wir uns hier in einem Kulturkreis befinden, der den europäischen Begriff des Individuums gar nicht kennt und in der sich der einzelne nicht als Monade empfindet, sondern als (Mit-)Glied einer sich über Jahrhunderte erstreckenden Stammeskette. Schunur stimmt sein Instrument, das wie ein handgemachtes Banjo aussieht und nur zwei Saiten hat. Dann beginnt er zu singen. Bei diesem Kehlkopfgesang, der eher an tierische Laute, etwa an das dröhnende Gebrumm

eines Bären erinnert, werden alle Resonanzräume des Kopfes, einschließlich der Stirn- und Nebenhöhlen, mit in Schwingung versetzt. Unvorstellbar, daß diese Töne, vor allem die pfeifenden Obertöne, dem menschlichen Kehlkopf abgetrotzt werden können.
Dieser archaische und monotone Kehlkopfgesang, der nur geringfügige Varianten innerhalb einer stets wiederholten Grundphrase zuläßt, kommt aus der mongolisch-tartarischen Tradition. Wenn die Russen ihn hören, geraten sie noch heute in eine leichte Panik, weil sie unwillkürlich an Dschingis-Khan und die Tartarenherrschaft erinnert werden.
Schon als Knabe hat Schunur die heroischen Epen des altaischen Volkes aus dem Munde seines Großvaters gehört und sie bald auswendig gekonnt. In jedem Dorf gab es damals einen »kaitschi«, und ihre Rezitationen dauerten oft viele Tage und Nächte. Am liebsten rezitiert Schunur das Epos von dem »schönen und stolzen Helden Jangarch«, das aus 30 000 Zeilen besteht, und das Epos vom »Helden Ulangürr«, das »nur« 6000 Zeilen lang ist.
Wie kann einer, fragen wir uns, ein Epos von 6000 Zeilen, und sei es auch nur zu Teilen, im Kopf behalten und auswendig rezitieren? Kaum kann ich mich noch an die Anfangszeilen der »Ilias« erinnern. Schunur singt für uns bis Mitternacht. Wir aber haben das Gefühl einer geradezu millenarischen Zeitverschiebung, als seien wir von Moskau mit der Aeroflot in ein früheres Jahrtausend zurückgeflogen.
Einige Tage später brechen wir, zusammen mit Rady und Nina Satinowa, der Direktorin des ethnologischen Instituts von Gorno-Altaisk, zu einer südsibirischen Landpartie auf. Ziel unseres Ausfluges ist eine fünf Dörfer umfassende Sowchose, die im Südteil des Autonomen Gebietes, nahe der Grenze zur Mongolei liegt.
Entlang dem Katun fahren wir im Jeep auf jener berühmten »Seidenstraße«, die das alte Rußland mit der Mongolei und mit China verband. Auf dieser historischen Handels- und Heerstraße kamen die chinesischen Gewürz-, Seiden- und Goldtransporte nach Europa. Auch Dschingis-Khans Reiterarmeen stießen zwischen dem 9. und 11. Jahrhundert auf dieser Straße ins Innere Rußlands vor, womit die Tartarisierung und Asiatisierung des europäischen Rußlands begann. Gorki pflegte zu sagen: »Kratzt man nur lange genug an einem Russen, kommt ein Tartar zum Vorschein!«

Bald führt uns die geschotterte Straße ins Hochland. Wir fahren durch endlose Birken- und Zedernwälder und durch völlig unberührte Täler. Nur ab und zu passieren wir ein Dorf mit seinen – für Sibirien so typischen-Blockhäusern. Lenins berühmte Kurzformel: Sozialismus = Sowjetmacht plus Elektrifizierung, ist hier noch nicht zur Anwendung gekommen. Viele Dörfer sind noch ohne Strom, auch ohne Kanalisation. Während der langen Fahrt gibt uns Nina Satinowa, die über die altsibirischen Stammeskulturen promoviert hat, einen ethnologischen Kurzbericht:
Aufgrund seiner geographischen Abgeschiedenheit ist das altaische Volk nie christianisiert worden. Die wenigen christlichen Missionare, die den Weg ins südliche Sibirien gefunden haben, wurden von den Nomaden und ihren Stammeshäuptlingen verjagt oder getötet. Zwar hat sich ein kleiner Teil der Bevölkerung später der orthodoxen Kirche angeschlossen, doch hat diese hier nie wirklich Fuß fassen können. Dagegen sind starke Einflüsse von den angrenzenden Mongolenvölkern ausgegangen, wobei Buddhismus und Schamanismus eine eigenartige Verbindung eingingen, »Burrhanismus« genannt. Der altaische Mensch geht (wie die indianischen Kulturen) von der Vorstellung aus, daß alle Lebewesen, ob Bäume oder Blumen, Quellen, Flüsse oder Berge, eine Seele haben. Wenn man, zum Zweck der Lebenserhaltung, der Natur etwas entreißt, muß man ihr, in Gestalt einer kleinen Opfergabe, etwas zurückgeben. Bevor man aus einer Quelle trinkt, ist es noch heute Brauch, ein Stück Stoff an den nächsten Strauch oder Baum zu hängen, um den »Geist der Quelle« zu ehren. Ähnliche Riten gelten der Verehrung des Feuers, zum Beispiel, indem man auf offener Flamme eine Schale Honig verdampfen läßt. An den heiligen Plätzen und in den heiligen Bergen, wo die Urväter begraben sind, ist es noch heute verboten, zu jagen, Blumen zu pflücken oder Bäume zu schlagen. Wenn man aber einen jungen Baum schlägt, Blumen pflückt oder ein Tier schlachtet, muß man sich bei dem Baum, der Blume oder dem Tier entschuldigen, sei es in Form eines Gebets oder einer kleinen symbolischen Opfergabe. Blumen zu verkaufen gilt noch heute als Beleidigung der Natur. Darum findet man im Altai auch keine Blumenläden. All diese Riten und Tabus, die einer jahrtausendealten schamanistischen Naturreligion entstammen, werden in dem Bewußtsein lebendig erhalten, daß der Mensch ein steter Schuldner der Natur ist.

Der Privatbesitz an Grund und Boden oder an Vieh war im Altai ebenso unbekannt wie der Geldverkehr und der soziale Gegensatz zwischen Besitzenden und Besitzlosen. Die altaischen Nomaden wohnten in Baumwolljurten und lebten von der Jagd, der Viehzucht, der Fischerei und einer bescheidenen Agrikultur. Die Mitglieder eines Stammes sahen sich als Brüder und Schwestern an, die Heirat innerhalb eines Stammes war – und ist noch heute – verboten.
Die erste wissenschaftliche Untersuchung über die Sprache und Kultur des Altai stammt übrigens aus der Feder des deutschstämmigen Sprachforschers und Ethnologen Wilhelm Friedrich Radlow. Sein 1883 in Leipzig erschienenes Buch »Aus Sibirien« gilt noch heute als Standardwerk über die altsibirischen Stammeskulturen. Das Gebirge des Altai, das »Goldener Berg« bedeutet, ist das Ursprungsland aller turksprachigen Völker. Auch die alttürkischen Hunnen kamen ursprünglich aus dem geographischen Bereich des Altai. Erst gegen Ende des 19. Jahrhunderts wurde die auf Stammeseigentum und Stammesorganisation basierende Kultur des Altai allmählich zersetzt. Als Radlow um diese Zeit ins Altai zurückkam, war er sehr deprimiert. Das ehemals stammeigene Vieh war in den Besitz zugereister Händler geraten, mit denen auch die Geld- und Pfandhäuser kamen, während die altaischen Nomaden, von denen viele nun in den neu entstandenen Holz- und Pelzmanufakturen als Lohnknechte arbeiteten, in Apathie versanken und dem Alkoholismus verfielen. Die langsam beginnende frühkapitalistische Entwicklung (Handels- und Wucherkapital, Manufaktur) wurde durch die Oktoberrevolution gestoppt. Obwohl auch das altaische Volk unter Stalins terroristischer Kollektivierung sehr zu leiden hatte, hat es die nachfolgende Bildung von Kolchosen und Sowchosen nicht als Enteignung empfunden – denn die private Wirtschaftsweise ist ihm seit je fremd gewesen –, sondern als Wiederherstellung und Weiterentwicklung seiner uralten Stammeskultur. Heute gilt das »Autonome Gebiet« als ein Mustergebiet für die »ökologische Bewahrung« einer ursprünglichen Kultur, die in anderen Regionen Sibiriens durch die Industrialisierung längst zerstört worden ist.
Im nächsten Dorf besuchen wir eine alte Hirtenfamilie, die zu den Mitbegründern der Sowchose gehört. Mitten im blühenden Wiesengrund steht das Empfangskomitee: Eine kleine, stämmige Frau, die eine bestickte Brokatweste trägt, hält einen Laib Brot in der Hand, auf dem ein

Salzfäßchen steht. Die beiden jüngeren Frauen zu ihrer Rechten und Linken bieten uns, nach einer zeremoniellen Umarmung, Tonschalen mit saurer Milch an. Jeder bricht sich aus dem noch feuchten Brotlaib ein Stück heraus und bestreut es mit Salz. Eine der Frauen singt das »Lied der Begegnung«. Nina übersetzt uns den Liedtext: »Von den sechs Übergängen über den Paß/ Über die fünf großen Flüsse/ Ist dein Pferd ohne Mühe gekommen/ In unser heiliges Vaterland/ Hat es uns die verehrten Gäste gebracht.«

Danach werden wir in eine Jurte geführt, die mit Tierfellen und bestickten Tüchern ausgelegt ist. Auf der Tafel stehen riesige Schüsseln mit gekochtem Pferdefleisch und mehrere Krüge mit »Arak«, dem für das Altai so typischen Milchschnaps, der hier den Wodka ersetzt. Auf der Konsole gegenüber dem russischen Ofen prangt eine gerahmte Fotografie, die Stalin in weißer Uniform im Kreis seiner Marschälle zeigt. Es ist das erste Stalin-Bild, das wir bislang in einer sowjetischen Wohnstube zu sehen bekommen.

Wir werden dem Stammvater vorgestellt, einem sehnigen Mann mit einem Gesicht, das wie holzgeschnitzt wirkt, dann den zahlreichen Töchtern und Schwiegertöchtern, Söhnen und Schwiegersöhnen, die um die Tafel versammelt sind. Nachdem die Gläser mit Milchschnaps mehrfach den Besitzer gewechselt haben, fragt uns der Alte:

»Wieviel Vieh habt ihr?«

Wir lachen und sagen, daß wir Städter sind und kein Vieh besitzen. Der Alte sieht uns halb ungläubig, halb mitleidig an:

»Und was für Vieh gibt es in eurer Stadt?»

»Nur Katzen und Hunde.«

Der Alte bespricht sich aufgeregt mit seiner Frau, er scheint es kaum fassen zu können, daß es Menschen gibt, die kein Vieh besitzen, und Länder, in denen die Kühe und Pferde nicht wie hier frei herumlaufen. Dann erkundigt er sich nach unserer Familie, wieviele Kinder wir haben und zu welchem Stamm wir gehören. Ich erkläre ihm, daß es bei uns keine Stämme gibt. Er sieht uns bekümmert an und schüttelt den Kopf, als verstehe er die Welt – unsere europäische Welt – nicht mehr.

Nun fragen wir das Hirtenehepaar, wieviele Kinder es hat.

»Zwölf«, antwortet die Alte, »und neun Kinder haben wir im Gebirge gefunden!«

Wir verstehen die Redensart nicht und fragen noch einmal nach. Es

stellt sich heraus, daß sie neun Kinder im Gebirge, ohne ärztliche Hilfe und Hebamme, geboren hat. Nur ihr Mann hat ihr dabei geholfen. Die letzten drei Kinder wurden auf der Krankenstation der Sowchose entbunden. Nicht umsonst, erklärt uns der Alte, führe seine Frau den Titel »Heldenmutter der Sowjetunion«.
Im Verlauf des weiteren Gesprächs erfahren wir, daß beide Eltern keinerlei Schulbildung haben. Doch mit Stolz verweisen sie darauf, daß alle ihre Kinder die zehnte Klasse beendet und vier sogar die Moskauer Universität besucht haben. Eine Tochter arbeitet als Krankenschwester in Novosibirsk, eine andere als Sekretärin des Sowchos-Direktors, ein Sohn ist Agronom, der andere Ingenieur geworden. Nun begreifen wir, warum hier noch immer ein Stalin-Bild hängt. Mit dem Namen Stalin verbindet dieses einfache Hirtenpaar jene soziale Umwälzung, die ihren Kindern, den Töchtern und Söhnen eines analphabetischen Nomadenvolkes, die Möglichkeit zu Ausbildung und Studium gegeben hat.
Zum Abschied werden wir wie die Könige beschenkt: mit Honig-Gläsern, Trink-Schalen, eingemachten Birnen und Erdbeeren und mit zwei Tüten voller Pferdefleisch, als brauchten wir Wegzehrung für einen wochenlangen Ritt. Der Alte überreicht uns ein Präsent, das – wie uns Nina versichert – sehr kostbar ist und eine große Ehre für den Gast bedeutet: das Endstück eines Maralgeweihs. Die Marale sind eine nur noch in Sibirien vorkommende Hirschspezies. Aus dem Mark, dem geronnenen Blut der Maralgeweihe, gewinnt man einen hochwertigen hormonalen Extrakt, dem nicht nur wunderbare Heilkräfte, sondern auch eine belebende Wirkung auf Manneskraft und Fruchtbarkeit zugeschrieben werden. Der Alte, besorgt über die Kinderarmut in deutschen Familien, erklärt uns die Zubereitung: Man schäle ein kleines Stück Mark ab, lege es in Wodka oder Milchschnaps ein und lasse es zehn Tage im Dunkeln ziehen, bevor man es teelöffelweise zu sich nehme. Es sei, fügt er mit wissendem Lächeln hinzu, ein wahrhaft himmlischer Balsam, ein Segen für junge Ehepaare, ein unerschöpflicher Kraftquell für werdende Stammesväter und -mütter. Schließlich bindet uns die »Heldenmutter« je ein bunt gemustertes Tuch um den Bauch und erklärt mit feierlicher Miene, daß wir damit als Ehrenmitglieder in den Stamm der To-Dosch aufgenommen seien. Überschwenglich dankt sie für unseren Besuch, sie sei so glücklich, daß sie

diesen »Ehrentag« noch erleben durfte, sie werde all ihren Kindern, Enkeln und Urenkeln von dieser »großen Begegnung« erzählen. Wir aber sollten in Deutschland das gleiche tun und niemals vergessen, daß wir nun im Herzen Sibiriens viele, viele Stammesbrüder und -schwestern hätten.

Agrikole Kultur und vorindustrielles Zeitgefühl

Im sowjetischen Orient fließt die Zeit so gemächlich dahin, als sei das Industriezeitalter hier noch gar nicht angebrochen. Auf den breiten Alleen von Duschanbe, der Hauptstadt Tadschikistans, gehen die Menschen ohne Eile. Anders als im hektischen Gewühle von Moskaus oder Leningrads Innenstadt schlendern sie gemütlich dahin, gehen in aller Ruhe ihren Besorgungen nach und sitzen die meiste Zeit im Schneidersitz in ihren Teehäusern, an Tischen, die die Form großer viereckiger Bettgestelle haben, plaudernd und Tee trinkend. Die Männer tragen meistens Turbane oder viereckig zugeschnittene Käppchen, die Frauen sehen in ihren rot-gelb gestreiften knöchellangen Trachtenkleidern, die mit Gold- und Silberfäden durchwirkt sind, aus wie lebende Tulipane. Selbst Greisinnen, die am Stock gehen, tragen diese leuchtenden Trachten, die sich nur in ihren Mustern und Ornamenten unterscheiden. Individuelle Mode sieht man hier nicht.
Aufgrund einer Entscheidung der tadschikischen KP wurde in der Nähe von Duschanbe ein Aluminium-Kombinat gebaut, weil – so die offizielle Begründung – auch die Sozialistische Republik Tadschikistan ein »Proletariat« brauche. Doch leidet das Kombinat unter chronischem Arbeitskräftemangel. Denn die Tadschiken sind ein Gebirgs- und Bauernvolk und arbeiten lieber in den Plantagen und im Gartenbau; sie sind für den Anbau von Wein, Obst, Mais und Baumwolle wie geschaffen, nicht für den Untertagebau und das Fließband. Die Fabrikarbeit widerstrebt ihrer agrikolen-islamischen Tradition und ihrem langsamen Lebensrhythmus, den sie bis heute beibehalten haben. In der ganzen Union gelten sie als Meister in der Kunst des Gartenbaus. Und in der Tat haben wir nirgendwo schönere Gartenanlagen, Parklandschaften und reichere Basare gesehen als in Tadschikistan.
Hier gibt es Obst und Gemüse in Hülle und Fülle. Alles, was in Mos-

kau und Leningrad fehlt, ist hier im Überfluß zu finden: Weintrauben, Birnen, Äpfel, Pfirsiche, Melonen, Mandeln, Nüsse, Gemüse aller Art etc. Die Bauern und Händler sitzen auf Teppichen neben ihren Melonenbergen, plaudern und trinken Tee, während sie auf Kundschaft warten. Doch bieten sie ihre Ware niemals marktschreierisch an. Denn die Tadschiken lieben den Handel im Sinne von Anbieten, Werben und Feilschen nicht. Sie empfinden dies als »unter ihrer Würde«. Wenn man mit ihnen um den Preis zu feilschen sucht, lehnen sie sich stolz zurück und sagen: »Ich bin doch kein Usbeke!« (Der Handel ist Sache der Usbeken.) Das Wort »Marktwirtschaft« ist ihnen auch in der Landessprache ein Fremdwort.

Kreislauf der Kulturen

Besuch der Moscheen, Medresen (mohammedanischen Religionsschulen) und Mausoleen des »heiligen Bezirks« in Samarkand (Usbekistan), »Medina des Ostens« genannt, das der Mittelpunkt des Timur-Reiches war. Dieses mit dem Namen »Goldene Horde« bezeichnete Reich erstreckte sich im 14. Jahrhundert von China über Indien und Mittelasien bis ins Gebiet des heutigen Persien und der Türkei. Es war das asiatische Weltreich schlechthin. Zwar stand Timur an Grausamkeit Dschingis-Khan in nichts nach, die eroberten Völker wurden erbarmungslos niedergemetzelt oder versklavt, aber im Unterschied zu Dschingis-Khan konservierte Timur die wissenschaftliche und künstlerische Elite der von ihm eroberten Völker und verfrachtete sie in die mittelasiatischen Zentren, wo sie eine für die damalige Zeit einzigartige Hochkultur schufen. Buchara, Taschkent und Samarkand waren die Zentren dieser Kultur.
Beim Besuch der alten Moscheen, Mausoleen und Museen von Samarkand wird uns wieder einmal deutlich, wie sehr wir Abendländer im Eurozentrismus befangen sind. Von den großen Gelehrten, Wissenschaftlern, Baumeistern und Dichtern dieser mittelasiatischen Hochkultur, deren Werke hier zu besichtigen sind, hören wir zum ersten Mal. Was wissen wir Europäer beispielsweise von Avicenna, einem der größten Mathematiker, Gelehrten und Mediziner des Mittelalters, der schon lange vor Paracelsus den Blutkreislauf erforschte und ohne den

es keine moderne Medizin gegeben hätte! Oder von Muhammed ibn Musa al-Choresmi, der den Algorithmus, ein System zum Aufbau der Rechenarten, und den Logarithmus entwickelt hat? Wer kennt Ulugh Beg, den größten Astronomen und Geometer des Mittelalters, der schon damals mittels eines Sextanten den Erdumfang fast auf Zentimeter genau ermittelt hat?

Und was wissen wir über den Kreislauf der mittelalterlichen Kulturen? Die Gelehrten von Samarkand hatten bereits das ganze philosophische, wissenschaftliche und dichterische Schrifttum der Antike, von Plato bis Aristoteles, ins Arabische übersetzt, und ihre eigenen Entdeckungen auf dem Gebiet der Mathematik, Astronomie, Medizin und Sprachkunde kehrten dann, vermittels der Expansion des arabisch-islamischen Weltreiches, das von Indien bis Spanien reichte, nach Europa zurück. Die europäische Renaissance wäre nicht möglich gewesen ohne diese kulturelle Vermittlung und Vorarbeit der arabisch-islamischen Gelehrten, die Enzyklopädisten zu einer Zeit waren, als Europa noch im tiefsten Mittelalter steckte. Die katholische Kirche hatte das Wissen der Antike nämlich wieder weitgehend verdrängt, so daß es jahrhundertelang der Vergessenheit anheimfiel. Die größte Bibliothek der alten Welt, die von Alexandria, war von den europäischen Kreuzzüglern vernichtet worden, die damals gegen die »barbarischen« Türken kämpften. Dabei hatten Türken, Perser und Araber zu dieser Zeit eine ungleich höhere Kultur als das sinnen-, lebens- und aufklärungsfeindliche christliche Abendland. Nur der arabische Teil der Bibliothek von Alexandria, in der das gesamte Wissen der Antike gespeichert war, überlebte die Zerstörung. Dieses gelangte so über Nordafrika und Spanien wieder nach Europa. Doch die Europäer und ihre »amerikanischen Verbündeten«, die gerade eine andere »Wiege der Kultur« mit ihren Schätzen, nämlich Bagdad, zusammengebombt haben, wissen zumeist gar nicht, was sie den alten mittelasiatischen Hochkulturen verdanken.

Vom orientalischen ins »sozialistische« Emirat

In Buchara (Usbekistan) logieren wir im »Partei-Hotel«. Es ist ein Palast wie aus einem Märchen aus »Tausendundeine Nacht«: Säulen, Deckenfriese und Hallen sind aus kostbarstem Marmor, die Türen und

Fensterrahmen aus geschnitztem Zedernholz, von den Decken hängen Kristallüster, und der Weg in den Speisesaal führt an Intarsienarbeiten aus Elfenbein und handgeknüpften Wandteppichen mit leuchtenden Farben und Mustern vorbei. Entsprechend feudal und weitläufig ist das umliegende, durch hohe Mauern eingefriedete Parkgelände gestaltet, mit Platanen- und Ahornhainen, Rosenteichen und weinberankten Laubengängen.

Auf einer kleinen Lichtung steht ein im Sonnenlicht schimmerndes Denkmal Lenins, in Silberstahl gearbeitet. Der Begründer des Sowjetstaates weist mit hochgerecktem Kinn und gebieterisch ausgestreckter Hand in eine lichte kommunistische Zukunft. Die heroische Pose wirkt in dieser Umgebung irgendwie lächerlich, das ganze Denkmal wie ein fremdes Zitat aus einer anderen Welt. Die orientalische Prunklust dieser Lokalität und Lenin, der vorbildliche, einen bescheidenen und spartanischen Lebensstil pflegende Parteiarbeiter – wie paßt das zusammen? Und doch steht er hier, der sowjetische Säulenheilige, als mißbrauchtes Sinnbild einer neo-feudalen Herrschaftsausübung, die sich lautstark auf ihn beruft. Schließlich befinden wir uns in einem Partei-Hotel, das der ehemalige usbekische Parteichef und Lenin-Ordensträger Raschydow seinen Paladinen erbaut hat. Für seinen persönlichen Bedarf hat er sich eigene Paläste bauen lassen, einen in Buchara, einen anderen in Taschkent und einen dritten im Pamir-Gebirge. Von Rady und seinen usbekischen Freunden erfahren wir in den folgenden Tagen, was es mit der »sozialistischen Revolution« in Buchara und ihrem orientalischen Erbprinzen Raschydow auf sich hat.

Bis zur Revolution 1924 war Buchara ein feudalistisches Emirat, d. h. eine klassische orientalische Despotie mit Leibeigenschaft bzw. »allgemeiner Staatssklaverei«. Der Emir ließ seine Feinde und politischen Gegner noch öffentlich hinrichten: Diesen wurde vor versammeltem Volke die Gurgel aufgeschnitten. Träger der Revolution war hier die Handelsbourgeoisie; denn ein Industriebürgertum gab es so wenig wie ein Proletariat. Die beiden mächtigsten Handelsfamilien Bucharas konkurrierten im Kampf um die besseren Handelsverträge mit dem Moskowiter Zarenreich. Die Söhne der beiden Großfamilien gründeten zwei rivalisierende Parteien, der eine Clan eine kleinbürgerlich-demokratische Partei, der andere Clan die kommunistische Partei Bucharas. 1934, einen Tag nach Stalins Mord an Kirow, wurden die Mit-

glieder der revolutionär-kommunistischen Partei, unter ihnen der früherere usbekische Parteichef Agmal Igramov, deportiert oder erschossen, so daß nur noch der eine Familienclan übrig blieb, der nunmehr die »Kommunistische Partei Usbekistans« im Sinne Stalins neu formierte und dirigierte. Die sich in den zwanziger und dreißiger Jahren bildende dünne Schicht der tadschikisch-usbekischen Intelligenz aber wurde von Stalin – wie in den meisten anderen Republiken – liquidiert. »Intelligenzija« heißt in russischer Übersetzung: der klügste Teil des Volkes. Und den haßte Stalin am meisten. Wie man sieht, verliefen Revolution und Konsolidierung der »kommunistischen Herrschaft« in Usbekistan nach einem ganz anderen Muster als nach dem des offiziellen »marxistisch-leninistischen« Lehrbuchs: Ein Proletariat gab es gar nicht, die besten Köpfe der Intelligenz wurden liquidiert oder deportiert, und die bäuerliche Bevölkerung hatte sich der neuen rot getünchten Clan-Herrschaft wieder zu beugen (wie vordem dem Emirat).
Die letzten vierundzwanzig Jahre (bis 1984) wurden die usbekischen Untertanen von Raschydow regiert. Der Günstling von Breschnews Gnaden, ein mitreißender Redner und gerissener Politiker, der auch als Dichter hervortrat, unterschied sich von einem orientalischen Herrscher nur durch das Parteibuch, das ihn als Mitglied der KPdSU auswies. Die Grundlage seines sagenhaften Reichtums (und der seines Clans), von dem kein Schatten auf die Armenviertel von Buchara und Taschkent fiel, wo die Menschen zum Teil in Wellblechbaracken und Lehmhütten hausen und die Kindersterblichkeit so hoch ist wie nirgendwo sonst in der Sowjetunion, war das »weiße Gold«, die Baumwolle, der Hauptexportartikel des Landes. Fast 90 Prozent der sowjetischen Baumwollproduktion kommen aus Usbekistan. Die Partei Raschydows hatte im Lauf der Jahre nicht nur die gesamte Baumwollproduktion des Landes monopolisiert, sondern auch sämtliche dazugehörigen weiterverarbeitenden Wirtschaftsbetriebe.
Unter Raschydow mußten die Bauern und Baumwollpflücker für Hungerlöhne schuften, sie erhielten keinen Urlaub, die Kinderarbeit war gang und gäbe. Die weit entfernten Baumwollfelder wurden vor der maschinellen Ernte mit Pestiziden, u. a. mit DDT, besprüht. Kinder und Erwachsene standen bei der Ernte monatelang in krebserregenden Giftschwaden. In den Familien der Baumwollpflücker grassieren denn auch die schlimmsten Krankheiten: Leukämie, Haut- und Lungen-

krebs, Tuberkulose, Hepatitis usw. Nicht selten kommen die Kinder als Krüppel zur Welt.
Um die Baumwollproduktion zu erhöhen, ließen Raschydow und die Parteichefs der anderen mittelasiatischen Sowjetrepubliken Tadschikistan, Turkmenistan, Kirgisien und Kasachstan, im Einklang mit dem »sowjetischen Ministerium für Wasserwirtschaft«, die beiden Hauptzuflüsse des Aral-Sees, den Amudaja und den Syrdaja, stauen und das Wasser auf die Baumwollplantagen umleiten. Eine Viertelmillion Bewässerungskanäle und Dutzende Stauseen bremsten die Flüsse und pumpten sie leer. Damit war der Aral-See zum Tode verurteilt. Ehemals fast ein Drittel so groß wie die Bundesrepublik, ist er um mehr als 40 Prozent auf etwa die Hälfte der Schweiz verdunstet. Der Aral-See lag einmal 53,41 Meter (1960) über dem Meeresspiegel. 1989 waren es nur noch 39,20 Meter. Früher schlugen die Wellen des »blauen Meeres« an ihre Häuser, heute sehen es die Menschen von Aralsk, der kasachischen Fischerstadt, nicht einmal mit dem Fernrohr. Zwischen den 30 000 Einwohnern und dem Meer hat sich in 20 Jahren eine 55 Kilometer breite Salzwüste ausgedehnt. (Wir haben sie vom Flugzeug aus gesehen). Südlich von Aralsk liegen schon 95 Kilometer zwischen dem neuen und dem alten Ostufer. Mit den Wasserarmen des Aralsees, dem Amudarja und dem Syrdaja, schrumpften oder verschwanden 20 von 25 kleineren Seen, und 140 von 178 Tierarten starben aus. Die Küstenbewohner, die vom Fischfang lebten, mußten ihre Dörfer verlassen. Rund um den Restsee leiden etwa 30 000 Menschen an Tuberkulose und anderen Krankheiten, weil die ganze Luft voller Sand und Salz ist. Auch das unionsweite »Komitee zur Rettung des Aralsees«, das die sowjetische Öffentlichkeit seit Jahren über Ausmaße und Folgen dieser ökologischen Katastrophe informiert, kann das »blaue Meer« nicht mehr retten, das um 2020 wahrscheinlich ganz verschwunden sein wird, mit unabsehbaren Folgen für das Klima. Schon heute steigen 400 Kilometer lange und 40 Kilometer breite Salzstaubteppiche von den neuen Ufern des Aralsees in die Luft. Diese gewaltige Giftfahne weht nicht nur den Aralsee weiter zu, sie läßt landwirtschaftliche Böden versalzen und vertrocknen und erreicht über Hunderte und Tausende von Kilometern Südsibiren, die Eismeerküste und das Baltikum.
Raschydow, Chef der usbekischen Baumwollmafia, den die Usbeken heute »Killer des Aralsees« nennen (er ist freilich nicht der einzige, die

anderen sitzen in den Unionsbehörden sowie in Kasachstan, Kirgisien, Turkmenistan und Tadschikistan), ließ in den siebziger und frühen achtziger Jahren Millionen Tonnen Baumwolle verschieben und die Bilanzen regelmäßig frisieren. Denn die Moskauer Wirtschaftsministerien warfen für jede Tonne Baumwolle Extraprämien aus. Als ein mutiger usbekischer Parteisekretär den Schwindel an die Öffentlichkeit bringen wollte, starb er eines mysteriösen Todes. Raschydow hatte nämlich einen perfekten Polizeistaat errichtet, der alle öffentlichen Institutionen, von der Presse bis zum Gerichtswesen, kontrollierte und fast alle Inhaber öffentlicher Ämter durch ein dichtes Netz von Bestechung und Korruption an das Regime band. Auch die usbekische Intelligenz war weitgehend bestochen und lebte recht gut von den Brosamen, die von den Tischen der Parteibosse fielen. Schriftsteller, die sich auf nichts weiter als auf die Kunst des Speichelleckens verstanden (wie der »Lobhudler« in den klassischen orientalischen Despotien), wurden mit Preisen, Auslandsreisen und Datschen reichlich belohnt. Der usbekische Schriftstellerverband verwandelte sich in eine Innung von Lobhudlern, die regelmäßig Hymnen auf Raschydow verfaßten, den »genialen Führer Usbekistans«, und auf die »Usbekische SSR«, die zum leuchtenden Beispiel für die unterdrückten Völker Asiens stilisiert wurde. Beim Einmarsch der russischen Panzer in Afghanistan kam die erste Grußdelegation an die Moskauer Führung vom Usbekischen Schriftstellerverband.
Das Geflecht der Korruption reichte bis in die Moskauer Ministerien, die gratis ganze Waggonladungen mit Wein, Melonen und anderen Köstlichkeiten von ihren usbekischen Freunden erhielten. Selbst Breschnews Schwiegersohn, ehemals stellvertretender Innenminister der UdSSR, war mit der usbekischen Wirtschaftsmafia verflochten. In Usbekistan selbst war zuletzt alles käuflich: die Ministerposten und die Lenin-Orden, der Zugang zu den Universitäten und die Befreiung vom Wehrdienst. Selbst von der Einberufung zum »vaterländischen Dienst« in Afghanistan konnte man sich loskaufen.
Als schließlich die »Affäre Raschydow« nicht mehr zu verheimlichen war, setzte die Sowjetregierung 1984 eine Untersuchungskommission ein. Die Kommission kam mit dem Helikopter angeflogen, von schwer bewaffneten Soldaten bewacht, die Kommissäre trugen Panzerhemden, seit ihnen zu Ohren gekommen war, daß die Raschydow-

Mafia auch Killer angestellt hatte. Bevor er überführt werden konnte, beging Raschydow auf dezent-orientalische Weise Selbstmord, wahrscheinlich mit Hilfe eines im Blut nicht nachweisbaren Giftes. Er erhielt noch ein Staatsbegräbnis, seine Familie ließ ihn in einem orientalischen Grabmal beisetzen, das eines Timuriden würdig war.
Als später das ganze Ausmaß seiner Schiebereien und Verbrechen bekannt wurde, erhielt er eine bescheidenere Ruhestätte. Der Ex-Gebietsparteichef von Buchara wurde erschossen, desgleichen der usbekische Baumwollminister, und die oberen und mittleren Ränge des ganzen Parteiapparates zweimal ausgewechselt. Doch die Korruption, sagen die Usbeken, wachse nach wie ein Krebsgeschwür. Erst die dritte Generation von Parteileuten sei vielleicht wieder frei davon.
Raschydow – das war die Fortsetzung des Stalinismus mit anderen Mitteln: statt Arbeitslager Korruption und Bestechung, wie sie in der Breschnew-Ära in allen Sowjetrepubliken grassierte, in den usbekischen »Goldgräber«-Städten freilich am drastischsten.

Nachdem ich all diese Geschichten gehört hatte, sah ich den silbergrauen Lenin in Raschydows Park, in dem wir oft und lange verweilten, mit anderen Augen an: Ich fand ihn nicht mehr komisch in seiner heroischen Pose. Er tat mir leid.
Schade, daß er so stumm war, denn ich hätte ihm gerne folgende Fragen gestellt: »Wie war es möglich, Wladimir Iljitsch (ich fand es ganz natürlich, ihn zu duzen, denn ich war mit ihm und seinen Schriften seit langem vertraut), daß dein Projekt, Rußland auf einen westeuropäischen Weg der Entwicklung und der Zivilisierung zu führen, in diesem Sumpf enden konnte? Wie war es möglich, daß der von dir begründete Sowjetstaat zur bloßen sozialistischen Hülle degenerieren konnte, unter der sich eine modernisierte orientalische Despotie, ein neofeudaler Staatsmonopolismus verbarg? Habt ihr bolschewistischen Intellektuellen, ganz in der Denktradition der europäischen Aufklärung, des europäischen Marxismus stehend und jahrelang im europäischen Exil lebend, überhaupt einen adäquaten Begriff von der »aschiatina«, der »asiatischen Erbschaft« Rußlands, gehabt? Lag euch Paris, London, Berlin und Zürich nicht viel näher als Taschkent, Buchara, Gorno-Altaisk, Alma-Ata, Frunse, Jakutsk, Wladiwostok etc? Wart ihr mit der von euch bewunderten europäischen Kultur nicht viel vertrauter als

mit den uralten Traditionen der asiatischen Basisbevölkerung? Was wußtet ihr eigentlich über deren eigentümliche Produktions- und Lebensweisen? Welchen Stellenwert hatten diese überhaupt in eurem revolutionären Konzept? Was wußtet ihr über die alten orientalischen Despotien und ihre Herrschafts- und Verwaltungsformen? War der Stalinismus, diese modernisierte Form einer asiatischen Entwicklungsdespotie, vielleicht die Rache dafür, daß der europäisierte Marxist W. I. Lenin im Jahre 1917 seine revolutionäre Rechnung ohne den asiatischen Wirt gemacht hatte?«

Schade, daß das Denkmal mir nicht mehr antworten konnte. Aber ich nahm mir vor, diesen Fragen zuhause einmal gründlich nachzugehen. Denn hier, so schien mir, lag der Schlüssel zum Verständnis der Tragödie der Bolschewiki und ihrer fehlgelaufenen Revolution.

2. Die Ikone »Lenin« – ein stalinistisches Erzeugnis

Seit im Gefolge der osteuropäischen Umwälzungen von 1989 die ersten Lenin-Denkmäler in Polen, Ungarn, der CSFR und im Baltikum geschleift wurden, haben diese Fragen für mich erst recht an Aktualität gewonnen.
Den Beginn der sowjetischen »Perestroika« hatte Gorbatschow noch mit einer bewußt in Szene gesetzen Lenin-Nachfolge, einem »Zurück zu Lenin!«-Appell in Gang gesetzt. Doch war schon damals klar, daß die Kritik des Sowjetsystems und der stalinistischen Vergangenheit nicht bei Stalin haltmachen konnte, daß sie bald auch den bisherigen Säulenheiligen der Sowjetunion, W. I. Lenin, tangieren mußte. Die Beschränkung des historischen Blicks auf die Stalin-Epoche, die allerdings drei Jahrzehnte Sowjetgeschichte ausmacht, hatte ja vor allem die Funktion, den sakrosankten Lenin-Mythos nicht zu gefährden.
Dieser Mythos war freilich selbst erst ein Produkt der Stalin-Epoche. Er wurde von Stalin bewußt inszeniert, um seine despotische Industrialisierungs- und Nationalitätenpolitik und den Kult um seine Person im Namen Lenins legitimieren zu können. In »Staat und Revolution« schrieb Lenin, es gebe kein besseres Mittel, einen Politiker zu töten, als ihn in eine Ikone zu verwandeln. Genau dies aber hat Stalin

mit Lenin gemacht, der sein erstes Opfer wurde, indem er der Kritik enthoben wurde (wie der sowjetische Dramatiker Michail Schatrow[2] es ausgedrückt hat). Die kilometerlange Menschenschlange vor dem Lenin-Mausoleum am Roten Platz, wo Lenins Leichnam unter einem gläsernen Sarkophag zu besichtigen ist, demonstriert noch heute die Macht dieses Ikonen- und Führerkultes, den Stalin installiert hat (übrigens gegen den wiederholten Einspruch von Lenins Witwe Krupskaja); ein Kult, der nicht zufällig an die Totenkulte der orientalischen Despotien anknüpfte.

Auch die Kanonisierung des Leninschen Werks zum »Marxismus-Leninismus« als »dem (einzigen) Marxismus unserer Zeit« war erst das Werk Stalins und seiner ideologischen Priesterkaste. Zuvor war der Leninsche Nachlaß frisiert und wichtige Schriften vor allem aus dem Spätwerk (u. a. der »Brief an den Parteitag«, in dem Lenin vor dem »unberechenbaren Charakter« des Generalsekretärs warnte) unterdrückt worden. Dem sowjetischen Stalin-Biografen Wolgokonow zufolge war dies Stalins »größtes Verbrechen: Er hat das Recht auf die Interpretation und Verteidigung Lenins monopolisiert und sich damit zur Symbolgestalt des Sozialismus erhoben. Diesem intellektuellen Verbrechen folgten dann physische, ungeheuerliche.«[3]

Gorbatschow zufolge ging es also auch und zunächst einmal darum, »Lenin wieder auszugraben«, denn Scholastiker und Dogmatiker haben ihn »buchstäblich eingemauert«. Die Wiederaneignung Lenins in der frühen Epoche der Perestroika hatte freilich selbst wiederum eine legitimatorische Funktion. Die Perestroika verstand Gorbatschow als »Weg der Wiedergeburt der Leninschen Prinzipien im innerparteilichen Leben«. Es galt, »das Leninsche Bild der sozialistischen Gesellschaft... wiederherzustellen«, »die Leninsche Auffassung ... des demokratischen Zentralismus ... wiederherzustellen.«[4] Die politische Reform bedeute »Rückkehr zu den Empfehlungen Lenins. Alle Macht muß den Sowjets übergeben werden« (Dsarassow).[5] Und mit Bezug auf frühe Texte Lenins wurde dieser zum Begründer einer Tradition ernannt, auf die eigentlich Rosa Luxemburg Anspruch erheben dürfte: auf die des »demokratischen Sozialismus«. Gorbatschows Empfehlung, »auf Leninsche Art zu leben und zu arbeiten«, war denn auch zur Standardformel für den neuen Politikstil der Perestroika geworden.

Die sowjetische »ad fontes Lenin«-Hinwendung und Gorbatschows

bewußt ins Werk gesetzte Lenin-Nachfolge hatten im Prozeß der Erneuerung der sowjetischen Gesellschaft zwar eine positive und mobilisierende Funktion, nachdem die kollektive Identität der Sowjetbürger durch die Enthüllungen über die Verbrechen des Stalinismus schwer erschüttert worden war. Doch zugleich setzten sie der in Gang gekommenen Entideologisierung und Entmythologisierung der sowjetischen Geschichte eine entschiedene Grenze: Am Denkmal des Begründers des Sowjetsstaates durfte noch immer nicht gerüttelt werden, sein Bild mußte noch immer rein bleiben. Alle Krebsgeschwüre der sowjetischen Gesellschaft von heute wurden auf Stalins Abkehr von den Leninschen Prinzipien (des Parteilebens) zurückgeführt. Daß diese Prinzipien schon zu Lenins Lebzeiten längst unterminiert worden waren, daß Lenin selbst Partei und Staat radikal zentralisiert hatte auf Kosten der »Sowjets« – jenen Organen einer direkten Demokratie, der die Sowjetunion ihren Namen verdankt –, daß er gemeinsam mit Trotzki den Apparat mitgeschaffen hatte, der die Diktatur und Schreckensherrschaft des Generalsekretärs erst ermöglichte – dies alles durfte in der sowjetischen Öffentlichkeit noch immer nicht thematisiert werden.
Auch die meisten westeuropäischen Kommunisten und Sozialisten (fast aller Couleur) scheuten sich lange Zeit davor, die Wurzeln des Stalinismus auch in der leninistischen Epoche, genauer: in der Frühgeschichte, ja, sogar in der Vorgeschichte der russischen Revolution zu suchen; wohl aus der intuitiven Furcht heraus, daß dann ein säkularer Mythos ins Rutschen kommen könnte, an dem nicht nur die kollektive Identität der Sowjetvölker hing, sondern der auch im Weltbild der westlichen Linken einen zentralen Platz einnahm: der Mythos der »Großen Sozialistischen Oktoberrevolution«.
Dabei gab es schon Mitte der siebziger Jahre marxistische Autoren, wie Rudolf Bahro[6] und Rudi Dutschke,[7] die an diesem Mythos energisch gekratzt haben und die historische Wahrheit hinter dem ideologischen Schleier zu rekonstruieren suchten. Zwar hat Bahros »Alternative« seinerzeit für einigen Wirbel gesorgt, doch Bahros eigentliche (Wieder-)Entdeckung, die kurz vor ihm auch Rudi Dutschke gemacht hatte, nämlich die eigentümliche – von Lenin weitgehend ignorierte und unbegriffene – halb-asiatische Formationsgeschichte Rußlands, die auch den nachrevolutionären Prozeß entscheidend geprägt und determiniert hat, hat im Geschichtsbewußtsein der Zeitgenossen, auch des lin-

ken Spektrums, kaum Spuren hinterlassen. Rudi Dutschkes Neubewertung der russischen Revolutionsgeschichte sowie seine radikale Lenin-Kritik (die allerdings in mancher Hinsicht überzogen und räteidealistisch vernebelt war) stieß auf eine Mauer orthodoxer Ablehnung. Auch mein eigener 1975 erschienener Essay »Die Sowjetunion, Mythos und Wirklichkeit, ein Beitrag zur Revisionismus-Diskussion«,[8] der Dutschkes Analyseansatz bereits verarbeitet hatte, wurde seinerzeit nur von winzigen linken Zirkeln in der Bundesrepublik wahr- und aufgenommen. Am Denkmal Lenins durfte damals eben nicht gerüttelt werden, ohne sich den Vorwurf des Antikommunismus einzuhandeln. Und so blieb denn die Diskussion über die Fehlentwicklung der russischen Revolution notwendig borniert, d. h. auf die Stalin-Epoche und auf die Person Stalins beschränkt, ohne daß die historische Tiefendimension des Problems ins Blickfeld geraten konnte.

Um Mißverständnissen schon an dieser Stelle vorzubeugen: Es liegt mir fern, den Stalinismus sowohl als praktizierte Politik wie als Ideologie, als »lineare Fortenwicklung« des Leninismus zu deuten, wie dies von konservativen Historikern und Meinungsbildnern seit jeher und neuerdings auch von vielen osteuropäischen Intellektuellen und manchen sowjetischen Historikern getan wird. So löste Jurij Afanasjew am 12. März 1990 im Kongreß der Volksdeputierten in Moskau einen Eklat aus, als er öffentlich erklärte, der Staatsgründer Lenin habe die Grundlagen für eine »Politik der Gesetzlosigkeit, der Gewalt und des massenhaften Terrors«[9] geschaffen. Untersucht man die sowjetische Frühgeschichte genauer, stellt sich heraus, daß es zwischen Lenins und Stalins Politik ein *Verhältnis von Bruch und Kontinuität* gibt. Wer daher sein Augenmerk nur auf die bislang verdeckten und tabuisierten Kontinuitäten heftet, dem muß natürlich der fundamentale Bruch zwischen Lenins Entwicklungskonzept und der von Stalin verwirklichten Politik entgehen. Wer gar im sensationslüsternen Stil des *Spiegel*-Titels »Das faule Gift der Macht« (14/1990) Lenin zum eiskalten Zyniker der Macht dämonisiert und ihn als direkten Vorläufer Stalins hinzustellen sucht, der sein Werk nur »vollendet« habe, der klittert nicht nur die Geschichte, der steht selber noch, wenn auch aus umgekehrten Motiven, im Banne jenes stalinistischen Lenin-Kultes, der den Sowjetbürgern und den Kommunisten in aller Welt so lange den Blick auf ihre Geschichte verstellt hat.

Daß der Niedergang des Kommunismus auch zum Denkmalsturz des Begründers und ersten Säulenheiligen des Sowjetstaates geführt hat, ist nicht verwunderlich. Doch die jetzt (nicht nur im Westen, auch in vielen östlichen Ländern) einsetzende Dämonisierung und posthume Kriminalisierung des einstigen Abgotts des Sowjetsystems ist bloß die schlechte und törichte Antithese zur vormaligen Lenin-Idolatrie; denn sie bleibt einer personalisierenden und moralisierenden Geschichtsbetrachtung verhaftet, die die Wurzel geschichtlicher Fehlentwicklungen und Katastrophen letztlich im Charakter ihrer führenden Figuren und in ihrer Ideologie dingfest zu machen sucht. Als ob die Tragödie und das letztliche Scheitern des Sowjetkommunismus aus dem diktatorischen »Charakter«, der »Machtbesessenheit« und dem »ideologischen Wahn« ihrer Führer zu erklären sei! Als ob die komplexe Ursachengeschichte dieses Scheiterns sich in so simplen Schuldzuweisungen und Milchmädchenrechnungen nach Art des *Spiegel* bilanzieren ließe, der glaubt, nun endlich den »Schuldigen an diesem Begräbnis, am Niedergang Rußlands, der Widerlegung des verwirklichten Sozialismus«[10] gefunden zu haben: nämlich W. I. Lenin!

Ach, wenn unsere Leitartikler und all die »postsozialistischen« Intellektuellen, die jetzt die großen Nekrologe auf die kommunistische Jahrhunderleiche schreiben, dabei wenigstens den einen schlichten Satz von Karl Marx beherzigen würden: »Die Menschen machen ihre eigene Geschichte, aber sie machen sie nicht aus freien Stücken, nicht unter selbst gewählten, sondern unter unmittelbar vorgefundenen, gegebenen und überlieferten Umständen.«[11] Eben dies unterscheidet den Blick des historischen Materialisten von dem neuerdings wieder triumphierenden moralisierenden Umgang mit der Geschichte: daß das Handeln und Fehlhandeln ihrer Akteure nur verständlich wird und von der Nachwelt nur adäquat beurteilt werden kann, wenn man sie in den historischen Kontext jener »umittelbar vorgefundenen, gegebenen und überlieferten Umstände« zurückversetzt. Dabei kann das falsche oder lückenhafte Bewußtsein der Akteure über diese Bedingungen zu einer entscheidenden Ursache ihres Fehlhandelns werden. Antikisch gesprochen, haben wir es dann mit einem Verblendungszusammenhang zu tun, in dem sich die Akteure bewegen und der sie schließlich scheitern läßt. Genau darin aber lag die Tragödie Lenins und der Bolschewiki.

Den alten Götzendienern wie den neuen Bilderstürmern sei daher versichert: Nur wenn man die Lenin-Ikone von der Wand nimmt, ohne in postumer Wut, aus Rache oder Schadenfreude auf ihr herumzutrampeln und sie in Stücke zu schlagen, kommt der Mensch, Revolutionär und Marxist W. I. Lenin, der wie kein anderer Revolutionsführer und politischer Theoretiker das 20. Jahrhundert beeindruckt und geprägt hat, in all seiner Widersprüchlichkeit, mit all seinen großartigen und seinen doktrinär-verblendeten Seiten überhaupt erst zum Vorschein.

3. Der »blinde Fleck« in Lenins Entwicklungskonzeption

Vom Ende des »Realsozialismus« her gesehen, muß aber nicht nur die alte Streitfrage der Linken: Was hat der Stalinismus mit dem Leninismus zu tun? noch einmal neu aufgerollt werden, sondern auch die andere, vorab sich stellende Kardinalfrage: War der Leninsche Bolschewismus die Anwendung des Marxismus auf den konkreten Fall Rußland, oder war er es nicht?
Der Sowjetmarxismus und die kommunistische Weltbewegung haben diese Frage stets mit einem uneingeschränkten »Ja« beantwortet. Der Leninismus wurde als konsequente Weiterentwicklung des originären Marximus ausgegeben, was in dem Bindestrichbegriff »Marxismus-Leninismus« seinen kanonischen Ausdruck fand. Ebenso hat der westliche Antimarxismus, wenngleich aus den entgegengesetzten Beweggründen heraus, nie einen Zweifel daran gelassen, daß der eigentliche theoretische und praktische Wegweiser des Bolschewismus (in seiner leninistischen wie stalinistischen Ausprägung) der von Marx und Engels begründete Historische und Dialektische Materialismus gewesen sei; der Zusammenbruch der kommunistischen Systeme habe diesen damit endgültig als »geschichtliche Irrlehre« desavouiert – ein Fazit, das von vielen enttäuschten Ex-Kommunisten und Ex-Sozialisten in Ost und West geteilt wird.
Dieser Pauschalverwerfung halten die Alt-Linken, Rotgrünen und Demokratischen Sozialisten zumeist die nicht minder pauschale Behauptung entgegen, daß der Leninismus mit den genuinen Lehren der sozialistischen Klassiker nichts gemein habe, auch wenn er sich zwecks Legitimierung der kommunistischen Herrschaft auf sie berufen habe.

Gewiß findet sich in den Schriften von Marx und Engels nirgendwo der Hauch einer Rechtfertigung für das Walten von Diktatoren oder diktatorischen Politbüros, von allmächtigen Staatsbürokratien und Staatssicherheitsapparaten. Und daß Marx nicht als theoretischer Vorläufer der bolschewistischen Parteidiktatur hingestellt werden kann, habe ich bereits gezeigt. Es ist auf der anderen Seite unzweifelhaft, daß der Marxismus, wenn auch in verkürzter und ideologisch funktionalisierter Gestalt, der Hauptbezugspunkt, die Quelle der Leninschen Erkenntnisse und der revolutionären Strategiebildung der Bolschewiki gewesen ist. Wer diesen Zusammenhang leugnet, der klittert nicht nur die (Theorie-)Geschichte, vor allem geht er am Kern des Problems vorbei.
Nicht die Frage, ob die Leninsche Theoriebildung im Marxismus wurzelt, bedarf der Erörterung, denn daran kann es keinen Zweifel geben. Vielmehr muß man die Frage genau umgekehrt stellen: Ob nicht gerade die Fixierung auf den westeuropäischen Marxismus Lenin von Anfang an daran gehindert hat, die Spezifik der russischen Formations- und Sozialgeschichte zu begreifen? Ob nicht gerade sein Bemühen, die ganz anders geartete russische Geschichte und das russische Revolutionsgeschehen in denselben Begriffen und Kategorien zu deuten, in denen Marx die Entwicklung Westeuropas vom Mittelalter in die Neuzeit gedeutet hat, den »tragischen Irrtum« des Leninismus ausmacht. Ob nicht Lenins Marxismus-Rezeption vor allem von dem Wunsch geprägt war, das noch weitgehend »halb-asiatische« Rußland auf einen westeuropäischen Pfad der Entwicklung zu führen, so daß seine ganze politische Strategiebildung einem Entwicklungs- und Revolutionsschema folgte, das weniger aus den spezifischen Bedingungen und Entwicklungsmöglichkeiten der russischen Gesellschaft abgeleitet worden war, sondern vom eschatologischen Geist des »Kommunistischen Manifest« von 1847 abgezogen war?
Tatsächlich läßt sich zeigen, daß Lenin und die Bolschewiki wohl den revolutionär-eschatologischen Urmarxismus von 1847 beerbt haben, der eher dem Wunschdenken ihrer Begründer entsprungen war, nicht dagegen den reifen und wissenschaftlichen Marx, nicht den unbestechlichen Sozialhistoriker und Formationsanalytiker der bürgerlichen Gesellschaft und der ihr vorausgegangenen Produktionsweisen.
Die Wirklichkeit der Sowjetunion entzieht sich nämlich gerade dann,

wenn man sie mit der Marxschen Methode analysiert, dem leninistischen Schema einer Theorie des »weltgeschichtlichen Übergangs vom Kapitalismus in den Sozialismus«, ein Schema, das fast die gesamte kommunistische Weltbewegung von den Bolschewiki übernommen hat. Warum aber kann und konnte dieses Schema, respektive die Qualifizierung des Oktoberaufstandes als »Große Sozialistische Oktoberrevolution«, nur eine epochale Mystifikation sein? Die Antwort lautet: weil es den Kapitalismus im Rußland des Zaren als eigenständige und entwickelte Produktionsweise nie gegeben hat, *weil Rußland*, um mit Marx zu sprechen, *die »positive Seite des Privateigentums«, die Entwicklung von Subjektivität, Individualität und Freiheit sowie die bürgerliche Kultur der Produktivkräfte und der Arbeit nie erfahren hat*. Eben darum konnte der Kapitalismus durch die Sowjetrevolution auch nicht überwunden, nicht im Hegelschen Sinne »aufgehoben« und durch eine qualitativ höhere sozialistische Produktionsweise abgelöst werden. Vielmehr ist die sowjetische Gesellschaft (wie die nach ihrem Modell gestalteten ehemaligen osteuropäischen Volksrepubliken) weit unterhalb des im westlichen Kapitalismus erreichten Niveaus der zivilisatorischen und Produktivkraftentwicklung verblieben.

Um Mißverständnissen gleich an dieser Stelle vorzubeugen: Es liegt mir fern, die Fehlentwicklung der russischen Revolution und ihr schließliches Einmünden in die Sackgassengesellschaft gewissermaßen aus einem einzigen »archimedischen Punkt« heraus erklären zu wollen. An diesem Ergebnis sind sehr viele, auch viele externe Faktoren beteiligt gewesen: an erster Stelle die Geburt der Sowjetrevolution aus dem ersten imperialistischen Krieg heraus, ihre Dauerbedrohung durch den westlichen Imperialismus, der Kalte Krieg, die permanente Überforderung ihrer Volkswirtschaft durch einen ihr historisch aufgezwungenen Rüstungswettlauf u. a. mehr. Ich werde darauf später genauer eingehen. Doch mein vordringliches Anliegen ist, den eigentümlichen Verblendungszusammenhang bloßzulegen, in dem sich Lenin und die Bolschewiki von Anfang an bewegt haben und in dem auch die westeuropäische Arbeiterbewegung und Linke (von ganz wenigen Ausnahmen abgesehen) jahrzehntelang befangen waren. Vor allem aufgrund ihrer Befangenheit im bolschewistischen Mythos ist die europäische Linke von den osteuropäischen Kettenrevolutionen des Jahres 1989 auch so »kalt erwischt« worden.

Der Marxschen Theorie zufolge kann die sozialistische bzw. kommunistische Gesellschaft überhaupt nur auf der Grundlage entstehen, die der hochentwickelte Kapitalismus selbst geschaffen hat; und eine ihm überlegene Produktionsweise und höhere Gesellschaftsformation hätte sie nur dann ausbilden können, wenn sie den Kapitalismus, seine antagonistischen Widersprüche, aber auch seine zivilisatorischen Errungenschaften, sein progressives Erbe, im Hegelschen Sinne hätte »aufheben« können. Die geschichtliche Bewegung, wie sie sich in Westeuropa seit dem Mittelalter vollzogen hat, beschreibt Marx, hier sehr vereinfacht und ein bißchen schematisch ausgedrückt, in folgender Stufenfolge: Auf der ersten Stufe sind die unmittelbaren Produzenten, Handwerker, Bauern etc., noch die Eigentümer ihrer Produktionsmittel (Arbeitsmittel, Grund und Boden etc.), mit denen sie arbeiten. Im Zuge der sog. »ursprünglichen Akkumulation« des Kapitals aber wurden die Menschen von ihren Produktionsmitteln getrennt; denn diese gehören jetzt einer Minderheit, und die enteignete Masse muß, da sie nichts anderes zu verkaufen hat als ihre Arbeitskraft, die Produktionsmittel im Interesse ihrer Besitzer anwenden. Dies ist die – bis heute vorherrschende – zweite kapitalistische Stufe. Auf der dritten, der sozialistischen Stufe – so die teleonomische Wunschvorstellung von Marx und aller Sozialisten / Kommunisten nach ihm – erobert die arbeitende Masse die Produktionsmittel zurück. Die Enteigner werden selbst enteignet. Aber es erfolgt jetzt keine Rückkehr zur ersten Stufe, sondern die gesellschaftliche, gemeinschaftliche Anwendung der Produktionsmittel im Interesse der Allgemeinheit. Es ist also ein Prozeß der doppelten Negation, den Marx am Ende des 1. Bandes des »Kapital« folgendermaßen zusammenfaßt: »Die aus der kapitalistischen Produktionsweise hervorgehende Aneignungsweise, daher das kapitalitische Privateigentum, ist die erste Negation des individuellen, auf eigne Arbeit gegründeten Privateigentums. Aber die kapitalistische Produktion erzeugt mit der Notwendigkeit eines Naturprozesses ihre eigene Negation. Es ist Negation der Negation. Diese stellt nicht das Privateigentum (an Produktionsmitteln, Anmk. d. Verf.) wieder her, wohl aber das individuelle Eigentum auf Grundlage der Errungenschaft der kapitalistischen Ära: der Kooperation und des Gemeinbesitzes der Erde und der durch die Arbeit selbst produzierten Produktionsmittel.«[12] Von einer Vernichtung des individuellen Eigentums (und der individuellen

Antriebe der gesellschaftlichen Arbeit) ist bei Marx so wenig die Rede wie von einer Verstaatlichung der Produktionsmittel bzw. einer Durchstaatlichung der gesamten Ökonomie.

Entgegen der Marxschen Theorie (wenn auch in durchaus konsequenter Anwendung der Klassenkampf- und Revolutionstheorie des »Kommunistischen Manifests«) siegte die erste plebejische, d. h. von Arbeitern und Bauern getragene Revolution der Weltgeschichte – und darin lag bei all ihrer Bedeutung eben auch eine geschichtliche Fatalität! – just in einem Land, das die für Westeuropa typische Formationsfolge Feudalismus / Kapitalismus nie durchlaufen, das also – um mit Marx zu sprechen – die erste Negation in Gestalt des kapitalistischen Privateigentums noch gar nicht bzw. nur in rudimentären Formen vollzogen hatte. Aufgrund seiner ökonomischen wie kulturellen Rückständigkeit war Rußland alles andere als prädestiniert, eine sozialistische / kommunistische Gesellschaft im Sinne jener doppelten Negation hervorzubringen, von der Marx spricht, geschweige denn den fortgeschrittenen Kapitalismus des Westens »einzuholen und zu überholen«, wie dies nach dem Oktober 1917 Lenin und die Bolschewiki proklamierten. Dies dennoch und mit allen Mitteln erreichen zu wollen, darin lag ihr eigentümlicher Voluntarismus, ihre heroische Selbsttäuschung. Was bei dieser revolutionären »Übersprunghandlung«, die der Oktoberumsturz einleitete, herauskam – und mit einer gewissen Zwangsläufigkeit herauskommen mußte –, war nicht »der« Sozialismus bzw. Kommunismus (im Marxschen Sinne), sondern *die asiatische Variante des »rohen Kommunismus«, den Marx selbst als die schlechte, die abstrakt-totale Negation des Privateigentums charakterisiert hat;* eine Negation, die später zur Hauptursache der inneren Stagnation und der existentiellen Krise der Sowjetunion (und der Volksrepubliken des ehemaligen Ostblocks) werden sollte.

Es entstand eine Gesellschaftsformation eigenen Typs, die sich auf der Grundlage einer ganz anderen, nämlich »halb-asiatischen« Produktionsweise herausgebildet hatte und mit deren »Muttermerkmalen« behaftet war. Ihre sich nach dem Oktober herausbildenden staatlichen Eigentumsformen aber konnten von den führenden bolschewistischen Eliten deshalb mit »Sozialismus« verwechselt werden, weil sie durch die Schule der westeuropäischen Arbeiterbewegung, zumal durch die der deutschen Sozialdemokratie gegangen waren, die seit Lassalle in der Verstaatlichung den Kern der Sozialismusfrage erblickte. Die Verwechslung von Etatismus mit Sozialismus aber gestattete es den Bolschewiki (und der gesamten kommunistischen Weltbewegung), sich über ihr grundlegendes Dilemma hinwegzutäuschen: daß sie zunächst einmal dazu verdammt waren, *den ökonomischen Inhalt der frühbürgerlichen Epoche, nämlich eine »ursprüngliche Akkumulation« und Industrialisierung nachzuholen.* Beides aber auf einmal vollbringen zu wollen: nämlich die historische Mission des Bürgertums unter der Ägide des Staates und der Staatspartei nachzuholen *und* zugleich den Sozialismus aufzubauen, dies konnte nicht gelingen, es wäre vielmehr die Quadratur des Kreises gewesen.

Doch um diese Thesen im einzelnen zu verifizieren und den Ausgangs- und Angelpunkt jenes Verblendungszusammenhangs aufzuspüren, in dem sich auch Lenins Politik und Theoriebildung bei aller inhärenten marxistischen Schlüssigkeit bewegte, müssen wir weit zurückgehen – bis ins 19. Jahrhundert.

4. Anknüpfung an den eschatologischen Urmarxismus von 1848

Seit den siebziger Jahren des 19. Jahrhunderts waren die Erkenntnisse von Marx und Engels auch von der sozialrevolutionären Intelligenz Rußlands begierig aufgenommen wurden. Ja, man kann sagen: Nirgends in Europa fielen diese auf so fruchtbaren Boden wie gerade in dem Land, dessen Entwicklung völlig atypisch und quer zu der westeuropäischen verlaufen war. Nirgendwo war Marx, der selbst mit vielen russischen Emigranten einen lebhaften Austausch pflegte, so anerkannt wie unter den revolutionären russischen Intellektuellen. Diese Verehrung für die theoretischen Begründer des Historischen Materialismus machte sie natürlich zugleich befangen und ließ sie weithin die Tatsache übersehen, daß die politischen ebenso wie die ökonomischen Theorien von Marx dem Studium der Formationsgeschichte der modernen bürgerlichen Gesellschaft und den Erfahrungen der westeuropäischen, vor allem der französischen Klassenkämpfe und Revolutionen abgewonnen worden waren und sich darum nicht ohne weiteres auf ein »halb-asiatisches« Bauernland übertragen ließen.

Auch Lenins Marxismus-Rezeption spiegelt diese fast blinde Verehrung für die Begründer des Historischen Materialismus wider. Sie hinderte den Führer der Sozialdemokratischen Arbeiterpartei Rußlands von Anfang an daran, auch die historische Bedingtheit und den primär auf die westeuropäische Entwicklung bezogenen Erkenntnisgehalt der Marxschen Theorien zu erkennen. Daß Marx, der in vielem seiner Zeit (und ihrem Denken) weit voraus war, zugleich auch ein Kind seiner Zeit, ein Kind ihrer (vor allem im Deutschland des Vormärz weitverbreiteten) revolutionären Erlösungshoffnung und ihrer Wissenschafts- und Fortschrittsgläubigkeit war, dies vermochten Lenin und die russischen Marxisten nicht zu durchschauen. Statt dessen faßten sie den Historischen Materialismus als eine Wissenschaft auf, die die unumstößlichen, universell geltenden Entwicklungsgesetze der Geschichte entdeckt und formuliert habe. Ihre eigene hochgespannte Revolutionserwartung für die bereits in Gärung geratene russische Gesellschaft des späten 19. Jahrhunderts hatte zudem eine selektive Rezeption des Marxschen Werkes zur Folge. In ihrer Theoriebildung knüpften sie weniger an den wissenschaftlich-empirisch fundierten Teil dieses Werkes, an die »Kapital«-Analyse und die (damals noch gar nicht zugänglichen) »Grundrisse der Kritik der Politischen Ökonomie«, sondern gerade an den revolutionären Urmarxismus von 1848 an, dessen eschatologischer Überschwang eher dem Wunschdenken seiner Verfasser entsprungen als wirklich wissenschaftlich begründet war.

Daß der revolutionäre Frühmarxismus seine Fortsetzung just im Rußland des Zaren fand, hatte, wie Arthur Rosenberg richtig erkannte, mit gewissen ins Auge springenden Ähnlichkeiten zwischen dem Deutschland von 1845 und dem Rußland von 1895 zu tun: »In beiden Ländern war zunächst die bürgerliche Revolution fällig, war die Mehrheit der Bevölkerung noch agrarisch, aber die Industrie im Aufstreben (in Rußland freilich nur punktuell, Anmk d. Verf.), war das herrschende System für alle tapferen und selbständigen Köpfe unendlich verächtlich, waren die Massen des Volkes von dem mächtigen Willen zur Freiheit erfüllt. Die deutschen Junghegelianer gingen ebenso zum Volk, um mit seiner Hilfe die Philosophie zu vollenden, wie in Rußland die Intelligenz sich an die Massen wandte, um sie zum Aufstand gegen den Zaren zu reizen. In beiden Ländern endlich war die Masse, vor allem auch die Arbeitermasse, noch politisch ungeschult und zur Selbsttätigkeit ohne Anleitung von außen unfähig. So kehrten alle Voraussetzungen des revolutionären Marxismus von 1848 im Rußland von 1895 wieder.«[13]

Und so finden wir denn die wesentlichen Elemente des Urmarxismus von 1848 auch in der Konzeption Lenins wieder: die Lehre von der historischen Mission der Arbeiterklasse, die durch die radikalsten Köpfe der bürgerlichen Intelligenz in diese hineingetragen werden muß, eine Aufgabe, die nur mit Hilfe einer straff und zentralistisch organisierten Vorhut nach dem Modell des »Bundes der Kommunisten« zu bewältigen war. Sodann die Lehre von der führenden Rolle des Proletariats, das die schwankenden Mittelklassen, die Bauern und die »kleinbürgerliche Demokratie«, nicht nur auf seine Seite, sondern auch unter seine politische Hegemonie zu bringen habe. Und schließlich die Lehre von der kommenden Volksrevolution, die zwar ihrem Wesen nach zunächst nur eine bürgerlich-demokratische sein könne, aber früher oder später über diese hinaus in die proletarische Revolution einmünden werde. Da aber das russische Bürgertum von 1895 so wenig entwickelt war wie das deutsche im Vormärz, mußte die Arbeiterschaft selbst, gleichsam stellvertretend, die kommende demokratische Volksrevolution anführen und vollenden, bevor es die Frage der sozialistischen Revolution überhaupt stellen könne. Genauso hatten es sich Marx und Engels am Vorabend der Revolution von 1848 auch vorgestellt (und im »Manifest« formuliert).

Dieses klassisch-marxistische Zwei-Phasen-Konzept, das auf der Erfahrung der westeuropäischen Entwicklung und dem hier typischen Formationswechsel vom Feudalismus in den Kapitalismus gründete, galt übrigens nicht nur Lenin und den Bolschewiki, sondern auch den Menschewiki und vielen russischen Sozialrevolutionären als unumstößliches Dogma. Um es auf Rußland übertragen zu können, bedurfte es allerdings einer folgenschweren theoretischen Manipulation: Die ganz anders geartete russische Formationsgeschichte mußte mit der (west)europäischen Formationsfolge: Feudalismus / Kapitalismus und Sozialismus (in spe) irgendwie in Einklang gebracht werden.

Entsprechend qualifizierte Lenin, wie fast alle russischen Marxisten, den Zeitabschnitt von 1861, der sog. Bauernbefreiung, bis 1917 als »beginnende kapitalistische Entwicklung in Rußland«.[14] Dabei wollte Marx, gerade aufgrund seiner späten Rußlandanalysen, die historische Unvermeidlichkeit einer kapitalistischen Entwicklung »ausdrücklich auf die Länder Westeuropas beschränkt« wissen.¹⁵ Es ist eine »Ironie der Geschichte«, daß der sonst so marxistisch gebildete Lenin gerade jene Marxsche Formationskategorie nicht kannte, die für das tiefere Verständnis der russischen Geschichte von fundamentaler Bedeutung gewesen wäre: nämlich die Kategorie der »asiatischen Produktionsweise«, die im »Kapital« (das Lenin selbstverständlich kannte) nur verstreut vorkommt, ausführlich aber in den (damals noch nicht zugänglichen) »Grundrissen« entwickelt ist. Später hat der Sowjetmarxismus Marxens Kategorie der »asiatischen Produktionsweise« aus den Büchern und Lehrbüchern eliminiert, weil sie zur offiziellen leninistischen Periodisierung der russischen Geschichte vor dem Oktober in auffälligem Widerspruch stand. Auch in der Großen Sowjetenzyklopädie von 1964 war »diese Grundkategorie der Sackgassengesellschaft in der Weltgeschichte« (R. Dutschke)¹⁶ nicht mehr aufzufinden; steckte in ihr doch der Erklärungsschlüssel für die geschichtliche Herkunft der Sowjetbürokratie und für den immanenten Stagnationscharakter der Sowjetökonomie.

5. Die »halb-asiatische« Formationsgeschichte Rußlands

Aufgrund seiner Spezialstudien zur Ökonomik und Geschichte Rußlands war Marx zu dem Ergebnis gekommen, daß die spezifisch vorkapitalistischen Strukturen der russischen Gesellschaft des 19. Jahrhunderts in den Begriffen des westeuropäischen Feudalismus nicht zu fassen sind, vielmehr eine russische Abart der »asiatischen Produktionsweise« darstellen. Wie Marx 1859 im Vorwort »Zur Kritik der Politischen Ökonomie« darlegte, haben sich aus dem Zerfall der sakralen Gemeinwesen und der Urgemeinschaften vor allem drei Produktionsweisen herausgebildet: die asiatische, die antike und die feudale, die er »als progressive Epochen der ökonomischen Gesellschaftsformation«¹⁷ kategorisierte. Das Eigentümliche an der »asiatischen Produktionsweise« ist, daß sie den Übergang zum Privateigentum an Grund und Boden noch nicht vollzogen hat. Was Marx besonders interessierte, war die Frage, warum diese urtümliche Form des Eigentums und Gemeinwesens, die sich auf der Basis des Stammeigentums und der Stammesorganisation entwickelt hat, sich so lange, in Indien bis ins

19. Jahrhundert, bis zum Vordringen des englischen Imperialismus, erhalten hatte: ». . . Es ist der einfache produktive Organismus dieser selbstgenügsamen Gemeinwesen, die sich beständig in derselben Form reproduzieren«, der »den Schlüssel zum Geheimnis der Unveränderlichkeit asiatischer Gesellschaften«[18] liefert. Die strikte Isolation der autarken Dorfgemeinden, zwischen denen nur spärlich Waren ausgetauscht werden, und der niedrige Stand der Arbeitsteilung, in der häusliche Industrie und Agrikultur auf eigentümliche Weise verquickt waren, hielten die Produktivkräfte auf einem niedrigen Niveau.

Diese voneinander isolierten, autarken Dorfgemeinschaften bedurften zum Schutz vor ausländischer Intervention, vor Naturkatastrophen usw. einer besonderen Staatsform, die sich in einem langen historischen Prozeß herausbildete und die Engels den »orientalischen Despotismus« nannte. »Eine solche vollständige Isolierung der einzelnen Gemeinden voneinander, die im ganzen Lande zwar gleiche, aber das gerade Gegenteil von gemeinsamen Interessen schafft, ist die naturwüchsige Grundlage für den orientalischen Despotismus; und von Indien bis Rußland hat diese Gesellschaftsform, wo sie vorherrschte, ihn stets produziert, stets in ihm ihre Ergänzung gefunden. Nicht bloß der russische Staat im allgemeinen, sondern sogar seine spezifische Form, der Zarendespotismus . . . ist notwendiges und logisches Produkt der russischen Gesellschaftszustände.«[19]

Der »orientalische Despotismus« unterschied sich vom feudalen Despotismus europäischer Prägung vor allem dadurch, daß »es nicht Privateigentümer sind, sondern (wie in Asien) der Staat ist, der ihnen (den Produzenten) direkt als Grundeigentümer und gleichzeitig als Souverän gegenübertritt, so fallen Rente und Steuer zusammen . . . Der Staat ist hier der oberste Grundherr. Die Souveränität ist hier das auf nationaler Stufe konzentrierte Grundeigentum«. (Marx)[20] Die neben der Priesterkaste entscheidende Fraktion innerhalb der despotischen Regierung war die Beamtenschaft, ohne die jene ihre Steuern bzw. Renten nicht eintreiben konnten. Der despotische Beamtenapparat hatte darüber hinaus die Aufgabe, die »öffentliche Arbeit« zu organisieren und zentral zu leiten, um die lebensnotwendige Wasserregulierung, das Bauen von Schleusen, Kanälen, Straßen etc. sicherzustellen. Während also im europäischen Feudalismus das gesellschaftliche Mehrprodukt über die Fronarbeit bzw. über die Naturalrente (später über die Geldrente) vom Grundherrn privat angeeignet wurde, wurde dieses in der asiatischen Gesellschaft über die Steuer / Rente sowie über die »öffentliche Arbeit« von der despotischen Regierung *»gemeinschaftlich« angeeignet*. Darum konnten sich in dieser Produktionsweise das Privateigentum und die mit ihm verbundene Entwicklung der Produktivkräfte nicht durchsetzen.

Im Unterschied zu der privaten Sklaverei der Antike und den leibeigenen Bauern des europäiischen Feudalismus unterstanden die bäuerlichen Untertanen nicht einem privaten Grund- oder Dienstherrn, sondern sie waren als »allgemeine Staatssklaven« sozusagen Gemeingut der despotischen Regierung. Man ahnt schon hier, wie diese »asiatische Erbschaft« in die »ursprüngliche sozialistische Akkumulation«, d. h. in die Stalinsche Industrialisierung und Zwangskollektivierung, später eingehen sollte.

Die Eroberung Rußlands durch die mongolischen Tartaren zwischen 880 und 1169 stellte nach Marx die Weiche für die nachfolgende Asiatisierung der russischen Gesellschaft. Denn die mongolischen Eroberer unterwarfen das Land nicht nur ihrer Schreckensherrschaft, sondern auch ihrer eigenen, d. h. der »asiatischen Produktionsweise«. (Der Begriff »halb-asiatisch« bezieht sich bei Marx primär auf die Rassen- und Nationalitätenzusammensetzung. Darum spricht er von den halb-asiatischen, orientalischen Wirren Rußlands, aber von den asiatischen, orientalischen Wirren Chinas. Auch die spezifische Klimalage – wasserarme oder wasserreiche Gebiete usw. – in den verschiedenen Formen der asiatischen Produktionsweise spielt hier eine wichtige Rolle.)

Die sich nach dem Aufstieg Moskaus (Ende des 15. und 16. Jahrhunderts) zur Metropole herausbildende zaristische Despotie begründete dann den russischen Einheitsstaat. Während sich in Europa die nationale und staatliche Einheit über den inneren Markt und die entwickelte Warenwirtschaft herstellte, konnte die Vermittlung der voneinander isolierten Dorfgemeinden in den riesigen Weiten Asiens nur durch eine zentrale Bürokratie bewerkstelligt werden.

Nach dem Sieg der Moskowiter über die Mongolen, nach der Zerschlagung der kleinen bürgerlichen Republiken (Nowgorod u. a.) durch Iwan III. und der Liquidierung der ehemaligen Teilfürsten und halbfeudalen Bojaren durch Iwan IV. bildete sich in Rußland eine spezielle Va-

riante der »asiatischen Produktionsweise« heraus. Ihre Grundlage waren die in Dorfgemeinschaften zusammengeschlossenen, gemeinsam besitzenden »schwarzen« Bauern, die dem Zaren zins- und dienstpflichtig waren und ihr Ackerland, ihr Vieh, ihre Weiden und Wälder nur gemeinsam nutzen konnten. Nicht private Grundbesitzer wie in Europa, sondern die »Opricniki« - zu Administration und Rechtssprechung auf Zeit verpflichtete Halbbürokraten - fungierten als Statthalter der zaristischen Despotie auf dem Land. Auch der russische Militäradel, der im Unterschied zu den europäischen Feudalherren keine eigenen Knechte mitbrachte, unterstand unmittelbar dem Despoten bzw. Zaren. »Nahe dem Zaren, nahe dem Tod«, lautet ein altes Sprichwort. Die Moskowiter Despotie ordnete somit jedem Mitglied, egal, welchen Rang in der Hierarchie es innehatte, jeder russischen »Seele« zu, wohin sie gehörte. Für die öffentlichen Arbeiten wurden die Bauern als »Staatssklaven« herangezogen. So rekrutierte beispielsweise Peter I. für den Bau seiner Hauptstadt Hunderttausende Bauern als Arbeiter wie zum Wehrdienst auf Lebenszeit (wie später Stalin Hunderttausende von Arbeitern und Sträflingen zur Zwangsarbeit in der Schwerindustrie und im Untertagebau).
In einer Zeit, in der in Europa die »ursprüngliche Akkumulation« des Kapitals voranschritt und - auf durchaus terroristische Weise - die materiellen Bildungselemente und Produktivkräfte der modernen bürgerlichen Gesellschaft freisetzte, fiel Rußland in jene tiefe Sackgasse zurück, aus der es aus eigener Kraft nicht herauskommen konnte. Alle späteren Versuche, von Katharina II. bis Peter dem Großen, das asiatische Bauernrußland zu europäisieren und die zivilisatorischen Errungenschaften des Westens zu importieren, vermochten die mit der zaristisch-tributären Wirtschaftsweise verbundene Stagnation nicht aufzubrechen. Auch die verschiedenen Bauernrevolten Rußlands konnten die Apathie und Abhängigkeit der Untertanen von der despotischen Regierung und ihrem Beamtenapparat nicht aufheben. Geduldiges Warten auf den Erlöser - Zaren, das war die Haltung, die seit den Zeiten Iwans des Schrecklichen die subjektive Verfassung der bäuerlichen Massen bestimmte. Dieses Bewußtsein, an das der Stalinismus später anknüpfen konnte, war - wie Rosa Luxemburg 1918 im Gefängnis in Breslau notierte - unberührt geblieben vom »Golfstrom der Renaissance«, den »aufrüttelnden Stürmen der Reformation« und dem

»Gluthauch der Philosophie des 18. Jahrhunderts«. Keine Subjektivität, keine Individualität und keine Freiheit, allein Religion, aber keine Philosophie, um mit Hegel[21] zu sprechen, konnten sich hier institutionalisieren.

Erst die nicht mehr abreißenden Bauernrevolten zwischen 1855 und 1860 zwangen die zaristische Despotie, der Bauernbewegung von oben entgegenzukommen. Durch die sog. Bauernbefreiung von 1861 suchte sie sich den Erfordernissen der Zeit anzupassen. Trotz »Aufhebung der Leibeigenschaft« mußten die Bauern den von ihnen bewirtschafteten und oft gepachteten Boden durch Dienstleistungen oder Geldzahlungen ablösen. Die neue »Freiheit« des Bauern bestand darin, sich jetzt auf eigene Rechnung – statt für die Gutsbesitzer und staatlichen Dienstherren – abzuarbeiten und sich immer tiefer zu verschulden. Die kollektive Nutzung des Bodens innerhalb der Dorfgemeinschaft, der Obtschina, blieb aber in den meisten Regionen des Zarenreiches erhalten. Der Grund und Boden wurde in der Regel nicht in das Privateigentum des Bauern übertragen, sondern der Obtschina als unveräußerliches und nicht verpfändbares Gemeineigentum zugeeignet. Dem russischen Zarismus aber gelang es, die russische Dorfgemeinschaft mit ihrer Solidarhaftung in eine »Steuerdruckmaschine« (R. Luxemburg) umzubauen. Mit staatlichen Machtmitteln ausgerüstet, war die Obtschina berechtigt, Bauern nach »außerhalb« zu vermieten, sie konnte ihren Mitgliedern den Paß verweigern, ohne den der Bauer sein Dorf nicht verlassen durfte. Kurzum: Auch die sog. »Bauernbefreiung« brachte, wie Marx ausdrücklich hervorhebt, keine Befreiung von der »allgemeinen Staatsklaverei«, allenfalls eine modernisierte Form derselben. Sie führte infolgedessen auch nicht zur Freisetzung eines »doppelt freien Lohnarbeiters« (nämlich frei von Produktionsmitteln und frei, seine Arbeitskraft zu verkaufen), der die Voraussetzung für jede Art von Kapitalismus gewesen wäre.

Daß es im Gegensatz zu Europa im zaristischen Rußland von innen her keinerlei Impulse für eine modern-kapitalistische Entwicklung gegeben hat, ist vor allem darauf zurückzuführen, resümiert Rolf Henrich, »daß es – anders als im europäischen Feudalismus – keine weitestgehend sich selbst bestimmenden gesellschaftlichen Kräfte wie einen grundbesitzenden Adel, ein städtisches Bürgertum und mit privatem Boden wirtschaftende Bauern gab... Genau dieser objektive und subjektive Tatbestand veranlaßte Engels, Rußland als »seinem Wesen und seiner Lebensart, seinen Traditionen und Einrichtungen nach ... halbasiatisch« zu bennenen. Denn ebenso wie andere Länder des Ostens war das Zarenreich in eine sozialökonomische Entwicklungsfalle geraten, aus der es aus eigener Kraft nicht entkommen konnte. Um diese Entwicklungsfalle aufzubrechen, bedurfte es äußerer Anstöße (Weltmarkt, Krieg).«[22]

6. Lenins Illusion vom »russischen Kapitalismus«

Gleichwohl begann es in den letzten Jahrzehnten des 19. Jahrhunderts auch in Rußland mächtig zu gären. Ausgelöst durch periodische Bauernaufstände, traten die verschiedensten sozialreformerischen und sozialrevolutionären Kräfte auf den Plan. Die einflußreichste und mächtigste von ihnen war die Volkstümlerbewegung (Narodniki), aus der später die Sozialrevolutionäre Bauernpartei hervorging. Ihr Ziel war, die erdrückende zaristische Bürokratie zu stürzen und durch eine Volksregierung zu ersetzen, in der die russische Bauernschaft als die überwältigende Mehrheit und der charakteristische Stand des Volkes die maßgebende Rolle spielen sollte. Das noch existierende (wenngleich sich langsam zersetzende) bäuerliche Gemeineigentum sollte die Basis für einen echt russischen Agrarsozialismus bieten. Vom Westen sollte Rußland zwar lernen, aber die westlichen Rezepte nicht einfach übernehmen. Die »volkstümliche« Bewegung schuf den russischen Berufsrevolutionär, der keinen anderen Lebensinhalt kannte als die Revolution, der direkt zu den Bauern ging und mit ihnen lebte, um sie zu bilden, dem Volk bis zum Tode ergeben und doch durch eine unendliche Kluft von ihm getrennt war.
Lenin hatte zwar große Hochachtung vor dem revolutionären Heroismus der Narodniki (sein eigener älterer Bruder Alexander, ebenfalls Narodnik, war wegen eines Attentatsversuchs auf Zar Alexander III. zum Tode verurteilt und hingerichtet worden); doch spottete er über ihre theoretische Konfusion und bekämpfte ihren, wie er meinte, naiven »Bauernsozialismus«. Denn seiner Meinung nach würde die von ihm unterstellte kapitalistische Entwicklung und Industrialisierung in Rußland die Reste des bäuerlichen Gemeineigentums rasch hinwegfe-

gen. Daher könne nicht das Bauerntum, sondern nur das Proletariat die Führung in der kommenden Volksrevolution übernehmen. Gleichwohl übernahm er von den Narodniki den Typus des Berufsrevolutionärs, der sich direkt an das Volk wenden und vor allem in die industrielle Arbeiterschaft das revolutionäre Bewußtsein hineintragen solle.
Es ist bemerkenswert, daß der alte Marx die Rolle der Narodniki ganz anders beurteilt hatte als später Lenin. Von den zahlreichen russischen Emigranten, die ihn besuchten, wurde Marx immer wieder die gleiche Frage gestellt: Wie sollte die Revolution aussehen in einem noch immer »halbasiatischen« Bauernland mit einer winzigen Oberschicht? Könnte Rußland einen Sprung machen wie noch kein anderes Land der Erde, direkt von der Bauernkommune zum Sozialismus, ohne die langen, nach der Marxschen Theorie unentbehrlichen und organischen Zwischenstadien einer Entwicklung des Bürgertums und der kapitalistischen Produktionsweise durchlaufen zu müssen? Vera Sassulitsch, eine junge Revolutionärin, berühmt geworden durch einen Anschlag auf den Polizeigewaltigen von Petersburg und dann in den Westen geflüchtet, richtete schließlich, im Auftrag ihrer Gesinnungsgenossen in Genf, einen ausführlichen Brief an Marx.
Dieser zögerte lange mit der Antwort. Er war sich offensichtlich in dieser Frage nicht sicher. Schließlich schickte er, nach mehreren Briefentwürfen, nur ein kurzes Blatt ab, das zunächst erklärte, er könne ihr keine präzise, für die Öffentlichkeit bestimmte Antwort geben. Sodann verwies er auf den Text seines »Kapital«, das die »historische Unvermeidlichkeit« der kapitalistischen Entwicklung »auf die Länder Westeuropas beschränkt.« Das »Kapital« enthält also »keinerlei Beweise für noch gegen die Lebensfähigkeit der Dorfgemeinde, aber das Spezialstudium, das ich darüber getrieben habe, hat mich davon überzeugt, daß diese Dorfgemeinde der Stützpunkt der sozialen Wiedergeburt Rußlands ist.«[23] Das Problem der Isolation der russischen Dorfgemeinden müsse dadurch gelöst werden, daß im revolutionären Prozeß einer Agrarbevölkerung die Bauern sich selbst organisieren müßten. »Man müßte einfach die ... (woloszt), eine Regierungsinstitution (den Amtsbezirk), durch eine Bauernversammlung ersetzen, die die Gemeinden selbst wählen und die als ökonomisch-administratives Organ ihren Interessen dienen würde.«[24] Die einzige, unerläßliche Voraussetzung dafür sei der Sturz des Zarismus, unter dessen Druck der »Mir« (eine

lokale Form der bäuerlichen Selbstverwaltung) ruiniert würde. Dann könnte sich Rußland die Errungenschaften der großen kapitalistischen Industrie aneignen, »ohne sich deren modus operandi zu unterwerfen«, das heißt, direkt von der individuellen Kleinwirtschaft zur gemeinschaftlichen Großwirtschaft übergehen. Und 1882, in der Vorrede zur russischen Ausgabe des »Kommunistischen Manifests«, bekräftigte Marx: »Wenn die russische Revolution das Signal zu einer Arbeiterrevolution im Westen wird, so daß beide einander ergänzen, dann kann das heutige russische Gemeineigentum zum Ausgangspunkt einer kommunistischen Entwicklung dienen.«[25] Marx sah also die Dominanz des urkommunistischen Agrarzusammenhangs als Basis, ja, als historisch einzigartige Chance für die soziale Emanzipation der russischen Bauern nach dem Sturz des Zarismus an, ohne den Umweg einer kapitalistischen Entwicklung gehen zu müssen. Von der »führenden Rolle des Proletariats« im Prozeß der Bauernrevolution in einem »halbasiatischen« Land, geschweige von dessen »Diktatur«, ist bei ihm keine Rede. Daß Marx in dieser Kardinalfrage eher dem Standpunkt der Narodniki zuneigte als dem der Bolschewiki, hat der offizielle Sowjetmarxismus später mit allen Mitteln zu vertuschen gesucht.

Lenin dagegen, der weder die verschiedenen Briefentwürfe von Marx noch seinen Antwortbrief an Vera Sassulitsch kannte, sah die »asiatische Erbschaft«, die sich nur langsam zersetzenden dörflichen Gemeineigentumsformen und Selbstverwaltungsstrukturen – die »obtschina« und den »Mir« – als Qual, als größtes Hemmnis der Revolutionierung der russischen Gesellschaft an. Zwar ging er in seiner Schrift »Die Entwicklung des Kapitalismus in Rußland«[26] auf die vorkapitalistischen Strukturen detailliert ein, zwar beklagte er die »halbasiatische Rückständigkeit«, die »Kulturlosigkeit«, das Oblomowtum, die bäuerliche Zersplitterung und Kleinproduktion. Doch anders als Marx und Engels begriff er die »aschiatina«, die »asiatische Erbschaft«, nicht als eine spezifische und umfassende Produktionsweise, nicht als eine sozialökonomische Grundstruktur, für die gerade das Ergänzungsverhältnis zwischen der zersplitterten Bauernschaft und der zentralen Bürokratie charakteristisch war. Der Ausdruck »asiatisch« ist bei Lenin stets nur auf gewisse mittelalterliche Überbauerscheinungen in Staat und Lebensweise bezogen.

In der Illusion, daß Rußland, nur eben mit Verspätung, den von Marx beschriebenen westeuropäischen Weg aus dem Mittelalter in die Neuzeit einschlagen werde, wurde Lenin bestärkt durch den zaristischen Import ausländischen Kapitals um 1890. Dieser leitete zwar eine bescheidene Industrialisierung ein und schuf eine kleine industrielle und kaufmännische Bourgeoisie sowie eine kleine, kämpferische Arbeiterminderheit, unter denen viele halbproletarisierte Bauern waren, die am Wochenende auf ihr Dorf zurückkehrten. Diese Kapitalkonzentration an wenigen Orten änderte jedoch die russische Produktionsstruktur kaum. Die meisten Städte waren fast durchweg bloß Verwaltungs- und Garnisonsorte, bürokratische Stützpunkte der Zarendespotie ohne Bürgertum. Auch litt die kleine großstädtische Unternehmerschicht an jenem Handicap, das Engels für alle »orientalischen Despotien« ausgemacht hatte: »... es fehlt die erste Grundbedingung bürgerlichen Erwerbs: Sicherheit der kaufmännischen Person und ihres Eigentums.«[27]

Geblendet vom Schein der zaristischen Industrialisierung, die sich indes auf wenige Großstädte wie Petersburg, Moskau, Riga, Odessa beschränkte, unterstellte Lenin die Dominanz des Kapitalverhältnisses nicht nur in den wenigen Großstädten Rußlands, sondern auch zunehmend auf dem Lande. Aus dem allmählichen Vordringen der Warenproduktion und der Lohnarbeit auf dem russischen Dorf schloß er verfrüht auf eine kapitalistische, d. h. um des Mehrwerts willen produzierende Klasse, innerhalb der Bauernschaft. In Wirklichkeit aber gab es weder eine moderne und durchsetzungsfähige Bourgeoisie, die ihre »historische Mission« der Kapitalakkumulation hätte erfüllen können, noch eine gesellschaftlich dominierende Lohnarbeiterklasse, weder in der Stadt noch auf dem Lande. Zu Beginn des 20. Jahrhunderts standen den ca. 800 000 russischen Industriearbeitern mehr als 1 Million zaristische Bürokraten und Beamte und über 100 Millionen Bauern gegenüber, von denen die meisten, trotz »Bauernbefreiung«, noch immer in halb-asiatischen Knechtschaftsverhältnissen lebten. Der russische Landarbeiter war infolge des noch vorhandenen dörflichen Gemeineigentums noch nicht vollständig von seinen Produktionsmitteln getrennt. Die große Masse der Dorfarmut bestand aus Halbproletariern, die sich einen Teil des Jahres bei den Gutsbesitzern verdingten und in der übrigen Zeit ein Stück Gemeinde –, eigenes oder gepachtetes Land bewirtschafteten. Marxens Feststellung, daß Rußland keine Geschichte des »Privateigentums des Ackerbauern« kennt, war also noch immer zutreffend.

Wie der westeuropäische Industriekapitalismus punktuell auf Rußland aufgepfropft wurde, ohne die russische Produktionsstruktur (vor allem auf dem Lande) real zu verändern, so stülpte Lenin den Begriffsapparat, den Marx für die fortgeschrittene bürgerliche Gesellschaft entwickelt hatte, über die vorbürgerliche russische Gesellschaft. Hier liegt der »blinde Fleck«, die kardinale Selbsttäuschung des Leninismus: daß er einer (sich infolge beginnender Industrialisierung) langsam zersetzenden »halb-asiatischen« Gesellschaft mit überwiegend bäuerlicher Bevölkerung und mit Verwaltungs- und Herrschaftsformen, die der »orientalischen Despotie« entstammten, *ein westeuropäisches Klassenkampf- und Revolutionskonzept überzustülpen suchte*. In dieser Hinsicht war Lenin gewiß kein historischer Materialist, sondern ein sozialrevolutionärer Voluntarist, ja, Utopist. Innerhalb dieses voluntaristischen Konzepts aber agierte der revolutionäre Taktiker und Stratege Lenin mit einer einzigartigen Souveränität, Entschiedenheit, Wendigkeit und Klugheit wie kaum ein marxistischer Führer dieses Jahrhunderts. Der Webfehler seines Konzeptes indessen sollte erst nach dem Oktobersieg und dem Bürgerkrieg zutage treten, als Lenin und viele seiner Mitstreiter mit Bestürzung registrierten, daß sie zwar die Gutsbesitzer und Bourgeois davongejagt hatten, daß an die Stelle der alten zaristischen jedoch nur eine neue, »ganz leicht mit Sowjetöl gesalbte« (Lenin)[28] Bürokratie getreten war, ohne die das Riesenreich nicht zusammenzuhalten und seine zersplitterten Bauernwirtschaften nicht zu verwalten waren. Die Vermutung ist wohl nicht übertrieben, daß Lenins Krise und seine um 1922 beginnende lange Krankheit mit der Ahnung zu tun hatte, daß sich der staatliche Überbau einer ganz anderen, älteren Produktionsweise gleichsam hinter dem Rücken der »Großen Sozialistischen Oktoberrevolution« wieder durchgesetzt hatte und damit das bolschewistische Konzept, das rückständige Rußland über die proletarische Revolution auf einen westeuropäischen Weg der Entwicklung zu führen, nicht aufgegangen war.

7. Die bolschewistische Kaderpartei – ein Produkt der Rückständigkeit

Daß Lenin »von außen« an die gesellschaftlichen Verhältnisse Rußlands heranging, mußte auch für seinen Begriff von Partei und Parteilichkeit gravierende Folgen haben. So wie die von ihm unterstellte kapitalistische Entwicklung der russischen Wirklichkeit äußerlich blieb, so wurde auch das Verhältnis der bolschewistischen Avantgarde zu den Arbeitern und Bauern »von außen« konstituiert. Da im Verständnis Lenins auch die russische Arbeiterklasse, die gerade erst die Eierschalen ihrer bäuerlichen Herkunft abgestreift hatte, ein Kind der »Rückständigkeit« war, konnte ihr die »Kultur«, der »Fortschritt«, das »politische Bewußtsein« nur »von außen« beigebracht werden. Das war, wie schon gesagt, auch die Haltung der Begründer des »Bundes der deutschen Kommunisten« gewesen. So kam es in der Theoriebildung Lenins zu einer mechanischen Trennung von Partei und Klasse. Hier die Welt des Proletariats (und bäuerlichen Halbproletariats), das von sich aus nur zu einem »tradeunionistischen« d. h. gewerkschaftlichen Bewußtsein fähig war – dort die Welt des »modernen sozialistischen Bewußtseins«, dessen Träger die sozialistisch gewendete bürgerliche und kleinbürgerliche Intelligenz war. Es ist klar, daß das Verhältnis einer sich primär über das Bewußtsein konstituierenden Avantgarde zur Arbeiterschaft und den Bauern ein vorwiegend moralisch-missionarisches sein mußte.

Die mechanische Trennung von Partei und Klasse reproduzierte sich notwendig innerhalb der Partei: als mechanische Trennung von Parteiführung und Basis, von »Zentralismus« und »Demokratie«, von »oben« und »unten«. In der Partei des »Demokratischen Zentralismus«, die später zum Vorbild aller kommunistischen Parteien geworden ist, wird der Parteikörper zum bloßen Netz »ausführender Organe«, d. h. zum Objekt einer allmächtigen Zentrale, degradiert. Der Weg des »demokratischen Zentralismus« geht von oben nach unten: Das ZK hat das absolute Entscheidungsmonopol, jedes Parteimitglied hat sein Instrument zu spielen und nur seines. Das von Marx formulierte Prinzip, daß »die Erzieher selbst erzogen werden müssen«, war für die bolschewistischen »Berufserzieher« nicht relevant.

Allerdings konnte die Leninsche Partei unter den extrem schwierigen Bedingungen der illegalen Arbeit demokratische Verkehrsformen kaum ausbilden. Die primitivsten Voraussetzungen für innerparteiliche Demokratie und für eine lebendige Rückkopplung zwischen Partei und Massen, nämlich Versammlungs-, Rede- und Pressefreiheit, waren im zaristischen Rußland nicht gegeben. Dies war ja auch einer der Gründe, warum Lenin und die Bolschewiki sich auf dem Londoner

Parteitag von 1903 von den Menschewiki trennten. Diese wollten sich nach dem Vorbild der sozialdemokratischen Massenparteien Westeuropas organisieren. Eine Arbeiterpartei des modernen westeuropäischen Typs kam für Lenin jedoch nicht in Betracht. Erstens, weil die Polizei sie verbieten würde. Zweitens, weil eine solche Partei nicht imstande wäre, ihre eigentliche Aufgabe zu lösen: nämlich Führerin in der kommenden Volksrevolution zu sein. Dies war ein ungleich ehrgeizigeres Ziel als das, welches die Menschewiki verfolgten: nämlich im Rahmen einer demokratischen Republik, in der sie in der Opposition stehen würden, für die sozialen und wirtschaftlichen Interessen der Arbeiter einzustehen. Aus diesen verschiedenen Zielbestimmungen resultierte letztlich auch die unüberbrückbare Differenz in der Organisationsfrage: Für Lenin war die Partei nur die Gruppe der aktiven professionellen Berufsrevolutionäre, sie stand als die geheimnisvoll lenkende Macht hinter und über den Arbeitern. Für Martow, den Führer der Menschewiki, dagegen umfaßte die Partei alle politisch aktiven Arbeiter. An dieser Frage schieden sich Bolschewiki und Menschewiki. »Man sieht«, schreibt A. Rosenberg, »daß der Gegensatz zwischen Bolschewismus und Menschewismus mit dem Schlagwort ›rechts oder links‹, ›radikal‹ oder ›gemäßigt‹ nicht zu erschöpfen ist. Sondern die Menschewiki dachten 1905 modern westeuropäisch, die Bolschewiki aber in der Art von 1848«.[29]

Allerdings war die Leninsche Kaderpartei auch das Produkt eines rückständigen Landes, in dem die soziokulturelle Kluft zwischen einer minoritären Intelligenzija (die oft im Ausland studiert hatte) und der übergroßen Mehrzahl der unmittelbaren Produzenten, die meistens noch Analphabeten waren, kaum zu überbrücken war. Hier liegt das objektive Dilemma jeder politischen Avantgarde, die ein unterentwickeltes Land auf den Weg der Moderne führen will. Es ist ja kein Zufall, daß der bolschewistische Organisationstyp später in fast allen vorkapitalitischen Ländern kopiert worden ist, wo sich maßgebliche Minderheiten für den aktiven Aufbruch ins 20. Jahrhundert formierten, ob in China oder Vietnam, in Peru oder Zaire, in Algerien oder Äthiopien.

Auch die Parteitage der Sozialdemokratischen Arbeiterpartei Rußlands fanden zumeist im Ausland statt, so daß diese sich gewissermaßen in einer doppelten – räumlichen und politischen – Distanz zur russischen Arbeiterschaft, erst recht zu den Bauern, befand. Die Trennung von Partei und Klasse und die straffe Zentralisierung und Hierarchisierung der Parteifunktionen auf Kosten der innerparteilichen Demokratie war daher auch Ausdruck einer objektiven, einer spezifisch russischen Not. Nur hat Lenin aus dieser Not später eine politisch-organisatorische Tugend mit Vorbildcharakter gemacht. Das Fatale war, daß die im Grunde vormoderne Leninsche »Partei neuen Typs«, die unter den Bedingungen der zaristischen Illegalität vielleicht unvermeidbar war und ihre historische Berechtigung hatte, vom »Marxismus-Leninismus« der III. Internationale später zur universell gültigen Organisationsform schlechthin erklärt worden ist, die zum verbindlichen Modell auch für die westeuropäischen KPs wurde.

Die erste russische Revolution von 1905 begann allerdings, entgegen dem Leninschen Schema, nicht auf das Kommando der Parteizentrale, sondern durch die spontane Auflehnung der Massen. Als die Niederlage des Zarismus im Krieg gegen Japan die Autorität der Regierung erschüttert hatte, erhob sich das Volk. Die Petersburger Arbeiterschaft unter Führung des Priesters Gapon demonstrierte vor dem Schloß des Zaren, das Militär schoß auf die Arbeiter, Tausende von Toten blieben an diesem »Blutsonntag« auf dem Platz liegen. Nun flammte in ganz Rußland die Volksempörung auf. Das ganze Jahr war erfüllt von Streiks und Demonstrationen der Arbeiter und Beamten, von Bauernunruhen und von Aufständen in Heer und Flotte. Der Zar war gezwungen, ein russisches Parlament, die Duma, einzuberufen. Den Höhepunkt der Revolution bildete der Dezemberaufstand der Moskauer Arbeiter, bei dem die Regierung siegte. Die Tapferkeit der revolutionären Arbeiter reichte nicht zum Sturz des Zarismus aus, denn die Bauern- und Soldatenbewegung war noch zu vereinzelt und zusammenhanglos.

Die Eigentümlichkeit der ersten russischen Revolution hat Lenin sehr klar erkannt, ohne jedoch sein westeuropäisches Enwicklungskonzept für Rußland in Frage zu stellen. »Die Eigentümlichkeit der russischen Revolution besteht eben darin, daß sie nach ihrem sozialen Inhalt eine bürgerlich-demokratische, nach ihren Kampfesmitteln aber eine proletarische war. Sie war bürgerlich-demokratisch, weil das, was sie unmittelbar erstrebte und unmittelbar mit eigenen Kräften erreichen konnte, die demokratische Republik war, Achtstundentag, Konfiskation des enormen Grundbesitzes der Adligen, alles Maßnahmen, die die bürger-

liche Revolution in Frankreich in den Jahren 1792 und 1793 zum großen Teil verwirklicht hat. Die russische Revolution war gleichzeitig eine proletarische, nicht nur in dem Sinne, daß das Proletariat die führende Kraft, die Avantgarde der Bewegung darstellte, sondern auch in dem Sinne, daß das spezifische proletarische Kampfmittel, nämlich der Streik, das Hauptmittel der Aufrüttelung der Massen und das am meisten charakteristische, im wellenmäßigen Gang der entscheidenden Ereignisse bildete.«[30] Richtig sah Lenin, daß die russische (genauer: die Petersburger) Arbeiterschaft gleichsam eine Art demokratischer Stellvertreterfunktion für das eher randständige, nicht durchsetzungsfähige russische Bürgertum übernommen hatte. Gleichzeitig aber hoffte er immer noch auf den Durchbruch des »europäischen Kapitalismus« gegenüber dem »asiatischen«. Wo aber sollte der herkommen bei dem embryonalen Zustand des kapitalistischen Privateigentums, das der zaristischen Gesellschaft künstlich implantiert worden war?
Im aktiven Kampf gegen den Zarismus waren beide sozialdemokratischen Parteien, Bolschewiki und Menschewiki, nebst den Sozialrevolutionären einmütig zusammengegangen, ungeachtet der theoretischen Auseinandersetzungen innerhalb der Führerschaft. Es gab damals noch keine besondere Führergruppe, die vor dem russischen Volk das Monopol der politischen Weisheit hätte beanspruchen können, und das Volk, einschließlich der Arbeiterschaft, war allgemein revolutionär, nicht so sehr parteimäßig fraktionell gestimmt. In diesem Zusammengehen der drei wichtigsten Parteien der »revolutionären Demokratie« lag der Schlüssel für eine – beim nächsten Anlauf – erfolgreiche Revolution und die Garantie für deren demokratischen Fortgang.
Tatsächlich waren sich 1905 alle gegen den Zarismus kämpfenden Parteien darin einig, daß nach dem Sieg der Revolution die allrussische konstituierende Nationalversammlung, ein auf breitester demokratischer Grundlage zu wählendes Parlament, über das Schicksal der Nation bestimmen werde. Der Petersburger Arbeiterdelegiertenrat sollte lediglich ein Kampfmittel sein, um dieses Ziel zu erreichen, nicht aber selbst an die Stelle des Parlaments treten, wie dies nach dem Oktober 1917 geschah.
Es ist übrigens bemerkenswert, daß die Initiative zur Schaffung des berühmten Petersburger Arbeiterrates, der das Modell für die Arbeiter-,

Bauern- und Soldatensowjets in der Revolution von 1917 abgegeben hat, nicht von den Bolschewiki, sondern von den Menschewiki ausgegangen ist. »Es ist klar«, schreibt Arthur Rosenberg, »daß der Sowjetgedanke, der das Selbstbestimmungsrecht der Arbeiter, auch der parteilosen revolutionären Arbeiter, zum leitenden Prinzip hat, sich zwar sehr gut mit dem Menschewismus, aber sehr schlecht mit dem Bolschewismus verträgt. Lenin wollte nicht glauben, daß das spontane Handeln der Masse einen ernsthaften dauerhaften revolutionären Erfolg erzielen könnte.«[31] Bis Anfang des Jahres 1917 spielten denn auch die Räte in Lenins Auffassung von der Revolution eine ganz untergeordnete Rolle. Sie waren bis dahin ein Fremdkörper in der bolschewistischen Parteilehre. Erst die Erfahrung der Februar-Revolution von 1917 haben Lenins Auffassung von den Räten grundlegend geändert.

Aus der Niederlage der ersten russischen Revolution zog Lenin die realistische Konsequenz, daß die Kraft des minoritären russischen Proletariats nicht ausreichen würde, um der revolutionären Demokratie zum Durchbruch zu verhelfen. Darum gab er schon 1905 die Losung von der »revolutionär-demokratischen Diktatur der Arbeiter und Bauern« aus, die er bis 1917 beibehalten sollte. Nur wenn man die ungeheure Mittelschicht, die vielen Millionen armer Bauern mobilisierte, war der Sturz des Zarismus möglich. Denn die Armee, ohne deren Rebellion kein Aufstand siegen konnte, bestand ja auch größtenteils aus Bauernsöhnen. Zusammen mit solchen Verbündeten konnte man zwar nicht das Privateigentum abschaffen, aber man konnte den Großgrundbesitz und die Kirche enteignen, die alte zaristische Obrigkeit zertrümmern und die radikal-demokratische Republik schaffen.

8. Der Erste Weltkrieg und die Spaltung der revolutionären russischen Demokratie

Erst mit dem Ausbruch des Ersten Weltkrieges sank Lenins Hoffnung auf einen kapitalistischen Weg für Rußland in sich zusammen. Der Erste Weltkrieg veränderte denn auch die grundlegenden Koordinaten seines politischen Denkens. Da dieser Koordinatenwechsel gravierende Folgen für Strategie und Politik der Bolschewiki vor und nach dem Oktober 1917 haben sollte, soll er hier etwas genauer herausgearbeitet werden.

In seiner berühmten 1915 im Schweizer Exil verfaßten Schrift »Der Imperialismus als höchstes Stadium des Kapitalismus«[32] legte Lenin ein sehr scharfsinniges, empirisch fundiertes materialistisches Erklärungsmodell für die Weltkriegsentstehung vor. Er unterscheidet zwei Entwicklungsstufen des Kapitalismus: den Frühkapitalismus, der auf dem freien Wettbewerb beruht, und den »Spätkapitalismus«, der die freie Konkurrenz durch die Trusts, Kartelle und Syndikate weitgehend verdrängt hat. Die Erzeugung lebenswichtiger Waren wird nunmehr für ganze Länder und Weltteile einheitlich geregelt. War im Frühkapitalismus der industrielle Unternehmer die vorwärtsdrängende Kraft, so sind es jetzt die großen Finanzinstitute. Die industriellen Riesengebilde der Trusts und Monopole versippen sich mit den Großbanken. Der typische Kapitalist der späten Periode ist jetzt nicht mehr der industrielle Pionier, sondern der finanzgewaltige Spekulant. Der Kapitalismus erzeugt jetzt ein riesenhaftes parasitenhaftes Rentnertum, das von den Tributen der Menschheit lebt. Damit aber hat er nach Lenin seinen fortschrittlichen Charakter eingebüßt. Eine moderne Großmacht ist weiter nichts als die Zusammenfassung einer Anzahl finanzkapitalistischer Riesengebilde im nationalen Rahmen. Die moderne Weltpolitik ist der Kampf dieser finanziellen Gewaltzentren um die Beherrschung aller Länder und Völker.

Lenin zögerte nicht, auch den zaristischen Staat, trotz seiner noch immer halbasiatischen Rückständigkeit in dieses moderne imperialistische Schema einzufügen. Das korrupte raubgierige Herrentum Rußlands erfasse jetzt Feudalismus und Finanzkapitalismus zugleich. Der Weltkrieg war vom russischen Standpunkt aus ein Raubzug dieses imperialistischen Herrentums, wobei der Adel neue Länder und das Finanzkapital neue Profite erobern wollte. Damit habe sich auch die ursprünglich liberale und progressive Tendenz des russischen Bürgertums, das die kriegslüsterne Politik des Zarismus offen unterstützte, in ihr Gegenteil verkehrt.

So schlüssig Lenins Erklärung des modernen Imperialismus auch ist, so richtig er die Tendenz zur Monopolisierung, zur Verflechtung zwischen Industrie- und Finanzkapital, zur Zusammenfassung dieser riesigen Wirtschaftsaggregate im modernen zentralisierten Staat zum Zwecke der Kriegsführung auch analysiert hat, die plane Übertragung dieser Analyse auf den imperialistischen Zarenstaat mußte dem längst europäisierten Emigranten wiederum den Blick für den qualitativ anderen Charakter der russischen Produktions- und Gesellschaftsstruktur verstellen. Zwar hatten sich in den Jahren der Gegenrevolution zwischen 1905 und 1914 das russische Industrie- und Finanzkapital langsam weiterentwickelt und die Milliarden der französischen Anleihen ein spezifisches russisches Spekulantentum aufkommen lassen, zwar hatte sich unter dem Diktat der Stolypinschen Agrarreform und unter dem Druck der zaristischen Kriegssteuern das dörfliche Gemeineigentum weiter zersetzt und war neben den adeligen Grundbesitzern und der Dorfarmut ein neuer privater Bauernstand entstanden, doch hatte das imperialistische Rußland deshalb nicht im mindesten eine westeuropäische Produktions-und Infrastruktur. Das Verkehrs-, Bildungs- und Gesundheitswesen war noch immer vollkommen unterentwickelt, die Verbindungen zwischen Stadt und Land waren so rudimentär, daß die Errungenschaften der städtischen Kultur das Dorf kaum erreichten. Hier gab es fast keine Ärzte, Lehrer, Ingenieure, Techniker, Agronomen etc., kurzum: *Das Land hatte noch immer einen vorbürgerlichen Entwicklungsstand.*

Dessen ungeachtet gingen von nun an in Lenins Schriften und Polemiken Antiimperialismus und Antikapitalismus eine schier ununterscheidbare Symbiose ein. Fortan bediente er sich einer antikapitalistischen Rundumschlagrhetorik, als sei Rußland ein hoch- und monopolkapitalistisches Land, als bildeten die Handvoll russischer Industrieller, Spekulanten, Naphta- und Pelzmillionäre eine hochorganisierte und mächtige Ausbeuterklasse, als gäbe es zwischen der parasitären und unproduktiven, gleichwohl mächtigen Klasse der russischen Gutsbesitzer und der kleinen russischen Bourgeoisie keinerlei Unterschiede mehr und als könnten die russischen Fabrikanten, Großhändler und Großbauern keinerlei produktive und innovatorische Aufgabe mehr für Rußland übernehmen. Die »feudal- bourgeoisen« Ausbeuterklassen schreibt Lenin jetzt nur noch mit Bindestrich. Hatte er jahrzehntelang auf eine kapitalistische Modernisierung Rußlands gesetzt, so erscheint ihm nun, vor dem apokalyptischen Hintergrund des großen Völkerschlachtens, der Imperialismus als »höchstes« und zugleich als »letztes Stadium des Kapitalismus«, der sich mitsamt seinen parasitären Oberklassen in Fäulnis und Auflösung befinde und dem Untergang geweiht sei. Allerdings war die Vorstellung, daß die epochale Kri-

se des Ersten Weltkrieges zum »Untergang des (alten) Abendlandes« (Oswald Spengler) führe, damals nicht nur in Rußland, sondern in ganz Europa verbreitet, nicht nur im Lager der Sozialisten und Kommunisten, sondern auch im Spektrum der bürgerlichen und konservativen Intelligenz. Lenin gab der allgemeinen paneuropäischen Apokalypse nur eine entschiedene »marxistisch« – revolutionäre Deutung: daß der Zusammenbruch der bürgerlich-kapitalistischen Welt den Beginn einer neuen Ära der Menschheitsgeschichte einleite, nämlich die sozialistische Weltrevolution, und daß die Revolution zuerst am »schwächsten Kettenglied der imperialistischen Länder« einhaken werde: nämlich im zaristischen Rußland. Mit letzterer Prognose sollte er recht behalten.
Der Erste Weltkrieg war aber auch eine Katastrophe für die internationale Arbeiterbewegung. In allen europäischen Ländern kam es während des Krieges zu ihrer Spaltung in einen reformistischen, sozialchauvinistischen Flügel, der sich auf den Standpunkt der »Landesverteidigung« stellte und sich zum »Burgfrieden« mit den imperialen Oberklassen bereitfand, und in einen kleineren radikalen Flügel, der statt des »Burgfriedens« den sofortigen Friedensschluß und Waffenstillstand bzw. die revolutionäre Beendigung des imperialistischen Krieges forderte.
Letzteren Standpunkt vertrat mit aller Schärfe auch Lenin: In einem imperialistischen Krieg müsse die Sozialdemokratie die Niederlage der eigenen Regierung herbeiführen und den auswärtigen Krieg in den Bürgerkrieg umwandeln. In Rußland waren – so Lenin – die Bedingungen für eine revolutionäre Beendigung des Krieges durch eine allgemeine Volkserhebung besonders günstig; denn der ganze Druck des zaristischen Krieges lag auf dem russischen Dorf und auf den Bauernsoldaten. Der Unterschied zwischen dem Arbeiter an der Maschine und dem Arbeiter am Pfluge, dem Bauern, war durch das gemeinsame Leiden überbrückt. Sie hatten gemeinsam nur einen Feind, nämlich den Zaren und das imperialistische Herrentum. Das Bündnis zwischen den Arbeitern und den bäuerlichen und kleinbürgerlichen Mittelschichten war also jetzt aktueller denn je.
Die sozialistische Arbeiterpartei konnte aber, nach Lenin, nur unter einer Voraussetzung die Volksrevolution führen und ihr zum Siege verhelfen: wenn sie sich selbst von der imperialistischen Ideologie nicht

einfangen ließ, d. h. einen radikalen Bruch mit den »sozialchauvinistischen« Parteien vollzog, die ihren »Burgfrieden« mit dem Imperialismus geschlossen hatten. Damit aber stellte Lenin seine Partei in einen scharfen und unversöhnlichen Gegensatz zu fast allen westeuropäischen Arbeiterparteien der II. Internationale. Vor allem Kautsky, ihren führenden Theoretiker, den er früher hochverehrt hatte, verfolgte er nun mit einem abgrundtiefen Haß. Desgleichen seine einstigen politischen Weggefährten, die Menschewiki und die Sozialrevolutionäre, die er von nun an unterschiedslos als »Arbeiterverräter«, »Sozialchauvinisten«, »Opportunisten« und »Lakaien der Bourgeoisie« brandmarkte, weil ihre Führer (wie die der Deutschen Sozialdemokratie) 1914 die Kriegskredite mitbewilligt hatten und den Standpunkt der »Vaterlandsverteidigung bis zum Siege« vertraten. Dabei gab es im Lager der »Burgfriedens«-Sozialisten durchaus unterschiedliche Strömungen und Haltungen zum Kriege, die vom blinden Sozialchauvinismus bis zum Pazifismus (der »Zimmerwälder«) reichten. Doch wurden auch sie in Lenins Rhetorik fortan durch »Verrats«-Kategorien gebrandmarkt. Der von Verrat, Opportunismus und Sektierertum freie, »reine Geist« der Revolution schien nur im marxistischen Orden der Leninschen Partei verkörpert – und sonst nirgendwo. Kein Wunder, daß sich die Bolschewiki damit die Sympathien derer verscherzten, mit denen sie doch eine jahrzehntelange Kampfgeschichte in der Illegalität gemeinsam hatten, und sich den Weg zu tragfähigen Bündniskonstellationen im Jahre 1917 verstellten.
Lenins kompromißlose Haltung zum imperialistischen Krieg, sein entschiedenes Eintreten für »Frieden, Brot, Land und Freiheit« sollte den Bolschewiki zwar im Sommer 1917 das Vertrauen und die Unterstützung der Massen sichern, doch seine schon während des Krieges sich aufbauende unversöhnliche Frontstellung gegen die in seinen Augen endgültig kompromittierten »Burgfriedens«-Parteien zerriß die russische Demokratie in zwei todfeindliche Lager, zwischen denen vor und nach dem Oktoberumsturz eine Versöhnung nicht mehr möglich war.

9. Die Februarrevolution von 1917 und Lenins April-Thesen

Nach drei Kriegswintern war die Wirtschaft des zaristischen Rußlands völlig zerrüttet, die Autorität der Zarendynastie und ihrer Administration untergraben und die Revolution nicht mehr aufzuhalten. Die enormen Kriegsausgaben hatten die Finanzen des Reichs zerstört, das Land ertrank in einer Flut von Papierrubeln, und die russische Industrie, trotz alle Entente-Hilfe, war kaum in der Lage, die Front mit Granaten und Kanonen zu versorgen. Warenknappheit und Transportkrise brachten über die Großstädte Hunger und Kälte. Die Bauernmassen waren verzweifelt und kriegsmüde, und die Stimmung des Dorfes übertrug sich auf das Millionenaufgebot der Bauern in Uniform, der Armee, die gegen die Deutschen eine Niederlage nach der anderen hatte hinnehmen müssen. Bald gab es kein regierungstreues Regiment mehr. Die breiten Volksmassen, inklusive des Bürgertums, waren zur Revolution entschlossen, um mit dem Zaren auch den Krieg zu beseitigen. Es war klar, daß sich das demokratische Rußland mit der überlebten Zarendynastie und den parasitären Feudalklassen auch den ganzen mittelalterlichen Plunder samt der modernisierten Staatssklaverei vom Halse schaffen mußte, um den Anschluß an die Moderne zu gewinnen. Mit dem Ausbruch der Februar-Revolution, ausgelöst durch den Arbeiteraufstand in Petersburg, dem sich in wenigen Tagen das ganze Land und die Frontarmeen anschlossen, schien denn auch das von Marx so oft herbeigesehnte »russische 1789« – oder, in gesamteuropäischer Paralle, das »russische 1848« – endlich angebrochen zu sein.
Die Februar-Revolution hatte zur Doppelherrschaft zwischen dem erneuerten Duma-Parlament, das sogleich zum Kraftzentrum des liberalen Bürgertums und der Kadettenpartei wurde, und der Sowjetdemokratie geführt, d. h. zu einer neuen Form der direkten Volksherrschaft von unten in Gestalt der Arbeiter-, Bauern- und Soldatensowjets, die sich nach dem Vorbild des Petersburger Arbeiterrates von 1905 in den Städten, im Dorf und an der Front bildeten. In den Sowjets konnten zunächst die Sozialrevolutionäre und die Menschewiki den Mehrheitsblock bilden, weil sie in der »Kriegsfrage« die Mehrheit der Bevölkerung hinter sich hatten. Zwar plädierten sie für einen Verständigungsfrieden ohne Annexionen und Kriegsentschädigungen, wollten aber gleichzeitig den verbündeten Entente-Mächten nicht in den Rücken

fallen und die Front so lange halten, bis diese dem Deutschen Kaiserreich einen solchen Verständigungsfrieden abgerungen hatten. Lenin dagegen plädierte für einen sofortigen Sonderfrieden mit dem Deutschen Reich, auch wenn Rußland ihn mit herben Gebietsverlusten bezahlen mußte.

Aufgrund einer Übereinkunft zwischen dem Petersburger Arbeiter- und Soldatenrat (als Repräsentant aller anderen Räte) mit dem liberalen Duma-Komitee bildete das liberale Bürgertum zunächst eine Provisorische Regierung, in die auch der Führer der Sozialrevolutionären Bauernpartei, Kerenski, eintrat, aber nur für seine Person, nicht als offizieller Vertreter der Sowjets. Die provisorische Regierung wollte den Krieg fortsetzen, in der Hoffnung, an der Seite der Entente doch noch zu siegen. Für Lenin war eine demokratisch-revolutionäre Regierung, die den Krieg fortsetzte, eine reine Komödie. Die unterschiedliche Haltung zur Kriegsfrage sollte denn auch zum entscheidenden Drehpunkt der weiteren Entwicklung der Revolution werden.

Die wirkliche Exekutivgewalt befand sich seit März 1917 in einem merkwürdigen Zustand. Die alte Polizei war überall durch den Soldatenaufstand überwunden. Auf der Straße herrschten die bewaffneten Arbeiter und Soldaten, deren Führung der Sowjet innehatte. Aber daneben bestand noch die ganze alte Bürokratie von den Ministerien abwärts bis zu den kleinen Beamten. An der Front bestand dieselbe Konkurrenz zwischen den Offizieren und den Soldatenräten. Sollte der Krieg wirklich fortgesetzt werden, mußte die Autorität der alten zaristischen Offiziere gegenüber den Räten wiederhergestellt werden – oder man mußte ein neues Offizierskorps schaffen. Der endgültige Aufbau eines neuen Rußland sollte das Werk der konstituierenden Nationalversammlung sein, so wie die russischen Revolutionäre sie immer angestrebt hatten. Aber der Wahltermin stand noch nicht fest.

Dieser eigenartige Doppelcharakter der öffentlichen Gewalt machte deutlich, daß die Februar-Revolution auf der politischen Ebene bereits den Horizont der klassisch bürgerlich-demokratischen Revolution überschritten hatte, daß sie bereits mehr war als das nachgeholte »1789« und »1848«. In den Sowjets erblickten Lenin und Trotzki denn auch die Anfänge einer ganz neuartigen Arbeiterregierung, die sich historisch nur mit der Pariser Kommune vergleichen ließ. Lenin stellte fest, daß alles, was Marx 1871 in seiner berühmten Schrift über die Staatsform der

Kommune gesagt hatte, auch auf die russischen Sowjets von 1917 zutraf.
Der typische Staat der Neuzeit war der zentralistische Gewaltapparat, wie er in Europa durchaus vorherrschte. Der imperialistische Krieg hatte die Schlagfertigkeit und die Durchorganisierung dieses Apparates ungeheuer gesteigert. Jetzt aber hatte in Rußland das Volk spontan angefangen, den Staatsapparat zu zerbrechen. Der militärische Apparat des Imperialismus stand still, sobald die Soldaten nicht mehr den Offizieren, sondern nur den Soldatenräten gehorchten. Der zivile Apparat war überwunden, sobald die bewaffneten Arbeiter an die Stelle der Polizei traten und nur den Anweisungen ihres Sowjets folgten. Das Wesen des zentralistischen feudal-bürgerlichen Apparates war die Trennung von Obrigkeit und Volksmasse. Dagegen hebt der Staat des Kommune-Typs diese Trennung auf. Die Volksmasse hat selbst die Waffen und übt ihre Ordnung allein aus. Ebenso gibt es keine Armee der alten Art mehr. Die bewaffneten Werktätigen sind zugleich auch die Soldaten. Die Verwaltungsgeschäfte in Stadt und Dorf erledigen die in die Büros gesetzten Vertrauensleute der Volksmasse. Sie unterscheiden sich in Einkommen und Auftreten nicht von den übrigen Ortsbewohnern. Sie werden von der Masse ständig kontrolliert und können in jedem Augenblick von ihr abgesetzt werden.
Ein solches Gemeinwesen ist bereits eine Zerschlagung und Auflösung des alten Staates, so wie Marx es, in Übereinstimmung mit den französischen Sozialisten und Anarchisten, angestrebt hatte. Schon oft, wenn in der Geschichte die Volksmasse einen feudalen oder zentralistischen Gewaltapparat überwinden wollte, war es zu ähnlichen Versuchen gekommen. In diese Tradition gehören die städtischen Kommunen des Mittelalters, die Schweizer Bauernkantone, die ursprünglichen Gemeinwesen in Nordamerika, ferner die Pariser Kommune von 1871 – und die russischen Sowjets von 1917.
Lenin war sich darüber klar, daß die eigentümliche Doppelregierung in Rußland auf Dauer nicht bestehen konnte. Entweder die provisorische Regierung behauptete sich, dann war sie auch imstande, ihre Behördenspitzen wieder nach unten zu verlängern. Dann kehrte in die russische Stadt wieder der Polizist alten Schlages zurück, und das Volk wurde wieder entwaffnet. Dann wurde auch in der Armee wieder die alte Disziplin aufgebaut, und die Soldatenräte gaben ihre Gewalt den alten

Offizieren zurück. Oder die Entwicklung ging umgekehrt, die Räte behaupteten sich. Dann mußten sie auch die Kraft haben, die alten Ministerien aufzulösen, die hohen Bürokraten und Offiziere fortzujagen. Dann fiel aber in Rußland auch die Provisorische Regierung, und die Räte allein blieben zurück.
So kam Lenin zu seiner berühmten Losung: Sturz der Provisorischen Regierung und alle Macht den Räten! In den Räten erblickte er die moderne Form der Selbstregierung des Volkes, die höhere Form der Demokratie, welche in seinen Augen die parlamentarische Demokratie überflüssig machte. Allerdings wohnten und stritten, faustisch gesprochen, zwei Seelen in seiner Brust: der Rätesozialist und der bolschewistische Autokrat und Zentralist. Mit seinem Bekenntnis zum Rätesystem, das er erst 1917 entdeckt hatte, war denn auch kein Bekenntnis zu Föderalismus und Spontaneität der Massen verbunden. Lenin hatte zwar seine Parteimaschine aufgebaut, aber die Räte waren nicht sein Werk, sie waren eine Schöpfung der Volksmassen. Er wollte sie zunächst benutzen, um den russischen Imperialismus zu zerschlagen und die demokratische Revolution zu vollenden, weil unter den Verhältnissen von 1917 nur die Räte diese Aufgabe lösen konnten. Daß der Rätesozialist Lenin zuletzt doch dem bolschewistischen Zentralisten und Technokraten Lenin weichen würde, sollte sich erst nach dem Oktober und im Bürgerkrieg erweisen.
Gleichwohl muß man Lenin gegen eine weitverbreitete Legende in Schutz nehmen, der Behauptung nämlich, er habe, indem er mit seinen berühmten April-Thesen die »zweite Revolution« propagierte, die »Diktatur des Proletariats« und den »Sozialismus« in Rußland einführen wollen. Lenin war, bei aller Hoffnung auf die sozialistische Weltrevolution, politischer Realist und Pragmatiker genug, um zu erkennen, daß der Sozialismus in Rußland noch nicht auf der Tagesordnung stand, jedenfalls solange nicht, bis die Arbeiterrevolution im Westen gesiegt hatte. Die Bewertung des Oktoberumsturzes als »Große Sozialistische Oktoberrevolution« war erst das nachträgliche Produkt bolschewistischer Mystifikation, die dann auch von Lenin geteilt wurde. Das 10-Punkte Programm seiner April-Thesen jedoch war kein Aufruf zum sozialistischen Umsturz, wie immer wieder behauptet wird. So heißt es in These 7 und 8: »Nicht Einführung des Sozialismus als unmittelbare Tagesaufgabe, sondern lediglich sofortige Übernahme der

Kontrolle der gesellschaftlichen Produktion und Distribution aller Erzeugnisse durch die Arbeiterdeputierten-Sowjets.«³³
Lenin lehnte ausdrücklich die »Einführung des Sozialismus« ab. Er wollte sich zunächst mit der »Arbeiterkontrolle über Produktion und Verteilung« begnügen. Er wollte der im Interesse der imperialistischen Kriegsführung geregelten Wirtschaft eine im Interesse der Massen geregelte Wirtschaft entgegenstellen, ohne daß damit notwendig eine Enteignung der Unternehmer verbunden gewesen wäre. Und noch in seiner im September 1917 veröffentlichten Schrift »Die drohende Katastrophe und wie man sie bekämpfen kann«, die das Wirtschaftsprogramm der Bolschewiki am Vorabend der Revolution enhält, war Lenin von einer Abschaffung des Privateigentums weit entfernt. Die Nationalisierung der großen Kartelle (Zucker-, Naphta-, Kohle-, Metallkartelle u. a.) sollte diese lediglich unter Staatskontrolle stellen. Selbst die »Naphta-Könige« sollten nicht prinzipiell enteignet werden, sondern nur für den Fall, daß sie die Produktion und die Arbeiterkontrolle über diese sabotierten. Die Nationalisierung der Banken dürfe nicht – Lenin betont es ausdrücklich – »mit der Konfiskation der Privatvermögen verwechselt« werden. Die vorgeschlagene Vereinigung aller Banken in eine einzige, die Vergrößerung der Zahl ihrer Filialen, der Zugänglichkeit ihrer Operationen etc. sollte vor allem dem Mittelstand und den Bauern zugute kommen, der »Erleichterung des Kredits für die kleinen Eigentümer«. An eine Enteignung des Mittelstandes war überhaupt nicht gedacht. Für die »Zwangssyndizierung der Industrie« verwies Lenin direkt auf das Beispiel der zwangssyndizierten deutschen Kriegswirtschaft und betonte, daß »an und für sich dieses Sichverbinden in ein Syndikat nicht im geringsten die Eigentumsverhältnisse antastet und keinen Groschen den Eigentümern entwendet.«³⁴
Alle Maßregeln, die Lenin in den zitierten Broschüren vorschlug, waren radikal-demokratisch und staatskapitalistisch, aber keinesfalls kommunistisch. In der furchtbaren Not, die Rußland durchlebte, sollten die Massen der Arbeiter und Angestellten sich aktiv an der Produktionskontrolle beteiligen, damit die Schiebereien ein Ende hatten und eine gerechte Verteilung der Güter sichergestellt wurde. Von oben sollte der Staat die einzelnen Industrien und Banken zusammenfassen und so zu rationeller Arbeit zwingen. Ein solch zentralistischer Staatskapitalismus war in Lenins Verständnis allerdings schon ein »Schritt zum Sozialismus«.

Es war denn auch nicht sein staatskapitalistisches Programm, das ihn in einen unversöhnlichen Gegensatz zu den Menschewiki und Sozialrevolutionären brachte, sondern vor allem die beiden Forderungen: »Sofortiger Friedensschluß« und »Alle Macht den Räten!«. Letztere Forderung, die die Konstituierende Nationalversammlung im Grunde für überflüssig erklärte, verstieß gegen den Konsens der gesamten russischen Demokratie. Und Lenins Weigerung, mit den »sozialchauvinistischen« Parteien der Demokratie zusammenzugehen, verstieß selbst gegen den Konsens innerhalb seiner eigenen Partei. Bis zu Lenins Rückkehr aus dem Schweizer Exil waren die Altbolschewiki um Kamenjew, der bis dahin die Parteiarbeit in Rußland praktisch geleitet hatte, noch für eine Art von Einheitsfront der gesamten russischen Demokratie, für die Vollendung der »demokratischen Diktatur der Arbeiter und Bauern« in Gestalt einer »narodnikisch-sozialistischen Koalitionsregierung« eingetreten. Sie legten der verschiedenen Haltung der einzelnen demokratischen Parteien zum Kriege keine entscheidende Bedeutung bei. Lenin dagegen wollte, wie schon gesagt, gerade an der Kriegsfrage die russische Demokratie auseinanderreißen, und er schreckte vor einem isolierten Vorgehen der Bolschewiki nicht zurück. Nur mit größter Mühe und mit Trotzkis Hilfe gelang es ihm schließlich, die Partei auf seinen neuen Kurs einzuschwören. Damit waren die Weichen für den Alleingang der Bolschewiki gestellt.

10. Das historische Versagen der narodnikischen Bewegung und der Oktoberumsturz

Dennoch ist es falsch, die Oktoberrevolution als »putschistischen Akt« oder gar post festum als »weltgeschichtlichen Irrtum« bzw. als den »großen Sündenfall« (Solschenizyn) zu bewerten, der auf das Konto Lenins und der Bolschewiki gehe, wie jetzt in Ost und West vielfach zu hören ist. Eine solche Bewertung ist nicht nur völlig unhistorisch und undialektisch, da sie die unleugbaren Errungenschaften der Oktoberrevolution einfach negiert, sie geht auch von der irrigen Annahme aus, als sei die politische Entwicklung zwischen Februar und Oktober das vornehmliche Werk bolschewistischer Taktik und Strategie gewesen. Hierbei wird die konkrete historische Situation und die Eigendynamik der politischen Entwicklung zwischen Februar und Oktober 1917 vollkommen übersehen, *innerhalb derer die Bolschewiki nur ein politischer Kräftefaktor unter vielen anderen darstellten.* Auch ohne ihr Eingreifen wäre es im Verlauf des Herbstes oder Winters 1917 zu einer revolutionären Konvulsion gekommen, dann aber als blinde und unorganisierte Erhebung verzweifelter Volksmassen, die aller Wahrscheinlichkeit nach in Blut erstickt worden wäre und in einer Militärdiktatur à la Kornilow geendet hätte. Erst der völlige Bankrott der beiden Provisorischen Regierungen und deren Unfähigkeit, die Forderungen der Massen nach Frieden, Brot, Land und Freiheit einzulösen, haben den Boden für die »zweite Revolution« bereitet, ohne die diese Forderungen nicht hätten verwirklicht werden können.

Schon im Mai war die Regierungskrise akut geworden. Als die von der liberalen Kadettenpartei geführte Regierung für Fortsetzung des Krieges mit allen Mitteln und für Eroberungen eintrat, erhob sich ein Sturm der Friedenssehnsucht bei den Massen. Damit war die »liberale« Periode der Revolution zu Ende. Die zweite Provisorische Regierung wurde von den Sozialrevolutionären als der entscheidenden Partei der Bauern und Soldaten sowie den Menschewiki gebildet. Zwar blieben noch ein paar liberale Minister im Kabinett, doch die politisch entscheidende Macht hatten die sozialrevolutionären Minister mit Kerenski, der Ministerpräsident und zugleich Oberkommandierender des Heeres war.

Lenins frühere Einschätzung, daß die »burgfriedlichen« Sozialisten und Sozialrevolutionäre Gefangene des imperialistischen Krieges seien, sollte sich jetzt leider bewahrheiten. An sich war ihre Haltung zum Kriege durchaus diskutabel: für den allgemeinen Frieden zu wirken, aber einen Sonderfrieden mit dem Deutschen Reich abzulehnen. Doch die Kerenski-Regierung ließ sich von den Entente-Vertretern und den alten zaristischen Generälen einreden, daß die russische Republik durch eine militärische Offensive ihre Kraft beweisen müsse. Die von Kerenski befohlene Juli-Offensive gegen die Deutschen und Österreicher wurde, nach anfänglichen Erfolgen, zu einem völligen militärischen Fiasko; viele Zehntausende russische Bauernsoldaten blieben auf den Schlachtfeldern. Außerdem hatte die Politik der Offensive an der Front zur Stärkung der Macht der zaristischen Offiziere geführt, radikale Soldaten wurden wieder gemaßregelt, es kam sogar zu Erschießungen. Die alten Offiziere fühlten sich bald so sicher, daß General

Kornilow einen gegenrevolutionären Staatsstreich versuchen konnte. Kornilows Abenteuer scheiterte an dem geschlossenen Widerstand der Räte und der Parteien der russischen Demokratie. Die Soldaten fühlten, daß der Kornilow-Putsch nur durch die Politik Kerenskis möglich geworden war und verloren das Vertrauen zu der kriegsverlängernden Regierung.

Auch konnten sich die regierenden Sozialrevolutionäre nicht entschließen, in der Landfrage schnell zu handeln. Vergeblich warteten die Bauern von Monat zu Monat darauf, daß die Gutsbesitzer enteignet und das Land verteilt würde, wie es das Agrarprogramm der Sozialrevolutionäre versprochen hatte. Die Ungeduld der Bauern führte zu immer größeren Unruhen und Aufständen. Kerenski schickte sogar Strafexpeditionen gegen Bauern, die sich das Land der Grundbesitzer einfach genommen hatten. So begann die Bauernschaft, die Kerenski-Regierung mit den Gutsbesitzern und Adeligen zu identifizieren und sich von den alten sozialrevolutionären Führern zu lösen. Da diese es nicht wagte, den alten zaristischen Beamtenapparat, der durch tausend Fäden mit den Gutsbesitzern und der Armee verfilzt war, ernsthaft anzutasten, war sie auch unfähig, die einfachsten Reformen durchzuführen und Maßnahmen gegen den Hunger, die Arbeitslosigkeit und den rasanten Zerfall der russischen Gesellschaft zu ergreifen.

Da die Kerenski-Regierung für die drängenden Tagesfragen keine Lösung wußte, beging sie den unglaublichen Fehler, den Zusammentritt der Nationalversammlung zu verschleppen. Statt die Nationalversammlung wählen zu lassen, konstruierte sie alle möglichen Konferenzen, Vorparlamente, »demokratischen Versammlungen« etc. Damit brachte sie sich erst recht in den Ruf, eine autokratische Regierung zu sein, die mit den alten Feudalklassen an einem Strang zog. So untergrub sie selbst den Boden, auf dem sie stehen sollte. Die Weiterführung der Revolution wäre durchaus mit einer parlamentarischen Verfassung und der Aufrechterhaltung des bürgerlichen Privateigentums vereinbar gewesen, wenn die regierenden Sozialrevolutionäre nicht alle Reformen verzögert hätten und wenn sie rechtzeitig die Nationalversammlung hätten wählen lassen, die ihnen noch im Sommer eine sichere Mehrheit gebracht und ihnen so eine wirkliche Autorität verschafft hätte. »Man darf nicht vergessen«, schreibt Arthur Rosenberg, »daß sich der bolschewistische Oktoberaufstand nicht gegen eine legale parlamentarisch-demokratische Regierung richtete, sondern gegen Machthaber, die sich eigentlich selbst ernannt hatten und die bisher das Zusammentreten des Parlaments hintertrieben hatten. Die Parole des Oktoberaufstandes war nicht: Diktatur des Proletariats gegen Demokratie, sondern umgekehrt: Sowjetdemokratie gegen autokratische Machthaber.«[34a]

Als Kerenski sich endlich entschloß, die Nationalversammlung wählen zu lassen, war es bereits zu spät. Hätten die Sozialrevolutionäre im Sommer 1917 eine tagende Nationalversammlung hinter sich gehabt und hätten sie von dem allrussischen Parlament die Enteignung der Großgrundbesitzer und die Aufteilung des Landes an die Bauern beschließen lassen, dann hätten sie sich wahrscheinlich behauptet. Doch seit dem Sommer war die historische Autorität der narodnikischen Regierung gebrochen – und damit auch die der Menschewiki, die, in den Augen des Volkes, als Koalitionäre für sämtliche Sünden Kerenskis und für die stupende Tatenlosigkeit seiner Regierung mitverantwortlich waren. Es gehört zu den großen Tragödien der russischen Geschichte, daß die narodnikische Bewegung und Partei, die den größten und wichtigsten Stand des Volkes, die Bauern, hinter sich hatte und die eigentlich dazu berufen war, die russische Revolution (weiter)zu führen, sich im Frühjahr und Sommer 1917 selbst das Grab geschaufelt hat. Durch ihr Versagen aber rief sie notgedrungen die Bolschewiki auf den Plan, als die einzige noch unkompromittierte Partei, die die demokratische Revolution dann um einen fatalen Preis vollenden sollten: um den Preis einer sozialistischen Minderheitsregierung, die sehr rasch zur Einparteiendiktatur wurde.

Nach allem, was oben über die halbasiatische Formationsgeschichte Rußlands ausgeführt worden ist, dürfte klar geworden sein: In Rußland war nach dem Sturz des Zarismus und der Gutsbesitzer eine bäuerlich-demokratische Republik fällig, aber keine sozialistische Arbeiterregierung, geschweige denn eine »Diktatur des Proletariats«. Denn die Kapitalisierung des Landes beschränkte sich auf einen winzigen industriellen Überbau. Die alte halbasiatische Ökonomik war zwar in Zersetzung begriffen, aber auf dem Lande noch immer vorherrschend. Und ihr spezifisches Ergänzungsverhältnis, der despotische Beamtenapparat, war noch weitgehend intakt. Infolge des Versagens der narodikischen Bewegung aber nahm die Revolution nun eine Richtung und

Dynamik an, die über ihren objektiv begrenzten Horizont weit hinausschoß.
Im September zeigte sich der Umschwung der Volksstimmung. In Petersburg, in Moskau und in vielen Provinzstädten errangen die Bolschewiki und die linken Sozialrevolutionäre die Mehrheit in den Sowjets. Auch die Petersburger Regimenter waren inzwischen zu den Bolschewisten übergegangen. Gleichzeitig wurden die Streikbewegung der Arbeiter, die Bauernaufstände auf dem Land, die Meutereien der Matrosen immer heftiger. Längst war die bolschewistische Parole »Alle Macht den Sowjets« zum Kampfruf der demonstrierenden Massen in den Großstädten geworden. Entweder schritt die Revolution jetzt voran, entweder gelang es, eine neue handlungsfähige Regierung zu bilden, die das Vertrauen der Massen besaß, oder aber die Revolution würde in Chaos und Anarchie versinken. Das Chaos hätte nach einiger Zeit in der Auflösung Rußlands, in Pogromen und weißem Terror geendet.
Dies war die konkrete historische Situation, in der Lenin und die führenden Bolschewiki den Aufstand planten. Den Aufstand in dieser Situation nicht zu wagen hätte bedeutet, die spontane revolutionäre Massenbewegung und die Bauernaufstände sich selbst zu überlassen und tatenlos zuzusehen, wie die Kräfte der Reaktion sich verbündeten und die zaristische Camarilla ihre von den meuternden kriegsmüden Matrosen und Soldaten zersetzte Armee reorganisierte, um sie schließlich gegen die streikenden Arbeiter und die revoltierenden Bauern einzusetzen. Den gravierenden Fehler, den die Pariser Kommune gemacht hatte, als sie darauf verzichtete, nach Versailles zu marschieren, bevor Thiers seine Truppen sammeln konnte, sollte Lenin nicht wiederholen. Er erkannte genau den geschichtlichen Moment, da die Bolschewiki die Macht ergreifen konnten – für Frieden, Brot, Land und Freiheit –, ohne Blutvergießen und bei minimalen Verlusten. Schon wenige Tage oder Wochen später wäre es dafür zu spät gewesen.
Aber hat es sich nicht doch um einen putschistischen Akt gehandelt, da Lenin nicht einmal den 2. Allrussischen Sowjetkongreß abgewartet hat, um den Aufstand von den Delegierten des Kongreßes demokratisch legitimieren zu lassen? In der Tat war das im Smolnyi tagende Militärische Revolutionskomitee, wo Trotzki, Stalin, Dserschinski u. a. die Vorbereitungen für den Aufstand trafen, dafür, erst den Sowjetkongreß

abzuwarten. Kamenjew und Sinowjew, Lenins engster Mitarbeiter im Exil, hielten den Aufstand gar für ein unsinniges Abenteuer. Doch konnte Lenin, der in letzter Minute im Smolnyi eintraf, die Mitglieder des Komitees davon überzeugen, daß, wenn erst der Sowjetkongreß offiziell den Aufstand proklamiert hätte, die Gegenseite rechtzeitig gewarnt wäre, entsprechende Gegenmaßnahmen ergreifen konnte und es dann wirklich zu einem großen Blutvergießen kommen würde. Daß die Oktoberrevolution die bis dahin unblutigste Revolution der Geschichte war, ist also gerade der »putschistischen« Taktik Lenins zu verdanken.

Der Vorwurf des Putschismus ist aber auch unter allen anderen Gesichtspunkten haltlos. Erstens war der von den Bolschewiki organisierte Umsturz nur der politisch-militärische Nachvollzug einer Massenrevolution, die längst im Gange war. Zweitens läßt sich die allgemeine Massenbegeisterung, die der Sturm auf das Winterpalais und die nachfolgenden Dekrete der Oktoberrevolution im ganzen Lande auslösten, kaum begreifen, wenn es sich um den selbstherrlichen Putsch einer kleinen Clique von Berufsrevolutionären gegen den Willen des Volkes gehandelt hätte. Wenn es sich aber um einen Putsch (gegen eine demokratisch noch nicht legitimierte Regierung) gehandelt hat, dann hätten wir es mit dem geschichtlichen Paradox eines Putsches zu tun, der die überwältigende Zustimmung der Massen fand. Drittens wären die Bolschewiki ohne die aktive Unterstützung der Volksmassen nicht in der Lage gewesen, den nachfolgenden Bürgerkrieg zu gewinnen und die weißen Interventionstruppen zurückzuschlagen. Diese massenhafte Unterstützung aber erhielten sie deshalb, weil sie das, was sie dem Volk vor der Machtergreifung versprochen hatten, nämlich Freiheit, Land, Brot und Frieden, nach dem Oktober auch sofort einlösten: Die bolschewistische Regierung beseitigte die alten Behörden und Offiziere und gab überall die ausübende Gewalt den Räten. So sollte die Freiheit verwirklicht werden. Sie setzte die Arbeiterkontrolle über die Betriebe in Kraft, um die Produktion wiederzubeleben und so die Städte mit Lebensmitteln und dem übrigen Bedarf zu versorgen. Sie bot den feindlichen Mächten Frieden an, und sie ermächtigte die Bauern, das Land der Gutsbesitzer in ihre eigenen Hände zu nehmen.

Die meisten demokratischen Forderungen der Februarrevolution, die die »Provisorischen Regierungen« nicht einzulösen vermochten, sind erst durch die Dekrete des Oktober gesetzlich sanktioniert und verwirklicht worden: so das Dekret über die demokratische Agrarreform (Konfiskation des gutsherrlichen Grundbesitzes und seine Verteilung an die armen Bauern); so das Dekret über die Institutionalisierung der Sowjets (die der Sowjetunion ihren Namen gegeben haben) als basisdemokratische Vertretungskörperschaft des ganzen Volkes, aus der, auf dem Wege freier Wahlen, die jeweilige Regierung hervorgehen sollte; so das Dekret über die Gleichstellung der Frau (Wahlrecht, gesetzliche Sanktionierung der nichtkirchlichen Trauung, der Ehescheidung ohne bürokratische Prozeduren, der Anerkennung unehelicher Kinder u. a.); so das Dekret über die Gleichstellung der nichtrussischen Nationalitäten, die zum ersten Mal das Recht erhielten, sich in autonomen Gebieten und Republiken zu organisieren.

In diesem Sinne war *die Oktoberrevolution tatsächlich die demokratische Vollendung der Februarrevolution.* Wer dies übersieht oder unterschlägt, weil es zum Bilde des angeblichen »Putschisten« und »Diktators« Lenin nicht paßt, der verfälscht die Geschichte. Auch ihre nachfolgende Fehlentwicklung sollte uns nicht den Blick für ihre grundlegenden Errungenschaften und ihre weltgeschichtliche Bedeutung verstellen: daß sie a) die demokratischen Forderungen der Februarrevolution überhaupt erst gesichert und gesetzlich institutionalisiert hat; daß sie b) das revolutionäre Ausscheiden des russischen Volkes aus dem imperialistischen Krieg mit sich brachte; und daß sie c) zum Anstoß und Vorbild der antikolonialen Befreiungsbewegungen in diesem Jahrhundert, vor allem in Asien, geworden ist.

Und welchen Widerhall die Oktoberrevolution unter den Sozialisten und fortschrittlich denkenden Menschen aller Länder ausgelöst hat, dafür möge hier beispielhaft Rosa Luxemburgs Kommentar stehen, die bekanntlich eine scharfe Kritikerin der bolschewistischen Organisationsmethoden gewesen ist: »Was eine Partei in geschichtlicher Stunde an Mut, Tatkraft, revolutionärem Weitblick und Konsequenz aufzubringen vermag, das haben die Lenin, Trotzki und Genossen vollauf geleistet. Die ganze revolutionäre Ehre und Aktionsfähigkeit, die der Sozialdemokratie im Westen gebrach, war in den Bolschewiki vertreten. Ihr Oktoberaufstand war nicht nur eine tatsächliche Rettung für die russische Revolution, sondern auch eine Ehrenrettung des internationalen Sozialismus.«[35]

Dennoch ist es falsch, zu sagen, die Bolschewiki hätten »die Revolution gemacht«. Nicht dem »Ruf der Bolschewiki folgend«, wie es später die Parteigeschichte verkünden sollte, sondern spontan und ohne Führung waren die Massen in Aufruhr geraten. Das Resümee A. Rosenbergs scheint mir den Sachverhalt daher genauer zu beschreiben: »Die Bolschewiki haben so... trotz aller ihrer Experimente und Fehler die russische Revolution gerettet. Aber die Bolschewiki haben die russische Revolution nicht gemacht, sondern Lenin und Trotzki erkannten, daß um zwölf Uhr die große anarchische Revolte kommen würde. Da haben sie fünf vor zwölf den bolschewistischen Aufstand proklamiert und so den Eindruck geschaffen, als sei das ungeheure Ereignis um zwölf Uhr auf ihren Befehl enstanden. So gewannen sie die Autorität, um Rußland weiterzuführen.«[36]
Nicht im revolutionären Ereignis des Oktobers 1917, nicht darin, daß die Bolschewiki einer vor ihren Augen ablaufenden revolutionären Massenbewegung durch einen geglückten Aufstand zu ihrem Recht verhalfen, lag die geschichtliche Fatalität. Diese lag vielmehr darin:
– daß der imperialistische Krieg die revolutionäre Demokratie Rußlands so zerrissen hatte, daß es weder vor noch nach dem Oktober zu einem Kompromiß und Bündnis zwischen den verfeindeten Parteien mehr kommen konnte, so daß der Weg in den Einparteienstaat und die Einparteiendiktatur irreversibel wurde,
– daß die Bolschewiki der siegreichen Revolution post festum eine Deutung und einen Sinn gaben, den diese in einer sich zersetzenden halbasiatischen Gesellschaft (im Übergang) gar nicht haben konnte, und daß sie schließlich ihre Arbeiter- und Bauernrevolution mit aller Gewalt zu dem zu machen suchten, was diese, ihrem sozialökonomischen Inhalt nach, noch gar nicht sein konnte: nämlich eine den Kapitalismus überwindende sozialistische Revolution in Gestalt der »Diktatur des Proletariats«,
– daß die größte Errungenschaft der Revolution, die Sowjetdemokratie, unter dem Druck des Bürgerkrieges, der weißen Interventionsarmeen, des wirtschaftlichen Zusammenbruches und der sich verschärfenden Antagonismen zwischen Proletariat und Bauernschaft sukzessive demontiert und zerstört wurde, so daß sich der despotische Staatsapparat hinter dem sozialistischen Schleier neu formieren konnte,
– daß die Bolschewiki Sozialismus mit Verstaatlichung und Staatsmo-

nopolwirtschaft verwechselten, was teils eine Folge ihrer Befangenheit im orthodoxen Marxismus der II. Internationale und der lassalleschen-etatistischen Denktradition war, teils durch ihre Unkenntnis über das Wesen der alten ökonomischen Despotien bedingt war,
– daß die politische Isolation und Selbstisolation der Bolschewiki nach dem Oktober begleitet wurde von einer internationalen Isolierung, nachdem die Arbeiterrevolution im Westen ausgeblieben bzw. gescheitert war.

Erst all diese Momente zusammengenommen, haben die Entwicklung nach dem Oktober immer mehr eingeschnürt und den Boden für den »Thermidor«, für die bonapartistische Diktatur Stalins und für die Wiederkehr des asiatischen Despotismus unter der Roten Fahne vorbereitet.

11. Lenins Putsch gegen die »Konstituante« und der Einparteienstaat

So großartig das Drama der Oktoberereignisse im unmittelbaren historischen Moment auch war, ihre Prämisse, nämlich der politische Alleingang der Bolschewiki, sollte gleichwohl fatale Folgen für die weitere Entwicklung haben. Zwar wurde der Oktoberumsturz von der Mehrheit der Arbeiter-, Bauern- und Soldatensowjets mit Begeisterung und Jubel aufgenommen; zwar wurden die grundlegenden Dekrete des Oktober vom 2. Gesamtrussischen Sowjetkongreß bestätigt. Aber die politische Parteienlandschaft hatte sich nun irreversibel polarisiert: Die Menschewiki und die rechten Sozialrevolutionäre hatten den 2. Gesamtrussischen Sowjetkongreß demonstrativ verlassen, weil sie gegen die Machtübernahme der Bolschewiki und ihre »Diktatur des Proletariats« waren. Nur die sich zur eigenen Partei konstituierenden linken Sozialrevolutionäre betraten den Weg der Zusammenarbeit mit den Bolschewiki und wurden in die neu gebildeten »Volkskommissariate« (d.h. Ministerien) aufgenommen.

Auch wenn die Bolschewiki den Sowjetkongreß, die bislang einzige demokratisch legitimierte Vertretungskörperschaft des Volkes, hinter sich hatten, die im November endlich stattfindenden Wahlen zur »Konstituierenden Versammlung« (Konstituante) brachten ihnen nur knapp 24 Prozent der Stimmen, dagegen einen überwältigenden Wahlsieg für die Partei Kerenskis. Dieses paradoxe Ergebnis verdankte sich folgendem Umstand: Kurz vor dem Oktober-Umsturz, als die einzelnen Parteien ihre Kandidatenlisten für die Wahl zur Nationalversammlung einreichten, waren die Sozialrevolutionäre noch nicht gespalten. Rechte und linke Sozialrevolutionäre, Freunde Kerenskis und Freunde Lenins standen friedlich auf der gleichen Liste. Die riesige Bauernmasse, die den sozialrevolutionären Stimmzettel abgegeben hatte, stimmte damit für die Enteignung der Gutsbesitzer und nicht für Kerenski, der in der Volksgunst auf dem Tiefpunkt angekommen war. Aber an der Spitze der sozialrevolutionären Listen standen fast überall Kerenski-Leute, die so ihre Mandate bekamen.

Lenin wollte sich das Resultat der siegreichen Revolution nicht durch eine Parlamentsmehrheit verderben lassen, die nicht mehr die politische Stimmung und Interessenlage des Volkes *nach* dem Oktober repräsentierte. Da das bolschewistische Regierungsprogramm eine demokratische Legitimation bisher nur über den Gesamtrussischen Sowjetkongreß erlangt hatte, nicht aber über die Parlamentswahlen, wäre die einzig richtige Entscheidung gewesen, Neuwahlen auszuschreiben, und, im Falle, daß diese den Bolschewiki keine Mehrheit bringen würden, eine Koalition mit den Sozialrevolutionären und Menschewiki anzustreben. Für eine solche Koalition plädierten auch Sinowjew und Kamenjew, wofür sie später als »Kapitulanten« gebrandmarkt wurden. Statt dessen nahm Lenin den Kampf gegen die Konstituante auf. Am 5. Januar wurde diese von der Sowjetregierung eröffnet; doch nachdem sich die Konstituante geweigert hatte, die grundlegenden Dekrete des Oktober über den Frieden, den Grund und Boden und den Übergang der Macht an die Sowjets zu bestätigen, wurde sie einen Tag später, auf Anordnung Lenins und auf Beschluß des Gesamtrussischen Zentralen Exekutivkomitees, aufgelöst. Dies war allerdings ein *putschistischer Akt mit verhängnisvollen Langzeitfolgen,* denn er bedeutete das Ende eines parlamentarisch-demokratischen Entwicklungsweges für Rußland. Vor allem dieser Coup gegen die parlamentarische Demokratie Rußlands, die zu den ersten Errungenschaften des Februar gehörte, hat Lenin und den Bolschewiki den Ruf eingetragen, sie seien eingefleischte Antidemokraten und selbstherrliche Autokraten. Ich will Lenins Schlag gegen die Konstituante hier gewiß nicht verteidigen – es war ein schwerer politischer, ein unverzeihlicher Fehler! –, aber der pauschale

Vorwurf des Antidemokratismus trifft nicht den Kern des Problems. Weil Lenin in der Rätedemokratie die bessere, höhere Form der Demokratie erblickte, hat er die Konstituante auseinandergejagt. Die parlamentarische Republik hielt er für einen Rückschritt gegenüber einer »Republik der Sowjets der Arbeiter-, Landarbeiter- und Bauerndeputierten im ganzen Lande«.

Übrigens hat Lenin nie gedacht und auch nie davon gesprochen, die Diktatur des Proletariats sei identisch mit einem Einparteiensystem. Noch 1917 hat er ein proportionales Wahlrecht für die Sowjets vorgeschlagen, das der Bevölkerung die Möglichkeit geben sollte, ihre Delegierten aus verschiedenen Parteien immer wieder neu zu wählen, die Macht auch einer anderen Partei zu übertragen und die Regierung ohne die Spur einer Revolution abzulösen, wenn sie mit ihrer Partei unzufrieden sei.

Daß er für sein Land eine andere und verläßlichere Form der Demokratie ersehnte als die parlamentarische, hat außerdem mit den Erfahrungen der Zeit zu tun. Ausgebildete demokratische Repräsentativsysteme, in denen das Parlament eine starke und souveräne Volksvertretung darstellt, hat es zu Lenins Zeiten weder in Europa noch in Rußland gegeben. Die noch vom Zarismus einberufene Staatsduma war ein willenloses Instrument in den Händen des Adels und der zaristischen Bürokratie. Und die bürgerlichen Parlamente Europas haben, obwohl die Arbeiterparteien in ihnen bereits mit starken Fraktionen vertreten waren, sich den Interessen der imperialen Oberklassen gebeugt. Kurzum: auch ihre so viel gerühmte demokratische Verfassung hat die europäischen Regierungen nicht daran gehindert, ihre jeweiligen »Souveräne« auf die Schlachtbank des Ersten Weltkrieges zu schicken, so wenig wie der russische Parlamentarismus zwischen Februar und Oktober die kriegsverlängernde Politik der provisorischen Regierungen hatte verhindern können. Hier liegt der Hauptgrund dafür, daß Lenin und Genossen von der »bürgerlich-parlamentarischen Demokratie« nicht viel gehalten haben.

Dieses (im damaligen Zeithorizont verständliche) Ressentiment gegen die parlamentarische Demokratie ließ sie indessen einen gravierenden Tatbestand übersehen: So wenig es möglich war, von einer im Zerfall befindlichen halbasiatischen Gesellschaft, auf die erst ein schwacher Abglanz der westlich-kapitalistischen Zivilisation gefallen war, direkt in den Sozialismus bzw. Kommunismus überzugehen, *so wenig war es möglich, von einer absolutistisch regierten Gesellschaft gleich in die direkte Volksdemokratie, die voll entwickelte Rätedemokratie überzugehen.* Das Modell der Pariser Kommune (dessen Funktionsfähigkeit zudem nur für den kurzen historischen Moment von 72 Tagen und in der Ausnahmesituation einer kurzzeitig befreiten Stadt erwiesen war, die zugleich um ihr Überleben kämpfte und daher ihre Bewohner zu einer politischen Dauerbetätigung und Selbstverantwortung motivierte, die man in Normalzeiten schwerlich erwarten konnte) war nicht einfach auf ein Bauernland zu übertragen, das noch tief in der »halbasiatischen Kulturlosigkeit« (Lenin) steckte, in dem es kaum Verbindungen zwischen Stadt und Land gab und in dem über hundert verschiedene Völkerschaften mit ganz unterschiedlichen nationalen, religiösen und kulturellen Traditionen lebten. Die parlamentarische Repräsentativdemokratie, die den institutionellen Boden der revolutionären russischen Demokratie zwischen Februar und Oktober gebildet hatte, konnte man nicht einfach abschaffen, ohne auch ihr bäuerlich-proletarisches Pendant, die Rätedemokratie, aufs Spiel zu setzen. Der »Tigersprung« über die bürgerlich-parlamentarische Demokratie hinaus und an ihr vorbei sollte denn auch, wie sich spätestens nach dem Bürgerkrieg zeigte, die Sowjetdemokratie miterledigen. Es ist eine tragische Ironie der Geschichte, daß just in dem Land, dem Lenin eine rätedemokratische, eine Sowjetverfassung gegeben hat und in dem der Staat schließlich ganz der Selbstregierung des Volkes weichen sollte, die Staatsbürokratie später zu nie gekannter Machtfülle anschwellen sollte.

Daß die blutjunge »Februar«-Demokratie nach dem Oktoberumsturz so sang- und klanglos unterging, geht allerdings nicht allein auf das Konto Lenins und der Bolschewiki. So wie Lenin die bürgerlich-parlamentarische Demokratie verachtete und in ihr lediglich ein demokratisch bemänteltes Organ der bürgerlich-feudalen Klassenherrschaft sah, so erblickten die Menschewiki und die rechten Sozialrevolutionäre in der Sowjetdemokratie vornehmlich ein Organ der »Diktatur des Proletariats«, statt die Repräsentanz einer direkten (Volks-)Demokratie von unten. Die Bolschewiki haben von allen Parteien nur das eine verlangt, nämlich die Anerkennung der grundlegenden Dekrete des Oktober und den Verzicht auf den bewaffneten Kampf mit der Sowjetmacht.

Doch diese beiden Bedingungen vermochten die wegen des Oktoberumsturzes brüskierten Parteien der vorherigen »Koalition« nicht zu erfüllen, was sie in den Augen der Bolschewiki wiederum zu Parteien der Konterrevolution stempelte. Intransigenz, Rechthaberei, Autoritarismus, schroffe und überzogene Feindbilder, mithin Unfähigkeit zum Dialog und zum Kompromiß – dieses Syndrom charakterisierte nicht nur den Politikstil der Bolschewiki, sondern auch den der anderen Parteien der jungen »Februar«-Demokratie. Woher sollten, nach einer jahrhundertelangen despotischen Tradition, deren Züge die sich gerade erst befreienden Untertanen natürlich verinnerlicht hatten, die Tugenden einer demokratischen Kultur in Rußland auch plötzlich herkommen? Darum tragen nicht allein die Bolschewiki, sondern auch die anderen Parteien die Mitverantwortung dafür, daß die reale Möglichkeit eines verfassungsgemäßen Wechsels der Parteien an der Macht nach dem Oktober vertan wurde.
Gleich nach dem Oktoberumsturz hatten sich die Rechten Sozialrevolutionäre und die Menschewiki, aus Verbitterung über den Alleingang der Bolschewiki, auf die Seite Kerenskis geschlagen, der mit den zum Bürgerkrieg rüstenden weißgardistischen Generälen konspirierte. Nach dem Verbot der bürgerlichen Parteien folgte nun das Verbot der »Kerenski-Parteien«. So blieben im ersten Halbjahr 1918 nur noch die Bolschewiki und die linken Sozialrevolutionäre als legale Sowjetparteien übrig. Letztere hätten immerhin die Möglichkeit gehabt, die revolutionären Bauern zu organisieren und zu vertreten. Daraus hätte sich ein Zweiparteiensystem entwickeln können, in dem neben der städtischen Arbeiterpartei der Bolschewiki die ländliche Bauernpartei der linken Sozialrevolutionäre stand. Der legale Konkurrenzkampf dieser beiden Parteien hätte die Demokratie in den Sowjets vielleicht gerettet. Doch sind die linken Sozialrevolutionäre zu Opfern ihres Radikalismus und ihrer politischen Kinderkrankheiten geworden. Nach dem Friedensdiktat von Brest-Litowsk im März 1918, das das »Versailles« für die junge Sowjetrepublik bedeutete und sie zu großen Gebietsabtretungen zwang, kündigten die linken Sozialrevolutionäre ihre Mitarbeit in den »Volkskommissariaten« auf. In ihrem naiven Patriotismus empfanden sie diesen von Lenin abgeschlossenen »Schandfrieden«, der der geschwächten Sowjetrepublik eine Atempause verschaffte, als nationale Demütigung.

Nachdem die linken Sozialrevolutionäre im Juli 1918 einen Anschlag auf den deutschen Botschafter in Moskau organisiert hatten, wodurch sie eine Fortsetzung des Krieges zwischen Rußland und Deutschland zu provozieren hofften, und sich sodann an einem bewaffneten Aufstand gegen die Sowjetmacht beteiligten, wurde auch ihre Partei verboten. Damit war der Einparteienstaat da. Damit waren alle anderen parteipolitischen Kräfte von der Mitgestaltung des nachrevolutionären Prozesses ausgeschlossen worden. Der notwendige Diskurs über den Umbau der russischen Gesellschaft nach dem Sturz des Zarismus konnte nicht mehr auf breiter Basis geführt werden, er wurde auf die Lösungsvorschläge der bolschewistischen Regierungspartei eingeengt. Lenin war keineswegs glücklich darüber, daß die Bolschewiki nun allein auf der politischen Bühne übriggeblieben waren, obwohl er dieses Ergebnis durch seinen Putsch gegen die Konstituante selbst mitherbeigeführt hatte.

Das republikanische Erbe, von dem die Bolschewiki nur einen verkürzten und zum Teil verächtlichen Begriff hatten – Parteiendemokratie, Gewaltenteilung, Gleichheit vor dem Gesetz, Schutz der Rechte des Individuums gegenüber dem Staat etc. –, sollte denn auch für die nächsten siebzig Jahre nicht mehr heimgeholt werden. Erst Gorbatschows Perestroika und die osteuropäischen Revolutionen des Jahres 1989 haben dieses nach dem Oktober gekappte Erbe, das der Stalinismus vollends verschüttete, wieder aus der Versenkung geholt.

12. Der bolschewistische Revolutionsmythos und die III. Internationale

Lenin und die Bolschewiki waren, wie schon gesagt, nicht mit einem kommunistischen, sondern mit einem radikaldemokratischen und staatskapitalistischen (Wirtschafts-)Programm in die Oktoberrevolution gegangen, deren Kernpunkte waren: Nationalisierung der Banken, Zwangssyndizierung der Industrie, Staatsaufsicht über die Wirtschaft und »Arbeiterkontrolle über Produktion und Verteilung«. An die Enteignung der Unternehmer war nicht gedacht. Die durch das Dekret über die Sowjets eingeführte »Arbeiterkontrolle über die Produktion« war im Grunde eine erweiterte Mitbestimmung; sie sollte lediglich sicherstellen, daß die Unternehmer ohne vorhergehende Zustimmung der Betriebsräte nichts vornehmen konnten. Doch waren die bewaffneten, über ihren Sieg begeisterten Arbeiter in den Schranken dieses Programms nicht zu halten. Vielerorts jagten sie die Unternehmer fort und bemächtigten sich der Betriebe. Lenin war über diese Spontanenteignungen keineswegs froh, denn natürlich wußte er, daß die Arbeiter nicht über die nötige Erfahrung und die nötigen Qualifikationen verfügten, um ihre Betriebe auf Anhieb selber zu leiten. Jedenfalls haben nicht die Bolschewiki die Parole zur Enteignung der Betriebe ausgegeben; dies geschah spontan und zumeist dort, wo Unternehmer die »Arbeiterkontrolle über die Produktion« oder die Produktion selbst sabotierten. Nur zögernd und mit Vorbehalten hat Lenin die Aktionen der Arbeiter nachträglich legitimiert durch das Dekret vom 28. Juni 1918 über die Nationalisierung der gesamten Großindustrie. Man vergleiche damit die Tatsache, daß das Dekret über die Aufhebung des Privateigentums der Grundbesitzer schon am ersten Tag der neuen Regierung, am 26. Oktober 1917, herauskam.

Damit hatte die Revolution ihren radikal-demokratischen Horizont weit überschritten. Indem sie bei der – schon lange fälligen – Enteignung und Aufteilung des feudalen Großgrundbesitz nicht haltmachte, sondern nun auch gleich das kapitalistische Privateigentum an Produktionsmitteln per Rundumverstaatlichung aufhob, schoß sie ebenso über ihre historisch mögliche Ziellinie hinaus wie zuvor mit der Abschaffung der parlamentarischen Republik. Diese revolutionäre Übersprunghandlung wurde nun aber von den Bolschewiki nicht problematisiert, sondern im Gegenteil als großer »Sieg des Proletariats über die Bourgeoisie«, ja, als notwendiger Schlußpunkt der proletarischen Machtergreifung gefeiert. Nun war der bolschewistische Mythos der Oktoberrevolution perfekt, wie er seitdem in jedes Lehrbuch der Geschichte der KPdSU eingegangen ist und der gesamten kommunistischen Weltbewegung überliefert wurde: daß sich die russische Revolution von 1917, »dem ehernen Gesetz der geschichtlichen Entwicklung folgend«, von der bürgerlich-demokratischen zur proletarisch-sozialistischen Revolution fortentwickelt habe, indem sie mitsamt dem Zarismus und den feudalen Oberklassen auch gleich den Kapitalismus und die Bourgeoisie überwunden habe.

Dabei beschränkte sich der Kapitalismus, den man »überwunden« hatte, auf den noch wenig entwickelten industriellen Sektor des Landes,

auf einige Zucker-, Naphta-, Kohle- und Metallkartelle, Großhandelsunternehmungen und Banken. Die Enteignung der kleinen russischen Industrie-, Handels- und Finanzbourgeoisie, die im Grunde noch eine randständige Klasse war, gleichwohl gegenüber den parasitären und unproduktiven Feudalklassen und ihrem erdrückenden Beamtenapparat eine fortschrittliche und durchaus produktive Kraft verkörperte, wurde nun in der bolschewistischen Propaganda zum »weltgeschichtlichen Sieg des Proletariats über die Bourgeoisie« hochstilisiert.
Bei dem Übergewicht der alten (wenn auch schon zersetzten) halbasiatischen Ökonomik und der minoritären Stellung des russischen Proletariats, das vielleicht gerade zwei, drei Prozent der vorwiegend bäuerlichen Gesamtbevölkerung ausmachte, bedeutete ein solcher »Sieg« tatsächlich nur den Sieg einer kleinen Klasse (von Lohnabhängigen) über eine andere kleine Klasse (von Produktionsmittelinhabern); ein Sieg also, der die bäuerlichen Hauptklassen des Landes gar nicht sonderlich tangieren konnte. Hauptsache, der Bauer erhielt für seine Lebensmittel die notwendigen Fertigprodukte von der städtischen Industrie geliefert; wem die Fabriken und Handelskontore gehörten und wer sie leitete, ob der Staat oder der Unternehmer, war dem Dorf ziemlich gleichgültig.
Langfristig aber konnte dieser »Sieg« nur ein »Pyrrhussieg« werden. Denn trotz ihrer fortgeschrittenen politisch-institutionellen Ausdrucksformen in Gestalt der Sowjets konnte die russische Revolution *auf der sozialökonomischen Ebene den Horizont einer bürgerlich-demokratischen Umwälzung (Herstellung des nationalen Marktes, Gewerbefreiheit) prinzipiell nicht überschreiten*. Auch ein Rußland der Sowjetrepubliken würde erst einmal, in welcher Form auch immer, die historische Mission des Bürgertums nachholen müssen: nämlich die Grundlage für eine Industrialisierung und eine moderne Zivilisation zu schaffen. Dies aber bedeutete, daß die »Diktatur des Proletariats« ihrem ökonomischen Inhalt nach nichts anderes sein konnte als das Nachholen eines Industrialisierungsprozesses, den das bürgerliche Westeuropa längst hinter sich hatte. Vom »Aufbau des Sozialismus«, dessen materielles Fundament, dessen differenzierte ökonomische und kulturelle Voraussetzungen in Rußland erst noch geschaffen werden mußten, konnte also überhaupt keine Rede sein.
Um den Mythos zu befestigen, daß die Sowjetrevolution im Tiger-

sprung mitsamt dem zaristischen Absolutismus auch den Kapitalismus überwunden habe, wurde nachträglich auch der revolutionär-demokratischen Massenbewegung vor dem Oktober ein Sinn unterlegt, den diese von sich aus gar nicht gehabt hatte: nämlich als großer und zielbewußter proletarisch-bäuerlicher Anlauf zum Sturz der »feudalbourgeoisen Ausbeuterklassen«.

Was aber hatten die Massen zwischen Februar und Oktober wirklich gewollt? Die Bauern, die die Gutsbesitzer oder Verwalter davonjagten, wollten das Land, das sie bearbeiteten, endlich in die eigenen Hände nehmen und ihrem halben Staatssklavendasein ein Ende bereiten. Sie wollten über die Geschicke ihres Dorfes selbst entscheiden dürfen, dafür war der Sowjet ein brauchbares Instrument. Aber sich nach dem Sturz des Zarismus einer »Diktatur des Proletariats« zu beugen und die städtischen Arbeiter und die Dorfarmen als ihre neuen Herren und Leiter anzuerkennen, nur weil sie Mitglieder der KPR waren, davon hatten sie vor dem Oktober gewiß nicht geträumt. Und was wollten die Arbeiter? Denen, die nicht in der bolschewistischen, sondern eher in der menschewistischen Tradition standen – und das waren bis zum Sommer 1917 die meisten –, ging es in erster Linie um die Verbesserung ihrer Arbeits- und Lebensbedingungen. Unter ihnen war die populärste Forderung die nach dem 8-Stundentag. Allgemein abgelehnt wurde die Akkordarbeit. Gegen willkürliche Lohnkürzungen traten sie in den Streik. Die Betriebsleitungen wurden aufgefordert, sanitäre Einrichtungen, Betriebskantinen u. a. zu schaffen. »Arbeiterkontrolle über die Produktion« war ein allgemein akzeptiertes Prinzip, aber das sollte nicht unbedingt heißen: Enteignung der Unternehmer und Verstaatlichung ihrer Betriebe (auch wenn viele nichts dagegen hatten). Wo aber Fabrikkomitees die Leitungen davonjagten, geschah dies oft aus Angst vor drohenden Aussperrungen. Zur Speerspitze des Oktoberumsturzes aber waren vor allem Garnisonssoldaten und Matrosen geworden, die nicht mehr an die Front geschickt werden wollten. Für sie war die Revolution schlicht eine Antikriegs- und Erschöpfungsrevolte.

»Den Tatbestand einer proletarischen Revolution im Sinne der Marxschen Theorie«, resümiert Rolf Henrich, »erfüllte dies alles ganz sicher nicht. Für den einzelnen Arbeiter und Bauern, der sich 1917 verzweifelt gegen die Auswirkungen des Industrialismus (und des Weltkrieges, Anmerk. d. Verf.) auf seine Lebensweise zur Wehr setz-

te, handelte es sich bei den Oktoberereignissen kaum um die sagenumwobene ›Lokomotive der Weltgeschichte‹, die er mit seinem Handeln unter Dampf setze. Für ihn stellte sich sein eigenes Handeln wohl eher als ein ›Griff des in diesem Zug reisenden Menschengeschlechtes nach der Notbremse‹ dar, von dem Walter Benjamin spricht.«[37]
Im Grunde wußte Lenin, daß in Rußland nicht der Sozialismus, sondern erst einmal die Schaffung seiner zivilisatorischen Voraussetzungen auf der Tagesordnung stand. Deshalb bezeichnete er die Übergangsphase ja auch als »Staatskapitalismus«, der einen »ersten Schritt« zum Sozialismus darstelle. Auch wußte er, wie prekär es war, die politische Hegemonie des Proletariats behaupten zu wollen »in einem Land mit einer Bevölkerung, in der die Kleineigentümer ein ungeheures Übergewicht über die rein proletarischen Elemente haben«,[38] zumal sich infolge der demokratischen Agrarreform, der Aufteilung des Großgrundbesitzes an die landlosen Bauern und Landarbeiter, die Zahl der Kleineigentümer ins Unermeßliche vermehrt hatte. Aber er suchte diesen fundamentalen Widerspruch, diese politische Anomalie fortan zu übertönen durch das orthodox-marxistische Axiom von der »führenden Rolle des Proletariats«, das den schwankenden, zwischen den Klassenfronten hin und her gerissenen, bald »ultrarevolutionären«, bald passiv verharrenden, bald »wild gewordenen«, bald niedergedrückten Kleinbürger mit straffer Hand zu leiten habe: »Man muß sich klar machen«, schrieb Lenin im April 1918, ein halbes Jahr nach den Oktoberereignissen, »daß auf dieser sozialen Basis (der des Kleineigentümers) kein Sozialismus aufgebaut werden kann. Führen kann die werktätigen und ausgebeuteten Massen nur eine Klasse, die ohne Schwankungen ihren Weg geht, nicht kleinmütig wird und auch bei den mühsamsten, schwersten und gefährlichsten Übergängen nicht in Verzweiflung gerät. Hysterische Aufwallung brauchen wir nicht. Wir brauchen den gemessenen Schritt der eisernen Bataillone des Proletariats.«[39]
Das schier unlösbare Problem, wie der Sozialismus in einem Lande aufgebaut werden sollte, in dem drei bis vier Millionen Proletarier an die hundert Millionen Bauern und Kleineigentümern gegenüberstehen, verdrängte Lenin mit seinem proletarischen Messianismus. Die völlige Überforderung des kleinen russischen Proletariats durch die ihm gestellte »geschichtliche Aufgabe«, die Hauptklasse des Landes in

eine lichte sozialistische Zukunft zu führen, wurde durch dessen Heroisierung übertüncht. Der offizielle Proletkult aber benötigte als Kontrastfolie die defiziente Psychologie des Kleinbürgertums. Die soziologische Kategorie »Kleinbürgertum« wurde in der bolschewistischen Rhetorik fortan zum Synonym für alle Untugenden, die dem Fortgang der Revolution und dem Sieg des Sozialismus im Wege stehen: nämlich für »egoistisch«, »individualistisch«, »privatistisch«, »wankelmütig«, »chaotisch«, »undiszipliniert«, »opportunistisch« etc., während das »Proletariat« zum Heilsbegriff wurde, dem alle heroischen Kampfes- und Charaktertugenden, wie Tatkraft, eiserne Disziplin, Aufrichtigkeit, Unerschrockenheit, Entschlossenheit, Uneigennützigkeit, Selbstlosigkeit, Aufopferungsgeist etc., zugesprochen wurden. Woher gerade die unterdrückte, eigentumslose und ausgebeutete Klasse all diese heroischen und anstrengenden Tugenden hernehmen sollte, die sie zur Führung aller anderen Volksklassen prädestinierte, dies haben sich Lenin und die bolschewistische Parteiintelligenz niemals gefragt. Allerdings gehörte die idealisierte Vorstellung vom Proletariat und seiner »historischen Mission« auch schon zum Repertoire der I. und II. Internationale; als nie hinterfragtes idealistisches Vorurteil gehörte sie (wie gezeigt) von Anfang an zum Denkbestand der Gründungsväter des »Historischen Materialismus«.

Der proletarisch-bolschewistische Messianismus und der Mythos von der »Großen Sozialistischen Oktoberrevolution« konnten in der Folge nicht mehr in Frage gestellt werden; denn sie erfüllten für die Bolschewiki zwei existentiell wichtige Funktionen. Sie wurden benötigt, um a) die »Diktatur des Proletariats«, sprich: die Alleinherrschaft der bolschewistischen Partei, nach innen zu legitimieren, und b) ihren Führungsanspruch über die internationale kommunistische Bewegung nach außen zu legitimieren.

In durchaus realistischer Einschätzung der Lage gingen Lenin und Trotzki davon aus, daß der Sieg der Arbeiter und Bauern in Rußland nur zu halten sei, wenn er durch eine Arbeiterrevolution im Westen ergänzt und gesichert werde. Vor allem unter dieser Prämisse wurde im März 1919 die III. Internationale auf ihrem ersten Kongreß in Moskau gegründet. Ihr schlossen sich fast alle kommunistischen Parteien Westeuropas und einige nationalrevolutionäre Befreiungsbewegungen Asiens an. Mit der siegreichen Oktoberrevolution schien die Führung des Weltproletariats nun endgültig auf Moskau übergegangen zu sein, nachdem sich die II. Internationale am Ende des Weltkrieges in wilder Auflösung befand. Die KI-Zentrale verstand sich gewissermaßen als »Gehirn der Weltrevolution« und sah ihre vornehmliche Aufgabe darin, ihre Mitglieder auf das revolutionäre Erfolgsrezept der Bolschewiki zu verpflichten. Um Sowjetrußland zu retten, sollten die Mitglieder-Parteien der KI in ihren Ländern eine revolutionäre Situation herbeiführen, um dort ebenfalls der »Diktatur des Proletariats« zum Siege zu verhelfen.

Die Tatsache, daß die Bolschewiki die erste Regierung der Welt waren, die tatsächlich mit dem verhaßten Krieg Schluß machte, verschaffte ihnen in den Augen der europäischen Arbeiterschaft eine ungeheure Autorität. Als diese dann noch die Nachricht vernahm, daß die russischen Arbeiter die Unternehmer enteigneten und »den Sozialismus aufzubauen« begannen, wirkte das wie ein Fanal. Die sozialistische Revolution, die für die Arbeiter des Westens seit vielen Jahrzehnten nur ein Traum gewesen war, schien sich plötzlich in heller Wirklichkeit zu zeigen. Die Bolschewiki und das russische Proletariat schienen den Beweis dafür zu liefern, daß dieser Traum tatsächlich zu verwirklichen war.

Die Oktoberrevolution als bloße Vollendung der bürgerlich - demokratischen Revolution hätte dagegen auf die Arbeiter Europas nur wenig gewirkt. Arthur Rosenberg: »Die ursprüngliche Leninsche Konstruktion: bürgerlich-demokratische Revolution in Rußland und sozialistische Revolution im Westen, hätte bei den Arbeitern Europas nur wenig Anklang gefunden. Den deutschen und englischen Arbeitern den Sozialismus zu empfehlen, aber bei sich zu Hause erst den Staatskapitalismus aufzubauen, das mochte theoretisch richtig sein. Aber das war keine Basis für eine europäische Massenbewegung... Nur der Vorstoß der russischen Arbeiter, die im Winter 1917/18 gegen den Willen Lenins die Betriebe enteigneten, hat die Grundlage für die III. Internationale als Massenbewegung geschaffen.«[40]

Hätten Lenin und die Bolschewiki vor den Arbeitern und KPs der Welt eine nüchterne Bilanz der Lage und des – in Wirklichkeit vorbürgerlichen – Entwicklungsstandes der russischen Gesellschaft vorgelegt, hätten sie erklärt, daß die »Diktatur des Proletariats«, ihrem ökonomischen Inhalt nach, zunächst gar nichts anderes bedeuten könne als das

Nachholen einer Entwicklung, die Westeuropa längst hinter sich hatte, und daß der Staatskapitalismus russischer Art noch lange nicht das Vorspiel zum Sozialismus sei, dann hätte die III. Internationale kaum jenen Zulauf gehabt und ihre Moskauer Führer hätten kaum jene unumschränkte Autorität und Führerschaft über die KI-Mitglieder gewonnen, die der massenwirksame Mythos von der »ersten sozialistischen Revolution der Weltgeschichte« und vom »weltgeschichtlichen Übergang des Kapitalismus in den Sozialismus« ihnen verschaffte.

13. Die historische Mitverantwortung des Westens an der sowjetrussischen Fehlentwicklung

Daß die Sowjetrevolution 1917/18 über ihren objektiv begrenzten geschichtlichen Horizont hinausschoß, hat aber auch – und nicht zuletzt – mit ihrer existentiellen Bedrohung durch den westlichen Imperialismus zu tun. Der permanente äußere Druck hat den inneren Druck verschärft und war eine der Ursachen für das Einmünden der Revolution erst in die bolschewistische Parteidiktatur und später in die stalinistische Despotie. Wer diesen geschichtlichen Kontext zugunsten einer einseitigen Schuldzuweisung unterschlägt, wie die konservative Geschichtsschreibung und die meisten Medien der Bundesrepublik, der klittert die Geschichte.

Der Oktoberumsturz, die nachfolgende bolschewistische Parteidiktatur und die Rundumverstaatlichung der Großwirtschaft hatten ihre Ursache eben auch in der Angst der Bolschewiki vor dem drohenden Ausverkauf ihres Landes, vor seiner Verurteilung zu einer minderwertigen Existenz als ausgebeutetes Hinterland durch die imperialistischen Staaten Westeuropas, vor allem durch das Deutsche Kaiserreich. Die erste Frage dieser Revolution war denn auch die Formierung einer schlagkräftigen Armee und die Indienstnahme der Wirtschaft für die Kriegsführung. Daß sich in Kriegszeiten der Staat den Zugriff auf die Wirtschaft sichern muß und durch restriktive Erlasse, durch Einführung der allgemeinen Arbeits- und Wehrpflicht, der Rationierung der Lebensmittel etc., die bürgerlichen und demokratischen Freiheiten radikal einschränkt bzw. aufhebt, war kein Spezifikum des bolschewistischen Staates. Gleiches galt auch für den kriegführenden wilhemini-

schen Staat und seine hochzentralisierte Kriegswirtschaft, die Lenin als Modell vor Augen hatte (ich komme darauf zurück).
Die Angst der Bolschewiki, daß die geschwächte Sowjetrepublik als billige Beute dem deutschen Imperialismus anheimfallen könnte, war kein ideologisches Hirngespinst, sondern eine Realangst. Die Eroberung russischen Territoriums zum Zweck der »Erweiterung deutschen Lebensraums« sowie der »Endkampf gegen das Slawen- und Russentum« gehörten nämlich schon lange vor Adolf Hitler zum Expansionsprogramm und zu den Kriegszielen des Deutschen Kaiserreiches und seiner militärischen und wirtschaftlichen Eliten.
Die deutsche Oberste Heeresleitung, die damals in Deutschland die wirkliche Regierungsgewalt ausübte, hat denn auch die Schwäche der jungen und kriegsmüden Sowjetrepublik rücksichtslos ausgenutzt. Dem besiegten Land wurde mit dem Raubdiktat von »Brest-Litowsk« ein imperialistischer Frieden aufgezwungen, der Rußland auf Dauer die Lebensmöglichkeit genommen hätte. Das Entscheidende dabei war nicht die Loslösung der westlichen Randgebiete, Polens, Finnlands und der Ostseeprovinzen, sondern die Abtrennung der Ukraine, des ganzen russischen Südens. Das bedeutete den Verlust der Kornkammer des Reiches, der wichtigsten Kohle- und Naphtagebiete und die Abdrängung Rußlands vom Schwarzen Meer. Durch den Mangel an Betriebsstoff und die Abnutzung der Maschinen kam der größte Teil der russischen Industrie zum Erliegen. Der »Kriegskommunismus« wurde so für die Russen zum »Hungerkommunismus.«
Was aber hatte Lenin für eine Wahl in dieser Situation? Das sowjetrussische Restgebiet im Westen und Süden war von deutschen Armeen eingeschlossen. Es schien nur eine Frage der Zeit, wann General Ludendorff auch noch den Befehl zur Besetzung Moskaus geben würde. Die völlig demoralisierte russische Armee lief auseinander. Die Bauernsoldaten eilten in ihre Dörfer zurück, um bei der Landaufteilung nicht zu fehlen. Es ist menschlich begreiflich, daß viele Bolschewiki und die linken Sozialrevolutionäre den Abschluß dieses »kolonialistischen Friedens« als »nationalen Verrat« ansahen. Aber wenn man wehrlos ist, kann man nicht Krieg führen.
Bereits am 2. Februar 1918, als in Brest-Litowsk noch verhandelt wurde, hatte der deutsche Kaiser erklärt: »Ich habe befohlen, daß gegen Petersburg marschiert wird, sobald wir mit der Ukraine im reinen

sind.«[41] Am 13. Feburar beschloß ein Kronrat im Hauptquartier Wilhelms II. in Bad Homburg, den Vormarsch im Osten wieder aufzunehmen. Dabei konstruierte der Kaiser eine große Verschwörung aus den Bolschewiki, »allen Juden der Welt«, den Freimaurern und dem »Geld der Entente« und verlangte: »Wir müssen also die Bolschewiki so schnell als möglich totschlagen!«[42]
Während der deutsche Kaiser einem Kommunisten- und Slawenhaß die Zügel schießen ließ, der Adolf Hitler als seinen ideologischen Erben und Nachbeter erscheinen läßt, forderte die Schwerindustrie Zusatzverträge zum Diktat von Brest-Litowsk, um »die Vormachtstellung Deutschlands im Osten dauernd zu sichern«. Zugleich legte sie einen Plan für die »wirtschaftliche Erschließung der Ostgebiete« vor. Am 14. Juli 1918 forderte der Unterstaatssekretär des Auswärtigen, von dem Busche: »Das russische Verkehrswesen, die Industrie und die ganze Volkswirtschaft müssen in unsere Hände kommen. Es muß gelingen, den Osten für uns auszubeuten. Dort sind die Zinsen für unsere Kriegsanleihen zu holen.«[43]
In den deutsch-sowjetischen Zusatzverträgen vom 27. August 1918 wurden der Sowjetunion die Abtretung weiterer Gebiete und sechs Milliarden Rubel Kriegsentschädigung, davon eine Milliarde in Gold, auferlegt. Doch zahlten sich diese Zusatzverträge für das deutsche Kaiserreich in den verbleibenden zehn Wochen bis zur Niederlage nicht mehr aus. Die Westfront war ins Wanken geraten, der Zusammenbruch begann; trotzdem ließ die militärische Führung Truppen, die ihr im Westen fehlten, im Osten noch weiter vormarschieren. Am 13. September 1918, also ein knappes Jahr nach der Oktoberrevolution, befahl die Oberste Heeresleitung, den Angriff auf Baku vorzubereiten, und General Groener erklärte: »Wenn wir Baku und die dortigen Ölfelder nicht erschließen für unseren Zweck, können wir eben nicht feuern ... Wir brauchen die Produkte bis an das Kaspische Meer und, wenn es geht, auch noch die Produkte von Turkestan.«[44]
Die militärische Niederlage Deutschlands im Sommer und Herbst 1918 und die in ihrem Gefolge ausbrechende Novemberrevolution befreiten die Bolschewiki zunächst von der deutschen Gefahr. Das Friedensdiktat von Brest-Litowsk wurde von der Sowjetregierung annulliert, und Deutschland wurde nun selbst mit dem »Versailler Vertrag« ein kolo-

nialistischer »Schandfriede« aufgezwungen, der es zum Objekt der annektionssüchtigen Entente-Mächte machte.
Doch war mit der Niederlage des deutschen Imperialismus die tödliche Bedrohung der jungen Sowjetrepublik keineswegs beendet. Die ehemaligen imperialistischen Kriegsgegner fanden sich sehr rasch zu einer »Unheiligen (militärischen) Allianz« gegen Sowjetrußland zusammen, um, wie es die britische Regierung geschworen hatte, den bolschewistischen Bastard »in der Wiege zu ersticken«. Die Entente sah den bolschewistischen Staat seit seinem Sonderfrieden mit Deutschland als direkten Feind an. Von nun an fiel jede Unterstützung der russischen Wirtschaft durch die Entente-Mächte weg. Dafür begann jetzt die Blockade Rußlands durch die Entente-Flotte und die Absperrung des Landes von der Außenwelt. Das bedeutete die Fortsetzung, ja, Verschärfung der Versorgungskrise und des Hungers in Rußland.
Doch damit nicht genug. Alte Zarengeneräle wurden von Frankreich, England und Japan finanziert und mit allem nötigen Kriegsmaterial versehen, um die junge Sowjetrepublik niederzuwerfen. An der Intervention beteiligten sich Truppen aus vierzehn Ländern, unter ihnen auch deutsche Freikorps, japanische, amerikanische, polnische und tschechische Regimenter, die die Sowjetunion nun buchstäblich aus allen vier Himmelsrichtungen in die Zange nahmen. Vom Schwarzen Meer und vom Eismeer, von der Ostsee und vom Stillen Ozean drangen 1919 die weißgardistischen Interventionsheere vor. Die schlimmsten Feinde der Sowjetmacht waren General Koltschak im Osten und General Denikin im Süden. Der Bürgerkrieg wurde mit äußerster Grausamkeit geführt. Die Weißen suchten durch Massenmord und Terror die Arbeiter und Bauern einzuschüchtern und sich für die Revolution zu rächen. Die Bolschewiki setzten dem weißen den roten Terror entgegen. Auf beiden Seiten wurden keine Gefangenen gemacht. Man kann über die einzelnen gewaltsamen Maßnahmen der Sowjetregierung in den Jahren des Bürgerkrieges, über die Massenerschießungen – einige wurden von Lenin und Trotzki selbst angeordnet – sehr verschiedener Meinung sein. Aber wer – wie der *Spiegel* in der schon erwähnten Titelgeschichte – nur den roten Terror und die diktatorischen Maßnahmen Lenins auflistet, um ihn als Gewaltmenschen zu denunzieren, ohne mit einem einzigen Wort den weißen Terror zu erwähnen, der verfälscht die Geschichte. Historisch gesehen befand sich

damals das russische Volk in der Notwehr gegen eine grausame Gegenrevolution. Das diktatorische Regime des »Kriegskommunismus« war in erster Linie Folge eines objektiven Notstandes und nicht Ausdruck bolschewistischer Machtanmaßung und Tyrannei.

Nach langen, wechselvollen Kämpfen, die bis 1920 andauerten, siegte die Rote Armee unter Führung ihres Oberkommandierenden Leo Trotzki an allen Fronten und besetzte in Asien alle Länder, die vor 1917 dem Zarenreich gehört hatten. Während Polen, die baltischen Staaten und Finnland, nicht zuletzt durch die militärische Unterstützung der Westmächte, die Unabhängigkeit gewannen, wurden die anderen Länder im Bürgerkrieg wieder an Sowjetrußland gebunden, teils im Verlaufe eigener regionaler Revolutionen, bei denen – wie in Mittelasien – russische und nicht einheimische Revolutionäre die entscheidenden Kräfte waren, teils durch direkte Eroberung wie im Falle Georgiens und der Ukraine. Zwar hatte Lenin allen sich 1917 vom Zarenreich lösenden Republiken das Recht auf nationale Unabhängigkeit und Selbstbestimmung zugesichert und die Souveränität der baltischen Staaten, Finnlands und Polens auch ausdrücklich anerkannt. Doch wo es um für das Überleben des Sowjetstaates »unverzichtbare« strategische Interessen ging, zögerte er nicht, das Selbstbestimmungsrecht außer Kraft zu setzen. Im Februar 1921 intervenierte die Rote Armee in Georgien, das sich eine eigene demokratische Verfassung (nach dem Vorbild der Schweiz) gegeben hatte, und stürzte die von georgischen Menschewisten (Sozialdemokraten) geführte Regierung. Auf Betreiben des »Volkskommissars für Nationalitätenfragen« Josef Stalin wurde sofort eine bolschewistische Regierung eingesetzt, an deren Spitze Stalins Vertrauter, Ordshonikidse, stand. Die Rote Armee eroberte auch die Ukraine zurück, in die die Truppen des polnischen Militärdiktators Pilsudski eingefallen waren. Die Ukraine, für deren Unabhängigkeit die Westmächte, vor allem die Deutschen, als Garanten aufgetreten waren, mußte ihre Befreiung von den polnischen Invasoren, dann mit der Zwangsangliederung an Sowjetrußland bezahlen. Desgleichen Aserbeidschan, auf dessen reiche Ölfelder und -vorkommen (um Baku) es die deutschen wie die britischen Imperialisten abgesehen hatten. Der Zusammenschluß der verschiedenen Sowjetrepubliken zur zentralisierten Sowjetunion im Jahre 1922 war also keineswegs so »freiwillig«, wie die bolschewistische Geschichtsschreibung später behauptete,

sondern er basierte in vielen Fällen auf dem direkten militärischen Eingreifen der Roten Armee während des Bürgerkrieges. Andererseits konnten sich die Bolschewiki in den betroffenen Ländern um so leichter als »Befreier« legitimieren, als diese (am deutlichsten in der Ukraine und in Aserbeidschan) tatsächlich zur Beute der westlichen Imperialisten zu werden drohten.
Die militärischen Siege der Jahre 1918-1921 gaben den Bolschewiken im Lande eine außergewöhnliche Autorität. Jetzt war die Schande von Brest-Litowsk gelöscht. Die russischen Arbeiter und Bauern konnten sich rühmen, die Angriffe sämtlicher imperialistischer Großmächte abgewehrt zu haben. Seitdem wurden die Begriffe »Bolschewismus« und »Russische Revolution« für die Massen identisch. War die russische Revolution auch nicht die erste sozialistische, so war sie doch die erste antiimperialistische Revolution des 20. Jahrhunderts. Sie lieferte den vom Imperialismus bedrohten oder bereits unterworfenen Völkern Asiens, Afrikas und Lateinamerikas ein Modell dafür, wie man sich erfolgreich gegen das Schicksal der Kolonisierung zur Wehr setzt. Darin lag ihre weltweite Ausstrahlungskraft und – bei aller Fatalität ihres späteren Verlaufs – ihre historische Legitimität. Auch wenn ständig von »Sozialismus« und »Kommunismus« die Rede war, im Grunde ging es zunächst weder um das eine noch um das andere, sondern primär darum, durch die Zentralisierung der politischen und militärischen Entscheidungsgewalt und durch die Konzentration der wichtigsten Produktionsmittel in den Händen des Staates das Land verteidigungsfähig zu machen, um dem unwürdigen Schicksal der Kolonisierung zu entgehen.
Völlig zu Recht resümiert daher Barbara Sichtermann: »Der russische Bär, vor hundert Jahren mit dem Rücken zur Wand stehend zwischen dem imperialistischen Japan und einem weit überlegenen, kriegslustigen und auf Kolonien scharfen kapitalistischen Westen, hat all seine Kraft zusammengenommen, sich auf die Hinterbeine gestellt und unter entsetzlichem Gebrüll eine ideologische Mauer um sein Territorium gezogen, um in deren Schutz fieberhaft an seiner Wettbewerbsfähigkeit zu arbeiten. Alle Welt hat sich von diesem Gebrüll, in dem ständig das Wort ›Sozialismus‹ vorkam, irreleiten lassen, anstatt zu sehen, daß die Russen lediglich versuchten, Anschluß an den westlichen Standard zu finden, um nicht ausgebeutet und kolonialisiert zu werden – von einem

Kapitalismus, der damals sehr viel rücksichtsloser war als heute. Wir, seine Erben, die Nutznießer auch seiner Zähmung durch den Sozialstaat, lesen und reden schauernd von Stalins Verbrechen. Am Anfang der Entwicklung aber, die in die stalinistische Tyrannei mündete, stand das unfaire Match: fortgeschrittener, fortschrittstrunkener Westen hier, zurückgebliebener, fortschrittssüchtiger Osten dort, stand die Angst des Schwächeren. Historisch betrachtet, trägt der Westen an all dem, was dann kam, sein Teil Verantwortung. Das vergißt er gern.«[44a]

14. Sieg im Bürgerkrieg und Niederlage der Sowjetdemokratie

Aber der innenpolitische Preis des militärischen Sieges gegen die Weißen und die ausländischen Interventionsarmeen war hoch. Der Bürgerkrieg zwang die Bolschewiki zu einem eisernen Regime der Selbstbehauptung und des – sich endlos verlängernden – Ausnahmezustands, unter dem die demokratische Erbschaft des Februar und des Oktober endgültig begraben wurde. Zwar hatten Lenin und Trotzki über Koltschak, Denikin und Wrangel gesiegt, aber alle anderen Parteien, Liberale, Menschewisten, Sozialrevolutionäre etc. waren zwischen den kämpfenden Fronten zerrieben worden. Die Bolschewiki vertraten im Bürgerkrieg den Grundsatz, wer nicht für sie sei, sei gegen sie. Und sie brachten den Massen die Überzeugung bei, daß alle nichtbolschewistischen Parteien gleichmäßig gegenrevolutionär seien. Liberale, Menschewisten und Sozialrevolutionäre wanderten denn auch schon zu Beginn des Bürgerkrieges in das Lager Solowki, wo sie Zwangsarbeit verrichten mußten. Nicht wenige von ihnen wurden, zumeist ohne Gerichtsverhandlung, von Dserschinskis Tschekisten erschossen. Der rote Terror richtete sich nicht nur gegen die Exekutoren des »weißen Terrors«, gegen weißgardistische Konterrevolutionäre und Saboteure, sondern gegen jedwede politische Opposition, gegen »arbeitsscheue Elemente«, »bürgerliche Intellektuelle« und vor allem gegen aufständische Bauern, die sich weigerten, ihr Getreide für wertlose Papierrubel an den Staat abzuliefern. Bei den Strafexpeditionen der Roten Armee gegen renitente oder aufständische Bauern sind insgesamt mehrere Zehntausende »muschiks« liquidiert worden. Anläßlich eines Bauernaufstandes telegrafierte Lenin am 9. August 1918: »Man muß schonungslos Massenterror anwenden, verdächtige Personen in ein Konzentrierungslager außerhalb der Stadt einsperren.«[44b] Auf russisch heißt es »Konzentrazionny lager«, das Wort ging in die russische Amtssprache ein, dann in die deutsche. Binnen 18 Monaten meldete die neu gegründete politische Polizei, die Tscheka, für Zentralrußland 8389 Erschießungen ohne Gerichtsurteil und 87 000 Verhaftungen. Zwar hatte sich die Revolution nach innen und außen behauptet, doch am Ende des Bürgerkrieges hatte das russische Volk seine neugewonnene, in den Räten verkörperte demokratische Freiheit verloren, und die allmächtige bolschewistische Parteidiktatur, abgesichert durch Dserschinskis omnipräsente Tscheka, war von Petersburg bis zum Stillen Ozean begründet.

Wie aber war es dazu gekommen? War dieser Prozeß unvermeidlich, allein bedingt durch die Notwehrsituation und den Ausnahmezustand, in dem sich die Sowjetunion während des Bürgerkrieges befand? Oder spielten hier noch andere Faktoren mit, die mit der bolschewistischen Auffassung des »Sozialismus« und des Staates und der anomalen geschichtlichen Situation zu tun haben, die »Diktatur des Proletariats« um jeden Preis in einem Land der Bauern und Kleineigentümer behaupten zu wollen? Standen die Bolschewiki vielleicht selbst noch, trotz aller Bekenntnisse zur Rätedemokratie, im Bann einer despotisch-zentralistischen Tradition, die mit allen Mitteln zu bekämpfen sie ursprünglich angetreten waren?

Schon zu Beginn des Jahres 1918 hatte sich gezeigt, daß die Existenz Sowjetrußlands von der Bildung einer leistungsfähigen Armee abhing. Ein solches Heer brauchte ein einheitliches Kommando und eine feste Disziplin. Kein Regiment war schlagfähig, wenn der Oberst vor jedem Befehl erst ein Dutzend Soldatenräte befragen mußte. So baute Trotzki die Rote Armee unter völliger Ausschaltung der Soldatenräte auf. Oft wurden auch für die Kommandostellen alte erprobte zaristische Offiziere verwendet, denen man zur Kontrolle bolschewistische Kommissare zur Seite stellte.

»Die Schaffung der Roten Armee«, schreibt A. Rosenberg, »war damals für Sowjetrußland eine bittere Notwendigkeit. Aber damit war die erste entscheidende Bresche in das Rätesystem gelegt. Es war ja nach Lenin eine Hauptleistung der Räteordnung, daß sie das Militär als gesonderte, der Volksmasse entgegengesetzte Formation aufhob. Jetzt war in

Rußland wieder ein zentralistisches, von der zivilen Volksmasse getrenntes, zum Teil aus Berufssoldaten bestehendes Heer da. Die örtlichen Sowjets hatten schon 1918 den Regimentern der Roten Armee, die bei ihnen in Garnison standen oder durchkamen, nichts zu sagen.«[45] Damit war aber ein wichtiges Stück des alten Zwangsstaates wieder rekonstruiert.

Nach Trotzki war das sich selbst überlassene Bauerntum »unfähig, eine zentralisierte Armee zustandezubringen«; es sei nur zu »diffusem Partisanentum« und »lokalem Freischärlertum«[46] in der Lage. Der »revolutionär-proletarische Zentralismus« (Trotzki) mag im Bürgerkrieg zwar eine militärische Notwendigkeit sein, doch gab es keinen Grund, nach seiner Beendigung die bäuerlichen Soldatenräte nicht wieder in ihre alten Rechte einzusetzen. Trotzki trat eben nicht nur aus Gründen der militärischen Effizienz für eine strikte Zentralisierung der Roten Armee ein, sondern auch, um die Bauernmassen unter die straffe Führung des Proletariats und ihrer Vorhut, der Partei, zu bringen. Denn im bolschewistischen Verständnis galten die Bauern als höchst unzuverlässige, »kleinbürgerliche« Bündnispartner des »klassenbewußten« Proletariats. Zwar hätten die Bolschewiki ohne die Unterstützung der Bauernmassen im Oktober nicht die Macht erringen können, doch waren sie nicht bereit, dem größten Stand im Lande eine eigenständige Rolle beim Aufbau der neuen Sowjetmacht zuzubilligen. Da auch die linken Sozialrevolutionäre in den Untergrund gedrängt worden waren, hatten die Bauern nun jeglichen Einfluß auf den Staatsapparat verloren. Bei den dörflichen Sowjetwahlen aber war nur noch die Wahl von Bolschewisten oder von regierungstreuen Parteilosen zulässig. So war der Bauer auf jeden Fall in den Händen der bolschewistischen Partei. Am Ende des Bürgerkrieges hatte sich Lenins einstige »demokratische Diktatur der Arbeiter und Bauern« in die »Diktatur des Proletariats« ohne bzw. über die Bauernschaft verwandelt. Wovor Lenin Trotzki im Jahre 1905 gewarnt hatte, nämlich vor einer proletarischen »Minderheitsdiktatur im Staat«, war nun, unter beider Regie, Wirklichkeit geworden.

Entsprechend dem Neuaufbau der Roten Armee vollzog sich in den Jahren 1918 bis 1920 die Rückkehr zum staatlichen Zentralismus auf allen Gebieten. An die zentralistische Armee und Polizei, die sich vom Volke absonderten, reihten sich die zentralistischen Wirtschaftsorgane.

Jeder Industriezweig wurde über ganz Rußland in einem Trust zusammengefaßt, um die Produktion einheitlich aufzubauen und für die Kriegsführung nutzbar machen zu können. Dazu traten die zentralistischen Organe für die Wirtschaft im ganzen, für Handel, Verkehr und Bankwesen. Infolge der durch wirtschaftlichen Zusammenbruch und Bürgerkrieg notwendig gewordenen Leistungsmaximierung nahmen sich die Leiter der staatlichen Betriebe immer mehr Entscheidungsbefugnisse heraus, bis Lenin dieser naturwüchsigen Entwicklung die Krone aufsetzte und die »Diktatur einzelner Personen für bestimmte Arbeitsprozesse« in der Industrie einführte. Zwar heißt es in diesem Erlaß auch: »Je entschlossener wir jetzt für eine rücksichtslos starke Macht, für die Diktatur einzelner Personen für bestimmte Arbeitsprozesse... eintreten, desto manigfaltiger müssen die Formen und Methoden der Kontrolle von unten sein.«[47] Doch gehörten die Selbstverwaltungsorgane in den Betrieben, die »Betriebssowjets«, bald nur noch zur politischen Außenansicht der staatlichen Betriebe und verwandelten sich von »Organen der Arbeiterkontrolle« in den verlängerten Arm der Parteikontrolle über die Arbeiter. Ähnlich restriktive Bestimmungen legte Lenin auch den Gewerkschaften auf. Die »Diktatur des Proletariats« war damit – auf der ökonomischen Ebene – faktisch zur Diktatur der Partei über das Proletariat geworden.

Die örtlichen Sowjets hatten zwar 1917 den alten Staat aus den Angeln gehoben, aber nun war ihnen ein neuer, noch stärkerer Staat über den Kopf gewachsen, der ihnen nur kümmerliche kommunale Befugnisse übrigließ. Der jährlich tagende Allrussische Sowjetkongreß, der – laut Verfassung – diesen zentralistischen Staatsapparat demokratisch kontrollieren sollte, führte nur noch ein dekoratives Schattendasein, hinter dem sich die allmächtige bolschewistische Parteidiktatur verbarg.

In der marxistischen und linken Literatur wird dieses fatale Ergebnis (soweit es überhaupt kritisch reflektiert wurde), zumeist deterministisch mit der Notwehrsituation und dem Ausnahmezustand erklärt, in dem sich die Sowjetrepublik während des Bürgerkrieges befand. Gewiß: Der Kriegskommunismus, der unter den Bedingungen der Wirtschaftsblockade gegen den weißen Terror und die Interventionsheere kämpfen mußte, erforderte eine strikte Arbeits- und militärische Disziplin, die der politischen Selbsttätigkeit der Massen entschiedene Grenzen setzte. Die russische Arbeiterklasse war unter den Bedingungen sinkender Produktivität zur Macht gelangt – so ging Anfang der zwanziger Jahre die Produktion im Vergleich zur Vorkriegszeit auf ein Drittel zurück. Da infolge des Bürgerkrieges und der Wirtschaftsblokkade Lebensmittelversorgung, Brennstoffzufuhr und Transportprobleme einen einzigen Teufelskreis bildeten, lag die Großindustrie darnieder, die Bevölkerung hungerte.

Eine Massendemokratie braucht, will sie alle, auch die rückständigsten Volksschichten am politischen Willensbildungsprozeß beteiligen, wie es Lenins erklärte Absicht war, vor allem Zeit. Die junge Sowjetrepublik aber hatte keine Zeit, sondern war, noch bevor sie sich etablieren konnte, den härtesten Zerreißproben ausgesetzt. Angesichts ihrer existentiellen Bedrohung durch die weißen Konterrevolutionsarmeen und des durch die Blockade verursachten wirtschaftlichen Zusammenbruchs konnte die Sowjetdemokratie damals nur schwerlich gedeihen. Darum hat selbst die engagierteste Verfechterin des Räte-Gedankens, Rosa Luxemburg, Lenin seinerzeit vor seinen linken, ultrarevolutionären Kritikern in Schutz genommen: »Es hieße von Lenin und Genossen Übermenschliches verlangen, wollte man ihnen auch noch zumuten, unter diesen Umständen die schönste Demokratie, die vorbildlichste »Diktatur des Proletariats« und eine blühende sozialistische Wirtschaft hervorzuzaubern.«[48]

Auch nach der Beendigung des Bürgerkrieges wurde die wirtschaftliche Situation kaum besser. »Die Fabriken und Werke stehen still – das Proletariat ist geschwächt, zersplittert, entkräftet«, notierte Lenin.[49] Und an anderer Stelle: »Soweit die kapitalistische Großindustrie zerstört ist, soweit die Fabriken und Werke stillgelegt sind, ist das Proletariat verschwunden.«[50] Wie aber soll man ein deklassiertes und zersplittertes Proletariat am politischen Willensbildungsprozeß beteiligen? Wie sollte sich unter diesen Umständen das Verhältnis von Avantgarde und »Klasse«, von Partei und Proletariat gestalten? Lenins vorübergehende Antwort bzw. Notlösung war, daß die Partei für eine gewisse Periode stellvertretend für das Proletariat die Macht, die »Diktatur« ausüben muß. Um die ganze Klasse später unmittelbar an die Staats- und Wirtschaftsverwaltung heranlassen zu können, »dazu bedarf es der Erziehung«.

Der dreijährige Bürgerkrieg, der etwa 5 Millionen Tote forderte (einige sowjetische Historiker nennen noch höhere Zahlen), belastete die junge Sowjetmacht mit einer ungeheuren Hypothek. Er hatte nicht nur die materiellen Ressourcen des Landes erschöpft, sondern auch das russische Proletariat im Wortsinn ausgeblutet, versprengt und seiner Avantgarden weitgehend beraubt. Dies zwang die KPR, ihre Mitgliederzahl so schnell wie möglich zu vergrößern, wobei sie mangels qualifizierter Führungskader in der Auswahl ihrer Funktionäre nicht immer sehr wählerisch sein konnte.

Die Auslese des Bürgerkrieges bewirkte, daß oft gerade die robustesten und skrupellosesten Charaktere in führende Partei- und Staatsämter aufstiegen. Bereits hier begann sich jene Riege von Aufsteigern zu formieren, aus denen Stalin später seine Gefolgsleute rekrutieren sollte und die die mörderische Mentalität des Bürger-»Kriegskommunismus« in den späteren »sozialistischen Aufbau« übertragen und fortsetzen sollten.

So schwer die Erbschaft des Bürgerkrieges auch auf der jungen Sowjetrepublik lastete und bei allen objektiven Schwierigkeiten, mit denen die Bolschewiki zu kämpfen hatten – es stellt sich gleichwohl die Frage, warum nach Beendigung des Bürgerkrieges, als die militärische Notwehrsituation beendet war, der neue Zwangsstaat nicht wieder abgebaut, der zentralistische Staats-, Wirtschafts- und Parteiaufbau nicht wieder zugunsten einer Wiederbelebung der demokratischen Organe, vor allem der Räteorgane, zurückgenommen worden ist, sondern im Gegenteil sich zu einer irreversiblen Struktur, zu einem diktatorischen Apparat verfestigt hat, der später die Basis für Stalins Schreckensherrschaft bildete. Dies ist mit den destruktiven Folgen des Bürgerkrieges allein, auch mit einzelnen Fehlentscheidungen Lenins und der bolschewistischen Führung, nicht zu erklären. Vielmehr – so meine These – resultierte diese fatale Entwicklung aus folgendem:

– Aus dem zwanghaften Versuch der Bolschewki, die Oktoberrevolution nicht nur als Vollendung der demokratischen, sondern sie darüber hinaus als »sozialistische Revolution« in Gestalt der »Diktatur des Proletariats« zu behaupten, was sie in einen zunehmenden Gegensatz zu der überwältigenden nichtproletarischen Mehrheit der Bevölkerung, den »kleinen Warenproduzenten« und Bauern, bringen mußte. Ihr gegenüber die politisch-proletarische Hegemonie zu behaupten und zudem noch den russischen Vielvölkerstaat zusammenzuhalten war aber nur möglich durch einen weiteren Ausbau der zentralistischen Staatsmaschine und durch die Neuformierung gerade jenes älteren Be-

amtenapparates der zaristisch-halbasiatischen Staatsordnung, den die Revolution eigentlich zerbrechen wollte.
– Aus der etatistischen Auffassung des Sozialismus nach dem Motto: Je mehr Staat, desto mehr Sozialismus – eine Auffassung, die eine lange Tradition in der westeuropäisch-sozialdemokratischen Arbeiterbewegung hatte, durch deren Schule auch die Bolschewiki gegangen waren. Dieses etatistische Konzept aber konnte nur deshalb so »erfolgreich« in Rußland verwirklicht werden, weil die – vor und nach dem Oktober nur kurzzeitig erschütterte – despotische Überbaustruktur der alten »halbasiatischen« Gesellschaftsformation und die von ihr geprägte subalterne Beamtenmentalität für diesen etatistischen Staats-»Sozialismus« den idealen Nährboden lieferte.
– Aus der objektiv gegebenenen Notwendigkeit einer beschleunigten Industrialisierung bei gleichzeitigem Fehlen einer kapitalistischen Kultur der Produktivkräfte und der Arbeit, deren nachholende Entwicklung nur durch einen starken, hochzentralisierten Staat als Organisator der gesellschaftlichen Arbeit möglich war (oder schien).

*15. Das Modell des Sowjetstaates:
die Pariser Kommune und die deutsche Kriegswirtschaft*

Das Modell der hochzentralisierten sowjetischen »Kommando- und Staatswirtschaft« hat, wie schon gesagt, im »Kriegskommunismus« seinen Ursprung. Diese war von Anfang an – und sollte dies noch jahrzehntelang bleiben – eine »Wirtschaft für die Front«. Und so kam es, gleichsam naturwüchsig, zur Übertragung der politischen und militärischen Administration auf die Wirtschaft, nachdem die Großindustrie, das Transportwesen und die Banken per Dekret verstaatlicht worden waren.
Die *Ideologie des »Kriegskommunismus«* war aber darüber hinaus Ausdruck und Folge einer verkürzten und doktrinären Auslegung bestimmter Texte von Marx und Engels. Diese hatten ja, in einem weiten utopischen Vorgriff, die Aufhebung des Wertgesetzes und der Ware-Geld-Beziehungen als ein entscheidendes Charakteristikum der entwickelten kommunistischen Gesellschaft definiert. Und so glaubten denn viele führende Bolschewiki, weniger Lenin, gleich nach der

Machtergreifung durch das russische Proletariat direkt in den Kommunismus übergehen und die Produktion und Verteilung der Güter ohne marktförmige Vermittlung regeln zu können; ein Kurzschluß, den Lenin im Frühjahr 1921 mit der Einführung der »Neuen Ökonomischen Politik« (NÖP), der Zulassung des freien Marktes und Geldverkehrs in der Landwirtschaft, wieder korrigiert hat.
Im Jahre 1929 wurde die »Neue Ökonomische Politik« durch Stalins Zwangskollektivierung beendet. Seither ist die »kommandierte«, die Zentralverwaltungswirtschaft auf der Basis verstaatlichter Produktionsmittel zum Inbegriff »kommunistischen« Wirtschaftens geworden. Daß sie unter Stalin schließlich zur Dauereinrichtung werden konnte, hat aber auch *mit der schon bei Lenin nachweisbaren etatistischen Auffassung der sozialistischen Wirtschaft als Staatsmonopolwirtschaft* zu tun, auf die sich Stalin später berufen konnte. Dieser ökonomische Etatismus wiederum ließ sich in den (durch die russische Revolution nur kurzfristig unterbrochenen) Traditionszusammenhang der alten ökonomischen Despotie nahtlos einfügen.
Bis heute herrscht im Westen, auch unter westlichen Linken, die irrtümliche Vorstellung vor, der Sowjetstaat sei als Gegenmodell zum »bürgerlich-kapitalistischen Staat« konzipiert worden. Genau das Gegenteil ist richtig. Lenin glaubte, den alten zaristischen Beamtenstaat und dessen ökonomische Grundlage, die bäuerliche Zersplitterung, nur durch die Errichtung eines modernen bürgerlichen Zentralstaates und durch eine staatskapitalistische Konzentration der Wirtschaft unter Führung der Arbeiterklasse bzw. ihrer Vorhut, der kommunistischen Partei, überwinden zu können (wobei er allerdings – und dies unterschied seine Staatsauffassung von der bürgerlich-etatistischen – das ganze Volk an der Führung des Staates beteiligen wollte).
Wie Rudi Dutschke in seinem Lenin-Buch überzeugend nachgewiesen hat, hat Lenin auch seine »Partei neuen Typs« als Kern eines modernen bürgerlichen Zentralstaates verstanden. Jedenfalls war für ihn dieser Parteityp von dem zunächst anvisierten strategischen Ziel der bürgerlichen Revolution und der Errichtung eines modernen Staatsapparates nicht zu trennen. Das heißt, die Leninsche Partei konnte und wollte zunächst gar nichts anderes sein als die organisatorische Alternative zur zaristischen Bürokratie. Darin lag ihre historische Sprengkraft und zugleich ihre politische Beschränktheit.

Die strukturelle Verwandtschaft der bolschewistischen Parteiorganisation mit der modernen bürgerlichen Wirtschaftsorganisation läßt sich in der Tat bis in die einzelnen Strukturelemente nachweisen. Die Betriebshierarchie kehrt als Parteihierarchie, als Hierarchie von berufsmäßigen Funktionären wieder; der Zentralisierung der ökonomisch-administrativen Funktionen durch das Management entspricht die Zentralisation der politischen Funktionen durch das Politbüro; den technisch-kaufmännischen Spezialisten hier korrespondieren die »Berufspolitiker« und »Revolutionstechniker« dort; von der Fabrikdisziplin schließlich hat Lenin selbst gesagt, daß er sie als Vorbild der Parteidisziplin betrachte.

Da die bolschewistische Partei den Strukturgesetzen der modernen bürgerlichen Staats- und Wirtschaftsorganisation zutiefst verhaftet blieb und von Lenin selbst als Organisationskern eines modernen Zentralstaates konzipiert worden war, der an die Stelle des zaristischen treten sollte, konnte sie übrigens auch keine sozialistische Alternative, geschweige denn eine sozialistische Demokratie antizipieren.

Erst nach der Machtergreifung der Bolschewiki scheint Lenin das objektive Dilemma, die paradoxale Situation einer »sozialistischen Revolution« in einem vor- bzw. protokapitalistischen Land realisiert zu haben: daß die kommunistische Staatspartei nun just die »historische Mission« des Bürgertums übernehmen muß, nämlich eine soziale und industrielle Modernisierung einzuleiten, was im Fall Rußlands bedeutete, überhaupt erst einmal die zivilisatorischen Voraussetzungen des Sozialismus schaffen zu müssen. So kam Lenin zu der paradoxen Formulierung, daß in der ersten Phase des Kommunismus »nicht nur das bürgerliche Recht eine gewisse Zeit fortbesteht, sondern sogar auch der bürgerliche Staat – ohne Bourgeoisie.«[51]

Sein Begriff von einem modernen Zentralstaat und seine durchaus technokratische Vorstellung von Effektivität, zentraler Organisation, Planung, Rechnungsführung usw. war nun aber nicht von einem republikanischen Rechts- und Zivilstaat (mit Gewaltenteilung, republikanischen Freiheiten etc.), sondern, den kriegerischen Zeitumständen entsprechend, vom real existierenden Modell der hochzentralisierten Kriegswirtschaft des kaiserlichen Deutschland abgezogen – ein erstaunliches Leitbild für einen erklärten Marxisten und Sozialisten wie Lenin! Kein Wunder, daß es mit seinem anderen rätesozialistischen

Leitbild, das vom Modell der Pariser Kommune abgezogen war, in einen unauflöslichen Konflikt geraten mußte.
Schon im Aril 1917, als weder der Oktoberumsturz noch der Bürgerkrieg in Sicht waren, erblickte Lenin in der deutschen Kriegswirtschaft, in der Zentralen Rohstoff-Erfassungsorganisation des Walther Rathenau – man höre und staune – »Schritte zum Sozialismus«,[52] welche allerdings hier Junker und Bürger *gegen* das Volk unternähmen, während in Rußland die Sowjets die gleichen Schritte *für* das Volk tun müßten. Als den wichtigsten dieser Schritte betrachtete er die Schaffung einer einzigen Bank, der Staatsbank. Ende September 1917 erklärte Lenin, die angestrebte einheitliche Staatsbank in allergrößtem Umfang sei schon zu neun Zehnteln ein »sozialistischer Apparat«.[53] Wie viele deutsche Sozialdemokraten und »Kriegssozialisten«, die im kaiserlichen »Kriegskapitalismus« mit seiner militärischen Organisation und Zentralisation der Wirtschaft schon eine Art Vorstufe zum Sozialismus erblickten, war auch Lenin der Auffassung, daß eine Reihe von Verstaatlichungen an sich schon »Schritte zum Sozialismus« darstellten. In seinem im August/September 1917 geschriebenen Buch »Staat und Revolution«[54] bezeichnete er die deutsche Reichspost als das Muster einer sozialistischen Wirtschaft. Der Imperialismus verwandele allmählich alle Trusts in Einrichtungen von der Art der Post, d. h. in eine nach dem Typus eines staatskapitalistischen Monopols organisierte Wirtschaft. Und kurz vor der Machtübernahme forderte Lenin, daß man die ganze Volkswirtschaft nach dem Vorbild der Post organisieren solle, dies sei die wirtschaftliche Grundlage des Staates, wie die Bolschewiki sie brauchten. Ja, der Sozialismus sei letztlich nichts anderes als das zum Nutzen des ganzen Volkes angewandte staatskapitalistische Monopol,[55] das eben dadurch aufhöre, kapitalistisches Monopol zu sein. Die Begriffe »Staatskapitalismus«, »Kriegssozialismus« und »Staatssozialismus« gingen in seiner Terminologie allerdings ständig durcheinander, so daß er sich am Ende wohl selbst in ihnen kaum mehr zurechtgefunden haben dürfte. Deutlich wird nur, daß er den Staatskapitalismus als notwendige Vor- und Übergangsstufe zum Sozialismus aufgefaßt hat und daß in all diesen Begriffen das etatistische Moment, also die staatliche Organisation der Wirtschaft, das Ausschlaggebende war.
Zwar wollte Lenin nach der Machtergreifung der Bolschewiki die pro-

letarisch-bäuerlichen Selbstverwaltungsorgane, die Sowjets, zur Grundlage des neuen Staates machen. Doch dies hätte erstens die Umstrukturierung der alten bolschewistischen Illegalitäts- und Kaderpartei in einen neuen demokratisch-westeuropäischen Parteityp vorausgesetzt, nachdem die KPR zu einer wirklichen Massenpartei geworden war; und es hätte zweitens die vollständige Umkrempelung der alten zaristischen Staatsmaschine samt ihrem konservativ-subalternen Beamtenapparat vorausgesetzt. Letzteres hatte Lenin in »Staat und Revolution« zwar theoretisch postuliert: »Die Arbeiter werden nach der Eroberung der politischen Macht den alten bürokratischen Apparat zerschlagen, von ihm nicht einen Stein auf dem anderen lassen«.[56] Doch in seiner kurz vor der Machtübernahme verfaßten Schrift »Werden die Bolschewiki die Staatsmacht behaupten?«[57] machte Lenin in der Staatsfrage eine deutliche Kehrtwendung. Zwar müsse man den politischen Teil des alten Staatsapparates (Heer, Polizei, Beamtenschaft) zerbrechen, nicht aber seinen »modernen« wirtschaftlichen Teil, den müsse man vielmehr übernehmen. Der zaristische Staat war in seinen Augen nämlich schon eine Art Zwitter: halb noch despotischer Beamtenapparat, halb schon »moderner bürgerlicher Apparat«. Diesen mit den Banken und Syndikaten eng verbundenen, eine riesige Kontroll- und Registrierarbeit leistenden »modernen« Teil des Staatsapparates müsse man nur den Kapitalisten entreißen und ihn dann den Sowjets unterstellen. Im Kapitalismus sei der ökonomische Teil des Staatsapparates noch nicht völlig staatlich, er werde aber im Sozialismus völlig staatlich sein.

Indem Lenin das russische Staatswesen sozusagen in eine schlechte politische und eine gute wirtschaftliche Hälfte teilte, konnte er problemlos auch die ganze Wirtschaftsverwaltung des zaristischen Staates (abzüglich ihrer Spitzen und Ministerien) übernehmen. Die Herrschaft der Bürokratie wollte er zwar durch den »revolutionären Demokratismus« überwinden: »Unser Ziel ist die ausnahmslose Heranziehung der armen Bevölkerung zur praktischen Teilnahme an der Verwaltung ... Unser Ziel ist, daß jeder Werktätige nach Erfüllung des achtstündigen ›Pensums‹ produktiver Arbeit unentgeltlich an der Ausübung der Staatspflichten teilnimmt«[58] (obwohl noch um 1920 jeder dritte Sowjetbürger ein Analphabet war). Gleichzeitig aber schlug er vor, den Staatsapparat zu verzehnfachen, damit die durch den Staat ausgeübte Kontrolle über die Produktion und Verteilung wirklich das ganze Land erfassen könne. Einerseits also wollte er den Staatsapparat immer besser und vollkommener demokratisch kontrollieren lassen, andererseits wollte er ihn ins Uferlose ausdehnen – ein für Lenin typischer Widerspruch, der freilich nicht »dialektisch« gelöst werden kann, vielmehr die Form der politischen Schizophrenie annehmen mußte. Diese Schizophrenie rührte letztlich von der Anomalie her, daß die »Diktatur des Proletariats« ja unter den besonderen Verhältnissen Sowjetrußlands nicht (wie in der älteren marxistischen Tradition) die »Diktatur der Mehrheit des Volkes über die Minderheit der Ausbeuter« meinte, sondern, nachdem die Gutsbesitzer und Bourgeois verjagt, längst zur Minderheitsdiktatur einer kleinen bolschewistischen Elite über die überwältigende nichtproletarische Volksmehrheit geworden war. Eine solche Diktatur freilich kann sich nur halten durch eine ungeheure Ausdehnung des Staatsapparates und seiner Organe.

Dem »modernen Staatsapparat«, den die Bolschewiki in Rußland errichteten, mußte denn auch auch von Anfang an das fehlen, was die bürgerlichen Staaten Westeuropas im Normal- bzw. Friedenszustand gerade auszeichnete, nämlich die Trennung von Staat und Gesellschaft, von Staat und Wirtschaft. Lenins »moderner Zentralstaat« war vielmehr so konzipiert, daß er auf die ganze Gesellschaft und Wirtschaft ausgedehnt werden sollte. So sprach er ausdrücklich von der »Umwandlung aller Bürger in Arbeiter und Angestellte eines großen Syndikats, nämlich des ganzen Staates, und der völligen Unterordnung der gesamten Arbeit dieses Syndikats unter den wahrhaft demokratischen Staat, den Staat der Sowjets der Arbeiter- und Soldatendeputierten.«[59] Und an anderer Stelle: »Die gesamte Gesellschaft wird ein Büro und eine Fabrik mit gleicher Arbeit und gleichem Lohn sein.«[60] Damit aber werden automatisch alle Arbeiter und Angestellten – und Lenin spricht es auch offen aus – zu »Staatsangestellten«: »Alle Bürger verwandeln sich hier in entlohnte Angestellte des Staates, die die bewaffneten Arbeiter bilden.«[61]

Lenins Bild vom modernen »Sowjetstaat« war im Grunde eine vergröberte Karikatur des kapitalistischen Großbetriebes und seiner perfekten Organisation. Der Unterschied zu diesem lag allerdings darin, daß die Arbeiter und Angestellten über die Betriebssowjets, die Gewerkschaften, die Arbeiter- und Bauerninspektionen diese Megafabrik demokratisch kontrollieren, über Produktion und Verteilung wachen sollten. Doch sollten sie sich alle, von Petersburg bis Wladiwostok, von Murmansk bis Buchara, egal, ob es sich um Russen, Tartaren, Mongolen, Inguschen, Kirgisen, Turkvölker, Muselmanen etc. handelte, nach einem »Großen Plan« zu richten haben: »Die Organisation der Rechnungsführung, die Kontrolle über die Großbetriebe, die Umwandlung des ganzen staatlichen Wirtschaftsorganismus, der so arbeitet, daß sich Hunderte von Millionen Menschen nach einem einzigen Plan richten – das ist die gigantische organisatorische Aufgabe, die uns zugefallen ist«.[62]

Hätten Marx und Engels diese supertechnokratische Auslegung ihres Begriffs von »bewußter und planvoller Gestaltung der Wirtschaft in der kommunistischen Gesellschaft« vernommen, sie hätten sich dreimal im Grabe umgedreht! Denn daß solch ein Plan nur über eine Diktatur, über ein despotisches Regime und vermittels einer gigantischen Staatsbürokratie zu verwirklichen war, das wußten sie längst.

Der (nach wie vor aktuelle) Kernpunkt der Marxschen Kritik am Kapitalismus besteht ja gerade darin, daß in ihm die arbeitenden Menschen zum bloßen Mittel und Instrument des Wirtschaftsprozesses, zum bloßen Material im Prozeß der Kapitalverwertung werden, weil dieser sich ihrer bewußten Gestaltung und Kontrolle entzieht, sich »naturwüchsig« und blind, gleichsam hinter ihrem Rücken, durchsetzt. Die dagegen gesetzte marxistische Utopie einer planvollen Gestaltung des Wirtschaftsprozesses will den Menschen gerade von dieser entfremdeten Objektrolle emanzipieren, die ihn zum bloßen Mittel ökonomischer Zwecke erniedrigt. Eine Planwirtschaft aber, die den Menschen wiederum zum bloßen Mittel wirtschaftlicher Zwecke, zum Instrument der Planerfüllung degradiert, setzt gerade das für den Kapitalismus spezifische Entfremdungsverhältnis in neuer Gestalt fort.

Obwohl Lenin seine technokratische Vision eines von A bis Z durchgeplanten staatlichen Wirtschaftsorganismus 1921 mit seiner Wendung zur »Neuen Ökonomischen Politik« korrigiert und zurückgenommen hat, konnte sich Stalin doch später auf sie berufen und sie in Lenins Namen ausführen. In punkto Technokratie und Planwirtschaft jedenfalls ist der Stalinsche Apfel nicht weit vom Leninschen Gedankenbaum gefallen.

16. Exkurs: Etatismus und Staatssozialismus in der Tradition der europäischen Sozialdemokratie

Allerdings ist die etatistische Auffassung von sozialistischer Wirtschaftsgestaltung und -planung durchaus kein genuines Produkt bolschewistischer Theorie. Sie stammt vielmehr aus der ideengeschichtliche Pflanzschule der II. Internationale, zumal aus der der deutschen Sozialdemokratie und der deutschen »Kriegssozialisten«, wie Willy Huhn[63] in einer ausführlichen Analyse des sozialdemokratischen Schrifttums des 19. und des frühen 20. Jahrhunderts nachgewiesen hat.
Auch etliche sowjetische Historiker der Glasnost-Ära betonen neuerdings, daß die »militärkommunistischen Methoden nicht nur durch die Bürgerkriegssituation, sondern auch durch theoretisch-doktrinäre Festlegungen des klassischen Sozialismus-Modells bestimmt worden sind« (Jerusalimski).[64] Gerade bei führenden Theoretikern der II. Internationale und der deutschen Sozialdemokratie war die Vorstellung sehr verbreitet, die soziale Frage allein über die Verstaatlichung der Produktionsmittel lösen zu können, und desgleichen der Aberglaube, Sozialismus sei identisch mit Staatsmonopolwirtschaft. Bekanntlich aber war die deutsche Sozialdemokratie für die marxistische Intelligenz Rußlands, bis 1914 auch für Lenin, das große Vorbild gewesen. »Insofern ist es der »Staatssozialismus Lassalles und Dührings, in den wir heute in einem gewissen Maße verfallen sind«, schließt der sowjetische Historiker Ambarzumov.[65] Gerade diesen aber hatten Marx und Engels einer besonders scharfen Kritik unterzogen (vgl. Marxens Kritik des »Gothaer Programms« und Engels »Anti-Dühring«).
Schränkt man den Begriff »Sozialismus« auf die politische Zentralisation und auf die organisatorische Konzentration der Produktion in den Händen des Staates ein, dann landet man geradewegs bei den »Kriegssozialisten« des Ersten Weltkrieges. Eine glänzende Reihe sozialdemokratischer »Marxisten« stehen in dieser Reihe, angefangen bei Noske und Scheidemann, die in der Zentralisation der kaiserlichen Kriegswirtschaft eine Art »Vorstufe zum Sozialismus« gesehen haben. Hierher gehört auch Paul Lensch,[66] der 1915 in einer sozialdemokratischen Zeitung das deutsche kriegswirtschaftliche System als »Kriegssozialismus« erstmalig glorifizierte. Selbst die sog. Sozialisierung von 1919

stand im Zeichen dieses Kriegssozialismus, und es war wieder ein radikaler Marxist, nämlich Otto Neurath, der 1919 die eindeutige Formel prägte: »Was der Militarismus gelehrt hat, wird der Sozialismus vollbringen.«[67] Übrigens hat sich auch der Nationalsozialismus seit 1918 in die Tradition des »Kriegssozialismus« gestellt, als dessen konsequenteste Form er sich auffaßte.[67a]

Seit dem »Burgfrieden« mit dem wilheminischen Imperialismus war der Etatismus in der Sozialdemokratie zur beherrschenden und kaum mehr kritisierbaren Ideologie geworden. »Der Staat wird der Hebel zum Sozialismus sein!« dekretierte einer der führenden Köpfe des Austromarxismus, Dr. Karl Renner,[68] 1919. Auch der frühere radikale Marxist Parvus wies daraufhin, »wie leicht der Übergang von der Großindustrie zur Staatsproduktion durchzuführen«[69] sei. Und der – neben Kautsky und Bernstein – repräsentativste Vordenker der SPD, Rudolf Hilferding, erklärte noch auf dem Kieler Parteitag der SPD im Jahre 1927: »Betriebs- und Wirtschaftsführung als Angelegenheiten der Gesellschaft ist gerade das sozialistische Prinzip, und die Gesellschaft hat kein anderes Organ, durch das sie bewußt handeln kann, als den Staat.[70]« Da nun der Sozialismus bekanntlich die Wirtschaft der modernen Großindustrie der bewußten Kontrolle der Gesellschaft unterwerfen will, müssen – nimmt man Hilferding beim Wort – die Aufgaben und die Macht des Staates in Zukunft ständig zunehmen und wachsen. Das aber bedeutet: *Nicht der Staat wird vergesellschaftet und damit »aufgehoben« bzw. sukzessive in die Gesellschaft zurückgenommen, sondern die Gesellschaft wird verstaatlicht.* Genau nach diesem Rezept aber, im Sinne dieses sozialdemokratisch-etatistischen Zeitgeistes, haben Lenin und die Bolschewiki gehandelt.

Jedenfalls ist die vulgärmarxistische Verwechslung von Vergesellschaftung mit Verstaatlichung, diese Ursünde der II. Internationale, als verhängnisvolles Erbe auch in die Theoriebildung Lenins und sodann der III. Internationale eingegangen. Auch wenn Lenin in der Kriegs- und der Revolutionsfrage radikal mit der II. Internationale, mit Kautsky und der deutschen Sozialdemokratie gebrochen hatte, in der »Sozialismus- und Staatsfrage« hat er sich als deren getreuer Schüler erwiesen. So betrachtet, sind nicht Marx und Engels, sondern die führenden Theoretiker der europäischen, insbesondere der deutschen Sozialdemokratie als geistige Wegbereiter jenes etatistischen Modells anzusehen, das dann im sowjetischen »Staatsmonopolismus« seinen Niederschlag gefunden hat. Freilich wird heute kein deutscher (oder europäischer) Sozialdemokrat diese historische Mitverantwortung einer alten sozialdemokratischen Denktradition für ein inzwischen so offenkundig gescheitertes Wirtschaftsmodell wie das sowjetkommunistische übernehmen wollen. Doch wären gerade die deutschen Sozialdemokraten gut beraten, in Sachen »Etatismus und Sozialismus« einmal ihre eigene Theoriegeschichte kritisch unter die Lupe zu nehmen, anstatt – wie es u. a. auch Johano Strasser in seinem neuesten Buch »Leben ohne Utopie?«[71] tut – den Schwarzen Peter nun gerade an Marx und Engels weiterzuschieben, die zu den entschiedensten Kritikern des Lassalleanertums und des sozialdemokratischen Etatismus gehört haben.

Halten wir also fest: Nicht die Marx-Engelsche Vorstellung von Sozialismus (als einer höheren Stufe der Vergesellschaftung, als sukzessive Zurücknahme des Staates durch die Gesellschaft), vielmehr die deutsche Kriegswirtschaft von 1914-18 *und* die (in der europäischen Sozialdemokratie dominanten) etatistischen Vorstellungen haben Pate an der Wiege des bolschewistischen Staates und seiner Staatsmonopolwirtschaft gestanden.

17. Fraktionsverbot und die Niederschlagung des Kronstädter Aufstandes

Eine Planwirtschaft, die wie eine einzige große Maschine funktioniert, kann zwar, wie die spätere Entwicklung der Sowjetunion gezeigt hat, imposante Wachstumsraten und Aufbauleistungen erzielen, doch muß sie gerade das zerstören, was nach Marx das Wesen des Sozialismus ausmacht: die individuelle und kollektive Selbsttätigkeit. Der nach dem Prinzip des »Demokratischen Zentralismus« konstituierte Sowjetstaat, der den »wirtschaftlichen « Teil des alten Beamtenapparates übernommen hatte, mußte denn auch in einen antagonistischen Widerspruch zur proletarisch-bäuerlichen Selbstverwaltung, den Sowjets, geraten.

Die nach der Machtergreifung der Bolschewiki sich einnistende alte und neue Bürokratie wurde zwar von Lenin deutlich gesehen und kritisiert: »Diese alten bürokratischen Elemente haben wir auseinandergejagt, umgeschichtet, und dann haben wir wieder angefangen, sie auf neue Plätze zu stellen. Zaristische Bürokraten begannen in die Sowjetbehörden hinüberzuwechseln und dort den Bürokratismus einzuführen, begannen sich als Kommunisten aufzumachen und sich der erfolgreichen Karriere wegen Mitgliedsbücher der KPR zu verschaffen.«[72] Lenins politische Schizophrenie – oder soll man es Tragik nennen? – lag jedoch darin, daß er einerseits die akute Gefährdung des Sowjetstaates durch das immer mächtiger werdende »bürokratische Ungeheuer« erkannte, andererseits aber gerade diejenigen organisatorischen und politischen Kräfte sukzessive zurückdrängte und durch restriktive Erlasse entmachtete, die als einzige einen erfolgreichen Kampf gegen den Bürokratismus hätten führen können: die Arbeiter- und Bauernsowjets und die Gewerkschaften.

Obwohl er selbst erklärte, daß das russische Proletariat »keine ökonomische Wurzel«[73] mehr habe – denn es war durch den Bürgerkrieg schwer dezimiert worden –, führte er 1921 ausgerechnet im Namen der »Diktatur des Proletariats« einen erbitterten Kampf gegen die sehr populäre parteiinterne »Arbeiteropposition« um Schljapnikow und Kollontai, die sich für Gewerkschaftsautonomie und Produzentendemokratie, d. h. für die Rückkehr zur Räte-Demokratie einsetzten. Lenin gab wohl zu, daß es die Aufgabe der Gewerkschaften sein müsse, die »materiellen und geistigen Interessen des Proletariats gegenüber dieser Staatsmacht »zu verteidigen, deren »bürokratische Auswüchse« er eingestand. Ja, er sagte sogar, die Gewerkschaften »müssen dahin gelangen, daß sie die ganze Leitung der gesamten Volkswirtschaft ... tatsächlich in ihren Händen konzentrieren«.[74] Doch dann erklärte er die »Arbeiter-Opposition«, die genau dies forderte, zu einer »anarchosyndikalistischen Abweichung« und zu einem »gefährlichen innerparteilichen Hauptfeind«. Und so wurde sie denn nach dem Kronstädter Aufstand auf dem 10. Parteikongreß der KPR 1921 durch das berühmtberüchtigte »Fraktionsverbot« ausgeschaltet.

Zehn Monate danach kündigte Lenin in den von ihm verfaßten Beschlüssen des ZK »Über die Rolle und die Aufgaben der Gewerkschaften unter den Verhältnissen der Neuen Ökonomischen Politik« an, daß die Leitungen der Fabriken, die »in der Regel nach dem Prinzip der Einzelverantwortlichkeit zusammengesetzt sind, selbständig ... die Festsetzung der Lohnsätze ... regeln« müßten, und daß jede »unmittelbare

Einmischung der Gewerkschaften in die Leitung der Betriebe ... unter diesen Bedingungen als unbedingt schädlich und unzulässig betrachtet werden«[75] müsse. Damit war die letzte Bastion der wirtschaftlichen Mitbestimmung gefallen. Das künftig subalterne Verhältnis der verstaatlichten Gewerkschaften zum alleinigen Arbeitgeber, dem Staat, war institutionalisiert (wenngleich Lenin all diese Erlasse immer nur als vorübergehende Maßnahmen betrachtete). Die Gewerkschaften umfaßten 1920 etwa 6 Millionen organisierte Mitglieder. Hätte man ihnen und den Sowjets die Verwaltung der Wirtschaft übertragen und diese damit weitgehend wieder »entstaatlicht«, wäre das Machtmonopol der bolschewistischen Partei gebrochen worden und dem »bürokratischen Ungeheuer« eine wirksame Gegenkraft erstanden.

Im März 1921 erhoben sich die Matrosen und Soldaten der vor Petersburg gelegenen Inselfestung Kronstadt, die der Hauptstützpunkt der russischen Ostseeflotte war, gegen die Sowjetregierung und rissen die Macht an sich. 1917 waren die Kronstädter Matrosen eine Kerntruppe des Bolschewismus gewesen. Jetzt übernahm ein provisorisches Revolutionskomitee der Matrosen, Soldaten und Arbeiter von Kronstadt die Gewalt. In dem Programm der Aufständischen, das sich, aus heutiger Sicht, wie eine Aufforderung zu »Glasnost« und »Perestroika« liest, heißt es: »In Anbetracht dessen, daß die jetzigen Sowjets nicht mehr den Willen der Arbeiter und Bauern widerspiegeln, sollten die Sowjets sofort wiedergewählt werden, auf Grund geheimer Abstimmung und freier Agitation aller Arbeiter und Bauern. Freiheit der Schrift und des Wortes für Arbeiter und Bauern, für Anarchisten und linkssozialistische Parteien. Freiheit der Gewerkschaften und Bauernbünde. Befreiung aller gefangenen Sozialisten ... Abschaffung aller kommunistischen Propagandaabteilungen in der Armee, da keine Partei in der Propaganda bevorzugt sein und vom Staate Mittel dafür bekommen darf. Gleichstellung der Rationen für alle Werktätigen. Volle Verfügungsgewalt der Bauern über den Boden, sofern sie nicht fremde Arbeitskraft benutzen.«[76]

Das war in den Gründzügen dasselbe, was auch die »Arbeiter-Opposition« verlangte: Sturz der Parteidiktatur und Rückkehr zur Rätedemokratie. Darüberhinaus forderten die Kronstädter Matrosen die sofortige Beendigung der Zwangsrequisitionen und Getreidebeschlagnahmungen auf dem Dorf. Alle Feinde der Sowjetregierung in der Emi-

gration begrüßten den »Kronstädter Aufstand« mit Freuden; ein Umstand, den die Sowjetregierung in der Agitation gegen den Aufstand eifrig ausnutzte, indem sie die Sympathie der Weißgardisten mit den Kronstädtern betonte. Lenin hat die Erhebung in Kronstadt zwar nicht einem weißgardistischen Putsch gleichgestellt; er erblickte in ihr vielmehr das Symptom einer tiefen Entfremdung zwischen den Bolschewiki und den russischen Volksmassen. Doch statt die Sache der Kronstädter zu der seinigen zu machen, gaben er und Trotzki den Befehl zur Liquidierung des Aufstandes: Mit auf den Rücken gebundenen Armen und mit Ziegelsteinen beschwert, wurden die einstigen Vorkämpfer der Oktoberrevolution an der Steilküste von Kronstadt erschossen, so daß sie rücklings über die Klippen fielen und im Meer verschwanden. Mit ihnen verschwand die Utopie einer rätedemokratischen Selbstregierung des russischen Volkes aus dem neu errichteten Zwangsstaat. Der bolschewistische Zentralist und Etatist W. I. Lenin hatte über den gleichnamigen Rätesozialisten gesiegt – und damit ein weiteres Stück Fundament für die Tyrannei seines Nachfolgers gelegt.
Nach Isaac Deutscher[77] hat das »Fraktionsverbot«, das Lenin 1921 auf dem 10. Parteikongreß der KPR vor dem Hintergrund des Kronstädter Aufstandes mit einem beschwörenden Appell an die »Einheit der Partei« begründete, die Selbstkontrolle der Partei reduziert und ihr inneres Leben allmählich getötet. Wovor Trotzki, damals noch Menschewik, Lenin im Jahre 1905 gewarnt hatte, nämlich vor der aus der bolschewistischen Kaderpartei unvermeidlich entstehenden Minderheitsdiktatur in der Partei, war 15 Jahre später, unter beider Regie, Wirklichkeit geworden. Von nun an hatten innerparteiliche Oppositionen unrecht, indem sie auftraten. Wer etwas ändern wollte, mußte jetzt aufs Ganze gehen, mußte versuchen, die Herrschaft über die Partei zu erobern. Damit war ein Mechanismus der Machtkämpfe in Gang gesetzt, wie er in orientalischen Despotien üblich ist.
Wie sollte sich doch bewahrheiten, was Rosa Luxemburg, damals noch als »Vaterlandsverräterin« und »polnische Agentin« vom wilheminischen Deutschland in »Schutzhaft« genommen, in ihrer Broschüre über die »russische Revolution« geschrieben hatte: »Ohne allgemeine Wahlen, ungehemmte Presse- und Versammlungsfreiheit, freien Meinungskampf erstirbt das Leben in jeder öffentlichen Institution, wird zum Scheinleben, in dem die Bürokratie das allein tätige Element

bleibt. Das öffentliche Leben schläft allmählich ein, einige Dutzend Parteiführer von unerschöpflicher Energie und grenzenlosem Idealismus dirigieren und regieren, unter ihnen leitet in Wirklichkeit ein Dutzend hervorragender Köpfe, und eine Elite der Arbeiterschaft wird von Zeit zu Zeit zu Versammlungen aufgeboten, um den Reden der Führer Beifall zu klatschen, vorgelegten Resolutionen zuzustimmen, im Grunde also eine Cliquenwirtschaft, eine Diktatur allerdings, aber nicht die Diktatur des Proletariats, sondern die Diktatur einer Handvoll Politiker, d. h. Diktatur im bürgerlichen Sinne, im Sinne der Jakobinerherrschaft.«[78] Nicht von ungefähr haben die Menschewiki Lenin schon früh als »Jakobiner unter den russischen Sozialdemokraten« betitelt. Mit »Kronstadt« und dem »Fraktionsverbot« war auch er in die Fußstapfen Robespierres getreten.

Das von Lenin höchst persönlich durchgesetzte »Fraktionsverbot« (es sollte, obgleich als »vorübergehend« gedacht, bis 1989 in Kraft bleiben) hat im Resultat gerade der Bürokratiefraktion um Stalin, Sinowjew und Kamenjew den Rücken gestärkt, von der die »Restauration der russischen Knechtschaftsverhältnisse hinter dem staatssozialistischen Schleier« (Rudi Dutschke)[79] ausgehen sollte. Diese »asiatische Restauration« war aber nur möglich, weil der demokratische Aspekt im Strukturtyp von Partei, Staat, Produktion und Nationalitätenverhältnis schon zu Lenins und Trotzkis Zeiten fortschreitend unterminiert worden war. Der Stalinsche Terror war die Ausgeburt eines Apparates, den die Revolutionsführer Lenin und Trotzki mitgeschmiedet hatten. Damit haben sie dem »Thermidor der russischen Revolution« (wie Trotzki später Stalin nannte), objektiv, wenn auch ohne es zu wollen, den Weg gebahnt.

18. Die »Neue Ökonomische Politik« als Zwickmühle

Die der französischen Revolution entlehnten Metaphern haben indes mehr symbolischen denn wirklichen Erkenntniswert. Denn das Rußland von 1921 ist mit dem Frankreich von 1793 kaum oder nur sehr bedingt zu vergleichen. Wer den »russischen Jakobiner« Lenin außerhalb seines besonderen historischen Kontextes stellt, dem entgeht gerade das, was ihn von Robespierre, erst recht von Stalin unterscheidet: nämlich seine bis zuletzt hervortretende Fähigkeit zur Selbstkritik und zur politischen Korrektur, seine sich mehrenden Zweifel und Ohnmachtsgefühle, von denen er in seinen letzten Lebensjahren heimgesucht wurde. Nur wer ihn nicht mit menschlichen Maßen mißt, sondern ihn eigentlich doch als politischen Übermenschen sehen möchte, kann (wie der *Spiegel*) seine politischen Irrtümer und Fehlhandlungen, die im Fall »Kronstadt« sogar zum politischen Verbrechen wurden, zu einem Sündenregister addieren, das ihn zum »Hauptschuldigen« an der russischen Fehlentwicklung stempelt. Wie aber hätte Lenin die nachrevolutionären Wirren und überwältigenden Problemstellungen ohne Irrtümer und Fehlentscheidungen überstehen können! Er konnte ja längst nicht mehr, wie er wollte; und was er noch konnte, war ursprünglich gar nicht gewollt. Bei Licht besehen, war und ist er eine tragische Figur; tragisch in dem Sinne, daß er zuletzt gegen das vergeblich anzukämpfen suchte, was er selbst mit ins Werk gesetzt hatte.

Zeitgleich mit Lenins Sündenfall namens »Kronstadt« kam es, auf seine Initiative hin, im Frühjahr 1921 zu einer einschneidenden Korrektur der bisherigen Politik des »Kriegskommunismus«. Diese Einsicht immerhin hatte der Aufstand von Kronstadt bei Lenin bewirkt: daß große Teile des Volkes, nicht nur der Arbeiter, sondern auch der Bauern, sich der Partei entfremdet hatten. Dies hatte allerdings nicht nur politische Gründe, sondern mehr noch mit der anhaltenden Versorgungskrise des Landes zu tun.

Zwar wußten vor allem die armen Bauern und Landarbeiter, was sie der Oktoberrevolution und den Bolschewiki zu verdanken hatten: nämlich daß sie das Joch der Gutsbesitzer losgeworden waren und nun ihren eigenen Boden bewirtschaften konnten. Und sie waren bereit, die Wiederkehr der alten Zustände auch mit Einsatz ihres Lebens abzuwenden, wie sich im Bürgerkrieg gezeigt hatte. Aber nun, da sie Landbesitzer und Kleineigentümer geworden waren, hatten sie auch dementsprechende Interessen. Unter dem Zaren und während des Krieges hatten sie genug gehungert. Jetzt wollten sie sich satt essen. In die Städte Lebensmittel liefern wollten sie nur für entsprechende Gegenleistung. Die Bezahlung in entwerteten Papierrubeln lockte sie weder zum Produzieren noch zum Verkaufen. Die Sowjetregierung schickte alles, was die geschrumpfte Industrie hergeben konnte, aufs Land, um den Bauern Gegenwerte für die Lebensmittel zu bieten. Dennoch blieb

die Brotzufuhr in die Städte unzulänglich. Um die Rote Armee zu ernähren und wenigstens etwas Brot für die Arbeiter zu beschaffen, schritt die Regierung schließlich zu gewaltsamen Requisitionen. So wurde der Bauer seines neuen Besitzes nicht froh. Da weder wertbeständiges Geld noch freier Handel existierten, war er nicht imstande, seine Überschüsse zu verwerten. Und wenn man sie bei ihm entdeckte, wurden sie eingezogen und er als Saboteur bestraft. Die fortlaufenden Zwangsrequisitionen steigerten den Widerstand der Bauern und ihren Widerwillen gegen die Sowjetmacht. Oftmals zündeten sie aus Protest ihre Scheunen und Felder an. Die Rote Armee kämpfte die sich mehrenden lokalen Bauernaufstände mit brutaler Gewalt nieder, wobei oftmals die Dörfer angezündet und ganze Landstriche verwüstet wurden. Die gewaltsamen Methoden zur Bekämpfung der Versorgungskrise verschärften diese nur – bis zur landesweiten Hungersnot, der in den Jahren des Bürgerkrieges mehrere Millionen Menschen zum Opfer fielen. Neuere Schätzungen gehen von 5 Millionen Hungertoten aus. Der Massenhunger war allerdings nicht nur eine Folge des »Kriegskommunismus«, sondern auch mitbedingt durch die anhaltende Blockade Sowjetrußlands und durch zwei Mißernten im Jahre 1919 und 1920.
Durch eine grundlegende Veränderung in der Konzeption der Transformationsperiode, d. h. durch die Einführung der »Neuen Ökonomischen Politik« (NÖP) im Jahre 1921, die er gegen den Willen der Parteimehrheit durchsetzte, suchte Lenin die Versorgungskatastrophe in den Griff zu bekommen und die schweren Fehler und Überstürzungen des »Kriegskommunismus« zu korrigieren. Mit der NÖP hörte die zwangsweise Wegnahme des Getreides bei den Bauern auf. Einen bestimmten Teil der Ernte mußten sie als Naturalsteuer an den Staat abliefern. Der Rest aber blieb zu ihrer freien Verfügung, und sie konnten ihn verkaufen, wie sie wollten. So war mit einem Schlage das freie Privateigentum des russischen Bauern auf dem Lande wieder hergestellt. Zugleich war ein freier Warenmarkt geschaffen, Kleinhandel und Kleingewerbe konnten wieder erstehen. Etliche Kaufhäuser wurden an ihre ehemaligen Eigentümer wieder zurückgegeben. Sogar die Börse wurde wieder eröffnet, und einige Staatsbetriebe wurden über den Aktienmarkt reprivatisiert. Aus all dem folgte eine Rückkehr zur Geldwirtschaft. Hatte der Kriegskommunismus an der Abschaffung des Geldes

gearbeitet, so wurde jetzt eine Stabilisierung des Rubels angestrebt und schließlich sogar eine Währungsreform durchgeführt.

Tatsächlich gelang es Lenin, die Lage der Bauern ziemlich rasch zu verbessern und diese teilweise mit der Sowjetmacht auszusöhnen. Auch die mittelständischen Berufe konnten sich neu entfalten, sobald sie für ihre Dienste ein auskömmliches Einkommen in barem Gelde erhielten. Die graue Gleichheit des »Kriegskommunismus«, die eine Gleichheit vor dem Hunger gewesen war, verwandelte sich unter der NÖP in ein buntes Vielerlei von Klassen und Ständen, von denen allerdings die Fabrikarbeiter auf dem untersten Platz rangierten. Auch führte die begrenzte Marktwirtschaft sehr schnell zu einer neuen Klassendifferenzierung, zu einem kapitalistischen Großbauern – bzw. Kulakentum, das nun fremde Arbeitskraft ausbeuten und zugleich mit seinen Überschüssen spekulieren konnte. Angesichts der neureichen Kulaken und pelzgekleideten NÖP-Leute fühlten sich viele russische Arbeiter, die noch immer schlecht gekleidet und schlecht genährt waren, um die Früchte der Revolution betrogen. Hatten sie ihr Leben für die Revolution in die Waagschale geworfen, damit jetzt auf dem Lande eine »neue Kapitalistenklasse« wiedererstand, die in Luxus lebte, während sie selbst, angeblich die herrschende Klasse, in der Konsumption weiter die Rolle des Aschenputtels spielen mußten? Alle frühen Parteioppositionen, von den »linken Kommunisten« über die »Arbeiteropposition« bis zu den »Demokratischen Zentralisten«, drückten in dieser oder jener Weise die Enttäuschung der Arbeiterschichten aus, die sich um ihr Erstgeburtsrecht betrogen sahen. Die Entfremdung zwischen dem Proletariat und »seiner« Partei nahm in dem Maße zu, wie diese das Vertrauen der Bauern allmählich wieder zurückgewann.

Immerhin signalisierte Lenins Wendung zur NÖP seine Einsicht, daß die Revolution nach dem Oktober ihre historisch möglichen Ziele weit überschritten hatte und daß es jetzt notwendig war, sie auf jene Ziellinie zurückzuführen, die sein radikaldemokratisches und staatskapitalistisches Programm vom Sommer 1917 markiert hatte. Unter den rückständigen Verhältnissen Rußlands hielt er den Staatskapitalismus auch drei Jahre nach der Oktoberrevolution noch für einen Fortschritt: »Die Entwicklung des Kapitalismus unter Kontrolle und Regulierung des proletarischen Staates (d. h. in diesem Sinne des Wortes: Staatskapitalismus) ist günstig und unbedingt notwendig in einem außerordentlich verarmten und rückständigen, kleinbäuerlichen Lande (freilich nur bis zu einem gewissen Grad, soweit diese Entwicklung nämlich imstande ist, den sofortigen Aufschwung der bäuerlichen Landwirtschaft zu beschleunigen)«.[80]

Die meisten russischen Proletarier und die Parteimehrheit indes lehnten die NÖP ab, weil sie zu einer »Restauration des Kapitalismus auf dem Lande« führe. Die Enttäuschung der Arbeiter nährte denn auch die Träume von einer »dritten Revolution«, die die Matrosen von Kronstadt in den Aufstand getrieben hatten. So geriet Lenin in eine kaum lösbare Zwickmühle: Befriedigte er die Interessen der Bauern, brachte er das russische Proletariat gegen sich und die Parteiführung auf, gab er dessen Forderungen aber nach, verlor er wieder das Vertrauen und die Zustimmung der Bauernschaft. Hier zeigte sich wieder die grundlegende Paradoxie der »Diktatur des Proletariats« in einem Land mit einer überwältigenden nichtproletarischen Bevölkerungsmehrheit.

Um diese Paradoxie aufzuheben, hätten Lenin und die Bolschewiki auch ihr zentrales politisches Dogma von der »Diktatur des Proletariats« revidieren und die neue Marktfreiheit durch entsprechende politische Freiheiten ergänzen müssen: vor allem durch die Wiederzulassung der nach dem Oktober verbotenen Parteien, respektive der Menschewiki und der Sozialrevolutionären Bauernpartei (was freie Wahlen hätte einschließen müssen). Nur so hätten die widerstreitenden Interessen der beiden Hauptklassen des Landes öffentlich ausgetragen und auf dem Wege eines politischen Kompromisses überbrückt werden können. Doch waren Lenin und die führenden Bolschewiki nicht (mehr) bereit, die politische Macht mit anderen Parteien und Gruppierungen zu teilen.

Mit der Niederschlagung des Kronstädter Aufstandes und der Verhängung des »Fraktionsverbotes« war nicht nur die bolschewistische Parteidiktatur, sondern auch der Polizeistaat weiter zementiert worden. Zur Abschreckung der politischen Opposition veranstaltete Dserschinski 1922 den ersten Schauprozeß gegen sechzehn Sozialrevolutionäre. Sie wurden in einem dubiosen Gerichtsverfahren, das ihnen keine Gelegenheit zu einer ernsthaften Verteidigung bot, und aufgrund fragwürdiger Belastungszeugen als »Konterrevolutionäre« und »imperialistische Agenten« verurteilt, vierzehn von ihnen zum Tode – ein Lehr-

stück für Lenins Nachfolger, der später noch viele Schauprozesse ganz
anderen Kalibers inszenieren sollte.

*19. Nachholende Industrialisierung ohne Hilfe von außen
und ohne kapitalistische Kultur der Arbeit*

Das gravierendste Problem Lenins und der Bolschewiki lag darin, daß
die Hauptprämisse ihres Aufstandes im Oktober 1917 sich nicht erfüllt
hatte: die so lang erwartete deutsche Revolution, von der sie sich eine
Initialzündung für ganz Europa und eine Rückendeckung für die russische Revolution erwartet hatten, war, kaum daß sie im November 1918
ausgebrochen war, in Blut erstickt worden. Die Niederlage der deutschen Arbeiterbewegung am Ende des Ersten Weltkrieges war für die
junge Sowjetrepublik von schicksalhafter Bedeutung. Denn damit war
die Möglichkeit dahin, sich – wie es Lenin gehofft hatte – die Errungenschaften der kapitalistischen Industrie anzueignen, ohne sich deren
»modus operandi« zu unterwerfen. Hinzu kam, daß alle Bemühungen
der Sowjetregierung, ausländische Kapitalhilfe, Kredite, Lizenzen etc.
für den Aufbau der sowjetischen Industrie zu erhalten, gescheitert bzw.
an unerfüllbare Konditionen gebunden waren. Die über Sowjetrußland
verhängte Wirtschaftsblockade war ja noch immer in Kraft. Zwar war
es der Sowjetregierung gelungen, durch den mit der deutschen Regierung im August 1922 abgeschlossenen Rapallo-Vertrag ihre internationale Isolierung partiell zu durchbrechen und Handelsbeziehungen zu
Deutschland aufzunehmen; doch von der kurzen Prosperität auf den
kapitalistischen Weltmärkten Mitte der zwanziger Jahre profitierte die
Sowjetunion nicht. Sie blieb in jeder Hinsicht, ökonomisch, politisch
und militärisch, auf sich allein gestellt. Unter diesen Bedingungen war
Trotzkis »defaitistische« Prognose, daß »ein wirklicher Aufschwung
der sozialistischen Wirtschaft erst nach dem Sieg des Proletariats in
den wichtigsten Ländern Europas möglich sein werde«, nicht so falsch,
wie sie von Stalin später hingestellt wurde.
Die Enttäuschung über das Ausbleiben bzw. Scheitern der Arbeiterrevolution im Westen ging mit einer anderen Desillusionierung einher.
War ein westeuropäischer Weg der Entwicklung für Bauernrußland
jetzt überhaupt noch gangbar? Bekümmert blickte Lenin auf den unge-

heuren, erst langsam in kapitalistische Gärung geratenen Block der ältesten russischen Ökonomik, die den Bolschewiki nun, nach ihrem Sieg im Bürgerkrieg, wie eine Elementargewalt gegenübertrat. Tatsächlich hatte der »weltgeschichtliche Sieg des Proletariats über die Bourgeoisie« den ungeheuren Korpus von Bauernrußland kaum berührt. Lenins Beschreibung aus dem Jahre 1921 klingt so, als könne man davor eigentlich nur kapitulieren: »Man sehe sich die Landkarte der RSFSR an. Nördlich von Wolodga, südöstlich von Rostow am Don und von Saratow, südlich von Orenburg und Omsk, nördlich von Tomsk ziehen sich unermeßliche Landstriche hin, auf denen Dutzende riesengroßer Kulturstaaten Platz fänden. Und in allen diesen Landstrichen herrschen patriarchalische Zustände, Halbbarbarei und ausgesprochene Barbarei. Und in den entlegenen ländlichen Gegenden des übrigen Rußlands? Überall dort, wo Dutzende Werst von Feldwegen – richtiger: Dutzende Werst von Wegelosigkeit – das Dorf von der Eisenbahn, das heißt von der materiellen Verbindung mit der Kultur, mit dem Kapitalismus, mit der Großindustrie, mit der großen Stadt trennen? Überwiegen nicht in allen diesen Gegenden ebenfalls patriarchalische Zustände, Oblomowtum, Halbbarbarei?«[81]

Was konnte auch übrig bleiben, wenn man die gestern noch halb bürokratischen, halb feudalen Gutsbesitzer und die paar Kapitalisten verjagt hatte, als die bäuerliche Basis der Zarendespotie und der halbasiatischen Staatsordnung mitsamt dem »zahllosen Heer von Beamten, das Rußland überflutet und ausstiehlt und hier einen wirklichen Stand bildet«, wie schon Engels[82] gesagt hatte?

Wie aber sollte man dieses Riesenland, das in Millionen zersplitterte und individualisierte Bauernwirtschaften zerfiel, in dem die Verbindung und der Umsatz zwischen Land und Stadt noch minimal waren, das außerdem durch Krieg und Bürgerkrieg verwüstet, ausgehungert und desorganisiert war, ohne eine neue Bürokratie bzw. ohne die Mithilfe der alten verwalten? Und wie sollte man die paar zehntausend Bolschewiken im Staatsdienst davor bewahren, daß sie nicht im Ozean der »neuen« Sowjetbürokratie untergingen, die weitgehend aus dem alten zaristischen Beamtenapparat übernommen worden war?

Spätestens seit 1923, als der »deutsche Oktoberaufstand« in Mitteldeutschland und die Ruhrkämpfe niedergeschlagen worden waren und sich der Kapitalismus in Westeuropa wieder deutlich stabilisiert hatte, wußte Lenin mit Bestimmtheit, daß der jungen Sowjetrepublik keine andere Wahl blieb, als sich am eigenen Schopfe aus dem Sumpf der Rückständigkeit zu ziehen und unter Abschottung vom Weltmarkt im Zeitraffer einen Industrialisierungsprozeß nachzuholen, den die westeuropäischen Länder längst hinter sich hatten. Und daß dieser Zwangscharakter tragen und für die große Masse Fronarbeit bedeuten würde, darüber machte er sich keine Illusionen.

Im Interesse der Steigerung der Arbeitsproduktivität führten die staatlichen Leiter das Taylor-System in die Betriebe ein, das Lenin selbst »das letzte Wort des Kapitalismus in dieser Hinsicht« nannte. Der Taylorismus, der die Arbeitsteilung zwischen leitender und ausführender, zwischen Kopf- und Handarbeit auf neuer Stufe reproduzierte und verfestigte, war mit dem von Lenin (in »Staat und Revolution«) noch emphatisch vertretenen Rätegedanken, wonach »alle die Funktionen der Kontrolle und Aufsicht verrichten, alle eine Zeitlang zu ›Bürokraten‹ werden, so daß daher niemand zum ›Bürokraten‹ werden muß«,[83] natürlich unvereinbar. Und dies wußte niemand besser als er selbst.

Ihre industrielle Revolution – und zwar ohne Hilfe von außen – stand den Bolschewiki erst noch bevor, und im Vergleich zu dieser war ihre politische Revolution im Oktober 1917 ein Kinderspiel gewesen, wie Lenin selber sagte. Die bürgerlichen Revolutionen des 17., 18. und 19. Jahrhunderts hatten es da viel leichter gehabt. Denn die moderne Handels-, Agrar- und Industriebourgeoisie setzte sich gegen die alten Feudalklassen politisch erst durch, nachdem sie sich im Schoße der alten Feudalgesellschaft bereits ökonomisch und sozial herausgebildet und die entsprechenden »Bildungselemente« und Qualifikationen entwickelt hatte. Im Unterschied zu den großen bürgerlichen Revolutionen Europas, in denen das Bürgertum seine ökonomische und soziale Vormachtstellung politisch absicherte – eben darum waren sie auch so erfolgreich und auf Dauer irreversibel –, ergriff das russische Proletariat (bzw. seine bolschewistische Stellvertreterpartei) die Macht, *bevor* die sozio-ökonomische Basis seiner Herrschaft geschaffen war und bevor es die entsprechenden Qualifikationen ausgebildet hatte. Darin lag der *konstitutive Geburtsfehler* der Sowjetrevolution, mit dem freilich alle sozialen Revolutionen in rückständigen Ländern behaftet sind.

Dieses grundlegende Handicap der von ihm geführten Revolution ist Lenin nach und nach bewußt geworden. Noch Anfang Oktober 1917 hatte er die vor Selbstbewußtsein strotzende rhetorische Frage gestellt: »Rußland wurde nach der Revolution des Jahres 1905 von 130 000 Gutsbesitzern regiert, und zwar mittels endloser Vergewaltigung und Drangsalierung von 150 Millionen Menschen, deren ungeheure Mehrheit zu Zuchthausarbeit und zu einem Hungerdasein gezwungen wurde. Und sollen da 240 000 Mitglieder der Partei der Bolschewiki nicht imstande sein, Rußland zu regieren, es im Interesse der Armen gegen die Reichen zu regieren?«[84] Im April 1918 machte er schon deutliche Abstriche, was die Kompetenz der Partei auf wirtschaftlichem Gebiet betraf. »Man begreift, daß sich in der Partei, die das revolutionäre Proletariat führt, nicht die Erfahrungen sammeln und die Fertigkeiten entwickeln konnten, die für große, auf Millionen und Abermillionen von Bürgern berechnete organisatorische Unternehmungen notwendig sind.«[85] Es grenzt schon an tragische Ironie, von demselben Revolutionsführer, der in jeder Rede, bei jedem öffentlichen Auftritt den »Sieg des russischen Proletariats über die Bourgeoisie« zu feiern pflegte, die stereotype, zuletzt fast verzweifelt klingende Mahnung an seine Genossen zu vernehmen: »Vom Kapitalismus lernen, lernen und nochmals lernen!«

Spät, zu spät erkannte Lenin, was der Vulgärmarxist in ihm nie so recht wahrhaben wollte: daß sich der Kapitalismus nicht auf die Eigentumsfrage reduzieren läßt und daß man ihn noch lange nicht überwunden hat, wenn diese »gelöst« ist. Mit Bestürzung mußte er jetzt nämlich registrieren, daß in Rußland eine kapitalistische Kultur der Arbeit vollständig fehlte und daß daran auch der »Sieg des Proletariats über die Bourgeoisie« nichts geändert hatte. Und in dieser Erkenntnis liegt wohl auch – neben den anderen, oben skizzierten Gründen – der entscheidende Grund dafür, daß der Rätesozialist Lenin mehr und mehr zum Etatisten mutierte. »Die entscheidende objektive Tatsache, die Lenins Korrektur an Marxens Sozialismusbegriff und Staatsauffassung widerspiegele«, schreibt Rudolf Bahro, »war das Fehlen einer bürgerlichen Kultur der Produktivkräfte, das Fehlen der kapitalistischen Arbeitsgewohnheit, -disziplin und -qualifikation im weitesten Sinne.«[86]

Letztere auf breiter Basis herzustellen war aber die Grundbedingung für einen beschleunigten Industrialisierungsprozeß. Schon früh mußten die Bolschewiki mit Hilfe der Gewerkschaften Disziplinargerichte gegen Bummelantentum und Produktionsdiebstähle einrichten. Auch brachte die bevorstehende Industrialisierung eine Vervielfachung der Arbeiterzahl durch Millionen unaufgeklärter Dörfler mit sich, die zur ungewohnten industriellen Disziplin bei Minimallöhnen durch eine drakonische Arbeitsgesetzgebung gezwungen werden mußten. Lenin wußte, daß eine beschleunigte Industrialisierung nur mit einem starken, hochzentralisierten Staat durchzuführen war, der die Rolle des Organisators und Zuchtmeisters der gesellschaftlichen Arbeit übernehmen mußte. Auch die frühkapitalistische Industrialisierung im Westeuropa des 17., 18. und 19. Jahrhunderts hatte ja, wie Marx ausführlich im »Kapital« beschreibt, den feudal-absolutistischen Staat, d. h. den Einsatz der »außerökonomischen Gewalt« zur Voraussetzung.

Aus der »Einsicht in die Notwendigkeit« vorübergehender Unfreiheit – wobei mit »vorübergehend« allerdings eine ganze historische Epoche gemeint war – resultierte wohl auch Lenins ambivalente Haltung gegenüber den demokratischen Basis- und Kontrollorganen der Sowjetmacht – den örtlichen und Betriebssowjets und den Gewerkschaften, deren Position er stärken wollte und die er zuletzt doch immer wieder zurückdrängte und schwächte. Darum geben sich all jene demokratischen Sozialisten, einschließlich Rudi Dutschke, die glauben, es habe einzig bei Lenin und den Bolschewiki gelegen, die Sowjetdemokratie vor dem Zugriff des »bürokratischen Ungeheuers« zu bewahren, einer Illusion hin. Mit der Partei des »Demokratischen Zentralismus« war nicht nur kein sozialistischer Staat zu machen, dieser stand – und dies wußte der späte Lenin – geschichtlich auch noch gar nicht auf der Tagesordnung, vom »Absterben des Staates « ganz zu schweigen.

20. Lenins Alptraum und letzter Kampf

Auch eine letzte Desillusionierung blieb Lenin nicht erspart: Seine Hoffnung, den alten zaristischen Beamtenapparat entrümpeln und ihn wenigstens in einen »modernen (Verwaltungs-)Apparat« unter Führung der Kommunistischen Partei umwandeln zu können, schwand immer mehr dahin. Die zunehmende Bürokratisierung der Partei- und Staatsmaschine, der er durch die Ausschaltung der Parteien, durch seinen harten Kurs gegenüber den Betriebssowjets und den Gewerkschaf-

ten sowie durch das »Fraktionsverbot« selbst mitbefördert hatte, hing denn auch wie ein Alptraum über seinen letzten Lebensjahren.
In seinen letzten Schriften sagte Lenin klipp und klar, daß der neue Staat es nicht verdiene, den »Namen eines sozialistischen, eines sowjetischen usw.«[87] zu tragen. Er sprach von dem »russischen Apparat, den wir ... vom Zarismus übernommen und nur ganz leicht mit Sowjetöl gesalbt haben«, und beklagte, »daß wir einen Apparat als eigenen bezeichnen, der ... ein bürgerlich-zaristisches Gemisch darstellt.«[88] Noch von seinem Krankenlager aus suchte Lenin, von Stalin systematisch abgeschottet und gegen alle Außenkontakte isoliert, Maßnahmen gegen das »bürokratische Ungeheuer« zu ergreifen, das sein revolutionäres Lebenswerk zu verschlingen drohte. Doch sein Artikel »Wie wir die Arbeiter- und Bauerninspektion reorganisieren sollen« wurde vom Politbüro zunächst unterdrückt und dann zensiert veröffentlicht, nachdem seine Vorschläge zur Kontrolle des ZK und des Generalsekretärs herausgekürzt worden waren. Gleichzeitig wurde ein interner Rundbrief verschickt, unterzeichnet außer von Stalin u. a. auch von dessen späteren Opfern Bucharin, Kamenjew und Trotzki, worin mitgeteilt wurde, »Lenin habe den Artikel in einem Zustand der Krankheit und geistigen Abwesenheit geschrieben.«[89]
Lenins letzter »Brief an den Parteitag«,[90] der die Partei vor der drohenden Spaltung und vor Stalins »unberechenbarem Charakter« warnte, wurde von Stalin konfisziert und erst lange nach Lenins Tod veröffentlicht. Desgleichen Lenins Artikel zur »Nationalitätenfrage«, worin er sich »vor den Arbeitern Rußlands sehr schuldig« bekannte; im Grunde entschuldigte er sich für die großrussische Politik des von ihm eingesetzten »Volkskommissars für Nationalitätenfragen »Josef Stalin, dessen »Hang zum Administrieren« eine verhängnisvolle Rolle gespielt (hat)«. Lenins Befürchtung, »daß der verschwindende Prozentsatz sowjetischer und sowjetisierter Arbeiter in diesem Meer des chauvinistischen großrussischen Packs ertrinken wird wie die Fliege in der Milch«,[91] sollte sich später nur allzusehr bewahrheiten. Kein Wunder, daß seine letzten Schriften und Artikel der sowjetischen Öffentlichkeit jahrzehntelang vorenthalten worden sind.
Und doch wäre es falsch und einseitig, die hier zitierten resignativen Äußerungen des späten Lenin zu verabsolutieren oder im Sinne einer Kapitulationserklärung zu summieren. Denn sie stehen nicht isoliert,

sondern stets im Zusammenhang mit gleichzeitig vorwärtsweisenden und strategischen Alternativvorschlägen und Konzepten. Gerade seine letzten fünf Artikel aus dem Jahre 1922/23 – »Tagebuchblätter«, »Über das Genossenschaftswesen«, »Über unsere Revolution«, »Wie wir die Arbeiter- und Bauerninspektion reorganisieren sollen«, »Lieber weniger, aber besser« – enthalten (wie Bucharin[92] in seiner Gedenkrede zum 5. Todestag von Lenin im Januar 1929 darlegte) Vorschläge und zentrale Momente einer umfassenden Entwicklungskonzeption für die Transformationsperiode, die sich von der später von Stalin verwirklichten qualitativ und strukturell unterscheidet.

Die Suchrichtung, die Lenin schon mit der NÖP eingeschlagen hatte und die er in diesen letzten Schriften konkretisiert hat, läßt sich folgendermaßen charakterisieren: Es geht um die weitere Zurückdrängung der administrativen Direktsteuerung der Wirtschaft (vor allem im Bereich ihres nichtstaatlichen Sektors) durch Methoden der indirekten Wirtschaftslenkung vermittels Preise, Steuern, Geldumlauf auf dem Markt, Kredit etc. Es geht um »wirtschaftliche Rechnungsführung« auf der Basis größerer Eigenständigkeit der Betriebe und um den sparsamen Umgang mit den Ressourcen, die eine Hauptquelle der »sozialistischen Akkumulation« seien. Auch machte sich der späte Lenin Gedanken um die Institutionalisierung der »sozialistischen Gesetzlichkeit«, in heutiger Diktion: um den Aufbau eines Rechtsstaates, der der administrativen und politischen Willkür ein Ende setze.

Vor allem eines legte er in seinem Vermächtnis der Partei ans Herz: das Band zwischen den beiden Hauptklassen, zwischen dem Arbeiter und dem Muschik, nicht zu zerreißen. Darum war ein zentraler Punkt seines Entwicklungskonzepts die Förderung der individuellen Bauernwirtschaften und des Genossenschaftswesens. Anknüpfend an die Parole vom »langsamen Hinüberwachsen des NÖP-Mannes in den Sozialismus« sollte die Partei vor allem die armen und ärmsten Bauern auf der Basis von Prämien und Vergünstigungen in sich selbst verwaltenden Genossenschaften organisieren; zumal diese aufgrund ihrer Armut und Abhängigkeit von den Großbauern (für die sie oft als Landknechte arbeiteten) am ehesten zu einer genossenschaftlichen Kooperation bereit sein würden. Staatliche Zwangsmittel seien dabei in jedem Fall zu vermeiden, der Bauer sollte bei seinem individuellen Interesse, das sich von seinem Eigentumssinn ableite, und nicht bei der Ideologie

gepackt werden. Da die Arbeiterklasse über die Hegemonie verfüge, könne sie eine rationelle, sparsame Wirtschaftssteuerung etablieren und über das Genossenschaftswesen zugleich eine weitgehende Verzahnung der individuellen Bauernwirtschaftten erreichen.
In Verbindung damit müsse ein umfassendes Konzept der Volksbildung entwickelt werden. Es könne überhaupt nicht darum gehen, »den Kommunismus aufs Dorf zu tragen«, in welcher Verpackung auch immer. Vielmehr müsse die kulturelle Entwicklung vom gegebenen Niveau und der Bedürfnisstruktur ausgehen. Aufbauend auf einer Alphabetisierungskampagne, müsse um die Dorfschule ein dörfliches Kulturzentrum geschaffen werden, um eine beschleunigte Entwicklung des Kulturniveaus und eine demokratische Beteiligung der Bevölkerung am proletarisch-bäuerlichen Staatswesen zu erreichen. Lenins Entwicklungskonzept war auf eine lange Übergangsperiode angelegt (wie auch neuere Untersuchungen zu diesem Thema ergeben haben).
Wie man sieht, war der »Dogmatiker« Lenin bis zuletzt nicht nur ausgesprochen lernfähig, sondern seit der NÖP auch zunehmend bereit, der »halb-asiatischen Erbschaft« seines Landes Rechnung zu tragen, d. h. einen bäuerlichen, ja »narodnikischen« Weg zum Sozialismus auf der Basis marktwirtschaftlicher Lenkungsmethoden und pluralistischer Eigentumsformen (Staatsbetriebe, Fabrikkooperativen, Genossenschaften, private Bauernwirtschaften) einzuschlagen; ein Konzept, auf das sich seit 1985 auch viele Wirtschaftsreformer um Gorbatschow wieder beziehen. Es gehört zur Tragik der sowjetrussischen Geschichte, daß dieses spätleninistische Entwicklungskonzept, dessen glänzendster Anwalt und Vertreter Nikolai Bucharin war, in den späteren Fraktionskämpfen der Partei um die Industrialisierungsdebatte unterlag.
Nach Jerusalimski ging Lenins Krankheit 1923/24 mit einer »ideologisch-politischen Einsamkeit« und einer »rein menschlichen Isolierung« einher, die eine »große persönliche Tragödie andeutete.«[93] Weiter reichen die Auskünfte der sowjetischen Historiker zu Lenins letzten zwei Lebensjahren bisher nicht. Hatte Lenins lange Krankheit zum Tode vielleicht mit der quälenden Ahnung zu tun, daß er und die Bolschewiki sich übernommen hatten, daß sein Konzept, nämlich Bauernrußland vermittels der »Diktatur des Proletariats« auf einen westeu-

ropäischen Weg der Entwicklung zu führen, hinten und vorne nicht aufgegangen war und daß der Rückfall in längst überwunden geglaubte Verhältnisse unmittelbar bevorstand?

Welcher (sowjetische) Dramatiker wird endlich die – noch immer verhüllte-persönliche Tragödie des späten Lenin, eine Tragödie von Shakespearschen Ausmaßen, zum Thema machen? Sie steht stellvertretend für viele Altbolschewiki; denn es läßt sich schwerlich eine politisch-revolutionäre Avantgarde denken, die sich mit mehr Hingabe, Tatkraft, Aufopferung und Uneigennützigkeit ihrer Aufgabe gewidmet hat und die, bei aller ideologischen Verblendung, auf einem so hohen intellektuellen und moralischen Niveau stand wie die alte Leninsche Partei. Michail Schatrow[94] ist der Tragödie des späten Lenin in seinem Stück »Weiter, weiter, weiter . . .«, in dem er diesen in einen postumen Dialog mit seinen Nachfolgern verwickelt, schon recht nahe gekommen. Doch da Schatrow selbst noch im Lenin-Mythos befangen ist und den Begründer des Sowjetstaates als reinen, stets im Recht befindlichen Ankläger gegen seine politischen Erben agieren läßt, kann das eigentliche Drama, das Drama des Zweifels und Selbstzweifels, der Gewissensbisse und Schuldgefühle, von denen Lenin während seiner langen Krankheit heimgesucht wurde, hier (noch) nicht stattfinden.

Seine verhüllte Tragödie können jedenfalls nur diejenigen übersehen, die sich entweder »ihren Lenin«, die Ikone vom heroischen Lokomotivführer der Weltgeschichte, nicht nehmen lassen wollen, oder die, die ihn zum eiskalten Zyniker der Macht dämonisieren.

Epilog

Kurz vor seinem Tod hat Lenin (in dem Artikel »Über unsere Revolution«) zu dem – vor allem von sozialdemokratisch-menschewistischer Seite – erhobenen Vorwurf noch einmal Stellung genommen, Rußland habe »in der Entwicklung der Produktivkräfte noch nicht die Höhe erreicht, bei welcher der Sozialismus möglich wäre« (Suchanow). Auf dieses Standardargument, das aus der marxistischen Höhenperspektive natürlich richtig ist, gibt Lenin eine sehr einfache, sehr menschliche Antwort, in der von so hehren Dingen und Zielen wie »Sozialismus« gar nicht die Rede ist und in der er gerade das Außerfahrplanmäßige der russischen Revolution verteidigt: »Keinem (dieser gelehrten Herren) kommt es in den Sinn, sich zu fragen: ›Könnte nicht ein Volk, das auf eine revolutionäre Situation gestoßen ist, eine Situation, wie sie sich im ersten imperialistischen Krieg ergeben hat, könnte nicht dieses Volk, infolge der Aussichtslosigkeit seiner Lage, sich in einen Kampf stürzen, der ihm wenigstens irgendwelche Aussichten eröffnete, sich nicht ganz gewöhnliche Bedingungen für eine Weiterentwicklung der Zivilisation zu erringen? ... Wie, wenn die völlige Ausweglosigkeit der Lage, wodurch die Kräfte der Arbeiter und Bauern verzehnfacht wurden, uns die Möglichkeit eines anderen Übergangs eröffnete, um die grundlegenden Voraussetzungen der Zivilisation zu schaffen, als in allen übrigen westeuropäischen Staaten ... In welchen Büchern habt Ihr denn gelesen, daß derartige Modifikationen der üblichen historischen Reihenfolge unzulässig oder unmöglich seien?«[95]

Der späte Lenin war ehrlicher und illusionsloser als seine Nachfolger, die den bolschewistischen Mythos von der »Großen Sozialistischen Oktoberrevolution« zum Staatsmythos erhoben. Ohne ideologischen Weihrauch verteidigt er »seine« und des Volkes Revolution, wohl wissend, daß sie ihr proklamiertes Ziel nicht erreicht hatte und nicht erreichen konnte, aber daß sie gleichwohl, in verzweifelter Lage, ein notwendiger, unvermeidlicher revolutionärer Akt gewesen ist, um die »grundlegenden Voraussetzungen der Zivilisation zu schaffen.« Und wer wollte ihm da im Ernst widersprechen können – außer jene Lehrbuch-»Marxisten« und Kathedersozialisten, die meinen, das Volk habe sich auch in verzweifelter und aussichtsloser Lage gefälligst an die Einsichten zu halten, die die gelehrten Geschichtsprofessoren, einschließlich Marx und Engels, zu Papier gebracht haben?

Keine einzige Revolution der Neuzeit hat sich an irgendeinen »Fahrplan der Geschichte« gehalten. Revolutionen kommen niemals »zur rechten Zeit«, sie kommen stets zu früh (wie z. B. die deutsche Bauernrevolution) oder zu spät, nämlich dann, wenn die »da unten« nicht mehr in der alten Weise leben wollen und die »da oben« nicht mehr in der alten Weise herrschen können. Die russische Revolution von 1917 kam, geht man vom »Lehrbuch der Geschichte« aus, als »bürgerlich-demokratische Revolution« zu spät und als »sozialistische Revolution« viel zu früh – und dennoch kam sie für das Volk, das sie machte, gerade zur »rechten Zeit«. Der Versuch aber, das Revolutionsjahr selber in eine gute Hälfte, die Februarrevolution, und in eine schlechte Hälfte, die Oktoberrevolution, zu scheiden (wie es unter konservativen Historikern seit langem üblich und unter linken Intellektuellen neuerdings Mode wird), das ist genauso unsinnig und wirklichkeitsfremd, als würde man von einem Vulkanausbruch sagen, der erste Ausbruch sei geophysikalisch und geothermisch unvermeidlich gewesen, doch den zweiten hätte sich der Vulkan eigentlich sparen können.

Nicht daß Lenin und die Bolschewiki im Oktober 1917 bei dieser Frühgeburt den Geburtshelfer spielten, war der »Fehler«. Der Fehler bestand vielmehr darin, daß sie dem Oktober-Kind, das unter so anomalen Bedingungen zur Welt gekommen war, einen falschen Namen und Auftrag gegeben haben, daß sie es (wie stolze Eltern es eben zu tun pflegen) mit Hoffnungen und Wünschen überfrachteten, die es bei den miserablen Bedingungen, unter denen es seine historische Kindheit absolvieren mußte, gar nicht erfüllen konnte, und daß sie es gleichzeitig einer »Erziehungsdiktatur« unterworfen haben, die es dem gewünschten Ziel erst recht nicht näher brachte. Lenin hat fünf Jahre gebraucht, bis er erkannte, daß er und seine bolschewistischen »Berufserzieher« ihr Oktober-Kind hoffnungslos überfordert hatten, und daß es nun galt, die eigenen Ansprüche zurück- und herunterzuschrauben, dem Kind mehr Freiheit und Spielraum zu geben, auf daß es langsam, peu à peu, den »aufrechten Gang« erlerne und selbständiger werde.

Doch als er dies erkannte, war er schon ein todkranker Mann, und längst hatten andere das Heft in der Hand. Der wider seinen Willen sein Nachfolger wurde, hat seine späten selbstkritischen Einsichten nicht geteilt, diese vielmehr mit allen Mitteln unterdrückt und aus den Defiziten und Schäden, kurzum aus der Not des Oktober-Kindes, eine erhabene sozialistische Tugend gemacht und schließlich das ganze Land in eine »kommunistische« Erziehungs-, Besserungs- und Strafanstalt verwandelt. So hat er im Namen und angeblich im Auftrag Lenins dessen politisches Vermächtnis pervertiert. Daß es so kam und was nach ihm kam, hat Lenin gewiß nicht gewollt; aber dies spricht ihn nicht frei vor der Geschichte.

III. DSCHINGIS-KHAN MIT TELEFON (ALIAS STALIN) UND DIE WIEDERKEHR DES ASIATISCHEN DESPOTISMUS UNTER DER ROTEN FAHNE

Ordshonikidse (zu Stalin)
»Das gutmütigste und versöhnlichste, das am wenigsten rachsüchtige Volk ist das russische. Und doch wird es sich immer ans Joch der Mongolen und Tartaren erinnern. Und Dich wird es im Gedächtnis behalten.«
(aus: Michail Schatrow
»Weiter, weiter, weiter ...«)

1. Verzögerte Vergangenheitsbewältigung der westlichen Linken

Für die Zukunft der Linken in Ost und West, sofern sie sich von der Idee des Sozialismus nicht endgültig verabschieden und mehr sein will als eine »nachsozialistische Linke« (Joschka Fischer), mithin für die Neubestimmung dessen, was Sozialismus als Sinnhorizont und praktische Politik nach dem Zusammenbruch des »Realsozialismus« noch bedeuten kann, ist es unerläßlich, zu einem genaueren Verständnis jenes Abschnitts der sowjetischen Geschichte vorzudringen, der zur *realen Negation des Sozialismus geführt hat: nämlich der Stalin-Epoche*. Zu deren schlimmsten ideologischen Hinterlassenschaften gehört, daß die meisten Menschen in Ost und West den Stalinismus heute mit »dem Sozialismus« identifizieren. Daran hat freilich auch die westliche Propaganda ihren Anteil: Die Gleichung »Sozialismus = Gulag« war während des Kalten Krieges die einfachste und wirksamste Abschreckungsstrategie gegen jede Art von sozialistischer »Versuchung« und wurde jahrzehntelang als ideologischer Totschläger gegen die Linke im Westen eingesetzt. Daß diese Abschreckungsstrategie auf der propagandistischen Ebene so erfolgreich war, daran allerdings trägt die westliche Linke, vor allem ihre kommunistische bzw. »realsozialistische« Strömung, ein gerütteltes Maß an Mitverantwortung. Denn vom Denkverbot gegenüber der Sowjetunion, das die stalinistische Komintern über die kommunistischen Parteien des Westens verhängt hatte, haben sich diese auch nach dem 20.Parteitag der KPdSU, als die Verbrechen Stalins erstmals offiziell zugegeben wurden, nicht oder (wie der Eurokommunismus der siebziger Jahre) erst sehr spät emanzipiert. Gleichwohl sind derartige pauschale Vorwürfe gegen »die« Linke, wie sie jetzt allenthalben erhoben werden, nicht gerechtfertigt. So hatte die aus der Studentenbewegung hervorgegangene »Neue Linke« zum sowjetischen Kommunismus (in damaliger Terminologie: zum Sowjetrevisionismus) – und damit auch zur DDR – insgesamt ein kritischeres Verhältnis, als es heute von den bundesdeutschen Medien dargestellt wird. Die verschiedenen Seiten der rebellischen Demokratisierung der Ostblockgesellschaften – Ungarn 1956, Tschechoslowakei 1968, Polen 1980 – fanden denn auch die ungeteilte Solidarität und Sympathie der antiautoritären West-Linken. Darum ist es eine entweder böswillige oder ignorante Unterstellung, wenn konservative Meinungsbildner wie die *FAZ*, aber auch liberale Massenblätter wie *Zeit* und *Spiegel* jetzt so tun, als habe »die« westdeutsche Linke zu den Verbrechen des Stalinismus stets geschwiegen. Dieser pauschale Vorwurf trifft vielleicht auf die DKP und ihr ideologisches Umfeld, nicht aber auf die »Neue Linke« zu, die spätestens seit dem Niederwalzen des »Prager Frühlings« durch sowjetische Panzer die Auseinandersetzung mit dem Stalinismus zu führen begann, so ungenügend und und noch weitgehend begriffslos diese auch war. Es hat etliche Publikationen von Autoren der 68er-Generation gegeben (u. a. meine 1975 erschienene Aufsatzsammlung »Die lange Wut zum langen Marsch«),[1] die die historische Fehlentwicklung und terroristische Entartung der russischen Revolution schon damals ziemlich genau analysiert haben. Nur wurden diese Bücher in der Regel weder von der orthodox-kommunistischen noch von der liberalen Presse und Öffentlichkeit zur Kenntnis genommen.

Dennoch hat Ulrich Greiner recht, wenn er von einer »verzögerten Vergangenheitsbewältigung der westeuropäischen, vor allem der deutschen linken Intellektuellen«[2] spricht. Die Totalitarismus-Analysen einer Hannah Arendt wurden ebensowenig ernstgenommen wie die Anklagen eines Bulgakow, Mandelstamm oder die erlittenen Beichten eines Arthur Koestler. Sein Roman »Sonnenfinsternis«, eine paradigmatische Abrechnung mit dem Stalinismus und ein Werk der Weltliteratur, galt auch vielen 68er-Linken als Bibel des Antikommunismus –; darum brauchte man es erst gar nicht zu lesen. Auch Alexander Solschenizyns »Archipel Gulag« wurde nur von einem Teil der linken Szene, und auch nur mit großen Vorbehalten, rezipiert, weil für den gesamten Bürgerblock in der BRD und seine Presse »Gulag« und »Sozialismus« fortan als Synonyme galten. Es war vor allem diese reflexhafte Opposition gegen den herrschenden Antikommunismus und Antisowjetismus, die auch die Neue Linke daran gehindert hat, die Perversionen und Verbrechen des Stalinismus in ihrem ganzen Umfang wahrzunehmen und überhaupt einen Begriff von dieser Gesellschaftsformation zu gewinnen.

Dieses Wahrnehmungs- und Begriffsdefizit hat freilich auch noch andere generationsspezifische Gründe, die ich in den Eingangskapiteln meines 1990 erschienenen Buches »Die abgetriebene Revolution«[3] ausführlich thematisiert habe. Das prägende Erlebnis meiner, der 68er-Generation war nicht der Stalinismus (und dessen Verbrechen), sondern das Schweigen der NS-Vätergeneration über die von ihr kollektiv begangenen Verbrechen an Juden, Slawen und Kommunisten, was eine – oftmals unkritische – Gegenidentifikation mit den Opfern, den Verfolgten des Naziregimes, zur Folge hatte. Auch hat die Aura des Antifaschismus, mit dem sich die SED-Führung und die kommunistischen Einheitsparteien in den östlichen Volksrepubliken zu umgeben pflegten, zu dieser Wahrnehmungstrübung entscheidend beigetragen. Und so war den Parteigängern des »Realsozialismus« wie jenen Linken, für die dieser nur eine stalinistische Fehlgeburt war, bei allen sonstigen Unterschieden in der Bewertung der diversen »Realsozialismen«, eine Grundhaltung des Denkens gemeinsam: die Vorstellung nämlich, daß der Hauptfeind der Kapitalismus und Faschismus sei, demgegenüber der Stalinismus und seine »real existierenden« Erscheinungsformen und Ableger gewissermaßen nur das kleinere Übel verkörperten. Anders läßt sich die in Sachen Stalinismus verzögerte Vergangenheitsbewältigung der westeuropäischen, insbesondere der deutschen linken Intellektuellen nicht begreifen.

So wenig es für die Verbrechen des Nationalsozialismus eine »Kollektivschuld« gibt, so wenig kann es auch für die Verbrechen des Stalinismus eine »linke Kollektivschuld« geben, schon gar nicht für die nachgeborenen Generationen. Sehr wohl aber ist es für die westlich-kommunistische Linke notwendig, eine Art kollektiver Haftung für jene Ideenzusammenhänge zu übernehmen, in denen sie gestanden hat und in deren Namen die Verbrechen des Stalinismus (und des »Stasinismus« in der vormaligen DDR) begangen worden sind. Dies gilt vor allem für diejenigen, die sich mit dem »Realsozialismus« identifiziert und sich durch ihr Schweigen oder Ignorieren seiner kriminellen Entartungen dem Verdacht der Kumpanei mit den herrschenden Einheitsparteien ausgesetzt haben. Nur jene, die sich diesem Prinzip der politischen Ethik stellen und bereit sind, eine solche ideelle Mitverantwortung zu übernehmen, können die verunglückte Geschichte des sog. Realsozialismus in diesem Jahrhundert neu durchdenken und differenzieren, ohne sich dem Verdacht der Apologie auszusetzen.

2. Hat der Stalin-Terror die Idee des Sozialismus widerlegt?

Das schlechte Gegenstück zu dieser Übernahme einer kollektiven Haftung für die Ideenzusammenhänge, in denen die Linke gestanden hat, ist deren pauschale Verabschiedung, wobei dann zumeist theoriegeschichtliche Zusammenhänge zwischen dem Stalinismus und dem genuinen Marxismus unterstellt oder konstruiert werden, die dann en bloc aufgekündigt werden können. Nicht wenige linke Intellektuelle suchen die Identitätskrise, in die das geschichtliche und ideologische Erdbeben von 1989/90 sie gestürzt hat, dadurch zu beenden, daß sie jetzt allem abschwören, wofür sie einmal eingetreten sind, und sich von ihren Insuffizienz- und Versagensgefühlen dadurch zu entlasten, daß sie ihre höchsteigenen Irrtümer, Fehlinterpretationen, Wunschvorstellungen und Selbsttäuschungen über den Lauf der Geschichte nun auf die Gründungsväter des Historischen und Dialektischen Materialismus zurückprojizieren. Und so bildet denn diese deutsch-deutsche Spezies neukonvertierter Ex-Linker die späte Nachhut jener Neuen (Französischen) Philosophie, die, gestützt auf Solschenizyns »Archipel Gulag«, schon in den siebziger Jahren mit viel Mühe, Sophistik und multimedialem Aufwand nachzuweisen suchte, daß die geistigen Wurzeln des Stalin-Terrors gerade dort zu suchen seien, wo sie kein Sozialist bis dahin vermutet hatte: nämlich bei den Begründern des »wissenschaftlichen Sozialismus«, bei Marx und Engels (und den deutschen Staatsphilosophen von Fichte bis Hegel). »Kein Lager ohne Marxismus«, hatte der selbsternannte »Meisterdenker« André Glucksmann[4] damals, unter dem Beifall der Medien, dekretiert, und sein jüngerer Kollege Levy setzte apodiktisch hinzu: »Kein Sozialismus ohne Lager; keine Gesellschaft ohne Klassen, ohne ihre terroristische Wahrheit!«[5]

So unsinnig es ist, für die Hexenverbrennungen des Mittelalters den subversiven Geist der Bergpredigt und das originäre, gegen den römischen Imperialismus kämpfende Christentum verantwortlich zu machen, so unsinnig und abstrus ist es, den eschatologischen Geist des »Kommunistischen Manifests« und die Marxsche Kritik der Politischen Ökonomie des Kapitals für die Entrollung des Stalinschen Schreckenspanoramas mitverantworlich zu machen. Kein Prophet, Philosoph oder Gesellschaftstheoretiker ist freilich dagegen gefeit, daß seine Lehre von interessierten Mächten entstellt oder in ihr Gegenteil pervertiert wird; zumal dann, wenn er längst unter der Erde ist, die angeblich in seinem Namen gerade umgewälzt wird.

Seit dem Herbst 89 bedarf es nicht einmal mehr eines »wissenschaftlichen« Nachweises, um die sozialistischen Klassiker als geistige Miturheber des Stalin-Terrors und des Stasinismus in der Ex-DDR zu qualifizieren (so wie einst Heinrich Böll als geistiger Wegbereiter des RAF-Terrors bezichtigt wurde). Dieses Vorurteil ist längst zum common sense der öffentlichen Meinung geworden. Desgleichen die kategorische – nun auch von vielen enttäuschten Ex-Leninisten und Wendehälsen abgegebene – Versicherung, der Stalin- und der Stasi-Terror hätten die Idee des Sozialismus, in deren Namen sie vollstreckt wurden, für alle Zeiten diskreditiert.

Wenn dies wahr wäre, dürfte sich schon lange kein denkender Mensch mehr zum Christentum bekennen, das im Mittelalter zu einer terroristischen Staatsreligion entartete, die Millionen unschuldiger Menschen dem Scheiterhaufen überantwortete und dem Gemetzel der Kreuzzüge auslieferte. Die stalinistische Epoche aber war, in historischer Parallele, das Mittelalter des »Sozialismus« bzw. dessen reale Negation.

Hat der Traum von einer Gesellschaft der Freien und Gleichen, einer Gesellschaft ohne Ausbeutung und Klassenherrschaft und mit gleichen Rechten und Chancen für alle – hat dieser uralte Menschheitstraum, der die Französische Revolution beflügelt und auch bei der Oktoberrevolution Pate gestanden hat, schon deswegen seinen humanen Gehalt eingebüßt, weil Stalin ihn auf terroristische Weise exekutiert und pervertiert hat? Ist die christliche Nächstenliebe deshalb widerlegt, weil ganze Völker im Namen des Kreuzes kolonisiert und ausgerottet worden sind? Sind die Ideale der Französischen Revolution – Gleichheit, Freiheit, Brüderlichkeit, auf die sich alle westlichen Demokratien heute berufen – durch den jakobinischen Terror und den Napoleonischen Imperialismus etwa annulliert worden? Haben sie ihre universelle Bedeutung durch den geballten Staatsterrorismus eingebüßt, der das Produkt der miteinander rivalisierenden westlichen Imperialismen war und der sich im Völkerschlachten des Ersten Weltkrieges entladen hat? Hat nicht auch Deutschland gerade erst, d. h. seit 45 Jahren, sein höchsteigenes Mittelalter, die nationalsozialistische Barbarei, überwunden?

3. Probleme der Totalitarismus-Theorie

Der doppelte Einbruch des Mittelalters in die Moderne, in Gestalt des Stalinismus und in Gestalt des Faschismus, wird in populärer Auslegung (auch in der sich aufgeklärt dünkenden Massenpresse wie dem *Spiegel*) zumeist mit dem kriegerischen Eroberungswahn und Machthunger der beiden Diktatoren Stalin und Hitler erklärt, die im Zweiten Weltkrieg aufeinandergeprallt seien. Diese personalisierende und psychologisierende Geschichtsbetrachtung steht noch ganz im Bann der »großen Männer«, die Geschichte machen bzw. auf dem Rücken der Völker exekutieren. Solch simpler Optik muß es freilich ein Rätsel bleiben, wie diese »großen Männer« bzw. Jahrhundertverbrecher zu der Massenbasis und der massenhaften Akzeptanz gelangt sind, die ihre Machtergreifung und Diktatur überhaupt erst möglich machten.

Unter westlichen Historikern, Intellektuellen und Politikern ist es üblich geworden, den Stalinismus mit dem Nationalsozialismus zu parallelisieren und beide diktatorisch-etatistischen Systeme unter dem Oberbegriff des »Totalitarismus« zu subsumieren. Im Kalten Krieg wurde die Totalitarismus-Theorie, deren ebenso platte wie volkstümliche Version lautete: »Rot gleich Braun«, als antikommunistischer Kampfbegriff instrumentalisiert und zugleich zur Verdrängung der NS-Verbrechen benutzt. Darum hat auch die westliche Linke die Totalitarismus-Theorie lange Zeit pauschal abgelehnt, ohne wahrhaben zu wollen, daß es zwischen beiden etatistischen Systemen viele strukturelle Ähnlichkeiten und Verwandtschaften gibt. Und dies nicht nur auf der politischen Erscheinungsebene: die Einparteiendiktatur bzw. die Verschmelzung von Staat und staatstragender Partei, die beherrschende Rolle der Geheimpolizeien und der Sicherheitsorgane (Gestapo und NKWD), der Cäsarenwahn und Führerkult, das martialische Erscheinungsbild der Politik überhaupt, die Massenaufmärsche, die Gleichschaltung und Ausrichtung aller gesellschaftlicher Klassen und Gruppen auf die staatstragende Ideologie, die Verstaatlichung der Erziehung, das heroische Menschenbild, das auch der Ästhetik in beiden Systemen ein ähnliches Gepräge verlieh, und vor allem der staatliche sanktionierte Massenterror: das KZ - bzw. Gulag-System.

Und doch verwischt die »Totalitarismus«- Theorie – dies gilt auch für deren früheste, intelligenteste und fundierteste Ausführung bei Hannah Arendt – elementare (Wesens-) Unterschiede zwischen beiden totalitären Regimen, was Charakter und Funktionsweise der Ideologie, den Traditionszusammenhang despotischer und imperialer Machtausübung, und vor allem was den gesellschaftlichen Entwicklungsgrad und die sozioökonomische Formation betrifft, der der jeweilige Staatsterrorismus entsprungen ist.

Während die nationalsozialistische Ideologie von vornherein als rassistische und imperialistische auftrat und als solche erkennbar war, schrieb der »Marxismus-Leninismus« der Stalin-Ära alle sozialistischen Werte und kommunistischen Ideale auf seine Fahnen. Im Unterschied zu Hitler, der von vornherein als rechtsradikaler Propagandist mittelständischer Soziaülngste und als Sachwalter der imperialen Interessen der deutschen Oberklassen auftrat, mit dem erklärten Ziel, die verlorene Partie von 1918 noch einmal zu riskieren, trat Stalin als Erbe Lenins und der Oktoberrevolution auf, mit dem erklärten Ziel, dieses progressive Erbe weiterzuführen und den »Aufbau des Sozialismus in einem Lande« zu verwirklichen. Der Nationalsozialismus hatte als Träger eines großgermanischen Weltreiches die deutsche Herrenrasse ausersehen, die die »Vorsehung« angeblich zur Herrschaft über die »niederen Rassen« bestimmte. Die Kommunisten wollten, um mit Marx zu sprechen, die »Ausbeutung des Menschen durch den Menschen aufheben« und eine klassenlose Weltgesellschaft errichten. Während Hitler vornehmlich Krieg gegen andere Völker und Rassen, vor allem gegen die Juden, führte, führte Stalin Krieg gegen die eigenen Sowjetvölker und gegen die eigene Partei. Die nationalsozialistischen Völkermorde an Juden, Slawen und Russen waren primär rassenideologisch motiviert, die stalinistischen Massenmorde hatten dagegen einen eher instrumentellen Charakter. Die Grausamkeiten der Nazis entsprachen ihrer Ideologie, die der Stalinisten gehörte zu jener Sorte von Untaten, die nach dem Motto gerechtfertigt werden: Der gute Zweck heiligt die Mittel. Wenn das stalinistische und das nationalsozialistische Gewaltregime im Hinblick auf die Dimension der von ihnen verübten Verbrechen auch durchaus vergleichbar sind, in Hinblick auf das Motiv und das Objekt dieser Verbrechen sind sie es nicht.

Die »Totalitarismus«-Theorie ist vor allem blind gegen die völlig andere sozioökonomische Struktur beider Gewaltregime und deren geschichtlicher Genese. Während der Nationalsozialismus auf der

Grundlage eines zwar in die Krise geratenen, aber doch hochentwickelten kapitalistischen Wirtschaftssystems zur Macht gelangte und dieses im Bündnis mit den wichtigsten Fraktionen des Großkapitals sehr rasch stabilisieren und modernisieren konnte, ist die Machtergreifung der Stalin-Clique in der KPR vor dem Hintergrund eines ganz anderen Projektes zu sehen: nämlich der historisch unvermeidlichen Aufgabe, das rückständige Bauernrußland auf den Weg einer beschleunigten Industrialisierung zu führen. Zwar hat auch der NS-Staat die Wirtschaft teilweise administrativen Kommandos unterworfen – man denke nur an den Göringschen Vierjahresplan – und eine eigene kriegswirtschaftliche Planung betrieben, doch wurde die Autonomie der deutschen Privatwirtschaft nicht ernstlich angetastet (auch wenn dies von Unternehmerseite aus Gründen der eigenen Selbstentlastung bis heute behauptet wird). Für die stalinistische Industrialisierungspolitik dagegen ist gerade die totale Verschmelzung von Staat und Wirtschaft sowie die restlose Liquidierung des freien Marktes und aller autonomen Wirtschaftssubjekte charakteristisch gewesen.

Ein weiterer bedeutsamer Unterschied zwischen beiden Totalitarismen betrifft ihre Wirkung nach außen und ihre innere Wandlungsfähigkeit. Die russische Revolution, erst recht der schließliche Sieg über den deutschen Faschismus hatten den Anstoß zur antikolonialen Revolution in vielen in Unterentwicklung gehaltenen Ländern gegeben, die von der Sowjetunion unterstützt wurden. Darum konnte sich Stalin auch als Sachwalter der »historischen Mission« des Weltproletariats legitimieren. Der Sowjetkommunismus war denn auch lange Zeit ein begehrter Exportartikel der Komintern, die sich als »Gehirn der Weltrevolution« verstand. Die deutsche Herrenrasse und ihr nationalistischer Größenwahn war begreiflicherweise kein Exportartikel. Was den Sowjetkommunismus einerseits attraktiver machte, machte ihn andererseits auch wieder angreifbarer, offen für Kritik, für den Vergleich zwischen dem verkündeten Ideal und der schlechten Wirklichkeit – und damit auch für Veränderungen und Reformprozesse.

Eine Reform des Nationalsozialismus sich vorzustellen fällt dagegen schwer. Auf eine rassistische Ideologie konnten sich die anderen Völker nicht berufen, denn sie gehörten ja nicht zur »Herrenrasse«. Und im Unterschied zum Sowjetkommunismus, der das Gesetz der Geschichte auf seiner Seite glaubte, kannte das Dritte Reich nur einen

Weg zur Ausdehnung seiner Macht: den Krieg. Darum konnte es auch nur gewaltsam zerschlagen werden. Der Sowjetkommunismus aber hat – anders als der Nationalsozialismus, dessen Terror um so brutaler wurde, je länger das Regime dauerte – eine Reformgeschichte, in der die Berufung auf die wirklichen Ideale der Revolution und der schwindende Glaube an die kommunistische Utopie sich merkwürdig mischten. Jedenfalls bestehen zwischem dem Massenterror der Stalin-Ära und der nachfolgenden Reformära Chruschtschows, der das Gulag-System weitgehend auflöste und eine erste Entstalinisierung einleitete (die allerdings im Schweigen der Breschnew-Ära bald wieder versandete), gewaltige Unterschiede. Auch wenn eine substantielle Reform des »Realsozialismus« sowjetischen Typs offenbar nicht möglich war, so vollzog sich doch der *Systemwechsel in der Sowjetunion und in den mittel- und osteuropäischen Staaten (mit Ausnahme Rumäniens) in friedlichen Formen.* Dies vor allem deshalb, weil die Volkserhebungen gegen den kommunistischen Apparat von den reformwilligen Teilen desselben unterstützt wurden. Der gewaltlose Systemwechsel stellt jedenfalls ein qualitatives Novum in der Geschichte dar. Dieses Novum aber läßt sich mit der Totalitarismus-Theorie so wenig erklären, wie sich mit ihr die skizzierten Wesensunterschiede zwischen dem Stalinismus und dem Nationalsozialismus erfassen lassen.

Die verspätete Vergangenheitsbewältigung der westlichen Linken in Sachen Stalinismus hat dazu geführt, daß über dessen spezifische Genese und politisch-ökonomische Formbestimmtheit noch heute eine ziemliche Unklarheit und theoretische Verwirrung herrschen. Soweit ich sehe, sind auch die neuen Erkenntnisse der sowjetischen Historiker der Glasnost-Ära in dieser Hinsicht bisher nur von winzigen Zirkeln in der Bundesrepublik aufgenommen worden. Die meisten westlichen Darstellungen der Stalin-Epoche leiden unter einer spezifischen Blickverengung, indem sie die Sphäre der Politik und Ideologie in den Mittelpunkt rücken. Der Stalin-Terror erscheint dann, wie in der klassischen Abhandlung von Hofmann »Was ist Stalinismus?«,[6] als »Exzeß der Ideologie« und als »Exzeß der Macht« – was gewiß richtig ist –; doch kommt es (wie auch im Nationalsozialismus) zu solchen Exzessen der Ideologie und der Macht immer nur *in gesellschaftlichen Extremlagen*, die es darzustellen gilt, wenn man die spezifische Genese dieser terroristischen Epoche verstehen will. Die klassische These, daß die

»Diktatur des Proletariats« den Charakter einer stellvertretenden Diktatur angenommen und sich der Apparat gegen die gesellschaftliche Basis verselbständigt habe, ist zwar richtig. Sie erklärt nur nicht, wie es möglich war, *daß dieser Apparat sich gegen die Leninsche Partei, daß sich das Geschöpf gegen seinen eigenen Schöpfer richten und diesen vernichten konnte.*

Auch die psychologisierend-personalisierende Betrachtungsweise des Stalinismus hilft da kaum weiter. Zwar haben die kriminelle Energie, das krankhafte, bis ins Paranoide gesteigerte Mißtrauen von »Koba« (wie Stalin später genannt wurde), seine Machtbesessenheit, seine aus Komplexen geborene Intransigenz und Unfähigkeit, Kritik zu ertragen, u. a. eine wichtige Rolle bei der Entfesselung des Terrors und der von ihm selbst inszenierten Prozessen gegen alle möglichen »Volksfeinde« gespielt; doch konnte diese personale Führerpsychologie ihre destruktiven Energien nur in einer bestimmten gesellschaftlichen Situation entfalten, die mit wirklichen und eingebildeten Bedrohungen aufgeladen war; innerhalb jenes anhaltenden Not- und Ausnahmezustandes, in dem sich die militärisch eingekreiste, isolierte, vom Bürgerkrieg ausgeblutete und ganz auf sich allein gestellte Sowjetunion Mitte der zwanziger Jahre befand. Vor allem konnte Stalins personale Psychologie erst dann zur »materiellen Gewalt« werden, nachdem die innerparteilichen Auseinandersetzungen und Fraktionskämpfe der KPR um die Grundfrage der Transformationsperiode nach Lenins Tod, nämlich welches Entwicklungs- und Industrialisierungskonzept zu verwirklichen sei, zugunsten seiner Fraktion entschieden worden war. Zum »Thermidor der russischen Revolution« (Trotzki) konnte Stalin nur werden, weil er – und vor allem darin lag die geschichtliche Fatalität – *in allen entscheidenden Auseinandersetzungen die Parteimehrheit hinter sich hatte.* Die psychologisierende Betrachtungsweise ist darüber hinaus untauglich, die sozialökonomische Genese und Begründung jenes administrativ-bürokratischen Systems, gemeinhin »Kommandowirtschaft« benannt, begreifbar zu machen, das seinen Namensgeber Jahrzehnte überdauert hat.

3. Die ausgeschlagene Entwicklungsalternative Ende der 20er Jahre

Seine terroristische Dynamik hat der Stalinsche Apparat *zuerst* in einem bestimmten ökonomischen Zusammenhang entfaltet, der von den westlichen Historikern und Publizisten meist übersehen oder nur am Rande vermerkt wird. Die Rede ist von der Ende der zwanziger Jahre einsetzenden Industrialisierungskampagne oder, in den Termini des offiziellen Sowjetmarxismus gesprochen; von der »ursprünglichen sozialistischen Akkumulation«, die unter Einsatz aller staatlichen Zwangsmittel vorangetrieben wurde.

Daß es zu dieser gewaltsamen Industrialisierung keine Alternative gegeben habe, war jahrzehntelang einhelliger Konsens in der kommunistischen Weltbewegung, der selbst Stalins ärgste Kritiker, die Trotzkisten, einschloß. Selbst der große Reformator im Kreml, Michail Gorbatschow, hat in seiner Rede zum 70. Jahrestag der Oktoberrevolution daran keinen Zweifel gelassen: »Die Partei hat einen bis dahin unbekannten Weg der Industrialisierung vorgeschlagen, ohne auf äußere Finanzquellen zu hoffen, und ... sogleich den Aufbau der Schwerindustrie in Angriff genommen. Das war unter jenen Bedingungen der einzig gangbare Weg, wenn auch ein unvorstellbar schwerer für das Land und das Volk. Das war ein innovativer Schritt, bei dem der revolutionäre Elan der Massen als Komponente des wirtschaftlichen Wachstums berücksichtigt wurde. Die Industrialisierung hat in einem Schwung das Land auf ein qualitativ neues Niveau gehoben ... War es überhaupt möglich, einen anderen Kurs einzuschlagen als den, der der Partei vorgeschlagen wurde? Wenn wir auf dem Boden der historischen Realität und Lebenswahrheit bleiben, kann es darauf nur eine Antwort geben: Nein, das war unmöglich.«[7]

Daß selbst der Mann, der mit seiner kühnen Reformpolitik von oben die Epoche von Perestroika und Glasnost einleitete und die nötigen Signale für eine umfassende Aufarbeitung der stalinistischen Vergangenheit gegeben hat, die »Große Wende« des Jahres 1929/30 oder, in stalinistischer Diktion, die »zweite Revolution« für unvermeidlich hielt, zeigt nur, was hierbei auf dem Spiel steht: nämlich der von der KPdSU unter Stalins Führung begründete Mythos der »sozialistischen Industrialisierung«. Er war und ist für das sowjetische Selbstverständnis offenbar nicht weniger konstitutiv als der von Lenin begründete Mythos der »Großen Sozialistischen Oktoberrevolution«. Gorbatschows Sicht blieb allerdings nicht unwidersprochen. Nach Auffassung des sowjetischen Historikers Jurij Afanasjew hat es sehr wohl eine historische Alternative zu dem von Stalin durchgesetzten Kurs der gewaltsamen Industrialisierung und Kollektivierung gegeben, eine Alternative, die »in den zwanziger Jahren von mächtigen Kräften dargestellt wurde, deren Personifikation Nikolai Bucharin war.«[8] Nicht von ungefähr sind die Parteitagsprotokolle über die Industrialisierungsdebatte der späten zwanziger Jahre vom Sowjetmarxismus jahrzehntelang unterdrückt worden. Erst im Tauwetter der »Glasnost«-Ära sind auch Bucharins Schriften wieder zugänglich geworden. Es lohnt sich, diese nicht nur aus der sowjetischen Geschichtsschreibung verdrängte Entwicklungsalternative der »rechten Opposition« um Bucharin (die Joachim Bischoff und Michael Menard in ihrem 1990 erschienenen Buch »Marktwirtschaft und Sozialismus«[9] auch dem deutschen Publikum wieder zugänglich gemacht haben) ein wenig genauer zu betrachten und ihre entscheidende Differenz zu dem Industrialisierungskonzept der »linken Opposition« (Trotzki, Preobrashenski) herauszuarbeiten, das Stalin zunächst gemeinsam mit der Bucharin-Gruppe bekämpfte, um es wenig später nach einem überraschenden Kurswechsel in die Realität umsetzen.

Welcher Hebel – so fragte Preobrashenski – soll sich die Akkumulation in Rußland bedienen? Der Kapitalismus akkumuliert auf dreierlei Weise: indem er aus der industriellen Lohnarbeit in den Metropolen den Mehrwert abschöpft, indem er die älteren Produktionsweisen auf dem Lande rücksichtslos liquidiert und indem er die produktiven Sektoren seiner Kolonien ausbeutet. Die junge Sowjetrepublik besitzt keine Kolonien; ihre Akkumulation muß daher – nach Preobrashenski – mit Hilfe der Landwirtschaft und des Industrieproletariats erfolgen. Was letztere Quelle angeht, so ist sie dieselbe wie im Kapitalismus: die Akkumulation wird aus der Arbeitskraft des Proletariats gespeist, dessen Lohn geringer sein muß als der Gesamtwert der Produkte, die es erzeugt. Der Unterschied sei nur, daß das Proletariat »vom Objekt zum Subjekt seiner Ausbeutung« geworden sei, indem es beschlossen habe, sich durch seine Partei selbst auszubeuten. Da der industrielle Sektor Rußlands aber unterentwickelt und durch den Bürgerkrieg ruiniert sei, genüge diese erste Quelle der Akkumulation nicht, vor allem müsse

diese durch die strukturelle Ausbeutung der Landwirtschaft vorangetrieben werden, die Preobraschenski »unsere Kolonien« nennt. Die Bauernschaft müsse dem Staat nicht nur die üblichen Steuern zahlen, sondern sie müsse außerdem durch verhältnismäßig hohe Preise für Industriewaren überzahlen, und sie werde mehr und mehr unterbezahlt durch Niedrigpreise für landwirtschaftliche Erzeugnisse. Dies sei eine Art Tribut, eine Mehrsteuer, zu deren Erhebung der Staat gezwungen sei, um das gegenwärtige Entwicklungstempo der Industrie aufrechterhalten zu können. Was unter dem Kapitalismus »brutale Ausplünderung des Landes« heiße, werde jetzt als »Übertragung von Ressourcen vom präsozialistischen auf den sozialistischen Sektor« bezeichnet, der Vorgang selbst bleibe sich im Prinzip gleich.[10]
Bucharin dagegen sah, in Fortschreibung der NÖP und des von Lenin angestrebten Entwicklungsweges, das grundlegende Merkmal der »sozialistischen ursprünglichen Akkumulation« in der Mobilisierung und Selbstorganisation der lebendigen Produktivkraft der werktätigen Massen. Die zersplitterte bäuerliche Wirtschaft sei in ihrer Entwicklung durch staatlichen Druck nicht zu beschleunigen, die Produktivkraft dieses Sektors ohne die individualistischen, privatkapitalistischen Motive der bäuerlichen Arbeit nicht zu entfalten. Das Tempo der Akkumulation hänge nicht von einem bestimmten Ressourcentransfer vom Lande zur Industrie ab, sondern von einer beschleunigten Entwicklung aller Faktoren der gesellschaftlichen Arbeit sowie von einer rationellen, sparsamen Staatspolitik. Der Widerspruch zwischen staatlicher Industrie und individualisierter Bauernwirtschaft könne nicht durch überhöhte Industriepreise, also eine Tributzahlung auf bäuerliches Einkommen, gelöst werden, wie Preobraschenski forderte. Die Entwicklung und Abschöpfung des gesellschaftlichen Surplus zugunsten einer beschleunigten Industrialisierung müsse vielmehr durch indirekte gesellschaftliche Steuerung, gesetzliche Auflagen und eine entsprechende Gestaltung des Steuersystems erfolgen. Die Methoden des Befehlens und Kommandierens hätten in der beschleunigten Wirtschaftsentwicklung nichts mehr zu suchen. Die Hektik von Anordnungen und Erlassen, all der üblichen Praktiken aus der »kriegskommunistischen Phase« – von der Getreidebeschlagnahmung bis zu mehr oder minder repressiv erzwungener Selbstverpflichtung – müßten der Vergangenheit angehören. Auf Grundlage einer gesteuerten Marktökono-

mie seien vielmehr Methoden des Überzeugens und der Konsensfindung anzuwenden. Die soziale und politische Auseinandersetzung mit den Mittelbauern und Kulaken müsse in zivilisierten Formen ausgetragen werden: »Die partielle Entwicklung der kapitalistischen Verhältnisse auf dem Lande, wie sie in den nächsten Jahren bevorsteht, wird jedoch auch andere Formen neben den rein wirtschaftlichen ... hervorrufen. Der Kampf zwischen dem Kulak und dem Landarbeiter betrifft alle möglichen Fragen der Lohnarbeit (Arbeitszeit, Lohn etc) ... Die Landarbeiterschaft führt ihren Klassenkampf ... durch die Gewerkschaft und ihre Staatsmacht, die Sowjetmacht, erzwingt sie sich entsprechende Arbeitsbedingungen ...«[11] Eine übermächtige Reichtumsentwicklung bei bestimmten Bauernschichten aber müsse durch die Abgaben- und Steuerordnung korrigiert werden. Auch verlangten die neuen Verhältnisse entschieden nach einer rechtlich gehandhabten Verwaltung, dem Aufbau eines »sozialistischen Rechtsstaats«, um alle Überreste administrativer Willkür zu beenden.[12]

Stalin hielt sich zunächst an die Lenin-Bucharinsche Leitlinie vom »langsamen Hinüberwachsen des NÖP-Mannes (der Groß- und Mittelbauern) in den Sozialismus«. Gemeinsam mit Bucharin hatte er im Jahre 1925 den Sieg über die »vereinigte Opposition« (Sinowjew, Kamenjew) und gegen den Trotzkismus davongetragen. Trotzki ging davon aus, daß die gegenwärtige Situation nur eine Entwicklungsetappe der »permanenten Revolution« im Weltmaßstab sein könne. So richtig seine Prognose war, daß die Ergebnisse der Oktoberrevolution nur durch unterstützende soziale Revolutionen im Westen gesichert werden könnten, daß es also »Sozialismus in einem Lande« nicht geben könne, so defätistisch und perspektivelos mußte seine Theorie dem Parteivolk zu einem Zeitpunkt erscheinen, da sich das kapitalistische System im Westen wieder stabilisiert hatte und Unterstützung von außen nicht zu erwarten war. Es erschien nach 1923 in der Tat abenteuerlich, sich auf den weltrevolutionären Prozeß zu verlassen; sah es doch vielmehr so aus, als sei Sowjetrußland ganz allein von seiner eigenen Kraft abhängig. So hatte Stalin im ideologischen Zweikampf mit Trotzki und der »linken« Opposition die scheinbar besseren Trümpfe in der Hand.

Nachdem er die »linke« Opposition politisch kaltgestellt hatte, schwenkte er wenig später auf deren Position in der Industrialisierungsfrage um und setzte gerade jene Theorie über die »innere Akkumulation« in die russische Wirklichkeit um, für deren schonungslose Formulierung er Preobrashenski später erschießen ließ. In der Parteimehrheit hielt sich nämlich hartnäckig die Vorstellung, daß nur durch eine rigorose Surplusabschöpfung bei den Bauern der beschleunigte Industrialisierungskurs gesichert werden könne. Wie schon Lenins NÖP-Politik seinerzeit keine Mehrheit in der Partei gefunden hatte und nur kraft Lenins persönlicher Autorität durchgesetzt werden konnte, wurde auch Bucharins Rückorientierung auf marktwirtschaftliche Strukturen und Methoden der indirekten Steuerung von der Majorität der Partei als Konzession gegenüber dem Kapitalismus verstanden.

Vor dem Hintergrund der sich zuspitzenden Versorgungskrise in den Städten und des wachsenden bäuerlichen Widerstandes *gegen* die Politik der Bolschewiki – die Position der Kulaken auf dem Lande war immer stärker geworden, sie konnten im Unterschied zu den armen Bauern, die den größten Teil ihres Getreides zum Eigenverbrauch benötigten, ihre Getreideüberschüsse zurückhalten und damit den Sowjetstaat erpressen – gelangte eine Mehrheit in der Partei zu der Auffassung, daß die Politik des Ausgleichs mit den Groß- und Mittelbauern an ihre Grenzen gestoßen sei und daß, wenn ohnehin keine Vermittlung mehr zwischen den »kleinbürgerlichen Interessen« und dem »Aufbau des Sozialismus« möglich sei, der Aufbau der »sozialistischen Industrie« rücksichtslos vorangetrieben werden müsse.

Stalin verkehrte nun die Auseinandersetzung in der Partei über die zwei Entwicklungsvarianten in jenes suggestive Entweder-Oder-Schema, das den bis heute ungebrochenen Mythos befestigt hat, es habe zu dem 1929 beschrittenen Kurs der Industrialisierung und Kollektivierung keine reelle Alternative gegeben: entweder beschleunigte Industrialisierung, um das Land nach außen verteidigungsfähig zu machen, oder allmähliche Entwicklung unter Einschluß der Privilegierung der Agrikultur und bei wachsender Gefahr, daß das Kulakentum den Sowjetstaat auf dem Wege des Getreideboykotts in die Knie zwinge. Stalin: »Bei Bucharin ist der Ausgangspunkt nicht das schnelle Entwicklungstempo der Industrie als Hebel zur Rekonstruktion der landwirtschaftlichen Produktion, sondern die Entwicklung der individuellen Bauernwirtschaft. Bei ihm steht im Vordergrund die ›Normalisierung‹ des Marktes und die Zulassung der völligen Freiheit des Handels. Daher sein Mißtrauen gegenüber den Kollektivwirtschaften. Daher sein ablehnendes Verhalten gegenüber jeder Art außerordentlicher Maßnahmen gegen das Kulakentum bei der Getreidebeschaffung. Es ist bekannt, daß Bucharin außerordentliche Maßnahmen fürchtet wie der Teufel das Weihwasser. Es ist bekannt, daß Bucharin noch immer nicht begreifen kann, daß der Kulak unter den jetzigen Verhältnissen die genügende Getreidemenge freiwillig, von selbst nicht abliefern wird...«[13]

Die Frage des Entwicklungstempos war aber zu keinem Zeitpunkt der harte Kern der Differenzen. Bucharin argumentierte stets, daß erst die konsequente NÖP-Politik eine beschleunigte Industrialisierung garantiere, weil sie mit der Motivation und Beteiligung größerer Bevölkerungsschichten ganz andere Ressourcen mobilisieren könne. Die These, daß allein staatliche Zwangsmaßnahmen, die despotische Struktur einer zentralen Befehlswirtschaft unter den damaligen Umständen eine beschleunigte Entwicklung garantiert hätten, ist also selbst noch der Stalinschen Legitimation des Bruchs mit der NÖP entnommen.

5. Die Zwangskollektivierung und der Rückfall in die »allgemeine Staatssklaverei«

Die 1928 auftretenden Schwierigkeiten bei der Getreideversorgung – der staatliche Aufkaufpreis für Getreide war gesenkt worden, so daß die Bauern ihr Getreide nicht verkaufen wollten – hatte Stalin als »Brotstreik der Kulaken« gewertet und zum Anlaß für die terroristische Kollektivierung genommen. Was nun folgte, war die militärische Beendigung der »Neuen Ökonomischen Politik« und die völlige Eliminierung der Marktwirtschaft und der (von der Bucharin-Fraktion geförderten) Privatinitiative der Bauern. Hatten Lenin und Bucharin die im gesellschaftlichen Rahmen selbständig wirtschaftende, »auf Rentabilität und Selbstverwaltung basierende Genossenschaft« fördern wollen, in der »Demokratie und die wirtschaftliche Rechnungsführung« miteinander verknüpft waren, so mußte ihre Konzeption nun einem Gewaltregime der Industrialisierung Platz machen.

Der erste sowjetische Fünfjahresplan war der Beginn einer Industrialisierungskampagne, die ihrem Tempo, ihrer Struktur und ihren Methoden nach alle Forderungen der »linken« Opposition, selbst die düsteren Prognosen Preobraschenkis, in den Schatten stellte. Bei der »Kulakenenteignung« handelte es sich um beispiellose Unterdrückungsmaßnahmen, die sich wesentlich von dem Vorgehen gegen die Großbauern in der Zeit des Bürgerkrieges unterschieden. Damals wurden bei wohlhabenden Bauern »Überhänge« an Boden und Landmaschinen beschlagnahmt, während nun der ganze Hof konfisziert und die Familien der Enteigneten in eilig errichteten Sondersiedlungen im hohen Norden und Osten angesiedelt wurden. In vielen Provinzen hatten sie, in blinder Wut über ihre Enteignung und als Boykottmaßnahme gegen den Sowjetstaat, ihr Vieh abgeschlachtet – es sollen Millionen Tiere gewesen sein –, was neue Versorgungskrisen und Hungersnöte heraufbeschwor und den Staatsterror noch weiter eskalieren ließ. Nicht nur die Großbauern, die »Kulaken«, sondern auch Millionen kleiner und Mittelbauern wurden deportiert; oft genügte es schon, ein Pferd zu besitzen, um als »Kulak« eingestuft zu werden. Ein »Kulaken-Sohn« zu sein, war gleichbedeutend mit einem Schimpfwort und künftig mit dauerhafter sozialer Diskriminierung verbunden. In den Lebensläufen der älteren Sowjetbürger stand hinter der Rubrik »Vater« daher oft: »Bauer ohne Pferd«. Nur dann hatten die Söhne und Töchter von Kleinbauern das Recht, eine höhere Schule oder Universität zu besuchen.

Auch die gewerblichen und bäuerlichen Genossenschaften, die aufgrund freiwilliger Zusammenschlüsse zustandegekommen waren, wurden samt ihrer Selbstverwaltung liquidiert und Zug um Zug verstaatlicht (Sowchose) oder, bei formeller Beibehaltung der genossenschaftlichen Eigentumsform, der direkten Aufsicht des Staates unterstellt (Kolchose). Wer der Kolchose nicht beitreten wollte, mußte das Dorf verlassen. Den Bauern wurde der Boden, den die Oktoberrevolution ihnen gegeben hatte, nicht nur wieder weggenommen, sie wurden auch all ihrer Bürger- und Freiheitsrechte beraubt. Einer der ersten Erlasse der Sowjetregierung nach dem Oktober war der Erlaß über die Passeportisierung gewesen. Bis 1917 durfte der russische Mushik sein Dorf ohne Sondergenehmigung praktisch nicht verlassen. In der Stalin-Ära wurden den Bauern die Pässe wieder abgenommen. Sie waren damit wieder an die Scholle gefesselt, was die Landflucht jedoch nicht verhindern konnte. Erst die Chrutschschow-Ära sollte ihnen eine eingeschränkte Freizügigkeit zurückgeben.

Ähnliche Beschränkungen der Freizügigkeit wurden dem »siegreichen russischen Proletariat« auferlegt. An eine freie Wahl des Arbeitsplatzes und des Wohnortes war nicht zu denken. Schon geringfügige Verstöße gegen die Arbeitsdisziplin, Bummelei oder verspätetes Erscheinen am Arbeitsplatz, konnten die Einweisung in ein Arbeitslager zu Folge haben. Millionen mehr oder weniger unschuldig verleumdeter, verhafteter und deportierter Menschen wurden als Zwangsarbeiter in der Schwerindustrie eingesetzt, und die russische Arbeiterklasse wurde durch politischen und wirtschaftlichen Zwang – durch eine drakonische Arbeitsgesetzgebung, durch die Einführung des Stücklohns, durch die Senkung des Mindestgrundlohns unter das lebensnotwendige Minimum – zur Steigerung der industriellen Produktion angetrieben. Die Kolonisierung des Nordens und des Ostens (Sibiriens) wurde von zwangsrekrutierten und zwangsdeportierten Arbeitern und Bauern nach denselben Methoden betrieben, mit denen die alte zaristische Despotie die öffentlichen Arbeiten organisiert hatte. Die Bauern und Arbeiter waren wieder, wie zu Zeiten der moskowitischen Zarendespotie, zu »allgemeinen Staatssklaven« geworden.

Vor allem waren es nun die Bauern, die die ungeheure schwerindustrielle Akkumulationsrate bezahlen mußten, indem sich der Sowjetstaat einen immer größeren Teil des bäuerlichen Mehrprodukts, ja, nach der Zwangskollektivierung rund zwei Drittel der Ernteerträge, aneignete. Der Dorfpogrom unter dem Schutz der Roten Fahne hatte indessen auch unter ökonomischen Gesichtspunkten verheerende Folgen. Die geringe Menge von Konsumgütern und übertreuerten Industrieprodukten, die die Bauern im Austausch für ihre Erzeugnisse erhielten, ließen in der Folge ihre produktiven Anstrengungen immer mehr zurückgehen, so daß sich Ende der zwanziger, Anfang der dreißiger Jahre auch die Versorgung der Industriearbeiter und der Stadtbevölkerung rapide verschlechterte. Schließlich verwendeten die Bauern (und daran hat sich bis heute kaum etwas geändert) mehr Sorgfalt und Arbeitszeit auf ihre kleinen »Privatwirtschaften«, die sog. Kolchos-Gärten, da sie auf das kleine Naturaleinkommen, welches sie aus diesen bezogen, infolge der hohen Kolchosabgaben an den Staat zunehmend angewiesen waren. Das Ergebnis war, daß riesige Anbauflächen der Kolchosen für Jahrzehnte brachlagen, die Kolchosen zunehmend verarmten, die landwirtschaftliche Produktion erschreckend

zurückging und eine ungeheure Landflucht einsetzte, die das politische und kulturelle Niveau des Dorfes noch weiter senkte.
Im Februar 1933 berief Stalin den ersten Allrussischen Kongreß der Kolchosaktivisten in Moskau ein und erzählte von den 20 Millionen Dorfarmen, die jetzt zu wohlhabenden Bauern geworden seien, und von dem glücklichen sozialistischen Leben, das sie morgen erwarte. Er suchte dem Volk beizubringen, daß die Kollektivierungskampagne ein voller Erfolg, ein »Meilenstein beim Aufbau des Sozialismus« war. Er beauftragte sogar Dichter und Wissenschaftler, seinen Kreuzzug für den Sozialismus zu rühmen.
Nach Schätzungen des sowjetischen Historikers Roy Medwedjew[14] wurden von 1928 bis 1932 zwischen 9 und 11 Millionen Bauern mitsamt ihren Familien deportiert, wobei Hunderttausende im Zuge der gewaltsamen Expropriation erschossen, auf dem Weg in die Verbannung oder an deren Folgen umgekommen sind. Der größte Teil der sowjetischen Getreideernte war für den Export bestimmt, um Devisen für den Import westlicher Maschinen und Traktoren zu erwirtschaften. Die Folge war, daß in der Ukraine und in Kasachstan eine Hungersnot ausbrach, die zwischen 5 bis 7 Millionen Menschen das Leben kostete. Seit wenigen Jahren beschäftigt der ukrainische »Hunger-Holocaust« auch die sowjetische Öffentlichkeit. »Wenn ein einzelner stirbt, ist das eine Tragödie. Aber Millionen? Das ist bloß Statistik«, läßt Gaston Salvatore[15] den Diktator in seinem Stück »Stalin« sagen.

6. Der Mythos von der »sozialistischen Industrialisierung«

Stalins Bruch mit dem Lenin-Bucharinschen Entwicklungskonzept und mit den Prinzipien des Leninschen Parteilebens, seine Übertragung von Methoden des »Kriegskommunismus« und des Bürgerkrieges in die Phase des »sozialistischen Aufbaus« wird von den meisten sowjetischen Historikern und Schriftstellern heute als *die* entscheidende Zäsur in der nachrevolutionären Sowjetgesellschaft angesehen. Der sowjetische Dramatiker Michail Schatrow hat in seinem (schon erwähnten) Dokumentarstück »Weiter, weiter, weiter...« diesen Bruch exemplarisch dargestellt. Dort läßt er Lenin in einem fiktiven Dialog mit seinem Nachfolger Stalin sagen: »Wenn man die Mittel und Wege, die ausschließlich unter den Bedingungen des offenen Bürgerkrieges anwendbar sind, zu Universalmethoden beim Aufbau des Sozialismus macht, so stellt dies das schwerste Verbrechen gegen den Sozialismus dar ... Und wenn Sie und Ihresgleichen sich Schüler Lenins nennen, dann bin ich kein Leninist!«[16] Zwar hat Stalin Lenin »beerbt«, aber nur den Lenin einer bestimmten Phase, den Lenin des »Kriegskommunismus«. Negiert hat er dagegen gerade jenen Lenin, der im Jahre 1921/22, selbstkritisch Bilanz ziehend, den Rückzug zur NÖP und damit zu marktwirtschaftlichen Methoden angetreten hatte. Es ist darum auch wissenschaftlich unhaltbar, Stalin als Exekutor der Leninschen Vorstellungen von Sozialismus hinzustellen, wie dies nicht nur von den konservativen Historikern und der westlichen Massenpresse, sondern auch – wenngleich mit umgekehrter Wertung und in apologetischer Absicht – vom offiziellen Sowjetmarxismus jahrzehntelang getan wurde.

Es ist erstaunlich, wie mehrere Generationen von westlichen »Marxisten-Leninisten«, ja, selbst der kritisch gegenüber der Sowjetunion eingestellte »western marxism« der sechziger und siebziger Jahre in der Rußland-Analyse versagt haben. Selbst hochformatige westliche Politökonomen, die der Sowjetunion in trotzkistischer Tradition durchaus kritisch gegenüberstanden – von Paul Sweezy über Charles Bettelheim bis zu Ernest Mandel –, sind der stalinistischen Legendenbildung über die »sozialistische Industrialisierung«, zu der es angeblich keine Alternative gegeben habe, aufgesessen und haben deren katastrophale Ergebnisse und Folgen mit pseudosozialistischen oder trotzkistischen Deformationstheorien bemäntelt. Die Auflösung der NÖP und die Kollektivierung wurden, von fast allen als »historische Notwendigkeit« oder als »zweite russische Revolution« bewertet, auch wenn die terroristischen Methoden kritisiert und bedauert wurden oder der Zeitpunkt der Kollektivierung als verfrüht angesehen wurde, weil deren technisch-ökonomische Basis noch nicht geschaffen war. Auch von den aus der Studentenbewegung hervorgegangen Neo-Marxisten hat (außer Rudi Dutschke) kaum einer realisiert, daß das, was in stalinistischer Diktion die »zweite Revolution«, die »Revolution von oben« hieß, in Wirklichkeit ein Rückfall in halbasiatische Knechtschaftsverhältnisse war und daß sich unter dem staatssozialistischen Schleier die »alte Staatsform der allgemeinen Staatssklaverei« (Dutschke/Berkhahn)¹⁷ wieder durchgesetzt hatte. Selbst Stalins ärgste Todfeinde, die Trotzkisten, sind dem stalinistischen Mythos von der »zweiten Revolution« und der »ursprünglichen sozialistischen Akkumulation« verhaftet geblieben. Ein Akkumulationsprozeß aber, der faktisch zur Wiedereinführung der »allgemeinen Staatssklaverei« führte, dem der qualifizierteste Teil der Bauernschaft zum Opfer fiel, der die Verwüstung ganzer Landstriche zur Folge hatte, der die industriellen Produktivkräfte nur um den Preis einer gigantischen Zerstörung von menschlichen »Produktivkräften« entwickelte, auf dessen Tempo und Richtung die unmittelbaren Produzenten überdies nicht den geringsten Einfluß hatten, kann schlechterdings nicht als »sozialistisch« bezeichnet werden. Er muß vielmehr in einem ganz anderen Traditionszusammenhang gesehen werden, wie Rudi Dutschke in einer seiner letzten Schriften betont hat: »Die Verwüstungen der Mongolen, nach Marx, sind nicht von der Viehweide und Eroberung als Produktions- und Herrschaftsweise zu trennen. Verwüstungen und Eroberungen blieben die Grundlage der Kontinuität der Geschichte dieses Landes. Das Werden der moskowitischen Selbstherrschaft ist von Verwüstungen und Eroberungen nicht zu trennen. Die Linie von dem ›großen Reformer‹ Peter I. bis zu dem ›großen Reformer‹ Stalin bei der asiatischen ›Industrialisierung‹ und asiatischen ›Kollektivierung‹ der allgemeinen Staatssklaverei ist offensichtlich ... «¹⁸

Auch Rudolf Bahro, der die halb-asiatische Formationsgeschichte Rußlands in seinem 1977 erschienenen Buch »Die Alternative« genau herausgearbeitet hat, verliert seinen eigenen analytischen Ansatz wieder aus dem Blick und sitzt zuletzt doch dem herrschenden Legitimations-»Marxismus« auf, wenn er behauptet, die Stalinsche Industrialisierung sei historisch unvermeidbar gewesen und habe, trotz ihres Terrors, immerhin die »fehlende ökonomische Grundlage des Sozialismus« geschaffen: »Stalins ›Umgestaltung der Natur‹, die Kolonisierung des Nordens und Sibiriens wären ebensowenig wie der Bau der chinesischen Mauer ohne Zwangsarbeit größten Stils möglich gewesen. Darum ist Iwan Denissowitsch rekrutiert worden. Alle die Parteikämpfe der zwanziger Jahre zwischen ›Linken‹ und ›Rechten‹ waren nichts als die Geburtswehen der Despotie ... Sie (Trotzki, Sinowjew, Bucharin u. a.) haben die Macht verloren, weil sie nicht zu dem Staat paßten, der im Werden war. Stalin hat sie gewonnen, weil er dazu paßte. Nicht nur wegen der ständigen Bedrohung, nein, wegen der positiven Aufgabe, die Massen in die Industrialisierung hineinzutreiben, die sie nicht unmittelbar wollen konnten, mußte die Sowjetunion eine eiserne, ›petrinische‹ Führung haben. Hätte ein subjektiv begabterer Mensch als Stalin sich diesem Zweck anzupassen vermocht, so hätten die ideologischen Auskunftsmittel im Rahmen der alten Parteitradition weiter gereicht und das Äußerste an Terror wäre vermieden worden, der Cäsarenwahn erspart geblieben. Aber kaum mehr. Das Auseinanderklaffen von materiellem Fortschritt und sozialpolitischer Emanzipation ... war unvermeidlich. Die sprunghafte technisch-kulturelle Qualifizierung der Massen mußte erst die Voraussetzungen für sozialistische Produktionsverhältnisse schaffen.«[19]

Dieses deterministische, klassisch linke Argumentationsmuster (dem auch ich früher verhaftet war) unterstellt eine unentrinnbare Entwicklungslogik, zu der es keinerlei Alternative gegeben habe – und damit eben jenes »eherne Gesetz der Geschichte«, als dessen Vollzugsorgan die KPdSU unter Stalin sich begriffen hat. So läuft es, bei aller Kritik am Stalinismus, eben doch auf eine halbe Apologie seiner terroristischen Methoden hinaus. Vor allem mißachtet es die im gegebenen Falle zerstörerische Dialektik von Mittel und Ziel. Denn es tut so, als könne mit barbarischen Mitteln zuletzt eben doch ein an sich gutes Ziel, nämlich die »fehlende ökonomische Basis des Sozialismus«, verwirklicht werden. Die terroristische Methode hat aber letztlich auch das Ziel sabotiert. Die viel zu hohen Akkumulationsraten und imposanten Aufbauleistungen der Sowjetunion in den dreißiger und vierziger Jahren konnten nur um den Preis verheerender Langzeitfolgen erzielt werden. Durch staatlichen Zwang konnten zwar mittelfristig hohe Leistungen erpreßt werden, aber langfristig mußte ein solches Gewaltregime in die Stagnation und in die passive Verweigerung statt »in den Sozialismus« führen. Die Hinterlassenschaft der Stalin-Ära war jene »Apathiemaschine« (Wolfgang Fritz Haug),[20] gegen die die sowjetischen Reformer seit 1985 einen schier aussichtslosen Kampf führten. Von den Folgen der terroristischen Kollektivierung hat sich die Sowjetunion nie mehr erholt; muß sie doch seit Jahrzehnten Getreide aus den USA und Kanada importieren. Dabei war die Ukraine noch im 19. Jahrhundert die Kornkammer Rußlands gewesen, die ganz Europa mit Getreide versorgt hatte.

Hätte die Sowjetunion damals den Lenin-Bucharinschen Weg beschritten, wären dem russischen Volk zwar nicht die harten und entbehrungsreichen Jahrzehnte der nachzuholenden Industrialisierung erspart geblieben, wohl aber der allgemeine Staatsterror und die Millionen Toten, die Verwüstung der Landwirtschaft und der Rückfall in die »allgemeine Staatssklaverei«. Mit einer durch Eigeninitiative und demokratische Mitsprache motivierten Bauern- und Arbeiterschaft hätte sich ebenfalls eine beschleunigte Industrialisierung durchführen lassen; und nur so hätte das erreicht werden können, was Generationen von »Marxisten-Leninisten« und Kommunisten dem Stalinschen Industrialisierungs-Despotismus trotz allem zugute hielten: die Schaffung der »ökonomischen Grundlagen des Sozialismus«. Stalins »asiatische Industrialisierung« – dies kann nach heutigen Erkenntnissen keinem Zweifel mehr unterliegen – war nämlich auch unter dem Gesichtspunkt der Produktivkraftentwicklung kontraproduktiv, sie wurde nicht nur mit einer enormen Verschwendung der materiellen und natürlichen Ressourcen, sondern auch mit einer gigantischen Zerstörung der wichtigsten Ressource, der »Produktivkraft Mensch«, und der Selbsttätigkeit der Massen bezahlt.

7. »Ursprüngliche Akkumulation« in Westeuropa und in Sowjetrußland

Zwar verweist der vom Sowjetmarxismus der Stalin-Epoche geprägte Begriff »ursprüngliche sozialistische Akkumulation« nachdrücklich auf jenen Prozeß der »sogenannten ursprünglichen Akkumulation«, der den Ausgangspunkt der kapitalistischen Produktionsweise, ihre Voraussetzung und Grundlage bildete, wie Karl Marx im letzten Kapitel des I. Bandes des »Kapital« herausgearbeitet hat. Der analogen Wortschöpfung des Sowjetmarxismus lag jedoch eine legitimatorische Absicht zugrunde; sie sollte per Analogieschluß die Vorstellung suggerieren, daß die »ursprüngliche sozialistische Akkumulation« in der Sowjetunion die notwendige Voraussetzung einer entwickelten sozialistischen Produktionsweise schaffe, die der kapitalistischen im Prinzip überlegen sei.
So mußte der kommunistischen Bewegung der eigentliche Erkenntniswert eines historischen Vergleichs zwischen der »ursprünglichen sozia-

listischen Akkumulation«, die unter der Peitsche des Stalinismus in den dreißiger und vierziger Jahren des 20. Jahrhunderts ihren Lauf nahm, und der sog. ursprünglichen Akkumulation des Kapitals, die sich in Westeuropa zwischen dem Ende des 15. und dem Ende des 18. Jahrhunderts vollzogen hatte, verborgen bleiben. Dieser Vergleich, wäre er wirklich vorurteilslos durchgeführt worden, hätte die russischen Kommunisten und die gesamte kommunistische Weltbewegung vor einer fatalen Mystifikation bewahren können: daß sich die Sowjetunion *nämlich nicht in der Phase des »sozialistischen Aufbaus«, sondern in einem eher dem westeuropäischen Frühkapitalismus vergleichbaren Entwicklungsstadium befand.*
Um dies zu verdeutlichen, müssen wir kurz auf die Marxsche Analyse der »sog. ursprünglichen Akkumulation« eingehen.
Nach Marx setzt das Kapitalverhältnis die Trennung der unmittelbaren Produzenten von ihren Produktionsmitteln (Grund und Boden, Arbeits- und Lebensmittel) voraus. Geld und Ware sind ja nicht von vornherein Kapital, sowenig wie die Produktions- und Lebensmittel. Sie bedürfen erst der Verwandlung in Kapital. Diese Verwandlung wiederum setzt voraus, daß zwei sehr verschiedene Sorten von Warenbesitzern dabei in Kontakt treten: »einerseits Eigner von Geld, Produktions- und Lebensmitteln, denen es gilt, die von ihnen geeignete Wertsumme zu verwerten durch Ankauf fremder Arbeitskraft; andererseits freie Arbeiter, Verkäufer der eigenen Arbeitskraft und daher Verkäufer von Arbeit. Freie Arbeiter in dem Doppelsinn, daß weder sie selbst unmittelbar zu den Produktionsmitteln gehören, wie Sklaven, Leibeigene usw., noch auch die Produktionsmittel ihnen gehören, wie beim selbstwirtschaftenden Bauer usw., sie davon vielmehr frei, los und ledig sind. Mit dieser Polarisation des Warenmarktes sind die Grundbedingungen der kapitalitischen Produktionsweise gegeben . . . Der Prozeß, der das Kapitalverhältnis schafft, kann also nichts anderes sein als der Scheidungsprozeß des Arbeiters vom Eigentum an seinen Arbeitsbedingungen, ein Prozeß, der einerseits die gesellschaftlichen Lebens- und Produktionsmittel in Kapital verwandelt, andererseits die unmittelbaren Produzenten in Lohnarbeiter. *Die sog. ursprüngliche Akkumulation ist also nichts als der historische Scheidungsprozeß von Produzent und Produktionsmittel.«*[21]
Wie Marx in diesem berühmten Kapitel ausführt, hat sich dieser Schei-

dungsprozeß in Westeuropa in verschiedenen Stufen und in den gewaltsamsten Formen vollzogen. Die Expropriation des ländlichen Produzenten, des Bauern, von Grund und Boden, bildete die Grundlage des ganzen Prozesses. Die wichtigsten Hebel der »ursprünglichen Akkumulation« waren: die Auflösung der feudalen Gefolgschaften durch den Ruin des alten Feudaladels, den die großen Feudalkriege verschlungen hatten; die Usurpation des Gemeindelandes durch den neuen Adel, »für welchen Geld die Macht aller Mächte« war, die gewaltsame Verjagung der Bauernschaft von ihrem Grund und Boden im Zuge der Verwandlung von Ackerland in Schafweide zum Nutzen der neuen Baumwollmanufakturen, die Enteignung der Kirchengüter im Prozeß der Reformation, die Verwandlung der Staatsdomänen in Privateigentum der großen Grundherren und Agrarkapitalisten. Die Beschreibung der »Raubtaten, Greuel(n) und Volksdrangsale(n)«, welche die gewaltsame Expropriation vom letzten Drittel des 15. Jahrhunderts bis Ende des 18. begleiteten, füllen bei Marx mehrere Kapitel: »Der Raub der Kirchengüter, die fraudulente Veräußerung der Staatsdomänen, der Diebstahl des Gemeineigentums, die usurpatorische und mit rücksichtslosem Terrorismus vollzogene Verwandlung von feudalem und Claneigentum in modernes Privateigentum, es waren ebenso viele idyllische Methoden der ursprünglichen Akkumulation. Sie eroberten das Feld für die kapitalistische Agrikultur, einverleibten den Grund und Boden dem Kapital und schufen der städtischen Industrie die nötige Zufuhr von vogelfreiem Proletariat ... Wenn das Geld, nach Augier, ›mit natürlichen Blutflecken auf einer Backe zur Welt kommt‹, so das Kapital von Kopf bis Zeh, aus allen Poren, Blut- und schmutztriefend«.[22]

Nicht von ungefähr erinnern die terroristischen Methoden der stalinistischen Industrialisierung und Kollektivierung an jene barbarische vor- und frühbürgerliche Epoche Westeuropas, da unter dem Schutz der absolutistischen Staaten die Grundbedingungen der neuen kapitalistischen Produktionsweise geschaffen wurden. Doch ihre blutigen Ursprünge hat die moderne bürgerliche Gesellschaft fast vollkommen aus ihrem Bewußtsein verdrängt. Darum steckt in dem Entsetzen der westlichen Welt über die stalinistische Barbarei meistens auch ein Stück Heuchelei oder Ignoranz, weil so getan wird, als habe es in der Vor- und Frühgeschichte der bürgerlichen Gesellschaft nicht auch nur

annähernd vergleichbar Barbarisches gegeben wie in der Frühgeschichte des »Realsozialismus«.
Wer etwa glaubt, die despotische Rolle des Staates und der Staatsterror sei ein singuläres Attribut des Stalinismus gewesen, der wird bei Marx eines Besseren belehrt. Die Verjagung der Bauern und kleinen Pächter von ihrem Grund und Boden wurde in Schottland und England seit dem Ende des 15. Jahrhunderts durch drakonische Erlasse und Gesetze abgesegnet. Vagabondage und Bettelei wurden mit Auspeitschung, im Wiederholungsfall mit Ohrenabschneiden, Versklavung oder mit Exekution geahndet. In ganz Westeuropa gab es eine Blutgesetzgebung gegen die Vagabunden und Bettler, d. h. sie wurden für die ihnen angetane Verwandlung in Vagabunden und Paupers auch noch drakonisch bestraft.
Marx spricht an anderer Stelle von den »Krücken« und Herrschaftsmethoden der alten Gesellschaft und Produktionsweise, auf die sich jede neu entstehende Gesellschaftsformation zu stützen pflege. Auch diese Erkenntnis finden wir für die Stalin-Epoche bestätigt. So wie der feudalabsolutistische Staat im Prozeß der »ursprünglichen Akkumulation« auf Methoden der Sklaverei, sogar der Kinderversklavung, zurückgriff, um die neue dynamische Produktionsweise zu befördern, so griff auch der stalinistische Staat auf die »bewährten« Mittel der alten asiatischen Despotie (Deportation, Arbeitslager, allgemeine Staatssklaverei) zurück, um der neuen staatlichen Produktionsweise zum Durchbruch zu verhelfen.
Über die Rolle der Staatsmacht im Prozeß der »ursprünglichen Akkumulation« schreibt Marx: »Alle aber benutzen die Staatsmacht, die konzentrierte und organisierte Gewalt der Gesellschaft, um den Verwandlungsprozeß der feudalen in die kapitalistische Produktionsweise treibhausmäßig zu fördern und die Übergänge abzukürzen. Die Gewalt ist der Geburtshelfer jeder alten Gesellschaft, die mit einer neuen schwanger geht.«[23]
Dieses Zitat soll keine – auch keine versteckte – Apologie des Stalinismus und seines Staatsterrors begründen helfen. Doch es wirft ein Licht auf die analoge Rolle des stalinistischen Staates im Prozeß der ›asiatischen Industrialisierung‹ nach 1929: nämlich den Verwandlungsprozeß der längst zersetzten, in kapitalistische Gärung übergegangenen halb-asiatischen Produktionsweise (auf dem Lande) *in eine*

neue verstaatlichte Produktionsweise »treibhausmäßig zu fördern und die Übergänge abzukürzen«. Mit der militärischen Beendigung der »Neuen Ökonomischen Politik« wurden ja nicht nur die »neue Bourgeoisie«, die Großbauern und Großhändler, sondern auch mittelständische und arme Bauern, Klein- und Kleinsteigentümer enteignet, bis zuletzt nur *ein* Wirtschaftssubjekt übrigblieb: der Staat als »allgemeiner Eigentümer«. Auch im Falle der Zwangskollektivierung haben wir es also mit einer Expropriation der unmittelbaren Produzenten zu tun: Die Bauern wurden von ihrem Grund und Boden, den ihnen die Oktoberrevolution gegeben hatte, und von ihren Arbeitsmitteln getrennt. Das Ergebnis der »ursprünglichen Akkumulation« des Kapitals in Westeuropa und der nachgeholten »ursprünglichen Akkumulation« in Sowjetrußland war also, nach dieser Seite hin betrachtet, das gleiche.

Völlig verschieden dagegen war deren Ergebnis im Hinblick auf die sich entwickelnde Eigentumsform und Produktionsweise; hatte sich doch die »ursprüngliche Akkumulation« in Sowjetrußland auf einer ganz anderen formativen Grundlage und erst zu einem Zeitpunkt vollzogen, da sich in Westeuropa der Kapitalimus längst voll herausgebildet hatte und in seine imperialistische Phase getreten war.

In Sowjetrußland verwandelte sich das ehemals halbfeudale Eigentum, der gutsherrliche Grundbesitz, der durch die Oktoberrevolution enteignet und parzelliert wurde, zunächst in bäuerliches Privateigentum. Doch mit der gewaltsamen Kollektivierung ab 1929 wurde die beginnende kapitalistische Entwicklung auf dem Lande abgebrochen, indem das bäuerliche Privateigentum (an Grund und Boden, Arbeitsmitteln etc.) nun in kollektives bzw. Staatseigentum überging. Der Staat als »reeller Gesamtkapitalist« trat fortan den expropriierten Produzenten als eine ebenso fremde Macht gegenüber wie das Privatkapital den Lohnarbeitern in der bürgerlichen Gesellschaft. Nur haben wir es jetzt nicht mehr mit »doppelt freien Lohnarbeitern« zu tun, die über den Markt in ein formell freies Kontraktverhältnis mit dem einzelnen Kapitalisten und Arbeitgeber treten, sondern mit Arbeitern und Bauern, *die in ein unmittelbares, direktes Hörigkeitsverhältnis zum Staat treten (ohne die Vermittlung des Marktes), d. h. mit Staatsarbeitern und Staatsbauern, über die der Staat als »reeller Gesamtkapitalist« und monopolistischer Arbeitgeber nach Gutdünken verfügen kann.*

An die Stelle der Mystifikation des kapitalistischen Privateigentums (dieses verdankt sich ja in Wirklichkeit der Abschöpfung der unbezahlten Mehrarbeit des Arbeiters; gleichwohl wird der Schein erzeugt, der Arbeitslohn entspreche dem Wert der Arbeit und des von ihr erzeugten Produktes) tritt die Mystifikation des sog. »Volkseigentums«. Den faktisch enteigneten Staatsarbeitern und Staatsbauern wird suggeriert, sie seien juristische Miteigentümer des Staatseigentums, das sich jedoch tatsächlich in der exklusiven Verfügungsgewalt der Staatspartei- und Planbürokratie befindet. Da der Staat als »Arbeiter- und Bauernstaat« auch ihre ureigensten Interessen vertrete, könne es im »Realsozialismus« auch keine Ausbeutung oder Entfremdung, geschweige denn antagonistische Klassenwidersprüche, mehr geben.

Die völlig verschiedene Eigentumsform und Produktionsweise, zu der die »ursprüngliche Akkumulation« in Westeuropa und in Sowjetrußland geführt haben, mußten auch unterschiedliche Auswirkungen auf die Produktivkraftentwicklung haben. Dies betrifft weniger den industrialistischen Produktivkrafttyp (und die mit ihm verbundene Arbeitsteilung und -organisation), den die Sowjetunion im wesentlichen (bis hin zum Taylorismus) vom Industriekapitalismus übernommen hat, sondern vor allem die Reichweite und die Langzeitperspektive der Produktivkraftentwicklung.

Während die sog. ursprüngliche Akkumulation des Kapitals in Westeuropa die kapitalistische Industrialisierung mit sich brachte und, nach Jahrhunderten der Qual für die Arbeiterschaft, eine moderne bürgerliche Gesellschaft entstehen ließ, deren Entwicklungspotentiale noch längst nicht erschöpft sind, »schufen die Verwüstungen in Rußland nicht die Voraussetzungen für einen sozialistischen Aufbau im Lande. Aus verwüsteten Dörfern kann kein Mehrprodukt kommen, um der sogenannten ›sozialistischen Industrialisierung‹ behilflich sein zu können« (Dutschke).[24] Stalins »asiatische Industrialisierung« und »asiatische Kollektivierung« haben zwar zum Aufbau einer Staatsindustrie geführt, die extensives, d. h. Mengenwachstum betrieb, nicht aber – dies wurde spätestens in den siebziger Jahren deutlich – zum Aufbau einer modernen Industrie-*Gesellschaft*, die zu einer qualitativen Weiterentwicklung der Produktivkräfte in der Lage gewesen wäre. Die Sowjetunion – gleiches galt für die nach ihrem Bilde modellierten Ostblockstaaten – war vielmehr (wieder) in eine Sackgasse der Entwicklung geraten, aus der sie ohne äußere Hilfe und Anstöße wohl kaum herausfinden dürfte.

8. Die »Moskauer Prozesse« im Kontext der asiatischen Restauration

Kurz bevor Stalin seinen Rivalen und Herausforderer auf dem 17. Parteitag, Sergej Mironowitsch Kirow, umbringen ließ, sagte er zu ihm: »Der russische Bauer braucht einen Zaren!« Unter den Altbolschewiki hatte wohl nur Bucharin eine Ahnung von der Restauration der asiatischen Despotie, die sich an der Wende 1929/30 unter dem staatssozialistischen Schleier vollzog. Nach seiner politischen Ausschaltung ging er zu Kamenjew und sagte dort über Stalin: »Er ist der neue Dschingis-Khan. Er wird uns erdrosseln.«[25] An anderer Stelle nennt er Stalin »Dschingis-Khan mit Telefon«. Bucharin hatte richtig vorausgesagt, daß die auf die »militärisch-feudale Ausbeutung« gerichtete Politik der Partei-»Linken« zwangsläufig mit dem Aufbau eines riesigen bürokratischen Apparates verbunden sein würde, der Produktivkräfte und Eigeninitiative der Massen lähmen mußte. Den ganzen, nämlich politökonomischen Sinn seiner Stalin-Metapher konnte er damals noch nicht erfassen: *daß mit dem neuen Dschingis-Khan zugleich eine neue Form der ökonomischen Despotie in Sowjetrußland Platz greifen würde*, genauer: daß die »Große Wende« von 1929/30 den Übergang in eine industrielle Entwicklungsdespotie einleitete, an deren Spitze die neue Selbstherrschaft des ZK und des Politbüros trat, die ihre selbstherrliche Verfügungsgewalt über die Gesellschaft mit allen Mitteln zu festigen suchte. Erst in diesem Kontext erhält der von Stalin zeitlich und soziologisch gestaffelte Terror seinen politischen »Sinn«. Die Bürokratisierung der Staatsmaschine (mit den »Sowjets« als demokratischer Fassade) lief der Bürokratisierung und Gleichschaltung der Partei voraus. Erst nach der Ermordung Kirows im Jahre 1934, die Stalin zum Anlaß für die Abrechnung mit der alten Leninschen Garde nahm, verwandelte sich auch die Partei in ein willfähriges Instrument ihres Generalsekretärs. Stalins Terror richtete sich zuerst gegen das Dorf, d. h. gegen sog. Kulaken und Bauern, dann gegen ehemalige Geschäftsleute, Beamte, Adlige und Geistliche, von denen im Jahr 1935 etwa eine Million als »Klassenfeinde« gebrandmarkt und deportiert wurden, und zuletzt

gegen die Intelligenzija und die eigene Partei. In der Zeit des »Großen Terrors« von 1937-39 waren nach Schätzungen Roy Medwedjews 5 bis 7 Millionen Menschen von Repressionen betroffen: »Rund eine Million Parteimitglieder und rund eine Million ehemaliger Parteimitglieder, die den Säuberungen Ende der zwanziger, Anfang der dreißiger Jahre zum Opfer gefallen waren; die restlichen drei bis fünf Millionen waren Parteilose aus allen Bevölkerungsschichten. Die meisten der 1937/38 Verhafteten gerieten in die über das ganze Land verstreuten Lager. Ein großer Teil einstiger sehr hoher Partei- und Staatsfunktionäre wurde sofort nach Festnahme oder nach einer gefälschten Untersuchung erschossen. Die Todesurteile wurden in etwa registriert, und wie ich früher vermutete, hat es 700 000 bis 800 000 Erschießungen gegeben. Viele jedoch wurden auf Geheimanordnungen in den Lagern erschossen, so daß die Zahl von einer Million wahrscheinlich sein dürfte.«[26]
Zur Absicherung der neuen ZK-Selbstherrschaft und der Apparateherrschaft mußte der falsche Erbe Lenins gerade jene in der Partei und der Intelligenz ausschalten, die wirklich das Leninsche Erbe, das Erbe der Oktoberrevolution, repräsentierten. Hierin lag der eigentliche »Sinn« im Wahnsinn der Moskauer Schauprozesse und der nachfolgenden Säuberungswelle auf allen Ebenen der Partei. Auf allen Parteitagen bis 1934 überwogen jene Delegierten, die bereits vor der Revolution und zum Teil während des Bürgerkrieges der KPR beigetreten waren. Noch beim 17. Parteitag 1934 waren 80% der Delegierten vor 1920 der Partei beigetreten; beim 18. Parteitag im Jahre 1938 waren nur noch 19%, d. h. rund ein Viertel, von ihnen übriggeblieben. Von den 1225 stimmberechtigten Delegierten des 17. Parteitages hatte sich knapp ein Viertel, nämlich 292 Delegierte, gegen die Wiederwahl Stalins zum Generalsekretär und für den ersten Sekretär der Leningrader Parteiorganisation, den »Volks- und Parteiliebling« Kirow ausgesprochen. In Absprache Stalins mit den Verantwortlichen der »Wahl- und Mandatsprüfungskommission«, den Genossen Kaganowitsch und Satonski wurden 289 Gegenstimmen verbrannt und die Parteitagsprotokolle dementsprechend frisiert. Von den 292 abtrünnigen Delegierten ist kaum einer eines natürlichen Todes gestorben.[27]
Die besondere Perversion der »Moskauer Prozesse« bestand darin, daß nicht – wie im Nationalsozialismus – die erklärten Gegner und Feinde des Regimes verfolgt, gefoltert und liquidiert wurden, sondern gerade

die integersten und uneigennützigsten Kommunisten, die oftmals an Stalin glaubten. Sie waren die bevorzugten Objekte des Terrors und der NKWD-Organe. Gerade ihnen wurde gesagt: »Ihr seid keine Kommunisten, sondern ›Volksfeinde‹ und ›Volksverräter‹ – und wir verhören und foltern euch solange, bis ihr das selber eingesteht.« Anders als die offene und klare Konfrontation zwischen dem NS-Terrorapparat und seinen antifaschistischen Opfern zielte der Stalin-Terror in jenen Jahren vor allem darauf ab, die »eigenen Genossen« zu liquidieren und ihnen die Identität zu nehmen. Auch wenn bei den »Moskauer Prozessen« viele Geständnisse der Verurteilten unter der Folter oder aus Angst vor der Folter erpreßt wurden (oft im Beisein Berijas), in vielen Fällen waren ihre öffentlichen Selbstbezichtigungen ehrlich gemeint, d. h. sie glaubten sich am Ende tatsächlich im Unrecht und die Partei im Recht. Das Opfer dahin zu bringen, daß es sich selbst für schuldig bzw. für einen »Verräter am Kommunismus« hält, mit seiner eigenen Liquidierung einverstanden ist und noch seinem Henker die Absolution erteilt (Heiner Müller hat diese stalinistische Logik in einer genialen dramatischen Parabel, dem Anti-Lehrstück »Mauser«,[28] exemplarisch dargestellt), eben dies verlieh den Moskauer Prozessen ihre geschichtliche Einzigartigkeit.

Die meisten Historiker und westlichen Autoren suchen die perverse Methodik dieser Prozesse mit den persönlichen Revanche- und Rachegelüsten Stalins gegenüber den prominenten Altbolschewiki und Rivalen beim Kampf um die Macht zu erklären. Doch ging es hierbei um mehr als um Revanche und traditionelle Machtpolitik. Der besondere politisch-ideologische »Sinn« dieser Prozesse wird nur verständlich, wenn man sie im Kontext jener asiatischen Entwicklungs- und Industrialisierungsdespotie sieht, die mit den barbarischsten Methoden durchgeführt wurde und bereits Millionen Menschen in die Lager verbannt oder das Leben gekostet hatte. Die Partei Stalins hatte nach der terroristischen Kollektivierung einen entsprechend großen (wenn auch uneingestandenen) Rechtfertigungs- und Legitimationsbedarf. Und dieser konnte kaum besser befriedigt werden als durch die »reuige Umkehr« und öffentliche Selbstbezichtigung gerade der (ehemals führenden) Parteimitglieder wie Sinowjew, Kamenjew und Bucharin, die den Stalinschen Entwicklungsweg für falsch hielten und dabei noch immer über eine beträchtliche Anhängerschaft im Lande verfügten.

Der eigentliche »Sinn« der Moskauer Prozesse bestand in dem »dialektischen Kunststück«, die Liquidierung der alten Leninschen Garde als Erfüllung des Leninschen Willens, die Wiederkehr des asiatischen Despotismus unter der Roten Fahne als »Aufbau des Sozialismus in einem Lande« und die Säuberung der Partei als notwendige Maßnahme zur Sicherung der Ergebnisse der Oktoberrevolution ausgeben zu können.
Damit diese Selbstsuggestion Stalins und seiner Apparatschiks gelingen konnte und ihre Verbrechen vor Entblößung geschützt waren, genügte es indes nicht, nur die alte Garde der Bolschewiki zu liquidieren. Auch Stalins eigene Helfershelfer in Partei, Staat und NKWD mußten beseitigt werden. Beim Mord an Kirow beispielsweise ließ Stalin zugleich sämtliche in das Komplott verwickelten Komplizen und deren Angehörige, auch die NKWD-Schergen, die auf Kirow angesetzt waren, ja, sogar den gedungenen Attentäter Nikolajew beseitigen, bis alle Spuren und möglichen Zeugen ausgelöscht waren, während er gleichzeitig Städte, Plätze und Straßen in der ganzen Sowjetunion auf den Namen Kirows taufen ließ. Nicht zuletzt darum hat es Jahrzehnte gedauert, bis die sowjetische Geschichtsschreibung und Literatur Stalin als den eigentlichen Auftraggeber des Mordes an Kirow festmachen konnte.[29]
Bei der präventiven Ausschaltung möglicher »Partei- und Volksfeinde« war Stalin jedes Mittel recht. Nach dem Pakt mit Hitler im August 1939 kam es sogar zu einer partiellen Zusammenarbeit zwischen NKWD und Gestapo. In einigen Fällen legten Berijas Schergen den Angeklagten der Moskauer Prozesse gefälschte Dokumente der Gestapo vor – mit Originalunterschriften, die die angeblichen »Volksfeinde« als Spione des »Deutschen Reiches« entlarvten. So zum Beispiel im Verfahren gegen Tuchaschewski, den qualifiziertesten Militärstrategen der Roten Armee, der einige Jahre in Deutschland verbracht hatte.
Den Pakt mit Hitler nutzte Stalin auch, um viele deutsche Kommunisten über die Klinge springen zu lassen. Von den führenden Funktionären der KPD, die nach 1933 auf der Flucht vor den Nazis in die UdSSR emigriert waren, fiel mehr als die Hälfte den stalinistischen Verfolgungen zum Opfer.[30] Manche der emigrierten deutschen Kommunisten und Kommunistinnen wanderten direkt aus einem Stalinschen Arbeitslager in ein deutsches Konzentrationslager. Auch viele aus Finnland, dem Baltikum und Polen vor 1939 in die Sowjetunion emigrierte Kom-

munisten waren bevorzugte Opfer der NKWD-Organe, sie wurden erschossen oder nach Sibirien deportiert. Nach der großen Säuberungswelle von 37-39 räumte Stalin »gewisse Übertreibungen« beim Aufspüren und der Bestrafung von »Volksschädlingen« und »Volksfeinden« ein. Er setzte eine Untersuchungskommission über den NKWD ein, ließ ca. 2000 irrtümlicherweise als »Volksfeinde« inhaftierte Menschen wieder frei und liquidierte dann Jagoda und andere Spitzenfunktionäre seines eigenen Terrorapparates. So erreichte er zweierlei: Der Volkszorn über den Terror richtete sich gegen »einige Funktionäre«, die für ihre »Übergriffe« bestraft wurden, so daß Stalin selbst in der Volksmeinung der »gute und gerechte, wenn auch strenge Führer« bleiben konnte, hinter dessen Rücken die Terrorakte begangen worden waren. Zugleich aber entledigte er sich der machtvollsten Mitwisser und Mittäter des von ihm selbst in Auftrag gegebenen Massenterrors.
Der russische Richard III., der jeden Abend mit einer Lampe oder einer Laterne unter das Bett leuchtete, auf dem er doch keinen Schlaf mehr fand, war wohl der einsamste Diktator der Weltgeschichte, denn er hat sich im Laufe der Zeit von all seinen politischen Freunden und »Genossen«, sogar von seinen engsten Mitstreitern und Mitwissern »getrennt«. Als Ordshonikidse, sein engster Vertrauter und Spießgeselle, von Zweifeln heimgesucht wurde und Stalin bat, den Terror einzustellen, ließ dieser nicht nur Ordshonikidse, sondern dessen ganze Verwandtschaft, einschließlich der Kinder, Neffen und Vettern ausrotten. Auch die Sippenhaftung stammt übrigens aus der Tradition der Orientalischen Despotie.
Im Nachhinein ist kaum noch auszumachen, wieviele Exekutoren des Stalin-Terrors später selber exekutiert worden sind – nach Schätzungen der sowjetischen »Memorial«-Gruppe waren ca. 20 000 NKWD- und KGB-Leute darunter –, d. h. wieviele Opfer des Stalinismus selbst zu Stalins Komplizen gehört haben. Es ist daher nicht bloß eine Schutzbehauptung, wenn heute viele Sowjetbürger und sowjetische Historiker versichern, daß nachträgliche Prozeße gegen die Exekutoren des Stalin-Terrors ganz sinnlos seien, weil nur wenige von ihnen diesen selbst überlebt haben. Doch sollte man wenigstens, wie viele Mitglieder der »Memorial«-Gruppen fordern, die Listen mit den Namen der Exekutoren öffentlich auslegen; denn nicht wenige von ihnen haben noch in der Breschnew-Ära hohe Partei- und Staatsämter bekleidet.

9. Der »Kommunist« Stalin:
größter Kommunistenschlächter des Jahrhunderts

Natürlich stellt sich die Frage: Wie konnte sich Stalin, der revolutionäre Altbolschewik, der das Vertrauen Lenins (jedenfalls bis kurz vor dessen Tod) und der Parteimehrheit genoß – denn sonst wäre er nicht »Volkskommissar für Nationalitätenfragen« in der ersten Sowjetregierung und später Generalsekretär geworden!–, in den despotischen Selbstherrscher und Jahrhundertverbrecher verwandeln, der vor dem Krieg mehr Menschen und mehr Kommunisten liquidieren ließ oder in die Lager verbannte als selbst sein ärgster Todfeind, Adolf Hitler?

Diese Frage wird die sowjetischen Historiker, Psychologen und Schriftsteller noch lange beschäftigen. Fest steht, daß der politische und moralische Verfall der Leninschen Partei ihrer Liquidierung durch Stalin vorausgegangen war. Während die prominenten Altbolschewiken Bucharin, Trotzki, Kamenjew, Sinowjew, Rykow, Tomski u. a. ihre besten Energien in innerparteilichen Intrigen, Fraktionskämpfen und Theoriedebatten verausgabten, konnte der schweigsame, wegen seines beschränkten Intellekts von ihnen verachtete Stalin, »das genialste Mittelmaß unserer Partei« (wie Sinowjew über Stalin sagte), im stillen seine Hausmacht aufbauen, bis schließlich alle Fäden der Macht in seiner Hand zusammenliefen. Die kriminelle Energie des Generalsekretärs und seine mit Minderwertigkeitskomplexen gepaarte paranoide Psychologie, die später zur »materiellen Gewalt« wurde, hat wohl ihren Ursprung in einer Biographie, die von Anfang an äußerst zwiespältig war. Hier müssen wenige Hinweise genügen.

Jedenfalls ist es kaum ein Zufall, daß der Mann, unter dessen Herrschaft später Millionen Menschen bespitzelt und verfolgt wurden, seine ganze Jugend in einer Atmosphäre des Bespitzelns und Denunzierens verbracht hatte. Aus einer armen georgischen Familie stammend – der Vater war Schuster –, wurde der junge Stalin in eine jesuitische Klosterschule geschickt, für einen mittellosen Sohn aus dem Volke unter zaristischen Bedingungen die einzige Möglichkeit, eine kostenlose Ausbildung zu erhalten. Viele Jahre verbrachte er in diesem jesuitischen Priesterseminar, wo das Spionieren und Denunzieren alltägliche Gewohnheit war und wo schon der junge Stalin lernte, Frömmigkeit zu heucheln, obwohl er, nach eigenen Aussagen, an nichts glaubte. Nach seinem Rausschmiß aus dem Priesterseminar und seinem Eintritt in die Sozialdemokratische Arbeiterpartei Rußlands wurde der Ex-Jesuit zum »Jesuiten der Revolution«, die für ihn, auf der unbewußten Ebene, wohl eher eine per Theorie rationalisierte Rache- und Größenphantasie war. Bald wurde er zu einem der führenden Köpfe der grusinischen Untergrundbewegung, die ihre Wurzeln in der russisch-terroristischen Bewegung des 19. Jahrhunderts, der »narodnaja wolnja«, hatte und ihre Kader vor allem aus der anarchistischen Intelligenz und dem Subproletariat rekrutierte.

Auch Lenins älterer Bruder Alexander Uljanow gehörte der »narodnaja wolnja« an und wurde nach einem gescheiterten Attentatsversuch auf den Zaren Alexander III. von der zaristischen Obrigkeit zum Tode verurteilt und hingerichtet. Wie alle Lenin-Biografen übereinstimmend berichten, hat Lenin seinen Bruder sehr verehrt; seine Hinrichtung muß für ihn ein ebenso traumatisches wie prägendes Erlebnis gewesen sein. Zwar führte er fortan in seinen Schriften einen harten Kampf gegen den russischen Anarchismus und dessen Strategie des individuellen Terrors, den er weniger aus moralischen denn aus politischen Gründen ablehnte. Gleichwohl brachte er ihm eine heimliche Hochachtung entgegen und duldete innerhalb der eigenen Partei, die ja im Untergrund operieren mußte, einen anarchistisch-terroristischen Flügel, der gewisse undankbare Aufgaben zu erledigen hatte, mit denen sich die bolschewistische Parteiintelligenz lieber nicht befassen wollte. Jedenfalls machte sich der junge Stalin als ebenso geschickter wie skrupelloser Geldbeschaffer der Partei schon früh nützlich, ja, bald unentbehrlich – eine Rolle, die ihm Lenin selber zugewiesen hatte. »Wer die Gelder hat, bestimmt die politische Richtung«, pflegte Lenin zu sagen, und die Partei war damals bankrott. Stalin, die »schmutzige Hand Lenins«, organisierte Überfälle auf Geldtransporte und Banken. Vielleicht entstammt Lenins Sympathie für diesen verschwiegenen, verläßlichen und skrupellosen grusinischen Tatmenschen, der für die Partei Kopf und Kragen riskierte und sich, um ihre Kassen zu füllen, sogar krimineller Methoden bediente, auch einer Art unbewußter »Übertragung« seiner traumatisch abgebrochenen Liebe zu seinem hingerichteten Bruder Alexander. Es ist jedenfalls eine tragische Ironie, daß Lenin schon früh die kriminelle Energie jenes Mannes in den Dienst seiner Partei nahm, die derselbe später liquidieren sollte.

Stalin mußte schließlich nach einem Banküberfall in Tiflis die Stadt verlassen und für viele Jahre untertauchen, von der Polizei verfolgt und gesucht. Jahre seines Lebens hat der junge Terrorist in Kellern und verborgenen Unterkünften verbracht, immer auf der Flucht und in der Furcht, gefaßt zu werden. Kein Wunder, daß für ihn Politik, auch revolutionäre Politik, identisch mit Konspiration war. Kein Wunder, daß sich auch der spätere Generalsekretär stets von Verfolgern und Feinden umgeben fühlte, die er meist präventiv umbringen ließ. Jahrelang von der Ochrana, der zaristischen Geheimpolizei, verfolgt und gesucht, lernte er deren Methoden genauestens kennen; Methoden, die er später seiner eigenen Geheimpolizei zur Nachahmung empfehlen sollte. Bis heute wissen die Historiker nicht, wieviel an dem Gerücht dran ist, der junge Sozialdemokrat Stalin habe zugleich als Agent für die Ochrana gearbeitet. Daß es seitens der Ochrana Versuche gegeben hat, Stalin als V-Mann zur Bespitzelung der antizaristischen Umsturzpartei, d. h. seiner eigenen Genossen, zu gewinnen, ist wohl erwiesen; unklar ist, ob und inwieweit er diese Doppelrolle tatsächlich gespielt hat.

Die schleichende Machtergreifung Stalins und seiner ihm ergebenen Gefolgsleute (Kaganowitsch, Woroschilow, Jagoda u. a.) innerhalb der KPdSU im Verlauf der späten zwanziger Jahre gewinnt vor diesem Hintergrund eine neue Kontur: In den Diadochenkämpfen nach Lenins Tod *setzte sich offenbar die Fraktion durch, die ihre geistigen und politischen Wurzeln im russischen Anarchismus und Terrorismus hatte* und darum gerade die skrupellosesten und karrieristischsten Elemente an sich zog, die der »Bürgerkriegskommunismus« nach oben gespült hatte. Stalins Sieg über die führenden Altbolschewiki bedeutete den Sieg des terroristischen Flügels über den demokratisch-revolutionären Flügel der Leninschen Partei, den Sieg des großrussischen Chauvinismus über den proletarischen Internationalismus. Im NKWD aber war gewissermaßen die alte zaristische Ochrana wieder auferstanden, die nur ihre Ideologie und ihr Feindbild zu ändern brauchte. Es hat seine Logik, daß gerade jener Personenkreis innerhalb der Leninschen Partei zum Initiator des Staatsterrors und zum Träger des wiederbelebten asiatischen Despotismus wurde, der im jahrzehntelangen Kampf gegen den zaristischen Despotismus dessen Methoden und Mittel selbst praktiziert und verinnerlicht hatte.

In seinem (schon erwähnten) Stück »Weiter, weiter, weiter...« läßt Mi-

chail Schatrow den Bolschewiken Stalin mit dem weißgardistischen Bürgerkriegsgeneral Denikin in einen fiktiven Dialog treten, wobei letzterer »die Zweckmäßigkeit der Methoden und Mittel anerkennt, die wir nur vorhatten anzuwenden, die Sie jedoch mit Erfolg angewendet haben...«[31]. Diese Szene, die Stalin als Exekutor der Mittel und Methoden der weißgardistischen Konterrevolution beschreibt, war für das sowjetische Publikum harter Tobak. Im Grunde, will Schatrow sagen, hat niemand so gut das Geschäft der Konterrevolution besorgt wie jener Mann, der sich selbst für einen »aufrechten Kommunisten« und den bedeutendsten »Marxisten-Leninisten« der Epoche hielt. Stalin hat nicht nur, sieben Jahre nach der Beendigung des Bürgerkrieges, den Bürgerkrieg wieder aufs Dorf getragen, er hat auch dafür gesorgt, daß der Bürgerkrieg gegen die Bolschewiki, zumindest gegen die alte Leninsche Garde, sechzehn Jahre später doch noch gewonnen wurde.
Kurz bevor Stalin diese in den »Moskauer Prozessen« öffentlich aburteilen und dann umbringen ließ, rief er die »sozialistische Verfassung« der UdSSR aus, die er Bucharin vor dessen Liquidierung noch hatte ausarbeiten lassen. Im Jahre 1936, ein Jahr vor dem Beginn des Großen Terrors, dem die besten, integersten und uneigennützigsten Kommunisten zum Opfer fielen, verkündete er den »Übergang zum Kommunismus«. Daß im Namen des Kommunismus die Führung der Partei blanken Antikommunismus betrieb und längst in die Hände von Kriminellen und Konterrevolutionären übergegangen war, dies war für die sowjetische Öffentlichkeit und die kommunistische Weltbewegung deshalb kaum zu durchschauen, *weil es eine von erklärten Kommunisten und »Marxisten-Leninisten« geführte Konterrevolution unter dem Schutz der Roten Fahne war.* Das klingt paradox; aber die Paradoxie löst sich auf, wenn man zwischen dem, wofür sich eine Parteiführung hält, und dem, was sie tut, genau unterscheidet.
Die Machtergreifung der Stalin-Clique innerhalb der Partei hatte ja nicht in der offenen Form einer Palastrevolution, geschweige denn eines Militärputsches stattgefunden, sondern in der schleichenden und durchaus »legalen« Form des Kampfes zweier Linien um das »richtige« Entwicklungskonzept für die nachrevolutionäre Sowjetgesellschaft. Nachdem Stalin, der die Parteimehrheit repräsentierte, in diesem Kampf den Sieg davongetragen hatte, war er zum nicht mehr kritisierbaren Führer der Partei aufgestiegen. Die ihn noch hätten kritisieren

oder eine parteiinterne Opposition gegen ihn hätten formieren können, waren spätestens mit den »Moskauer Prozessen« ausgeschaltet worden. Hinzu kam, daß die Aufrüstung und Expansion des Dritten Reiches, die zeitgleich mit dem »Großen Terror« einherging, erst recht Hitlers Blitzsiege nach 1939, alle kommunistischen Parteien in der Welt zur Solidarität mit der bedrohten Sowjetunion verpflichteten, eine Solidarität, die freilich schon vor dem Krieg mit Blindheit geschlagen war.

Die Art und Weise, wie sich der Konterrevolutionär Stalin als »revolutionärer Bolschewik« und »Kommunist« vor sich selbst, der Partei und der kommunistischen Weltbewegung zu tarnen und zu legitimieren verstand, ist wohl einzigartig in der neueren Geschichte. Darin liegt – für mich – das eigentliche »Phänomen Stalin«, für das es keinen historischen Präzedenzfall, keinen Vergleich gibt; eben dies unterscheidet ihn auch fundamental von jenem anderen Jahrhundertverbrecher, von Adolf Hitler. Um von der beispiellosen politischen Verkehrung des Stalinismus eine Vorstellung zu bekommen, stelle man sich diese auf deutsche Verhältnisse übertragen vor: Hitler wäre von Anfang an im Zentralkomitee der Kommunistischen Partei Deutschlands gewesen und hätte ab 1933 im Namen Rosa Luxemburgs und Karl Liebknechts ihre aktivsten und besten Kader liquidiert oder ins KZ gesteckt und seine »nationale Revolution« als Fortsetzung, ja, Vollendung der deutschen Novemberrevolution von 1918 ausgegeben!

Um nicht mißverstanden zu werden: Nicht daß Stalin bewußt ein Doppelspiel getrieben hätte! Nicht daß er erst die Tarnmaske des »revolutionären Bolschewiken« und »Marxisten-Leninisten« aufgesetzt hätte, um sie, nachdem er zum unangefochtenen Führer der KPdSU aufgestiegen war, fallen zu lassen und dann sein »wahres Gesicht« hervorzukehren. Er hielt sich wirklich für einen echten Kommunisten und großen »Marxisten-Leninisten«, der glaubte, das Leninsche Erbe, das Erbe der Oktoberrevolution in die Wirklichkeit umzusetzen. Nicht sein »demiurgischer« und krimineller Charakter, nicht sein grenzenloser Ehrgeiz und Machthunger waren die Hauptursache für die zunehmende Verwandlung der Parteiführung in eine kriminelle Mafia und für den allgemeinen Staatsterror, sondern *die bis zum Exzeß verfolgte Durchsetzung eines bestimmten Entwicklungskonzeptes, an dem Stalin und die Parteimehrheit um so fanatischer festhielten, je mörde-*

rischer dessen Folgen und Auswirkungen waren. Zum – neben Hitler – größten politischen Massenmörder des 20. Jahrhunderts wurde Stalin (und die ihm ergebene Camarilla) erst in der wahnhaften Verfolgung eines maßlos ehrgeizigen Fortschrittstraumes, für dessen Verwirklichung in der Sowjetunion der zwanziger und dreißiger Jahre alle objektiven Voraussetzungen fehlten: nämlich allen »menschewistischen« Zweiflern und Kleinmütigen, allen »trotzkistischen« Defaitisten und »bucharinschen« Versöhnlern zum Trotz »den Sozialismus in einem Lande aufzubauen.« Um diesen heroischen Menschheitstraum zu verwirklichen, den er (man muß es immer wieder betonen) mit der Parteimehrheit träumte, war Stalin bereit, alle Widerstände zu brechen und über Leichen zu gehen, ja, sogar Bürgerkrieg gegen das eigene Volk zu führen. Je höher sich die Leichenberge hinter seinem Rücken auftürmten, um so fanatischer mußte er sich selbst, dem Partei- und Staatsvolk beweisen, daß sein Weg trotzdem der richtige »marxistisch-leninistische« Weg war und daß das hehre weltgeschichtliche Ziel die Opfer rechtfertige. Je tiefer er in Blut watete, desto weniger konnte er »Fehler« und »Irrtümer« eingestehen und desto rigoroser mußte er jeden Anschein von Zweifel, Kritik und Unbotmäßigkeit in den eigenen Reihen bestrafen und jeden exekutieren lassen, der das Wahrheitsmonopol der Partei, die ja das »objektive Gesetz der Geschichte« verkörperte, in Zweifel zog oder nur im Verdacht stand, dieses Gesetz anzuzweifeln. Es handelte sich hierbei weniger um einen »Exzeß der Ideologie« als um das mörderische (Selbst-)Rechtfertigungsbedürfnis einer Parteiführung, die ihren einmal beschrittenen Weg nicht mehr korrigieren konnte, weil sie sonst öffentlich hätte zugeben müssen, daß ihr mörderischer Weg eben gerade nicht zum Sozialismus, vielmehr zu dessen realer Negation führte und daß die Millionenopfer, die die Durchsetzung der »Parteilinie« schon gekostet hatte, umsonst gewesen waren. Darum »mußte« sie ihre »historische Mission« und den Wahn ihrer »weltgeschichtlichen Befreierrolle« mit allen Mitteln, und sei es um den Preis weiterer Massenmorde, verteidigen – ein sich auf immer höherer Stufenleiter reproduzierender paranoider Zirkel, dessen Logik und Eigendynamik auch die NS- und SS-Führung zwanghaft folgte, nachdem sie mit den Massenmorden an den Juden einmal begonnen hatte.
Daß ausgerechnet der Historische Materialismus, die Blüte der sozial-

wissenschaftlichen Aufklärung des 19. Jahrhunderts, einmal in den Dienst einer solch tödlichen Rationalisierungsstrategie gestellt werden könnte, haben sich seine Gründungsväter gewiß nicht vorstellen können; das neunzehnte Jahrhundert war ja auch noch unbeleckt von den Erfahrungen des zwanzigsten, und Marx und Engels waren zu sehr Rationalisten, als daß sie das berühmte Goya-Wort »Der Schlaf der Vernunft erzeugt Ungeheuer« auch auf ihr eigenes Werk hätten beziehen können.

10. Die vierfache Abstützung des Stalin-Kultes

Und doch greift jede Analyse des Stalinismus zu kurz, die diesen nur als terroristisches Gewaltregime zu begreifen sucht. Vom Standpunkt der Opfer mag es zwar moralisch geboten erscheinen, die gesamte Stalin-Epoche ohne Unterschied und ohne mitgedachte Widersprüchlichkeit zu verdammen, wie dies viele sowjetische Dissidenten und die meisten westlichen Intellektuellen zu tun pflegen; doch bleibt es bei solch abstrakt totaler Negation einer dreißigjährigen Epoche vollkommen unverständlich, warum dieses Regime, trotz seines millionenfachen Terrors, eine so breite Akzeptanz in der Bevölkerung gefunden hat.
Die Basis der Popularität und der bald unangefochtenen Führerstellung Stalins in Partei und Staat war jene gigantische Industrialisierungsvision, die seinem Regime sogar noch bei vielen seiner Opfer Zustimmung sicherte. Man muß sich vergegenwärtigen, daß die durch Krieg und Bürgerkrieg ruinierte sowjetische Wirtschaft erst 1928 wieder den Vorkriegstand erreicht hatte. Trotz seiner Revolution mußte das sowjetische Volk mindestens ein Jahrzehnt in den kümmerlichsten Verhältnissen leben, der Hunger war alltäglich, der Umsatz des Handels war gering, die Produktion von Industrieerzeugnissen machte nur langsam Fortschritte, es fehlte an Wohnungen und Konsumgütern aller Art.
Und dann beschloß das ZK der KPdSU im Jahre 1929 den ersten Fünfjahresplan, der – ungeachtet oder vielmehr gerade wegen seiner völlig überzogenen Planziele – eine wahrhafte Massenbegeisterung auslöste; denn er versprach einen ungeahnten wirtschaftlichen Aufschwung in kürzester Zeit. Das Volk sah endlich eine Zukunft vor sich. Es lieh sei-

ne besten Energien diesem Projekt und investierte seine ganze Hoffnung, wie die Rückschau sowjetischer Zeitzeugen und Historiker übereinstimmend bekundet. In der »Romantik« der zwanziger und dreißiger Jahre »lebte man, vom Feuer der Revolution und vom Traum über ein nahes Paradies der Gleichheit und Brüderlichkeit erfaßt, in Baracken und ... hat begeistert und selbstlos eine mächtige Industrie hochgezogen« (Granin).[32] Es herrschte ein »Arbeitsenthusiasmus, der in der Geschichte seinesgleichen sucht« (Frolow)[33] und mit dem damals ganze Mannschaften von agitierten Arbeitern in die »Aufbauschlacht« zogen – nach dem Motto: »Kommunisten ist alles möglich!« Dieser Enthusiasmus (vgl. die Stachanow-Bewegung) war die gleichsam freiwillige Kehrseite des Arbeitszwanges und ließ die Staatsarbeiter und Staatsbauern ihre reale Rechtlosigkeit vergessen. Dieser Schwung in der Bevölkerung, der die sowjetischen Menschen in das Gegenteil jener Apathie und Trägheit verwandelte, mit der sie auf das spätere (nachstalinistische) Stagnationsregime antworten sollten, hielt sich durch bis in den antinazistischen Verteidigungskrieg, der mit einer gewaltigen Industrialisierung in Sibirien einherging; und er beflügelte selbst noch den Wiederaufbau nach dem Zweiten Weltkrieg. Es war zwar eine »unwahrscheinliche Überanstrengung von Kräften des Volkes« (Jerusalimski),[34] aber eben diese Überanstrengung, dieser permanente Mobilzustand, in den das Volk versetzt wurde, im Verbund mit einer »marxistisch-leninistischen« Ideologie, die ihm eine wahrhaft prometheische Befreierrolle im Weltprozeß zuwies, spornte es zu ungeheuren Anstrengungen und Leistungen an. Letztere wären ohne das Stimulans dieser Ideologie, die seine Fron und all seine Opfer mit Sinn zu erfüllen und zu adeln schien, nicht möglich gewesen.

Es gehört zu den Paradoxien des Stalinismus, daß das russische Volk kaum jemals in seiner Geschichte binnen kürzester Zeit solche gigantischen Leistungen vollbracht hat wie just in der Zeit seiner schwersten Unterdrückung unter der Peitsche seines neuen Dschingis-Khans. Zur selben Zeit, da die Bevölkerungen Westeuropas und der Vereinigten Staaten unter der Weltwirtschaftskrise und der rapide ansteigenden Massenarbeitslosigkeit ächzten, imponierte Stalin der Welt mit zweistelligen industriellen Zuwachsraten und Vollbeschäftigung, was selbst seinen Gegnern Respekt einflößte und die prinzipielle Überlegenheit einer staatlich durchgeplanten Wirtschaftsweise gegenüber der Anarchie der (damals noch unregulierten) kapitalistischen Marktwirtschaft zu beweisen schien. Im Laufe von zehn Jahren hatte sich die Arbeiterklasse verdreifacht, die städtische Bevölkerung verdoppelt, kam es zu einer sprunghaften wissenschaftlich-technischen Qualifizierung der Massen und war ein materiell-technischer Produktionsapparat geschaffen worden, ohne den das sowjetische Volk den antinazistischen Verteidigungskrieg nicht hätte gewinnen können. Zwar wurde das ganze Land mit »Gulags« überzogen, aber es wurde zugleich im Eiltempo industrialisiert, die Bevölkerung kultiviert und urbanisiert, der Krieg gewonnen und der Wiederaufbau geleistet. In den Augen der Bevölkerungsmehrheit hatte sich das nach seinem despotischen Führer benannte Regime also »produktiv« verhalten.

Die Verehrung und Beliebtheit Stalins läßt sich – nach Ferenczi – »teilweise auch mit Hilfe eines sozialpsychologischen Mechanismus erklären, wonach die entwurzelten, zu Industriearbeitern umgeschulten Bauern in der Phase der völligen Zerstörung ihrer traditionellen Lebensweise und Wertvorstellungen so sehr verunsichert waren, daß sie aufgrund ihrer autoritären Bewußtseinsstruktur eine übermächtige Vaterersatzgestalt als Orientierungspunkt und Identifikationsfigur geradezu brauchten.«[35] Stalin also in der Doppelrolle des Ersatz- und Erlöserzaren.

Auch wenn die großen Aufbauleistungen mit einem millionenfachen Terror und einem jahrzehntelangen Konsumverzicht der Massen bezahlt wurden, zum ersten Mal waren diese Massen in ihrer Geschichte von der Sorge befreit, keine Arbeit, kein Brot, keine medizinische Versorgung und keine Bildungsmöglichkeiten zu haben, so unzulänglich und so ungleich die Befriedigung dieser Elementarbedürfnisse auch war. Darum konnte auch die etatistische Sowjetbürokratie bei allen Konsum – und sonstigen Privilegien, die sie sich aufgrund der exklusiven Verfügung über den Produktions- und Verteilungsapparat sicherte, ihre Sonder- und Herrschaftsinteressen nie ganz von den Interessen des Volkes trennen. Es gehörte zu ihrer politischen raison d'être, die Grundbedürfnisse der Massen in gewissem Umfang zu befriedigen.

Der permanente Mobilzustand, in dem das sowjetische Volk durch die Industrialisierungskampagne, durch den »Großen Vaterländischen Krieg« und durch den Wiederaufbau gehalten wurde, drängte den Terror nicht nur in den Hintergrund, sondern ließ ihn, in den Augen vieler

Bürger, sogar als notwendig erscheinen: als Bestrafung der »Faulenzer«, »Bummelanten«, »Saboteure«, »Volkschädlinge« und »Volksfeinde«, die das große Aufbauwerk und die weltgeschichtliche Mission des sowjetischen Volkes und seines Führers zu behindern oder zu sabotieren wagten. Für die Nichterreichung der viel zu hochgesteckten Planziele und die vielen Fehlplanungen suchte Stalin denn auch beständig nach »Sündenböcken«. Zu diesem Zweck inszenierte er die berüchtigten »Schädlingsprozesse«: gegen die Industriepartei, die Partei der werktätigen Bauern, das Unionsbüro, die Schachtyaffäre u. a. All diese Prozesse, auch die Moskauer Schauprozesse und der ihnen folgende Massenterror dienten nicht nur der Machtkonzentration und Machtsicherung der Partei- und Staatsbürokratie, sondern sie hatten auch eine eminent wichtige sozialpsychologische Entlastungsfunktion. Die latenten Aggressionen des sowjetischen Volkes galten ja in Wirklichkeit der Staatspartei und dem despotischen Regime, das ihm so viele Opfer abverlangte; um so notwendiger war es, die kollektiven Frustrationen auf Ersatzobjekte umzulenken: auf »Trotzkisten«, »Menschewisten«, »Sinowjewisten«, »Kosmopoliten«, »Zionisten« und andere »Volksfeinde«, die angeblich immer im Sold ausländischer Dienste standen. (Da nicht nur Trotzki, sondern viele führende Altbolschewisten Juden waren, hatte übrigens auch der stalinistische Antitrotzkismus eine starke antisemitische Komponente. Die heutige großrussische und antisemitische »Pamjat«-Bewegung knüpft an diese Denktradition bruchlos an, indem sie für den Verfall des Sowjetsystems, wie seinerzeit die Nazis, die »jüdisch-bolschewistische Intelligenz« verantwortlich macht.) Die gezielte Politik der Ablenkung und Kanalisierung des Volkszorns verband sich hierbei mit der paranoiden Psychologie des Generalsekretärs, der sich überall von »Verrätern« und »Volksfeinden« umgeben sah und dessen Angst vor Vergeltung in dem Maße zunehmen mußte, wie er immer neue Opfer auf sein Gewissen lud. Kurz vor seinem Tod machte Stalin sogar seinen eigenen jüdischen Leibärzten den Prozeß, weil er an ein »zionistisches Komplott« glaubte und in dem Wahn befangen war, die Ärzte wollten ihn mit falschen Medikamenten und vergifteten Speisen ermorden.
Wie die KZs im »Dritten Reich« von der NS-Propaganda wurden auch die Gulag-Lager von der stalinistischen Propaganda als »Arbeitslager« qualifiziert, denen im Rahmen des Aufbaus- und Industrialisierungs-

programms eine produktive Funktion zugeschrieben wurde. Die Arbeitskapazität der Gulag-Häftlinge wurde als wichtiger Wirtschaftsfaktor betrachtet und ging als feste Größe in den Zentralplan ein. Oft wurden die Lager in der Nähe geplanter industrieller Großprojekte (Staudämme, Elektrizitätswerke, Kanäle) errichtet. Wo aber jedermann schuften mußte, war auch ein zu Zwangsarbeit Verurteilter kein »besonderer Fall«; wo schon das normale Fabrikregime mit seiner drakonischen Arbeitsdisziplin und Hetze sich gar nicht so sehr von einem Arbeitslager unterschied, galt auch ein solches als nichts Außergewöhnliches. Daß in den Gulag-Lagern die Menschen durch Arbeit vernichtet wurden – die Ufer des Weißmeer-Kanals sind mit Knochen von Häftlingen befestigt –, wurde der sowjetischen Öffentlichkeit ebenso verschwiegen wie den Deutschen im Dritten Reich die Tatsache, daß in den KZs Millionen Menschen gefoltert, erschossen, erhängt, durch Arbeit vernichtet oder vergast wurden. In den Augen der Mehrzahl des sowjetischen Volkes aber war Stalin nicht nur der »große Industrialisator«, der das Land aus der Rückständigkeit herausführte, sondern auch der legitime Erbe Lenins und Wegweiser der kommunistischen Weltbewegung. Diese dreifache Inszenierung verlieh ihm eine enorme Popularität und eine schier unangreifbare Autorität. Diese wurde während des Zweiten Weltkrieges noch potenziert durch seine Rolle als – zuletzt sogar – siegreicher Feldherr in einem gerechten Verteidigungskrieg gegen den deutschen Imperialismus. Die Millionenopfer, die der stalinistische Terror gekostet hatte, wurden nach dem Krieg von der Gloriole des Sieges ebenso überdeckt wie die katastrophalen Folgen seines Enthauptungsschlages gegen die eigene Armee, seine gravierende Fehleinschätzung des Nationalsozialismus und seine folgenschweren Unterlassungssünden hinsichtlich der Landesverteidigung. Inzwischen ist auch die letzte Bastion des Stalin-Kultus, der Mythos vom »Großen Feldherrn«, von den Perestroika-Anhängern geschleift worden. Heute sagen die sowjetischen Historiker und viele Sowjetbürger: »Wir haben den Krieg nicht mit, sondern trotz Stalin gewonnen.«[36]
Nach dem Krieg aber wurde Stalin nicht nur von der kommunistischen Weltbewegung, sondern auch von den westlichen Siegermächten als großer und siegreicher Feldherr gefeiert, dem man Bewunderung und Dankbarkeit entgegenbrachte. Zu dieser Dankbarkeit hatten die Westmächte auch allen Grund; schließlich hatte die Sowjetunion die Haupt-

last des Kampfes gegen die Naziarmeen zu tragen gehabt. Nur wenn man sich diese vierfache ideologische Abstützung des Stalin-Kultes vergegenwärtigt – als »Erbe Lenins«, als Statthalter der »historischen Mission« des Weltproletariats, als »großer Industrialisator« und als siegreicher Fehldherr im »Großen Vaterländischen Krieg« –, wird begreifbar, warum Stalin und das nach ihm benannte System trotz des gigantischen Terrors eben auch eine breite Zustimmung fand. Nur so wird verständlich, warum die Sowjetbürger und die Kommunisten in aller Welt dem Stalin-Kult so lange ergeben waren und warum noch die deutschen »Marxisten-Leninisten« und Maoisten der siebziger Jahre den Stalin-Terror unter der verharmlosenden Rubrik »falsche Behandlung der Widersprüche im Volk« abbuchen konnten.

11. Die asiatische Variante des »rohen Kommunismus«

Mit dem »Real existierenden Sozialismus« ist es wie mit den Gottesbeweisen. Je fraglicher die Existenz des »Allerhöchsten«, desto aufwendiger muß sie bewiesen werden. Die beschwörende Versicherung, daß der Sozialismus auch wirklich »real existiere«, und die nominelle Anbindung dieses suggestiven Attributs an die offizielle Systembezeichnung legte schon immer den Verdacht nahe, daß seine Existenz höchst fraglich und ungewiß, d. h. eher eine Glaubensangelegenheit war. Tatsächlich hat die Formation, die sich »Realsozialismus« nannte, keine Theorie ihrer selbst hervorgebracht. Sie selbst ist sich ihr »blinder Fleck« geblieben.
Die Frage nach dem Charakter der Gesellschaftsformation, die unter Stalin in der Sowjetunion entstanden ist und die nach dem Zweiten Weltkrieg in die Länder des Ostblocks exportiert wurde, beschäftigt die westlichen Soziologen, Politologen, Sowjetologen und Sozialisten nicht erst seit dem Zusammenbruch dieser Formation. Bei den bisherigen Bestimmungs- und Definitionsversuchen ließen sich – grob gesagt – zwei Richtungen unterscheiden:
Die erste unternahm eine Analyse vornehmlich in Begriffen der westeuropäischen Wirtschafts- und Sozialgeschichte. Der am häufigsten verwendete Begriff in diesem Kontext war (und ist) der des »Staatskapitalismus«, den ja auch Lenin zur Charakterisierung der Transforma-

tionsperiode nach dem Oktober benutzte. Als »staatskapitalistisch« im strengen Sinne läßt sich aber nur die Periode der NÖP (zwischen 1921 und 1928) bezeichnen, als neben der verstaatlichten Industrie auf dem Lande noch ein großer privatwirtschaftlicher Sektor bestand, in dem die Marktgesetze vorherrschten. Mit der Verstaatlichung der gesamten Volkswirtschaft, der Einführung der zentralen Planung und der Schaffung des Außenhandelsmonopols aber waren die kapitalistischen Marktgesetze endgültig aufgehoben. Damit war auch eine neue sozioökonomische Formation entstanden, in der die ökonomischen Kategorien (Wert, Lohn, Preis, Profit u. a.) zwar noch fortbestanden, aber für den gesellschaftlichen Akkumulations- und Reproduktionsprozeß nur noch eine untergeordnete Rolle spielten. Die Gesamtökonomie wurde seither politisch, über den Zentralplan und nicht mehr über den Markt gesteuert. In diesem entscheidenden Punkt versagt auch das sonst durchaus erklärungstüchtige Interpretationsmuster, das Rossana Rossanda (und die »Manifesto-Gruppe«) zusammen mit Charles Bettelheim in den siebziger Jahren angeboten haben: Auf die Abschaffung des Privateigentums an Kapital sei staatsmonopolistischer Kapitalismus gefolgt, diesem entspreche das Einparteiensystem mit der Partei als »herrschender Klasse« (Bettelheim spricht von »Staatsbourgeoisie«), die sich natürlich in ihrer Entstehungsweise – nicht qua Erbe, sondern qua Kooptation – unterscheide, aber im Grunde den modernen Managerschichten gleiche, was ihren Widerstand gegenüber Systemänderungen erkläre.[37]

Eine zweite Gruppe von Definitionsversuchen knüpfte an die trotzkistische Deformationsthese an. Zwar erkannte Trotzki richtig, daß sich eine »neue Kaste«, die Sowjetbürokratie, des Staatsapparates bemächtigt hatte und daher an den Schalthebeln der Macht saß, von denen aus die Verteilung der gesellschaftlichen Güter geregelt wurde; doch diese Bürokratenkaste hat – nach Trotzki – die »Natur« des Staates, den er bereits für einen »sozialistischen« hielt, nicht grundlegend verändert, sie hat ihn bloß infiziert, ihn »befallen«, so wie ein an sich gesunder Baum von einem Parasit befallen wird.[38] Trotzki hatte mit seinen ärgsten Gegnern, den Stalinisten, gemein, daß er die Eigentumsformen unabhängig von der Produktionsweise betrachtete; wie jene ging auch er von der etatistischen Vorstellung aus: Je mehr Staat und Staatseigentum, desto mehr Sozialismus! Trotzki und die in seiner Denktradition stehenden Politökonomen und Marxisten haben aber übersehen, daß die Sowjetbürokratie, indem sie die Wirtschaftspläne ausarbeitete, die Richtung der Produktion bestimmte, die Preise festsetzte und das Nationaleinkommen ihren Interessen entsprechend aufteilte, nicht nur über den Verteilungsmechanismus, sondern auch über den gesellschaftlichen Produktionsapparat und über die staatseigenen Arbeitskräfte exklusiv verfügte – und dies im multinationalen Maßstab eines Vielvölkerstaates.

Erst die Perestroika hat der Kritik am sowjetischen Wirtschaftsmodell eine neue Schärfe verliehen, indem nun auch das spezifische Produktionsverhältnis in die Betrachtung einbezogen wurde. Die sowjetischen Reformökonomen um Gorbatschow gehen denn auch über die klassischen Deformationstheorien weit hinaus. Die Deformation wird nun nicht mehr bloß im politischen Überbau gesucht. *Das »befehlsadministrative System der Leitung« wird vielmehr als Erscheinungsform bestimmter Produktions- und Arbeitsverhältnisse gedeutet, die von »Entfremdung« geprägt sind.* So spricht Butenko von der »Entfremdung der Arbeit vom Eigentum« und von der »Absonderung des Eigentums selbst von dessen Verwaltung«.[39] Die spezifische Macht, die sich hier zwischen die Produzenten und die Produktionsmittel geschoben hat, ist der Staat und seine allmächtige Verwaltung. Die Reduktion aller Formen des Eigentums an den Produktionsmitteln auf Staatseigentum, solche bloß »formale Vergesellschaftung« führte zur »Negation realer Vergesellschaftung« (Medwedjew).[40] »Der Mensch geht in seine Firma und betritt Staatseigentum; er geht nach Hause und befindet sich wieder auf Staatseigentum« (Weprew).[41]

In seiner historischen Rekonstruktion kommt Gorbatschow zu dem Ergebnis, daß »das administrative Weisungssystem, das sich im Verlauf der Industrialisierung auszubilden begann und in der Zeit der Kollektivierung einen neuen Impuls erhielt, sich auf das gesamte gesellschaftlich-politische Leben unseres Landes auswirkte. Nachdem es sich in der Wirtschaft durchgesetzt hatte, dehnte es sich auf den Überbau aus.« Hinzu kam die Übertragung des »Kriegskommunismus«, d. h. der »Methoden, wie sie in der Periode des Kampfes gegen den Widerstand der feindlichen Ausbeuterklassen angewandt worden waren,« auf die Periode des Aufbaus. Das Resultat war – nach Gorbatschow – eine Art Umkehrung der Produktionsverhältnisse. »Das Volkseigentum wurde schrittweise von seinen wahren Eigentümern, den Werktätigen, getrennt«.[42] Dieser Prozeß nahm eine Sonderqualität im Verhältnis zu den Bauern an.

Mit diesem Analyseansatz sind die sowjetischen Historiker der »Glasnost«-Ära, einschließlich Gorbatschow selbst, des Pudels Kern schon sehr nahe gekommen. Um so erstaunlicher, daß keinem von ihnen die frappierende Parallele zur »ursprünglichen Akkumulation« des Kapitals aufgefallen ist, deren historisches Resultat, bei allen prinzipiellen Unterschieden hinsichtlich der dominierenden Eigentumsform und Produktionsweise (wie oben gezeigt), ebenfalls die Scheidung der Produzenten vom Eigentum an ihren Produktionsmitteln (von Grund und Boden, ihren Arbeits- und Lebensmitteln) gewesen ist.

Als »marxistisch« im genuinen Sinne kann das Modell des sowjetischen »Kasernenkommunismus« und Staatsmonopolismus daher nur von solchen Leuten bezeichnet werden, die von Marx und Engels keine Ahnung haben oder sie wider besseres Wissen mißdeuten. Schon in den »Philosophisch-Ökonomischen Manuskripten« hat Marx das »allgemeine Privateigentum« als charakteristische Erscheinungsform des »rohen Kommunismus« diagnostiziert, der »alles vernichten will, was nicht fähig ist, als Privateigentum von allen besessen zu werden; er will auf gewaltsame Weise von Talent etc. abstrahieren ... Die Bestimmung des Arbeiters wird nicht aufgehoben, sondern auf alle Menschen ausgedehnt; das Verhältnis des Privateigentums bleibt das Verhältnis der Gemeinschaft zur Sachenwelt ... Dieser Kommunismus – indem er die Persönlichkeit des Menschen überall negiert – ist eben nur der konsequenteste Ausdruck des Privateigentums, welches diese Negation ist. Der allgemeine und als Macht sich konstituierende Neid ist die versteckte Form, in welcher die Habsucht sich herstellt und nur auf andere Weise sich befriedigt ... Der rohe Kommunist ist nur die Vollendung dieses Neides und dieser Nivellierung von dem vorgestellten Minimum aus. Er hat ein bestimmtes begrenztes Maß. Wie wenig diese Aufhebung des Privateigentums eine wirkliche Aneignung ist, beweist die abstrakte Negation der ganzen Welt der Bildung und der Zivilisation, die Rückkehr zur unnatürlichen Einfachheit des armen und bedürfnislosen Menschen, der nicht über das Privateigentum hinaus, sondern noch nicht einmal bei demselben angekommen ist ... Die erste positive Aufhebung des Privateigentums, der rohe Kommunismus, ist also nur

eine Erscheinungsform von der Niedertracht des Privateigentums, das sich als das positive Gemeinwesen setzen will.«[43]
Gibt es eine treffendere Beschreibung der stalinistischen Anti-Eigentumsideologie? Diese setzte sich selbst über Marxens kategoriale Unterscheidung zwischen dem kapitalistischen Privateigentum, das auf Aneignung fremder Arbeit beruht, und dem »selbst erarbeiteten Privateigentum« hinweg.
Der von Marx entdeckte Sachverhalt, daß der vom Kapital akkumulierte Mehrwert sich der unbezahlten Mehrarbeit des (Lohn-)Arbeiters verdankt, daß also das Kapitalverhältnis objektiv ein Ausbeutungsverhältnis konstituiert, hat den »rohen Kommunismus« zu dem Kurzschluß verleitet, daß eine Gesellschaft ohne Ausbeutung nur möglich ist, wenn das Privateigentum überhaupt aufgehoben wird – ein Kurzschluß, zu dem allerdings auch gewisse Formulierungen des »Kommunistischen Manifests« und die von Engels 1847 verfaßten »Grundsätze des Kommunismus« herausgefordert haben, in denen die Aufhebung des Privateigentums (ohne genauere Unterscheidung) als vorrangiges Ziel der kommunistischen Bewegung definiert wird. Zumindest durch ihre frühen Propagandaschriften haben Marx und Engels die rohkommunistische Attacke auf das Privateigentum mitbefördert. Dialektiker, der er war, hat Marx aber zugleich auf die »zivilisatorische Seite« des Kapitals hingewiesen, die auf dem ungeheuren Fortschritt der Produktivkräfte basiert. Immer wieder sprach er auch von der »positiven Seite des Privateigentums« und der auf ihr beruhenden bürgerlichen Kultur. Diese ist eben nicht nur eine Kultur der Ausbeutung, sondern auch eine Kultur der Initiative, Selbsttätigkeit, Individualität und Freiheit. Wo sie fehlt bzw. wie im Stalinismus abstrakt total negiert worden ist, bleibt die Staatsbürokratie in all ihrer Trägheit das allein tätige, allein bestimmende Element.
Stalins rigoroser Kampf gegen jedwedes Privateigentum, auch gegen das »persönliche Eigentum«, gehört ebenso zu den Merkmalen des »rohen Kommunismus« wie seine Attacke auf den Markt. Der »rohe Kommunismus« verwechselt notorisch Marktwirtschaft mit Kapitalismus und glaubt, diesen nur abzuschaffen zu können, indem er jene gleich mit liquidiert. Der Markt aber ist viel älter als der Kapitalismus und kein Spezifikum dieser Produktionsweise. Märkte gibt es seit Menschengedenken, seit die Menschen Tauschhandel treiben, Märkte,

auch Geldmärkte, gab es in allen vorkapitalistischen Gesellschaften. Der Markt an sich war darum auch nie eine Kategorie der Marxschen Kapitalismuskritik. »Markt ist der allgemeine Ausdruck für die Cirkulationssphäre überhaupt«, konstatierte Marx[44] nüchtern. Seine Kritik galt allerdings dem Kapitalverhältnis, das einen spezifischen, durch bestimmte Eigentums- und Herrschaftsverhältnisse bereits strukturierten Markt voraussetzt, in dem zwei höchst ungleiche Subjekte in ein formelles Tauschverhältnis treten: der Kapitalist, Eigner von Geld und Produktionsmitteln, und der Arbeiter, der nichts als seine Arbeitskraft zu verkaufen hat. Auch wenn Marx den kapitalistischen Markt als ein Herrschafts- und Entfremdungsverhältnis beschrieb, auch wenn er den anarchischen und notwendig krisenhaften Charakter einer Profitökonomie immer wieder betonte, die sich, weil allein über den Markt vermittelt, der bewußten Gestaltung der Gesellschaft entzieht (und diese Kritik ist auch heute noch aktuell), so hat er doch nirgendwo behauptet, daß die Überwindung des Kapitalismus mit der Abschaffung des Marktes beginnen müsse.

Im Gegenteil: Die Herstellung des nationalen Marktes und des Weltmarktes, die » im universellen Austausch erzeugte Universalität der Bedürfnisse, Fähigkeiten, Genüsse, Produktivkräfte usw. der Individuen...« beschreibt Marx schon im »Manifest« als eine der großen Errungenschaften der bürgerlichen Epoche: »Die große Industrie hat den Weltmarkt hergestellt, den die Entdeckung Amerikas vorbereitete. Der Weltmarkt hat dem Handel, der Schiffahrt, den Landkommunikationen eine unermeßliche Entwicklung gegeben.«[45] Und auch Engels anerkannte die universelle Vergesellschaftungsfunktion des Marktes: »Auf diese Weise hat die große Industrie alle Völker der Erde miteinander in Verbindung gesetzt, alle kleinen Lokalmärkte zum Weltmarkt zusammengeworfen, überall die Zivilisation und den Fortschritt vorbereitet...«[46]

Wird der Markt abgeschafft und – wie im Stalinismus und allen »realsozialistischen Volkswirtschaften« – durch eine zentralistische Bürokratie ersetzt, ist das Dilemma vorprogrammiert. Denn diese muß, je komplexer die Wirtschaft wird, die Übersicht über den Wirtschaftsablauf und die Einsicht in die realen Kosten der Produktion verlieren. »Der rohe Kommunismus«, schreibt Peter Ruben in Hinblick auf die DDR-Ökonomie, »hat den Austausch ausgeschlossen und ihn durch

die Distribution ersetzt. Wir sind ein Distributionssystem und der Austausch ist verschwunden, folglich wurde die Preispolitik notwendig für den Staat ... Die Attacke auf den Markt, auf den Austausch ist der eigentliche Gegenstand des rohen Kommunismus.«[47]
Nach dieser Seite hin betrachtet, war der »Realsozialismus« (stalinistischer Provenienz) also nur die erste »rohe Form des Kommunismus«, d. h. die schlechte, abstrakt-totale Negation des Marktes, des Privateigentums und der mit diesem verknüpften bürgerlichen Zivilisation.

12. Ökonomische Entwicklungsdespotie und neuformierte asiatische Staatsordnung

Und doch stellt sich die Frage, die auch die sowjetischen Historiker und Ökonomen der »Glasnost«-Ära bislang nicht schlüssig beantwortet haben: Wie kam es, daß der »rohe Kommunismus«, die abstrakt totale Negation des Privateigentums, gerade in der Sowjetunion seinen optimalen Nährboden finden konnte? Wie war es möglich, daß dort nicht nur die Produktionsmittel und der Boden, sondern das gesamte gesellschaftliche Leben *verstaatlicht* werden konnte? Meine Antwort ist: weil es im rückständigen, halb-asiatischen Rußland der Oktoberrevolution *niemals eine vom Staat getrennte bürgerliche Gesellschaft, allenfalls rudimentäre Vorformen derselben, gegeben hat.*
Der rigorose und »erfolgreiche« Kampf der stalinistischen Bürokratie gegen jede Form von Privateigentum ist überhaupt nur begreifbar im Rahmen einer Tradition, eben der »halbasiatischen« Produktions- und Kulturzone, die den »asiatischen Hohn auf die Persönlichkeit« (Lenin) nie überwunden hat und in der die »positive Seite des Privateigentums« (Marx), die Kultur der Selbstinitiative, Individualität und Freiheit, nie zum Durchbruch gekommen ist. Und so mußte denn auch die neue Gesellschaftsformation, die sich nach 1929 mit der Rundum-Verstaatlichung herausbildete, *im Traditionszusammenhang der altrussischen bzw. moskowitischen Ökonomischen Despotie verbleiben*, auch wenn deren ehemals tragende Gesellschaftsklassen durch die Oktoberrevolution enteignet und entmachtet, im Bürgerkrieg aufgerieben worden bzw. dem Stalin-Terror zum Opfer gefallen waren. Die mit der Verstaatlichung der gesamten Ökonomie und der Einführung der zentralen Pla-

nung riesig anschwellende Bürokratie war die eigentliche soziale Basis der neuen ökonomischen Despotie. Zum Teil rekrutierte sie sich aus den Kadern der kommunistischen Partei, den alten und neuen Arbeiterschichten, die die rasante Industrialisierung freigesetzt hatte – die vertikale Mobilität war dementsprechend hoch –, zum Teil aus der »sozialistisch gewendeten« Intelligenz, zum großen Teil aber auch aus dem alten zaristischen Beamtenapparat.

Zwar hatte die vor 1917 (im Zuge der Stolypinschen Agrarreform) einsetzende kapitalistische Entwicklung auf dem Lande und die nachfolgende »asiatische Industrialisierung« und »asiatische Kollektivierung« die ökonomische Grundlage der »halbasiatischen Produktionsweise«, die dörflichen Gemeineigentums- und Selbstverwaltungsformen, die »Obtschina« und den »Mir«, endgültig zerstört – *doch wurde deren politischer Überbau, der despotische Beamten- und Verwaltungsapparat, strukturell beibehalten,* auch wenn er nun mit neuen Kadern aus den unteren Volksschichten aufgefrischt wurde und sich mit den Kadern der KPdSU zur neuen Staatsklasse amalgamierte. Die alte und neue Beamtenschaft aber war naturgemäß an der Erhaltung ihrer administrativen Macht und ihrer Privilegien interessiert. Dazu gehörten nicht nur Einkommens- und Konsumprivilegien, sondern vor allem das Privileg, von körperlicher Arbeit befreit zu sein. Das von Stalin eingeführte System der direkten Bestechung von oben – durch Geschenke aller Art, Datschen, gelbe Briefumschläge, Beförderungen etc. – befestigte die bürokratische Hierarchie, an deren Spitze die Selbstherrschaft des ZK, des Politbüros und des neuen roten Zaren stand.

Charakteristisch für die industrielle Despotie der Stalin-Ära ist, daß die herrschende Politbürokratie die doppelte Kommandogewalt sowohl über den Staatsapparat als auch über die verstaatlichten Produktionsmittel (einschließlich der Staatsarbeiter und Staatsbauern) ausübte und daß die quasimilitärische Hierarchie und Despotie, die Marx für das Fabriksystem im Manchester-Kapitalismus beschrieben hatte, nun im Namen des Sozialismus auf die ganze Gesellschaft ausgedehnt wurde.

Der sowjetische Legitimations-»Marxismus« hatte es fortan leicht, den Charakter der Politbürokratie als neuer herrschender Klasse zu verschleiern, weil mit der Abschaffung des Privateigentums an Produktionsmitteln scheinbar auch die ökonomische Grundlage der Klassen-

bildung und der Ausbeutung entfallen war. Tatsächlich aber war in den alten Ökonomischen Despotien, ob bei den Ägyptern oder den Inkas, den Mandschu-Dynastien oder der Zaren-Despotie, das gemeinschaftliche, das Königs- oder Staatseigentum (an Grund und Boden) die Basis der Klassenherrschaft gewesen. Indem der despotische Beamtenapparat und die Priesterkaste exklusiv über dieses kollektive Eigentum verfügen konnten, die öffentlichen Arbeiten (Kanalbau, Wasserbewirtschaftung etc.) kommandierten und sich das Mehrprodukt gemeinschaftlich aneigneten, übten sie ihre Macht als herrschende Klasse aus, die natürlich in sich selbst wieder hierarchisch gestuft war. Daß der einzelne Sowjetbürokrat keine individuelle Verfügungsmacht besitzt und nicht im privaten Interesse akkumulieren kann, ist also kein Argument gegen den soziologischen Tatbestand einer »bürokratischen Klasse«. Auch die Nichtvererbbarkeit der sozioökonomischen Positionen sowie die Rekrutierung vieler leitender Kader in Staat und Wirtschaft aus den unteren Klassen können diesen Tatbestand nicht aufheben oder relativieren. Die alten Ökonomischen Despotien in China, zum Teil auch in Rußland, pflegten stets einen gewissen Prozentsatz ihrer Beamtenschaft aus den unteren Ständen zu rekrutieren, um ihre Macht zu stabilisieren. Und wie alle Ökonomischen Despotien der Vergangenheit reproduzierte auch die industrielle Despotie des Stalinismus die Arbeitsteilung zwischen Kopf- und Handarbeit, die jenseits der Eigentumsform das älteste Element der Klassenbildung ist. Die neue bürokratische Staatsklasse gliederte sich in drei Hauptfraktionen: in die Polit- und Planbürokratie, in die Technobürokratie der Leiter (auf Betriebsebene) und in die Kaste der Staatsideologen, die, wie die alte Priesterschaft, das Monopol auf das Wissen innnehatte, d. h. den »Marxismus-Leninismus« als Herrschaftswissen und Staatsreligion verwaltete.
Letzterer war in doppelter Hinsicht zur Legitimationswissenschaft geworden: schon durch Lenins Bemühen, die ganz anders geartete russische Formationsgeschichte mit der westeuropäischen Entwicklungsgeschichte und der Marxschen Formationslehre in Einklang zu bringen und den Oktoberumsturz zur »sozialistischen Revolution« zu ernennen. Doch während Lenin noch ehrlich genug war, sich die gefährliche Schieflage einer »sozialistischen Revolution« einzugestehen, deren fehlende ökonomische und gesellschaftliche Basis erst noch zu schaffen

war, machte Stalin aus der spezifisch russischen Not eine heroische »sozialistische Tugend«. Der »marxistisch-leninistische« Kanon der Stalin-Ära hatte vor allem die Aufgabe, die asiatische Industrialisierung und Kollektivierung und ihre Verwüstungen zum »Aufbau des Sozialismus in einem Lande« zu verklären und die Restauration des asiatischen Despotismus hinter dem staatssozialistischen Schleier als Vollendung des Leninschen Erbes und der Oktoberrevolution auszugeben.
Im Nachhinein fällt es schwer, zu verstehen, daß mehrere Generationen von Kommunisten und linken Intellektuellen, ja, selbst gestandene Politökonomen und gebildete Marxisten einer so gravierenden Fehleinschätzung bzw. Verwechslung aufgesessen sind. Wie konnte eine Gesellschaft, die sich noch Ende der zwanziger Jahre auf dem Stand einer vorbürgerlichen Arbeits- und Industriekultur befand und erst noch eine »ursprüngliche Akkumulation« vor sich hatte, von sich glauben machen, daß sie nicht nur »den« Sozialismus aufbauen, sondern auch noch den fortgeschrittenen westlichen Kapitalismus »einholen und überholen« könnte!
Mir scheint, für diese epochale Mystifikation waren vor allem vier Faktoren und Umstände bestimmend:
Erstens zog die KPdSU, legitimiert durch ihren Erfolg, die »erste sozialistische Revolution der Weltgeschichte« vollbracht zu haben, nach 1917 die ganze kommunistische Weltbewegung in ihren Bann und beanspruchte auch die ideologische und politische Führung über alle europäischen kommunistischen Partien, die der III. Internationale beigetreten waren. Dabei wurde die Vormundschaft der KPdSU über die KI-Zentrale, die nach dem Prinzip des »Demokratischen Zentralismus« aufgebaut war, fest institutionalisiert. Damit hatten die Moskauer Komintern-Päpste, die natürlich mit Marx- und Engelszungen redeten und sich als »Marxisten« verstanden, auch das Deutungsmonopol inne: sowohl hinsichtlich der Bewertung der sowjetrussischen Entwicklung als auch hinsichtlich der Auslegung der Marxschen Theorie überhaupt. Häretiker in den Reihen der III. Internationale aber wurden nicht geduldet. »Die sozialistische Utopie, als deren Eckpfeiler seit gut 150 Jahren soziale Demokratie, unentfremdetes System gesellschaftlicher Arbeit und die Menschenrechte gelten«, schreibt Oskar Negt, »hat ganz andere geschichtliche Quellen als die, welche Rußland

zu Beginn dieses Jahrhunderts den Realitätsvorteil einer gelungenen Revolution verschaffte. Daß dieser Realitätsvorteil zum Anlaß genommen wurde, die Marxsche Theorie in sowjetischer Fassung nachträglich dem europäischen Sozialismus als Vorbild aufzuprägen, gehört zu den großen (theoretisch wie praktisch) gleichermaßen folgenreichen Tragödien des 20. Jahrhunderts.«[48]
Zweitens haben sich die europäischen KPs von den gänzlich anderen Politikformen blenden lassen, in denen sich in Sowjetrußland die »ursprüngliche Akkumulation« vollzog. Da deren Subjekt die Kommunistische Partei und der »Arbeiter- und Bauernstaat« war (und nicht wie in Westeuropa das Bürgertum in Verbindung mit dem absolutistischen Staat), konnte der Schein entstehen, die Sowjetunion habe die bürgerliche Entwicklung glattweg übersprungen. Dabei war ihr tatsächlicher Entwicklungsstand in den zwanziger Jahren eher dem des westeuropäischen Frühkapitalismus vergleichbar.
Drittens konnte die westeuropäische Arbeiterbewegung (nicht nur die Kommunisten, auch viele Sozialisten und Sozialdemokraten) die sich in der Sowjetunion herausbildende Ökonomische Entwicklungsdespotie auf der Grundlage des Staatseigentums deshalb für eine »sozialistische Produktionsweise« halten, weil sie (in ihrer Mehrheit) in der verstaatlichten ökonomie selber den Kern der Sozialismusfrage erblickte. So ging die aus der asiatischen Tradition kommende Zentralverwaltungswirtschaft mit den etatistischen und »rohen« Kommunismusvorstellungen der europäischen Arbeiterbewegung eine schier ununterscheidbare Symbiose ein. Viertens sahen sich die europäischen Kommunisten und Sozialisten angesichts der Dauerbedrohung der Sowjetunion durch den westlichen Imperialismus, zumal durch den deutschen, zu einer Solidarität gegenüber dem »ersten Arbeiter- und Bauernstaat der Welt« verpflichtet, die den kritischen Blick von Anfang an vernebelte. Nach dem deutschen Überfall von 1941 aber war Kritik gegenüber einem Staat, der unter ungeheuren Opfern um sein Überleben kämpfte, noch schwieriger als vorher geworden, zumal die Existenz der Sowjetunion, zu einer Zeit, da das Dritte Reich ganz Europa unter dem Stiefel hatte, zu einer Art Bestandsgarantie für die europäische Arbeiterbewegung geworden war.

IV. »GROSSER VATERLÄNDISCHER KRIEG« UND ANTIFASCHISTISCHER WIDERSTAND – MYTHOS UND WIRKLICHKEIT

1. Der deutsche Revanchismus und die sowjetische Festungsneurose

Wenn westliche und westdeutsche Politiker, Historiker, Publizisten und Intellektuelle heute vom Stalinismus und seinem Terror reden, tun sie meist so, als sei dieser ein rein innersowjetisches Erzeugnis ohne Einwirkung von außen gewesen. Daß der westliche, vor allem der deutsche Imperialismus für die innersowjetische Entwicklung eine schicksalhafte Rolle gespielt hat – nach 1945 hat sich das Verhältnis dann umgekehrt –, wird hierbei fast immer unterschlagen. Die historische Fehlentwicklung der russischen Revolution, ihr schließliches Umkippen in die Stalinsche Diktatur hat aber nicht nur die zuvor beschriebenen inneren Ursachen, sondern war auch mitbedingt durch den äußeren Druck einer jahrzehntelangen imperialistischen Bedrohung und Belagerung, die der Sowjetunion keine Atempause gelassen haben. Der Sieg der Roten über die Weißen im Bürgerkrieg erzeugte in ganz Europa, besonders aber in Deutschland, revanchistische Gefühle gegenüber Sowjetrußland. Man könnte hier seitenlang Zitate von deutschen, französischen, britischen, polnischen, amerikanischen etc. Politikern und Staatsmännern aneinanderreihen, die für die zwanziger Jahre, also noch vor dem Beginn des Stalin-Terrors, die anhaltende Vorstellung vom notwendigen »Kreuzzug des Abendlandes gegen den bolschewistisch-atheistischen Osten« belegen. Der kalte Krieg, der nach 1945 einsetzte, war im Grund nur die Wiederauflage jenes ersten Kalten Krieges der Zwischenkriegszeit.

Die ständige äußere Bedrohung hat den Druck potenziert, der schon früh auf dem Prozeß der politischen Selbstverständigung innerhalb der KPR lastete und die spezifische sowjetische Festungsneurose erzeugte, in der man Freund und Feind nicht mehr unterscheiden konnte. Daß in einer solchen, mit wirklichen und eingebildeten Bedrohungen aufgeladenen Situation just derjenige zum »Führer« aufsteigt, der die massenhaften Ängste und Bedrohungsgefühle am besten artikuliert und die energischsten Maßnahmen zu ihrer Bekämpfung zu ergreifen verspricht, dafür ist Stalins politische Karriere ebenso symptomatisch wie die spätere Adolf Hitlers.

Die permanente Drohung durch den westlichen, zumal den deutschen Revanchismus, den auch die Weimarer Republik nicht zu bändigen vermochte, hat die Fraktionskämpfe in der KPdSU von Mitte bis Ende der

zwanziger Jahre nachhaltig beeinflußt. Um sein Konzept der beschleunigten und gewaltsamen Industrialisierung (auf dem Rücken der Bauern) in der Partei durchsetzen zu können, hat Stalin immer wieder auf die kommende kriegerische Auseinandersetzung mit Deutschland verwiesen. Dieses Argument war sein bester Trumpf in der Auseinandersetzung mit Bucharin und der »rechten« Opposition. Und tatsächlich sollte sich ja Stalins Prognose von 1931, daß die UdSSR untergehen werde, wenn sie nicht in zehn Jahren über eine eigene schwerindustrielle Basis und Rüstungswirtschaft verfüge, angesichts des deutschen Überfalls von 1941 nur allzusehr bewahrheiten. So hat der militante deutsche und europäische Antibolschewismus objektiv, wenn auch ohne dies zu wollen, von außen an Stalins Machtergreifung mitgewirkt.
Als 1933 dann der deutsche Revanchismus und Militarismus in Gestalt der NSDAP zur Macht kam, war es jedem denkenden Russen, auch den deutschen Kommunisten klar, daß dies Krieg bedeuten würde. Die faschistische Machtergreifung und die sofort eingeleitete Aufrüstung des Dritten Reiches stabilisierten Stalins Herrschaft, die noch auf dem 17. Parteitag 1934 keineswegs unangefochten war. Viele sowjetische Bürger, deren Loyalität zur Partei durch den vorangegangenen Terror zum Teil schwer erschüttert worden war, reidentifizierten sich angesichts der faschistischen Bedrohung wieder mit »Väterchen Stalin« und seiner »eisernen Faust«. Denn nur ein einiges, notfalls durch Terror zusammengeschweißtes Sowjetrußland, das eine »petrinische Führung« hatte, konnte in der Meinung des Parteivolkes und der meisten Bürger einem faschistischen Überfall auf Sowjetrußland standhalten. Spätestens ab 1939 lautete die Frage nicht mehr: Stalin oder nicht Stalin, sondern: Sein oder Nichtsein des sowjetischen Vaterlandes. Die Sowjetbürger mußten die Bedrohung ihres Landes als um so gravierender empfinden, als ja nicht nur in Deutschland, sondern überall in Europa – man sehe sich nur die politische Landkarte von 1939 an! – faschistische, kryptofaschistische oder rechtskonservative Regime und Militärdiktaturen an die Macht gekommen waren: in Litauen, Lettland, Estland, Finnland, Polen, Ungarn, Rumänien, Bulgarien, Österreich, Italien, Griechenland, in der Türkei, in Spanien und Portugal. 1939 gab es nur noch neun parlamentarisch regierte Staaten in Europa; ein faschistisches Paneuropa lag durchaus im Bereich des Möglichen.

2. Der rote Zar stellt das russische Imperium wieder her

Mit der imperialistischen Bedrohung allerdings läßt sich Stalins Außenpolitik in den dreißiger Jahren alleine nicht erklären, geschweige denn legitimieren, wie dies die westlichen KPs jahrzehntelang getan haben. Eine despotische Innenpolitik kann eben auch keine sozialistische Außenpolitik mit sich bringen. Auch wenn Stalins Außenpolitik das Etikett »sozialistisch« erhielt, ihr politischer Gehalt war äußerst zwiespältig und spätestens ab 1939 ebensosehr von den sowjetischen Sicherheitsinteressen wie von dem Bestreben geprägt, *Großmachtpolitik im alten zaristischen Sinne zu betreiben*; ein Tatbestand, der von der kommunistischen Weltbewegung nur darum übersehen werden konnte, weil die Solidarität mit der bedrohten Sowjetunion damals zu einem Pflichtgebot jedes Kommunisten geworden war.

Auch wenn die deutsche Alleinschuld am Beginn des Zweiten Weltkrieges zweifelsfrei feststeht, an der ungehinderten Aufrüstung und Expansion des Dritten Reiches, mithin an den Bedingungen der Weltkriegsentstehung kommt den Westmächten wie der stalinistischen Sowjetunion eine Mitverantwortung zu. Schon durch ihre reaktionäre »Sozialfaschismus«-These von 1928, die die deutsche Sozialdemokratie zur »Hauptstütze der Bourgeoisie« und der nationalsozialistischen Bewegung erklärte, hat die stalinistische Komintern die Spaltung der deutschen Arbeiterbewegung vertieft und zu ihrer Niederlage 1933 mit beigetragen, wie auch von sowjetischen Historikern heute eingeräumt wird. Der stalinistische Terror hat darüber hinaus die Position der kommunistischen Parteien in ganz Europa entscheidend geschwächt und ihre Glaubwürdigkeit unterminiert. Diese Exzesse, die von den zur Sowjettreue verpflichteten KPs verleugnet oder, schlimmer noch, gerechtfertigt wurden, haben nicht nur das bürgerliche und nationalsozialistische Deutschland, sondern ganz Europa schockiert. Bereits die terroristische Kollektivierung hatte den Europäern eine alptraumhafte Vorstellung davon geliefert, was passieren würde, wenn der Sowjetkommunismus stalinscher Prägung auf Europa übergreifen würde und die Kommunisten im eigenen Lande an die Macht gelangten. Er verschaffte dem seit 1917 virulenten Antibolschewismus, auf dessen Woge auch die Nazis zur Macht gelangten, eine scheinbar überzeugende Legitimationsgrundlage.

Zwar hätte Hitler auch ohne den vorangegangenen Terror des Stalinismus die Sowjetunion überfallen; ein Programm, das ja schon in »Mein Kampf« klare Konturen hatte und die imperialistischen Kriegsziele des Deutschen Kaiserreiches nur fortschrieb und radikalisierte. Doch ohne den Stalin-Terror wäre die antibolschewistische NS-Propaganda gewiß nicht auf so fruchtbaren Boden gefallen.

Der Begriff des Bolschewismus war nicht nur im faschistischen Deutschland, sondern im ganzen bürgerlichen Europa fortan zum Synonym für Zwangsenteignung, Massendeportation und Arbeitslager geworden. Jedenfalls hat die Furcht vor dem Gulag-Kommunismus und vor einer Linkswendung im eigenen Lande mit zu jener verhängnisvollen Nichteinmischungs- und »Appeasement«-Politik geführt, die es Hitler gestattete, ungehindert aufzurüsten und zu expandieren. Da die konservativen Politiker Frankreichs und Großbritanniens mehr Angst vor dem Sowjetkommunismus als vor dem faschistischen Deutschland hatten, waren sie bis zuletzt unfähig, mit der Sowjetunion ein antinazistisches Bündnis abzuschließen. Daß es überhaupt zu dieser internationalen Isolierung gekommen war, in der sich der Kreml am Vorabend des Zweiten Weltkrieges befand, dafür war Stalins Politik und innenpolitischer Terror jedoch mitverantwortlich gewesen.

Der deutsch-sowjetische Nichtangriffspakt war, für sich allein genommen, vom Standpunkt der sowjetischen Sicherheitsinteressen her noch verständlich. Aber das einen Monat später abgeschlossene »Freundschaftsabkommen« mit dem Dritten Reich und das berühmtberüchtigte geheime Zusatz- und Teilungsprotokoll, das eine territoriale Neuaufteilung der osteuropäischen Landkarte zur Folge hatte, läßt sich so wenig mit den sowjetischen Sicherheitsinteressen erklären wie der russisch-finnische Winterfeldzug von 1939/40. Sowohl dieser unter fadenscheinigen Vorwänden provozierte erste Angriffskrieg der stalinistischen Sowjetunion gegen den finnischen Nachbarn als auch der zynische, zwischen Molotow und Ribbentrop ausgehandelte Länderschacher, den die baltischen Republiken mit der Preisgabe ihrer politischen Souveränität und Polen mit der Vernichtung seiner staatlichen Existenz und seiner Armee bezahlen mußten, markieren den *Beginn einer spezifisch sowjetischen Imperialität*, die freilich – und dies machte sie für die europäischen Kommunisten so schwer durchschaubar – zugleich im Zeichen der Verteidigung und Sicherung gegen den aggressiven deutschen Faschismus stand. Stalin verstand es sehr geschickt, seine Annektions- und Expansionsgelüste hinter den sowjetischen Sicherheitsinteressen zu verschanzen. Allerdings handelt es sich um reine Demagogie, wenn konservative deutsche Historiker die territoriale Neuverteilung zwischen dem Deutschen Reich und der stalinistischen Sowjetunion (wie im Zuge der »Historiker-Debatte« geschehen) als »Beweis« für deren Angriffsbereitschaft, gar für ein sowjetisches Kriegszielprogramm gegenüber Deutschland werten. Durch solche Wiederbelebungsversuche der alten nazistischen Präventivkriegsthese soll nachträglich eine Halbierung der deutschen Kriegsschuld erreicht werden. Nachweislich war die Sowjetunion zum fraglichen Zeitpunkt nicht nur zu einer Großoffensive unfähig, sie war auch – und dies wußten die NS- und Wehrmachtsführer genau – in ihrer Verteidigungsfähigkeit außerordentlich geschwächt. Die viel zu hoch gesteckten Planziele, die immer neuen Säuberungswellen, die damit verbundene Eliminierung von Fachkräften und Experten, die infolgedessen absinkende Arbeitsproduktivität hatten auch den sowjetischen Verteidigungssektor schwer in Mitleidenschaft gezogen. Vor allem hatte Stalins Vorgehen gegen die eigene Armee, dem ca. 65 Prozent der höheren Offiziersgarde zum Opfer fiel, diese ihrer qualifiziertesten Köpfe beraubt. Die sowjetische Außen- und Deutschlandpolitik gegenüber dem expansiven Dritten Reich war jedoch, bis zum Überfall der Hitler-Armeen, wie alle Dokumente beweisen, eindeutig defensiv und reaktiv. Auch hat Stalin alles getan, um Hitler nicht zu provozieren, und sich bis zum 22. Juni 1941, entgegen allen Warnungen von Staatsmännern wie Winston Churchill, von Agenten wie Richard Sorge und Widerstandsgruppen wie der »Roten Kapelle«, in einer trügerischen Sicherheit gewiegt.

Doch nicht minder demagogisch und apologetisch (nur im umgekehrten Sinne) ist es, wenn die sowjetische Annektion des Baltikums, Ostpolens, Bessarabiens und der Nordbukowina und die anschließenden Deportationen als unerläßliche Sicherheitsmaßnahmen der bedrohten Sowjetunion hingestellt werden; ein Argumentationsmuster, dem auch viele westliche Linke bis vor kurzem noch verhaftet waren. Um in Polen zu bleiben: Die Internierung der polnischen Armee, die Ermordung von mehreren tausend polnischen Offizieren (allein in Katyn waren es über 4000) und die Deportationen von einer Million Polen nach

Innerasien und Sibirien (während gleichzeitig die Nazis mit der Vernichtung der polnischen Juden begannen) dienten gewiß nicht dem »Schutz der Sowjetunion«. Die Annektion dieser Länder und Gebiete wie der russisch-finnische Krieg belegen vielmehr, daß Stalin im Grunde *die alte zaristische Außenpolitik weiter verfolgte und den status quo ante, d. h. das großrussische Reich in den Grenzen vor 1917*, wiederherzustellen suchte, als sowohl Finnland, das Baltikum, Bessarabien und der größte Teil Polens zum zaristischen Rußland gehört hatten.
Spätestens ab 1939 leitete Stalin auch in der Außenpolitik das »roll back« ein und revidierte Lenins Prinzipien. Immerhin hatte Lenin am Ende des Ersten Weltkrieges die Souveränität der neu enstandenen baltischen Republiken, Finnlands und Polens anerkannt und nach der Devise gehandelt: Friede ohne Annektionen und Kontributionen. Der neue rote Zar dagegen handelte nach der Devise: Friede und Sicherheit nur mit Annektionen und Kontributionen.
Die Restauration asiatischer Knechtschaftsverhältnisse im Namen des »sozialistischen Aufbaus« mußte sich auch auf die Nationalitätenpolitik des sowjetischen Vielvölkerstaates verheerend auswirken. Nach den Massenarresten in den westlichen Gebieten der Ukraine und Belorußlands begannen 1940 die Festnahmen im Baltikum, in Bessarabien und der Nordbukowina. Die Gesamtzahl dieser Repressionen liegt nach Schätzungen Roy Medwedjews bei etwa zwei Millionen. Die Praxis der Massendeportationen und Zwangsumsiedlungen ganzer Völkerschaften, die schon 1939, also anderthalb Jahre vor dem deutschen Überfall, begann, beweist denn auch die Kontinuität einer despotischen Herrschaftspraxis, derer sich manche russische Zaren vor Stalin gleichfalls bedient haben.

3. Der deutsche Überfall 1941 –
die dritte säkulare Katastrophe für die sowjetischen Völker

Nach dem Bürgerkrieg und dem stalinistischen Massenterror in den dreißiger Jahren, der im Grunde die Fortsetzung des Bürgerkrieges war, *waren der deutsche Überfall am 22. Juni 1941 und die mit ihm einhergehenden neuen Verwüstungen und Massenmorde die dritte säkulare Katastrophe für die Völker der Sowjetunion.* Darum ist es auch ausgesprochen heuchlerisch, wenn von westlicher, zumal von deutscher Seite die sowjetische Katastrophengeschichte stets nur mit dem Stalinismus identifiziert wird, ohne die von Hitler und seiner Gefolgschaft verursachte Katastrophe und deren Auswirkungen auf die Sowjetunion mitzubedenken. Man stelle sich einmal vor: drei Vernichtungswellen innerhalb von knapp dreißig Jahren (die des Ersten Weltkrieges hier noch nicht mitgezählt)! Erst all diese Katastrophen zusammen addierten sich zu jenen astronomischen Opferzahlen und Verwüstungen, die das Projekt eines »sozialistischen Aufbaus« vollends zum Scheitern bringen mußten.

Die meisten Bundesbürger wissen bis heute nicht – die ehemaligen Kriegsteilnehmer wollen es meist nicht wissen –, was der deutsche Überfall 1941 und die dreijährige deutsche Okkupation für die sowjetischen Völker wirklich bedeutet haben. Allen Debatten, die um die deutsche Vergangenheit in den letzten Jahren geführt wurden, ist eines gemeinsam: die nahezu ausschließliche Fixierung auf den nationalsozialistischen Völkermord an den Juden. Über jenen anderen zweiten Völkermord jedoch, der im Zuge des »Unternehmens Barbarossa«[1] an Millionen sowjetischer Zivilisten, kommunistischer Funktionäre und Kriegsgefangene verübt worden ist, über die NS-Geopolitik des Hungers, die »verbrannten Dörfer«, die Blockade Leningrads, bei der an die 900 000 Menschen verhungert sind, wurde in der Bundesrepublik jahrzehntelang überhaupt nicht und wird in der Ex-DDR nicht mehr gesprochen. Ja, es drängt sich der Eindruck auf, daß die längst ritualisierte Erinnerung an Auschwitz auch die perfide Funktion hat, jenen anderen »zweiten Holocaust« zu verdrängen, den die deutschen Ostheere an den sowjetischen Völkern verübt haben.

Die meisten Bundesbürger, die älteren wie die jüngeren, gehen noch heute von der irrigen Vorstellung aus, die ca. 27 Millionen Toten des Weltkrieges auf sowjetischer Seite seien Opfer »normaler Kriegshandlungen« gewesen. Mindestens zehn Millionen Sowjetbürger aber sind zwischen 1941 und 45 *außerhalb der eigentlichen Kampf- und Kriegshandlungen zu Tode gekommen;* darunter 2 Millionen sowjetische Juden und 3,3 Millionen sowjetischer Kriegsgefangener. Nicht nur Auschwitz und Treblinka, auch die deutschen Lager für sowjetische Kriegsgefangene mit ihrer durchschnittlichen Sterbequote von fast 60 Prozent – im ersten Kriegswinter lag sie sogar bei 70 und 80 Prozent –

waren Todes- und Vernichtungslager. Zehntausende zivile kommunistische Funktionäre sind im Zuge des »Kommissarbefehls« und des »Kriegsgerichtsbarkeitserlasses« umgebracht worden. Viele hunderttausend Sowjetbürger wurden als »Freischärler«, »Partisanenverdächtige«, »Saboteure« und Geiseln erschossen oder im Zuge kollektiver Vergeltungsmaßnahmen wie dem Niederbrennen ganzer Dörfer und Ortschaften ermordet. In vielen Fällen wurden die Dorfbewohner in Schulen, Scheunen und Kirchen getrieben und bei lebendigem Leibe verbrannt. Allein in Belorußland sind 628 Dörfer samt ihrer Einwohner ausgelöscht worden.

Die seriöse historische Forschung ist sich heute darüber einig, daß die noch nie dagewesene Brutalisierung der deutschen Kriegsführung im Osten aus dem spezifischen *Doppelcharakter dieses Krieges erwuchs, der sowohl ein imperialistischer Lebensraumkrieg als auch ein rassenideologischer Vernichtungskrieg gegen das »jüdisch-bolschewistische System«* gewesen ist. An diesem haben sich nicht nur die SS und die sog. Einsatzgruppen beteiligt, wie die Memoirenliteratur von deutschen Kriegsteilnehmern wissen wollte, sondern auch große Teile der Wehrmacht. Nicht nur die Eskalation des Verfolgungs – zum Ausrottungsantisemitismus war ein weltgeschichtlich unvergleichbares Verbrechen; singulär war auch die Art der deutschen Kriegsführung im Osten, die sich – im Unterschied zu dem an den Westfronten geführten Krieg und im Unterschied zum ersten Ostfeldzug von 1914/18 – über alle bis dahin geltenden Normen des Kriegsvölkerrechts hinwegsetzte.

Dennoch wird in unserem Sprachgebrauch der Begriff des Genozids vornehmlich auf die Juden, allenfalls noch auf Sinti und Roma bezogen; eine folgenschwere begriffliche Verengung, die Resultat einer jahrzehntelangen, Parteien und Generationen übergreifenden Verdrängung ist. Über die sowjetischen Opfer der deutschen Vernichtungsfeldzüge im Osten gibt es bei uns nur wenig Literatur und kaum Filme. An sie erinnern keine Gedenktage und keine Gedenkstätten, keine Ausstellungen und keine Museen. Erst anläßlich des 50. Jahrestages des deutschen Überfalls auf die Sowjetunion setzte auch über diesen – bislang verdrängten – Teil der deutschen Vergangenheit eine öffentliche Rückbesinnung ein.

Der kalte Krieg hat über Jahrzehnte die Wahrnehmung jener ungeheuerlichen Zerstörungen verhindert, die die deutschen Heere auf sowjetischem Boden angerichtet haben. Auch in den bundesdeutschen Geschichts- und Schulbüchern finden sich darüber, wenn überhaupt, nur spärliche Angaben. In dem von 88 Millionen Menschen bewohnten Besatzungsgebiet wurden insgesamt 15 Großstädte, 1710 Kleinstädte und 70 000 Dörfer ganz oder teilweise verwüstet, wodurch 25 Millionen Menschen ihr Obdach verloren. Ein Drittel des bebaubaren Landes war in Ödland verwandelt, etwa 100 000 landwirtschaftliche Betriebe waren zerstört worden, die Kolchosen und Sowchosen waren ohne Vieh, ohne Saatgut, ohne Gerätschaften und Maschinen. Fast die Hälfte des sowjetischen Industriepotentials war vernichtet worden, »was einer Zerstörung Amerikas östlich von Chicago gleichkäme«, wie Präsident John F. Kennedy in einer Rede vom 10. Juni 1963 gesagt hat. Der gesamte Sachschaden für die sowjetische Volkswirtschaft wurde mit 679 Milliarden Rubel beziffert. Dafür forderte die Sowjetunion auf der Konferenz von Jalta 10 Milliarden Dollar Reparationen von Deutschland, d. h. weniger als ein Drittel der Summe, die die Westmächte 1921 von Deutschland verlangt hatten.

Angesichts der Tatsache, daß der militärische Sieger Sowjetunion fast fünfmal so viel Menschen verloren hatte wie der militärische Angreifer und Verlierer Deutschland, kann man wohl nur noch von einem »Pyrrhussieg« sprechen. Stellt man dazu die gigantischen materiellen Zerstörungen in Rechnung, müßte man eigentlich auch die Sowjetunion zu den Verlierern des Zweiten Weltkrieges rechnen – eine Optik, die freilich zu ihrer eigenen, stolzen Selbst- und Außendarstellung nach 1945, zum alljährlich triumphal beschworenen Sieg im »Großen Vaterländischen Krieg« nicht recht passen will. Mir scheint nachgerade, daß die stalinistische Sowjetunion durch das Hervorkehren der Siegerpose und die beständige Demonstration militärischer Stärke nach dem Krieg sich selbst keinen guten Dienst erwiesen hat. Denn in den Augen der westlichen Welt, vor allem der Nachkriegsdeutschen, gehörte sie fortan zu den Gewinnern des Zweiten Weltkrieges. Nach dem Preis, den das sowjetische Volk für seinen militärischen Sieg bezahlt hatte, wurde kaum mehr gefragt.

Der antikommunistische Adenauer-Staat hatte natürlich kein Interesse daran, die wirklichen Dimensionen der Verluste und Zerstörungen öffentlich einzugestehen, die die Sowjetunion durch den deutschen Angriff erlitten hatte. Er wäre womöglich zu Reparationsleistungen in ganz anderen Größenordnungen verpflichtet gewesen als in Form jener Kohle- und Reparationszüge, die bis 1948 regelmäßig vom Ruhrgebiet in die SBZ und von dort in die Sowjetunion rollten. Die deutsche Teilung hat dem westdeutschen Separatstaat diese brennende, wenn auch stets verschwiegene Sorge abgenommen. In der Folge hatte dann die DDR, d. h. ein Viertel des deutschen Volkes, die gesamte Last der Reparationen an die UdSSR, Polen und die südosteuropäischen Länder zu tragen, was für den »Aufbau des Sozialismus auf deutschem Boden« eine schwere Hypothek bedeutete. Das Kalkül, sich durch die deutsche Teilung den Wiedergutmachungsansprüchen gerade jener Länder zu entziehen, die unter Hitlers Angriffs- und Vernichtungskrieg am meisten gelitten hatten, hat bei den westdeutschen Separatisten um Konrad Adenauer eine zentrale, wenngleich verschwiegene Rolle gespielt.

Auch wenn die Sowjetunion nach 1945 zur zweitgrößten Militärmacht der Welt aufgestiegen war, in ihrer wirtschaftlichen Entwicklung, vor allem im Bereich der Landwirtschaft und der Konsumgüterproduktion, war sie infolge der kriegsbedingten Zerstörungen und der ihr aufgezwungenen Rüstungsorientierung um viele Jahre, nach Schätzungen sowjetischer Ökonomen um ein bis zwei Jahrzehnte, zurückgeworfen worden. Und nach dem Krieg kam sie nicht wie die Bundesrepublik und andere west- und mitteleuropäische Länder in den Genuß eines Marshallplans oder anderer ausländischer Kredite und Finanzhilfen: Der kalte Krieg begann. Die Truman-Administration hat den von der Sowjetunion geforderten Kredit von 5 bis 7 Milliarden Dollar damals verweigert.

Zwar ist die heutige wirtschaftliche Misere der GUS-Staaten nicht mehr mit den Kriegsfolgen zu erklären; die Stagnation ist primär struktureller Art und eine Erbschaft der Stalin-Ära. Doch wird von den deutschen Politikern, Historikern und Medien gemeinhin die Tatsache ausgeblendet, daß die unvorstellbaren Verwüstungen und Zerstörungen, die die deutschen Ostheere in der Sowjetunion angerichtet haben, diese in ihrer Entwicklung um mehr als ein Jahrzehnt zurückgeworfen haben. Die Gesamtzahl der Opfer des Stalin-Terrors wird von den sowjetischen Historikern heute auf mindestens 30 Millionen geschätzt. Addiert man dazu die etwa 27 Millionen Menschen, die die Sowjetunion im Zweiten Weltkrieg verloren hat, beantwortet sich die Frage nach der deutschen

Mitverantwortung für die sowjetische Geschichte und ihre Katastrophen von selbst. Hätte es diesen zweifachen Krieg nicht gegeben, den erst Stalin, dann Hitler gegen die sowjetischen Völker geführt hat, sähe(n) die Sowjetunion bzw. ihre Nachfolgestaaten heute anders aus.

4. Mehr Kollaboration als Widerstand in der europäischen Völkerfamilie

Man hat sich daran gewöhnt, die ungeheueren Opfer, die die Sowjetunion für ihren militärischen Sieg über das »Dritte Reich« entrichten mußte, als eine Gegebenheit hinzunehmen, die zwar das Vorstellungsvermögen übersteigt, gleichwohl nicht weiter zu hinterfragen ist. Die Deutschen, die die stalinistischen Verbrechen nicht dazu benutzen, um die von den Nazis begangenen Völkermorde zu »relativieren«, sehen in den monströsen Opferzahlen auf sowjetischer Seite ein Maß für die Destruktivität der nazistischen Kriegsmaschine und für den Vernichtungswillen der deutschen Angreifer und Besatzer. So sehen es auch die europäischen Nachbarvölker, die nach 1939 von den deutschen Armeen besetzt worden waren.
Und doch stellt sich, im Lichte heutiger Erkenntnisse, die Frage, ob die von allen Siegermächten des Zweiten Weltkrieges zementierte Formel von der »deutschen Alleinschuld« nicht auch für diese selbst eine verschwiegene Entlastungsfunktion hatte. Weder die westlichen Siegermächte noch die Sowjetunion hatten nach dem Kriege ein Interesse daran, ihre Mitveranwortung für die ungehinderte Expansion des Dritten Reiches – Stichwort: »Münchener Abkommen« und »Hitler-Stalin-Pakt« – zu thematisieren. Die »deutsche Alleinschuld« war die moralische Basis für alle juristischen, politischen und wirtschaftlichen Sanktionen, für alle Reparations- und Wiedergutmachungsforderungen. Außerdem war Auschwitz, das allein aufs deutsche Schuldkonto ging, ein so unfaßbares Verbrechen, daß dagegen alle anderen Fragen verblassen mußten.
Inzwischen aber ist die historische Forschung dabei, ein Phänomen genauer zu untersuchen, das jahrzehntelang im Dunkeln gehalten wurde: nämlich das *ganze Ausmaß der Kollaboration mit dem Dritten Reich und mit den deutschen Besatzern*; und zwar sowohl in den teils von den Deutschen besetzten, teils neutral belassenen westeuropäi-

schen Ländern als auch in den nach 1941 von ihnen eroberten Gebieten der Sowjetunion. Das Thema »Kollaboration« ist deshalb ein besonders brisantes, lange Zeit tabuiertes Kapitel der Weltkriegsgeschichte, weil es die beiden zentralen (Nachkriegs-)Mythen der Siegermächte zum Einsturz zu bringen droht: auf westlicher Seite den Mythos vom gemeinsamen »antifaschistischen Widerstand der europäischen Völkerfamilie« gegen das Dritte Reich, auf sowjetischer Seite den Mythos vom »Großen Vaterländischen Krieg«, in dem die sowjetischen Völker im Kampf gegen die deutschen Invasoren gemeinsam zusammengestanden hätten.

Das Thema »Kollaboration« ist aber auch noch unter einem anderen Aspekt außerordentlich aufschlußreich; es wirft ein neues Licht darauf, wie die unvorstellbar hohe Zahl der Menschenverluste auf sowjetischer Seite zustande gekommen ist: »Die Abermillionen späterer Tode«, schreibt der Weltkriegsforscher Jörg Friedrich in seiner Studie »Kollaboration und Pazifismus im II. Weltkrieg«, auf die ich mich im folgenden beziehe, »rührten von der gespenstischen Leichtigkeit, mit der den Deutschen bis August 1941 der Kontinent vom Atlantik bis zum Dnjepr und von Narvik bis Kreta zugefallen war. Das verdankt sich nicht allein den genialen Blitzkriegsstrategen, sondern zudem der paralytischen Schwäche der Kontinentaleuropäer, sich zu verteidigen«.[2]

Es gehört zu den (bislang kaum behandelten) Paradoxien der Weltkriegsgeschichte, daß die mächtigste und mörderischste Kriegsmaschine, die die Welt bis dahin gesehen hatte, die des Dritten Reiches, ihre materielle und ökonomische Basis zu einem großen Teil gerade jenen »neutralen« Ländern verdankte, die ihr selbst später zum Opfer fallen sollten. Dem Deutschen Reich fehlten nämlich außer Kohle so gut wie sämtliche zur Kriegsführung notwendigen Rohstoffe: Öl, Eisenerz, die NE-Metalle Nickel, Wolfram, Molybdän, Chrom und Mangan, Kupfer, Zinn, Aluminium und Gummi. Hitler konnte nicht einen Tag angreifen ohne friedlichen Handel und Wandel mit der neutralen Welt. Die Länder, die er der Reihe nach überfiel, zählten alle zu seinen Hauptlieferanten. Nach dem Überfall lieferten sie weiter, wenn auch teils unfreiwillig. Das heißt: *Noch nie ist ein Krieg dergestalt von seinen eigenen Opfern getragen worden.*

Das bis zum August 1941 projektierte deutsch-sowjetische Handelsvolumen betrug 630 Mio. RM, nach den Worten des deutschen Unterhändlers Ritter das größte wirtschaftliche Vertragswerk, das je zwei Staaten miteinander abgeschlossen hatten. Bis zum deutschen Überfall hatte Stalin seine Lieferungsverpflichtungen an das Deutsche Reich gewissenhaft eingehalten. Dazu gehörten 100 000 t Chrom, 500 000 t Manganerz für Panzerstahlbleche und 900 000 t Rohöl für Treibstoffe.

Aber nicht nur das (bis zum deutschen Überfall 1941) neutrale Sowjetrußland, auch das neutrale Westeuropa belieferte Hitlers Kriegsmaschine, und zwar nicht erst nach Kriegsbeginn, sondern schon lange davor. Hitler schätzte sein »Neutralien«, wie er spöttisch zu sagen pflegte. Es bildete nützliche Pufferzonen, die ihm den Feind auf Abstand hielten, und stellte vor allem Handelspartner, die das von England verhängte Embargo durchlöcherten. »Was nützten britische Blockadeschiffe in der Nordsee, wenn die Fracht nicht an deutsche, sondern holländische Empfänger adressiert war? Holländer, Belgier, Portugiesen, Spanier, alle waren fleißige Zwischenhändler. Nicht die Staaten, das verträgt sich nicht mit dem Neutralitätsrecht. Wohl aber die christlichen Kaufleute, die, streng unparteiisch, wie sie waren, zugleich beide Seiten belieferten« (Jörg Friedrich).[3]

Nachdem London im September 1940 von Heinkel-Bombern aus norwegischem Aluminium und Bomben aus schwedischen Erzen mit Hilfe von Schweizer Navigationsinstrumenten zertrümmert worden war, beklagte Churchill, daß die zum Rüstungsexport gepreßten Neutralen Hitler eben zu jener modernen Kriegsfurie machten, die sie selbst am meisten fürchteten. »Was würde geschehen, wenn all die neutralen Nationen auf einen spontanen Impuls hin in Übereinstimmung mit der Satzung des Völkerrechts ihre Pflicht täten und gemeinsam mit Großbritannien und Fankreich gegen Aggression und Unrecht aufstünden?« Die Antwort gab Churchill selbst, als England im Sommer und Herbst 1940 allein stand: »Es hätte ein sehr kurzer Krieg sein können, vielleicht sogar überhaupt kein Krieg, wenn all die neutralen Staaten, die unsere prinzipiellen Überzeugungen teilen und offen oder heimlich mit uns sympathisieren, auf ein Zeichen hin zusammen und in einer Linie gestanden hätten.«[4]

Was aber waren die Ursachen für diese »paralytische Schwäche der Kontinentaleuropäer« gegenüber dem Deutschen Reich? Die europäische Rechte war zwischen ihrem Patriotismus und ihrer Sympathie, ja,

Bewunderung für den starken Hitler-Staat hin und her gerissen. Die kommunistische Linke war gelähmt durch ihre Stalin-Treue; hatte doch Stalin in der Zeit des Paktes mit Hitler den europäischen Kommunisten verboten, auch nur das Geringste gegen Hitler zu unternehmen. Das Widerstandspotential der Sozialdemokraten und Sozialisten aber litt beträchtlich unter dem Anblick der Ex-Genossen, die in das faschistische und Kollaborantenlager übergewechselt waren: angefangen mit Mussolini bis zu dem französischen Vichy-Chef Pierre Naval und dem Volksfront-Minister Spineasse. In Belgien stellte sich der Sozialist Henri de Man den Okkupanten zur Verfügung. In Dänemark führten die Sozialdemokraten mit Ministerpräsident Stauning und Außenminister Scavenius die Kollaborationsregierung eigenhändig. In Norwegen unterstützten führende Gewerkschaftsfunktionäre den wirren Quisling; in Finnland trat der Kopf der Sozialisten, Tanner, für die Partnerschaft mit Deutschland ein. Dies war zwar nur ein Flügel der europäischen Sozialdemokratie, jedoch bewirkte er, daß diese sich den besetzten Völkern nicht eben als jene Freiheitspartei einprägte, für die sie sich hielt und als die sie sich erst recht heute, nach dem Konkurs ihres kommunistischen Kontrahenten, so gerne präsentiert.

Hitler lebte nicht nur von Stalins Chrom und Nickel allein, sondern gleichermaßen von der Weiterverarbeitung durch Immigranten. In der zweiten Kriegshälfte, vor allem ab Februar 1943, als Deutschland offenkundig die Verliererbahn betrat, nahm der Fremdarbeitereinsatz zunehmend den Charakter von Zwangsarbeit und Sklaverei an. Doch bis dahin konnte er sich – dies wird allzugerne verdrängt – *weitgehend auf freiwillige Reserven stützen*. Und diese waren bis zum Rußlandfeldzug beträchtlich gewesen: 403 000 belgische Arbeiter traten freiwillig in deutsche Dienste, 320 000 auf Arbeitsplätzen im Reich, 82 000 auf Militärflugplätzen und Festungsanlagen. Ende September 1941 arbeiteten 1 Million Polen, 220 000 Tschechoslowaken, 109 000 Jugoslawen, 93 000 Holländer, 59 000 Franzosen zwanglos in Deutschland, wobei ihnen Sozialsystem und Lohnniveau den heimischen Verhältnissen meist überlegen schienen. Der Krieg hatte die Absatzströme auf dem Kontinent durcheinandergebracht, eine sprunghafte Arbeitslosigkeit setzte ein, und NS-Staat und Wehrmacht traten als Retter aus der Not, als der große kontinentale Arbeitgeber auf. Die deutsche Kriegsmaschine war die Konjunkturlokomotive Europas.

Bis zum Beginn des Rußlandfeldzuges hatten sich ca. 2 Millionen ausländische Volontäre in das Reich verdingt, sie stellten dort jeden 10. Industriearbeiter. Und warum eigentlich nicht? Welcher ihrer Anführer, ob seitens der Sozialdemokratie oder der Kommunisten, forderte sie dazu auf, die Aus- und Aufrüstung des Aggressors zu unterlassen? Stellt man die Frage, was die Wehrmacht materiell in die Lage versetzte, Jahre hindurch ganz Kontinentaleuropa unter ihrer Herrschaft zu halten und ihre Menschenvertilgung gegen eine ganze Welt aufrechtzuerhalten, dann lautet die Antwort, grob gesagt: Der Wirtschaftspakt mit Stalin hat Hitlers Westfeldzug gestützt und dieser, nach dem Sieg über Frankreich, den Rußlandfeldzug gespeist. Denn anders als von den Wehrmachtsstrategen geplant, war von Juli 1941 an nicht die Sowjetunion die große Nahrungs- und Rohstoffkammer des Krieges, sondern in erster Linie Frankreich.

1943 lieferte Frankreich 312 000 Tonnen Weizen nach Deutschland, Rußland dagegen nur 7 000 Tonnen. 1943 und 44 kamen je 90 000 t Chrom aus der neutralen Türkei, kamen 60% des deutschen Verbrauchs an Tungsten und Wolfram – unerläßlich zum Schneiden von Panzerplatten – aus dem neutralen Spanien und Portugal. Die Präzisionsedelsteinlager für Flugzeugarmaturen lieferte die neutrale Schweiz, Kugellager die Firma SKF im neutralen Schweden, die bis 1943 ihre Gewinne verdreifachte. 15 Millionen t Erz kamen 1943 aus Lothringen, 6 Millionen aus Schweden. Im besetzten Frankreich produzierte die Lokomotivindustrie zu 100% und die Werkzeugmaschinenindustrie zu 95% für Hitlers Bedarf. Die französischen Unternehmer fuhren bis Ende 1942 Aufträge für 11 800 Flugzeugmotoren und 3 600 Flugzeuge ein. Schon Ende August 1940 schlossen die Franzosen einen Vertrag zur Lieferung von 250 000 t Bauxit zur Aluminiumherstellung ab. Zwei Jahre später betrug das gesamtdeutsche Auftragsvolumen in Frankreich 4 Milliarden RM. »Wieviel Zwang mag mit der Auftragsannahme verbunden gewesen sein? Hitler war der potenteste Kunde weit und breit, das dürfte gereicht haben. *Das besetzte und das neutral belassene Europa verwandelte sich in eine Monokultur zur Versorgung der Nazi-Kriegsmaschine.* Die Neutralität der Neutralen bestand in der gleichzeitigen Belieferung der Gegenpartei« (Jörg Friedrich).[5]
Doch Europa versorgte die Nazi-Kriegsmaschine nicht nur mit Rohstoffen, Rüstungsgütern und freiwilligen Volontären, sondern zum Teil

auch mit freiwilligen Legionen. Als Hitler die Sowjetunion überfiel, konnte er jedenfalls sicher sein, in den autoritären, kryptofaschistischen und faschistischen Regimen Europas »stille Verbündete« zu finden, die in ihm den Exekutor ihrer eigenen antisowjetischen und antistalinistischen Haßgefühle erblickten. Aus nicht wenigen dieser »stillen« wurden bald aktive Verbündete, wie der nicht geringe Anteil der mit der Wehrmacht verbündeten »Fremdtruppen« beweist. Dazu zählten immerhin 600 000 finnische, ungarische und rumänische Soldaten. Die Beteiligung Finnlands, Ungarns und Rumäniens am Rußlandfeldzug war vor allem eine Folge der vorausgegangenen Stalinschen Annektionspolitik. Nach dem »Winterkrieg« von 1939/40 hatte Finnland einige Gebiete an die UdSSR abtreten müssen. Gleich nach dem deutschen Überfall besetzten finnische Truppen die karelischen Gebiete nördlich von Leningrad und sicherten die Nordostflanke des deutschen Aufmarsches. Desgleichen sicherten ungarische, vor allem aber rumänische Truppen die Südflanke des deutschen Angriffs. Rumänien hoffte durch seine Beteiligung am Rußlandfeldzug u. a. Bessarabien zurückzugewinnen, das gemäß dem deutsch-sowjetischen Teilungsprotokoll in Stalins Hände gefallen war.

Auch die mit dem Reich kollaborierenden Satellitenstaaten und Quisling-Regime wie das Pétain-Regime Frankreichs, die Restslowakei und das von den Deutschen besetzte Norwegen, Belgien, Holland und Dänemark stellten »Freiwilligenverbände« auf, die sich dem Oberkommando der Wehrmacht unterstellten. Desgleichen revanchierte sich Franco-Spanien für die Unterstützung, die es von Hitler und Görings Luftwaffe (Guernica) im Spanischen Bürgerkrieg erhalten hatte, durch die Entsendung der »Blauen Legion«. Das multinationale Gepräge, das Hitler »seinem »Ostfeldzug zu geben verstand, gab den deutschen Landsern das Gefühl, die »militärische Avantgarde« eines »paneuropäischen Kreuzzuges gegen das bolschewistische Rußland« zu sein.

So haben die neutralen und besetzten Länder Europas Hitler eine Kriegsführungsbasis verschafft, wie noch kein Feldherr zuvor sie besaß; auf die Dauer zwar trügerisch, aber für viele Jahre real. Allein vom Eroberungswillen und rassenideologischen Vernichtungswahn ihrer »arischen« Führer gespeist, hätte die nazistische Kriegsmaschine ihre Zerstörungsgewalt während des Rußlandfeldzuges jedenfalls nicht entfalten können. Es bedurfte dazu auch der vielen materiellen Zulieferungen und personellen »Dienstleistungen« seitens jener europäischen Länder, die nach dem Kriege selbstredend alle zur großen europäischen Liga der Antifaschisten gehörten. Daß sie durch ihre weitverzweigte und vielschichtige Kollaboration mit dazu beigetragen haben, daß der Aggressor immer stärker und mächtiger wurde, so daß dieser schließlich nur um den Preis eines ungeheuren Blutzolls seitens der sowjetischen Völker geschlagen werden konnte, davon wollen sie noch heute nichts wissen.

5. Die Sowjetunion des Archipel Gulag und die Kollaboration mit den deutschen Besatzern

Als die deutschen Heere im Sommer 1941 und im Sommer 1942 ihre ungeheuren Raumgewinne machten, trafen sie nicht eben auf feindseliges Volk. Es ist keine nazistische Legende, wie die 68er-Generation lange Zeit geglaubt hat, daß ihre Väter in der grauen oder schwarzen Uniform von den Balten, den weißrussischen und ukrainischen Bauern, den Tataren, Turkvölkern und Muslimen in der Krim-Kaukasus-Region oftmals mit »Brot und Salz« empfangen und als »Befreier« begrüßt wurden. In den baltischen Ostsee-Republiken, die nach dem Einmarsch der Roten Armee im Sommer 1940 von der Sowjetunion annektiert wurden und ihren »Anschluß« sogleich mit einer Welle von Deportationen hatten bezahlen müssen, bildeten sich nach der deutschen Invasion sofort Freiwilligenlegionen aus Einheimischen, die vor allem bei der Partisanenbekämpfung, der Juden- und Kommunistenverfolgung eingesetzt wurden. Auch gingen Tausende von Ukrainern, die unter der Stalinschen Kollektivierung und der nachfolgenden Hungerkatastrophe besonders gelitten hatten, teils freiwillig, teils gezwungen zur berüchtigten Wlassow-Armee, die auf seiten der Wehrmacht gegen die Rote Armee kämpfte und sich »Russische Befreiungsarmee« nannte. Hätte die deutsche Besatzungsmacht in der Ukraine nicht noch mehr Schrecken und Terror verbreitet als Stalins NKWD-Organe zuvor, hätte sich wohl die Mehrheit der Bevölkerung zur Kollaboration bereit gefunden. Und nachdem die Heeresgruppe Süd von Hitler Ende Dezember 1941 zur Aufstellung je einer turkestanischen, georgischen, kaukasisch-mohammedanischen und einer armenischen

Legion ermächtigt worden war, bildeten sich sehr rasch die entsprechenden »Freiwilligenverbände«. Auf der Krim beispielsweise meldeten sich binnen vier Wochen 3 000 Tartaren zur Einstellung als »Kämpfer in der deutschen Truppe«.

Zu Recht resümiert Jürgen Förster: »Der Staat Stalins war eben nicht so monolithisch, wie es die marxistische Geschichtsschreibung darstellt. Es gab viele sowjetische Bürger – Kriegsgefangene wie Zivilisten –, die das Hakenkreuz dem Sowjetstern vorzogen. Neben der Ablehnung des bolschewistischen Systems hat dabei der Wille zum Überleben eine Rolle gespielt.«[6] Die anfangs enorme Kollaborationsbereitschaft gerade der Grenzvölker, die von Stalin zuvor annektiert worden waren oder unter seinem Terror besonders gelitten hatten, und ihre zum Teil offene Ablehnung des stalinistischen Systems verliehen der NS-Propagandaparole »Befreiung der sowjetischen Völker vom Joch des Bolschewismus« einen fatalen Schein von Legitimität, der es dem einfachen Landser gestattete, sich als »Befreier« statt als Eroberer und als Söldner eines rassenideologischen Vernichtungsfeldzuges zu begreifen.

Entgegen dem von ihm selbst begründeten Mythos vom »Großen Vaterländischen Krieg«, der angeblich alle sowjetischen Völker zum Kampf gegen die deutschen Invasoren zusammenschweißte, wußte Stalin sehr wohl um die Kollaborationsbereitschaft seiner Untertanen in den besagten Grenzregionen. Denn sonst hätte er Abertausende von ihnen nicht schon vor dem Einmarsch der Deutschen verschleppt und zwangsumgesiedelt. Andere Völkerschaften wurden auf den puren Verdacht hin, mögliche Kollaboranten zu sein, verschleppt: so die Bewohner der autonomen Republik der Wolgadeutschen und überhaupt alle Sowjetdeutschen, an denen sich Stalin für den deutschen Überfall gleichsam stellvertretend rächte. Sie wurden 1941 nach Osten, vor allem nach Kasachstan und Sibirien, zwangsausgesiedelt, wobei viele Tausende schon während des Transportes umkamen. Der NKWD verschleppte oder vernichtete vor dem Einzug deutscher Truppen die politisch unsicheren, kollaborationsverdächtigen Kreise, die SS nach dem Einzug die kollaborationsfeindlichen, partisanenverdächtigen Kreise. Zudem vernichtete sie mit Hilfe der Wehrmacht über 1 Million Juden unter den teils beifälligen, teils apathischen, teils angstgelähmten Blicken ihrer Mitbürger.

Die unermüdliche Moskauer Propaganda, die – zu Recht – Greuel über Greuel der Deutschen anprangerte, vergaß, diesen einen, den Judenmord, zu erwähnen. Vielleicht aus Furcht, die Liquidierung der Juden könnte den deutschen Besatzern Sympathien seitens der Einheimischen eintragen? Als die Deutschen zu verstehen gaben, daß sie mit den Juden »den Bolschewismus von der Wurzel her ausrotteten«, stießen sie zumindest im Baltikum und in der Ukraine auf keinerlei Gegenwehr, dagegen fanden sie etliche Helfer und Helfershelfer unter den Einheimischen.

Daß die Wehrmacht in den besetzten Gebieten der Sowjetunion eine relativ breite Basis für die Kollaboration vorfand, daran war freilich nicht allein der vorangegangene Terror Stalins und seine Annektionspolitik schuld. Es war auch eine Taktik des Überlebens. Der negative und stets denunziatorisch gebrauchte Begriff »Kollaboration« ist daher problematisch, da er keinen Unterschied macht zwischen aktiver Parteinahme für den Besatzer, d. h. Verrat an den eigenen Landsleuten, und Überlebenstaktik, die unter den gegebenen Umständen ein ziemlich normales Verhalten war. Ein Sowjetbürger, der für die Deutsche Reichsbahn im Besatzungsgebiet arbeitete, um seine Familie ernähren zu können, ist natürlich nicht mit einem Kollaboranten gleichzusetzen, der für die Goebbelsschen Propagandaabteilungen arbeitete oder sich der Politischen Polizei oder dem SD als Informant zur Verfügung stellte. Auch ist es falsch, jede Form der Subordination unter die Besatzungsmacht als »Kollaboration« zu bezeichnen. Denn wer auch nur geringste Zeichen von Widersetzlichkeit gegenüber den deutschen Besatzern erkennen ließ, stand sofort im Verdacht, Sympathien mit den Partisanen zu haben oder diese heimlich zu unterstützen. Und mit solchen Leuten machte die Wehrmacht kurzen Prozeß. Schließlich sind Hunderttausende von »partisanenverdächtigen« Sowjetbürgern erschossen worden oder den Vergeltungsaktionen deutscher Straftrupps zum Opfer gefallen.

Die »Kollaboration« folgte zwangsläufig aus dem Zusammenbruch der Roten Armee im Sommer 1941, der zur Einkesselung und Gefangennahme von etwa 3,5 Millionen Rotarmisten führte. Damit begann einer der gräßlichsten Abschnitte dieses Krieges: die Todeslager- und Märsche, durch die im Herbst 1941 Millionen gefangener Rotarmisten in Seuchen, Hunger, Kälte und Schlamm zugrunde gingen. Auch wenn

Hitler, Göring und Rosenberg sowie einige Wehrmachtsgeneräle schon in den Planungen zum Rußlandfeldzug kaltblütig den Hungertod von Millionen Russen einkalkuliert hatten, für das 3-Millionen-Heer der Deutschen, das im Begriff war, mit letzter Kraftanstrengung Moskau und den Süden bis Rostow am Don zu überrennen, war das Gefangenenheer von 3,5 Millionen nichts als ein Klotz am Bein. Selbst ohne die deutsche Untermenschenlehre wäre für jedes kämpfende Heer die Relation 3: 3,5 ein unlösbares Ernährungs-, Bewachungs-, Behausungs- und Rücktransportproblem gewesen. Ob das Massensterben der sowjetischen Kriegsgefangenen eher ein unbeabsichtigtes Nebenprodukt der deutschen Kriegsführung war, die sich durch die hohen Gefangenenzahlen im Herbst 41 vollkommen überfordert sah, oder eine planvolle Politik zur »Dezimierung der slawischen Rasse« – für beide Thesen gibt es Belege –, darüber wird in der historischen Forschung noch gestritten.

Jedenfalls hatte es eine solche Auflösung einer Armee, deren Reste gleichzeitig den furiosesten Widerstand leisteten, noch nicht gegeben. Im Vergleich dazu hatte die zaristische Armee 1914 geradezu ein Vorbild an Disziplin und organisierter Gegenwehr abgegeben. Daß es im Sommer 41 zu dieser Auflösung und verheerenden Niederlage der Roten Armee gekommen war, daran aber hatten Stalin und sein despotisches Regime einen erheblichen Anteil – ein Tatbestand, der von der sowjetischen Geschichtsschreibung und der antifaschistischen Linken Westeuropas jahrzehntelang verdrängt worden ist, um den Mythos vom »Großen Feldherrn Stalin« nicht zu gefährden.

Nicht nur hatte Stalin, sich nach dem Pakt mit Hitler in einer trügerischen Sicherheit wiegend, die Verteidigungsarbeiten entlang der deutsch-sowjetischen Demarkationslinie sträflich vernachlässigt und die anstehende Serienproduktion des russischen Panzers T 34, der die Deutschen später das Fürchten lehren sollte, vorzeitig eingestellt, so daß die deutschen Panzerspitzen fast ungehindert vorrücken konnten. Sondern den Säuberungen vor dem Krieg waren auch, wie schon erwähnt, 40 000 hohe und höchste Offiziere, 65 Prozent der Offiziersgarde und zahllose Spezialisten und Fachleute zum Opfer gefallen. Keine Armee der Welt hatte jemals in Kriegszeiten einen solchen Verlust an Führungskräften und Spezialisten erlitten wie die Rote Armee in Friedenszeiten.

Die Sowjetunion des Archipel Gulag konnte sich also nur noch schwer verteidigen. Durch den rigiden Zwangscharakter aller Gesellschaftsorgane, so auch des in Fesseln geschlagenen Heeres, war eine effektive Defensive ausgeschlossen: Ein Teil der Roten Armee reagierte kopflos, lief über, lief davon oder blieb wie angenagelt stehen, weil er, statt selbst die Initiative zu ergreifen, auf Befehle von oben wartete. Ein anderer Teil wurde infolge sinnloser Durchhaltebefehle, die – wie bei Kiew – zur Einkesselung von Hunderttausenden von Rotarmisten führte, aufgerieben bzw. in Gefangenschaft geführt. Ein dritter Teil wurde erbarmungslos, manchmal ohne Waffen, verheizt, um den deutschen Vormarsch wenigstens ein paar Tage aufzuhalten. »Bau mir eine Mauer aus Leichen, Bluchjer!« hat Stalin zu General Bluchjer gesagt, als die Deutschen schon auf dem Weg nach Moskau waren. Und in der Tat: Diese »Mauer aus Leichen« (sowie Hitlers überraschender Befehl an General Guderian, den Marsch auf Moskau vorerst zu stoppen, um erst die Ölquellen im südlichen Donezbecken sicherzustellen) hat Stalin jene Atempause verschafft, um die Verteidigungsstellungen rund um die Hauptstadt auszubauen und die Armee zu reorganisieren. Aber um nach dem Desaster vom Sommer und Herbst 41 die Offensivfähigkeit zurückzugewinnen, bedurfte es nicht nur eines Wunders an Zähigkeit, Härte und Selbsthingabe, sondern auch der blutigsten Disziplin, wie nur ein Stalin sie mit Hilfe seiner »politischen Abteilungen« und Politkommissare in der Armee durchsetzen konnte. Auf »Defätismus« und »Feigheit vor dem Feind« stand die Todesstrafe, und von einem Rotarmisten wurde erwartet, daß er sich eher selbst erschieße, als dem Feind in die Hände zu fallen. Die in deutsche Gefangenschaft geratenen Rotarmisten waren denn auch in Stalins Augen »Feiglinge« oder potentielle »Kollaborateure und Vaterlandsverräter«. Entsprechend wurden sie nach der Befreiung behandelt.
Aber auch daß die Wehrmacht in den von ihr besetzten Gebieten eine relativ breite Basis der Kollaboration fand, das heißt, die unterworfene Bevölkerung zu spalten verstand, hat den Krieg in die Länge gezogen und die Opferzahlen ins Unermeßliche anwachsen lassen. In den rund 2 Millionen Quadratkilometern besetzten Landes fand das Riesenheer bis Ende 1942/Anfang 43 einen von innen her kaum ernstlich angefochtenen Halt. Bis dahin gab es weitaus mehr »Kollaborateure« als Partisanen. Letztere suchten, unter heroischem Einsatz und Opfern, den

Deutschen im Besatzungsgebiet das Leben schwer zu machen. Sie griffen erstens die materiellen Hilfsquellen, Verkehrs-, Nachrichtenwege und Depots an und zweitens die menschlichen Hilfsquellen. Noch im Januar 1943 arbeiteten allein bei der Osteisenbahn 634 000 Russen und 112 000 Deutsche. Das heißt: 85% der Hauptnachschubader, die Truppen, Waffen, Munition, Ersatzteile an die Front schaffte, wurden von Einheimischen in Betrieb gehalten. Rund 15% der Einwohner standen im direkten Sold der Wehrmacht, also etwa ein Drittel der Arbeitsbevölkerung. Sie arbeiteten als Köche, Chauffeure, Mechaniker usw., kurz, als Dienstpersonal. Hinzu kamen diejenigen, die mit dem Besatzer Handel trieben. Wie es in solcher Lage nicht anders sein kann, war fast die Hälfte mit der deutschen Besatzung wirtschaftlich verquickt. Die Partisanen sprengten Gleise, die die einheimischen Hilfskräfte der Wehrmacht flickten. So zog sich der Krieg in die Länge und fraß seine Opfer. Erst als der Krieg für die Deutschen nicht mehr zu gewinnen war und sich ihr Vorgehen gegen die »partisanenverdächtigen« Bevölkerungskreise zu immer brutaleren Vergeltungsaktionen steigerte, bildete sich jene Partisanenbewegung, die dann ab 1943 auch zu einem gewichtigen militärischen Faktor der Befreiung wurde. Erst da löste sich auch das teils gleichmütige, teils not- und angstdiktierte Arrangement der besetzten Bevölkerung mit dem deutschen Landesherrn auf.

Wie verbreitet und »normal« die »Kollaboration« mit diesem gewesen sein muß, belegt im übrigen das Ausmaß der Säuberungsaktionen, die der NKWD nach der Befreiung der besetzten Gebiete durchführte. Dieser hatte gewaltige Arbeit beim Durchkämmen der ehemals besetzten Gebiete. Dabei kam es zur Deportation ganzer Volksgruppen, die wegen des bloßen Verdachts der Kollaboration oder für einzelne Fälle von erwiesener Kollaboration nun kollektiv bestraft wurden. So wurden 1943/44, auf Beschluß des staatlichen Verteidigungskomitees, Kalmücken, Tschetschenen, Inguschen, Krimtartaren, Karatschaier und einige andere kleinere nationale Gruppen, wie schon zuvor die Wolgadeutschen, in die innerasiatischen Gebiete zwangsumgesiedelt. Die Gesamtzahl der Deportierten von der Krim, aus dem Wolgagebiet und dem Nordkaukasus schätzt Medwedjew auf drei Millionen: »Praktisch allen, die unter das deutsche Besatzungsregime geraten waren, wurden ihre Rechte beschnitten, und ein nicht geringer Teil in die Lager geschickt, die sich während des Krieges infolge der hohen Sterblichkeit merklich geleert hatten ... Der Sieg hatte den Überlebenden in den Kriegsgefangenenlagern und Millionen Bewohnern der okkupierten Gebiete, die zur Zwangsarbeit nach Deutschland verfrachtet worden waren, die Freiheit wiedergegeben. Alle diese Menschen mußten die sog. zeitweiligen ›Filterlager‹ passieren. Durchaus nicht alle kehrten heim. Viele wurden in die Lager von Kolymna, Kasachstan und Norilsk verfrachtet. Unter ihnen auch heldenhafte Verteidiger von Brest, Sewastopol, Odessa, Stalingrad und Moskau. Unter dem Strich kann man die Gesamtzahl der Opfer des Stalinismus in den Jahren 1941 bis 1946 mit mindestens 10 Millionen angeben ... Eine grausige Statistik. Aber wir sollten sie kennen.«[47]

Auch wir Deutschen sollten diese »grausige Statistik« kennen; sie bewegt sich freilich noch sehr im Ungefähren, weil die NKWD-Organe und die stalinistischen Behörden nicht so penibel Buch geführt haben wie Gestapo, Wehrmacht, SD und die Einsatzkommandos. Wer vermag bei dieser Sachlage überhaupt noch genau zu unterscheiden zwischen den Opfern, die auf das Konto der deutschen Armeen und Einsatzkommandos, und denen, die auf das Konto der NKWD-Organe gehen! Es ist jedenfalls nicht auszuschließen, daß der NKWD (wie im Falle Katyn) auch noch viele der von ihm selbst zu verantwortenden Opfer aufs deutsche Konto verbucht hat.

Die ungeheuerlichen Opfer, die die Sowjetunion erbringen mußte, um sich selbst und die Welt vom deutschen Faschismus zu befreien, sind zwar *hauptsächlich der Destruktivität des deutschen Aggressors anzulasten, dem die neutralen und besetzten Länder Europas eine noch nie dagewesene Kriegsführungsbasis verschafft haben; aber sie sind eben auch – und dies wurde lange Zeit verdrängt – eine Folge der Tatsache, daß die Sowjetunion des Archipel Gulag sich so schwer verteidigen konnte und in den ersten zwei Kriegsjahren nicht in der Lage war, ihre Völkerschaften zu einem geschlossenen Widerstand gegen die deutschen Invasoren zu formieren.*

V. DIE HINTERLASSENSCHAFT DER STALIN-ÄRA UND DAS VERSAGEN IN DER SYSTEMKONKURRENZ

Die wirtschaftliche Agonie der Sowjetunion und die Stagnation, die immer weitere gesellschaftliche Bereiche erfaßte und schließlich, in den späten siebziger Jahren, zur Existenzkrise des ganzen Ostblocks geführt hat, ist allerdings nicht mehr mit den Kriegsfolgen zu erklären, sondern primär eine Langzeitfolge jener politisch-ökonomischen Despotie und ihres »befehlsadministrativen Leitungs- und Führungssystems«, das in den dreißiger und vierziger Jahren entstanden war und den »Bremsmechanismus« verursachte.

Wie sehr die Produktionsverhältnisse des Staatssozialismus zur Fessel für die Entwicklung der Produktivkräfte werden mußten, zeigten u. a. folgende Anomalien, die mit gewissen Einschränkungen in allen Staaten des Warschauer Pakts aufgetreten sind, so groß die nationalen Unterschiede sonst auch sein mochten:

1. Die immer größere Schere zwischen primärem und sekundärem Industriesektor, d. h. zwischen Investitions- und Konsumgüterproduktion;

2. die prinzipiell unlösbare Aufgabe der Planbürokratie, sämtliche Daten und Tendenzen der immer komplexer werdenden Gesamtökonomie zu erfassen;

3. der zunehmende »Betriebsegoismus« und die planmäßig organisierte Anarchie in Produktion und Verteilung;

4. die weitgehende Zerstörung des »subjektiven Faktors«, d. h. der Arbeitsmotivation und Arbeitsdisziplin, was sich in der konstant niedrigen Arbeitsproduktivität und der schlechten Qualität der Produkte ausdrückte;

5. die schier unüberwindlichen Barrieren beim Übergang vom extensivem zu intensivem Wirtschaftswachstum, d. h. vom reinen Mengenwachstum zu einem qualitativen Wirtschaftswachstum, das auf Produktivitätsfortschritten basiert;

6. die verheerenden Umweltschäden, die eine Folge des extensiven Wachstums und der gigantischen Vergeudung von Rohstoffen und Energieträgern war und ist.

1. Unlösbare Widersprüche des administrativen Plan- und Leitungssystems

In der Stalin-Ära war das politisch-militärische Sicherheitsinteresse noch das gemeinsame »Primärinteresse« von Staatsbürokratie und Bevölkerung gewesen. Diese war bereit, die harten Entbehrungen und Konsumeinschränkungen zu ertragen, so lange die Bedrohung und der Ausnahmezustand anhielten. Doch in der nachstalinistischen Epoche der »friedlichen Koexistenz« begann diese Interessenidentität allmählich zu zerbrechen: Während die Bürokratie, unter dem Druck des nach 1945 einsetzenden Rüstungswettlaufs mit den Amerikanern, aber auch aus Gründen der eigenen Herrschaftssicherung in dem bis an die Elbe expandierten Sowjetreich den schwerindustriellen Primärsektor immer weiter aufblähte, bestand die Bevölkerung immer nachdrücklicher auf der Erhöhung ihres Lebensstandards und damit der Ausweitung der Konsumgüterproduktion. Das verselbständigte Planungsinteresse der Bürokratie geriet so in zunehmend größeren Gegensatz zu den Grundinteressen der Bevölkerung. Das Staatseigentum in der exklusiven Verfügungsgewalt der Politbürokratie wurde zur Fessel für die weitere Entwicklung des Massenkonsums und des Massenwohlstands.

Doch nicht nur das in ihrem Interesse einseitig definierte und verselbständigte Planziel, auch der Mechanismus der Planung geriet in immer größeren Widerspruch zu den gesamtwirtschaftlichen Erfordernissen. Der I. sowjetische Fünfjahresplan war in seinen Grundzügen noch relativ einfach und überschaubar. War der erste Planungsabschnitt auf die Erzeugung einer begrenzten Anzahl von Industrieprodukten im Bereich des Primärsektors ausgerichtet, so hatte dessen erfolgreiche Durchführung zu einer Entfaltung und Auffächerung des gesamten Produktionsapparates, insbesondere im Bereich des Transports, der Lagerung, der Instandhaltung und der Verteilung geführt, die den Mechanismus der Planung selbst ungeheuer komplizierte. Darüber hinaus hatte die wissenschaftlich-technische Entwicklung und der politisch-militärische Wettkampf mit den kapitalistischen Ländern die Entwicklung neuer Wirtschaftszweige wie der Militärelektronik und der Raketentechnik gefordert, die die Gesamtstruktur der Sowjetökonomie immer komplexer werden ließen und die Planbürokratie vor schier unlösbare Probleme stellte. Carlo: »Bürokratische Planung kann nur während einer ersten Aufbauphase der Systementwicklung funktionieren, solange nämlich die jeweils zu treffenden Entscheidungen relativ einfacher Art sind. Ist diese erste Phase überwunden, so gewinnen die Widersprüche der Ökonomie größere Bedeutung, werden schließlich unerträglich, und die Folge ist eine zunehmende Auffächerung der Produktion und immer weniger Kontrollmöglichkeiten durch die zentrale Planungsbürokratie. Der administrativ verordnete Plan wird zum Anachronismus, zur Fessel der Produktivkräfte.«[1]

Die zentrale Planung wurde auch deshalb immer schwieriger, weil das natürliche Regulativ des Marktes ausgeschaltet worden war (bzw. nur eine periphere Rolle spielte) und die dezentralen Entscheidungsträger, die Werktätigen und ihre gesellschaftlichen Organisationen, an der Ausarbeitung des Zentralplans so wenig beteiligt waren wie die einzelnen Unionsrepubliken im sowjetischen Vielvölkerstaat, die nur ein formelles Mitspracherecht hatten. Je weniger aber die unmittelbaren Produzenten und Konsumenten auf den Plan Einfluß nehmen konnten, um so größer wurde auch der Planungsaufwand der Bürokraten, die jetzt durch zusätzliche Indizes und Parameter »von oben« dekretieren mußten, was »von unten« nicht in den Plan einfließen durfte.

Im bürokratischen Plansystem bilden sich außerdem bestimmte Interessengruppen heraus, die im Gegensatz zur Realisierung des Plans stehen; dabei handelt es sich vor allem um die Gruppe der Betriebsleiter und technischen Direktoren, für die der Plan eine fremde Instanz ist, die sich ihren Entscheidungen und ihrem Interesse entzieht. Dennoch müssen sie die Planziele, die ihnen in Form von Gesetzen gegenübertreten, unter allen Umständen erfüllen. So entsteht ein Widerspruch zwischen dem partikularen Interesse der Betriebsleiter, hohe Prämien für Übererfüllung der Pläne bei minimalem Einsatz an Energien und Organisationsanstrengungen zu ergattern, und dem Interesse der Gesamtwirtschaft, Waren mit hoher Qualität und niedrigen Kosten zu produzieren. Die zumeist quantitativen Planauflagen, die den Betriebsleitern von den übergeordneten Instanzen vorgegeben werden, gewähren ihnen nämlich einen gewissen Spielraum bei der Planrealisierung. Werden die Produktionsziele beispielsweise nach fertigen Maschinen gemessen, so gibt es einen Mangel an Ersatzteilen. Werden die Planziele bei der Organisation des Transports nach Tonnen pro Kilometer gemessen, so werden optimale und billige Transportmöglichkeiten vernachlässigt. Werden Kerzenständer nach Gewicht geplant, so werden sie unnötig schwer. Wird Stoff nach Länge gemessen, so wird er zu schmal. Wird der Plan für Investitionsgüterbetriebe nach verbrauchtem Material festgelegt, so verschwendet man absichtlich Metall, um den Plan zu erfüllen. Die aus solchen Methoden resultierende Vergeudung und Qualitätsminderung der Waren pflanzt sich notwendig fort: der Zulieferbetrieb, der die Planziffern nur durch schlechte Verarbeitung seiner Produkte erreicht, schadet dem weiterverarbeitenden Betrieb usw.

»Im ›rohen Kommunismus‹, schreibt Peter Ruben, werden alle Betriebe der Volkswirtschaft in Teile eines großen Betriebes verwandelt, der Austausch wird eliminiert und unter Verdacht gestellt als ›arge Profitwirtschaft‹ ... Ein doppeltes ›Wachstum‹ ist die logische Konsequenz: einerseits Wachsen der unabsetzbaren Produkte – also ›Ausschuß‹ – und andererseits einer Geldmenge, die gezahlt wird, für die man aber nichts kaufen kann, d. h. Anwachsen der Sparguthaben.«[2]

Der »Betriebsegoismus« führt außer zur systematischen Vergeudung auch zur systematischen Hortung von Rohstoffen. Denn der Betriebsleiter weiß, daß die Erfüllung des Plans von der regelmäßigen Versorgung ›seines‹ Betriebes mit Rohstoffen, Hilfsstoffen, Energieträgern etc. abhängt; angesichts der relativen Knappheit dieser Güter versucht er sich zu schützen, indem er ständig größere Mengen dieser Produkte und Energieträger anfordert, als er benötigt; so erhöht er seinerseits die Knappheit.

Die spontanökonomische Antwort auf die Knappheit und auf die unökonomische Regelung in der Distribution ist der Schwarzmarkt. Das, was der »rohe Kommunismus« am meisten verpönt hat, den Markt und das individuelle Profitstreben, setzt sich nun gleichsam hinter dem Rücken des angeblichen Souveräns in der Wirtschaft, dem Staat, durch – mit verheerenden Auswirkungen für die Gesamtökonomie. Neben der offiziellen Distribution (von Rohstoffen, Gütern, Energieträgern etc.) bildet sich eine zweite, eine schwarze Ökonomie heraus, die den Plan unterläuft, die Inflation anheizt und dazu führt, daß die meisten Betriebe an vermehrter und verbesserter Produktion gar nicht mehr interessiert sind. Eher sind sie daran interessiert, daß der Mangel bestehen bleibt. Das klingt paradox, doch just von diesem Paradox profitieren sie. Ein Beispiel: Der Monopolbetrieb A produziert Kühlschränke, der Monopolbetrieb B Tapeten. Beide produzieren zu wenig, aber genau davon profitieren beide, weil jeder seine Mangelware gegen eine andere Mangelware, hier Kühlschränke gegen Tapeten, tauschen (»kompensieren«) oder zu horrenden Preisen auf dem Schwarzmarkt verschieben kann.

Aus dem gleichen Grund hat auch der Großhandel kein wirkliches Interesse, seine Produkte in die Läden und an die Kunden zu bringen. Wo die Güter knapp sind, werden die Zirkulationsagenten – und im sowjetischen Handel sind mehrere Millionen beschäftigt – zu Herren der Verteilung. Wie Wegelagerer lenken sie die staatlichen Warenströme, womöglich unter Erstattung des Offizialpreises, in ihre Schwarzmarktkanäle, um sich über den Aufpreis zu bereichern. Es ist nicht nur Geld, was sie sich dermaßen an Land ziehen, sondern Beziehungen, privilegierter Zugang zu anderen knappen Ressourcen und eine enorme Machtstellung gegenüber dem bettelnden und bedürftigen Kunden. Nicht der Kunde ist hier König, sondern der Verkäufer der knappen Ware. So entstehen anstelle von Käufermärkten die für die »sozialistische« Ökonomie so typischen Verkäufermärkte.

Diese zweite Ökonomie der bürokratisch organisierten Schieberei, die sich in der Breschnew-Ära immer mehr ausdehnte und verzweigte, hat zur Bildung regelrechter Wirtschaftsmafias geführt. Wenn im alten System ein »bürokratischer Paternalismus« herrschte, der auf dem miserablen Niveau »gerecht« verteilter Armut dennoch auch für alle sorgte, so haben sich in den Jahren nachstalinscher Apparatherrschaft »in den oberen und mittleren Ebenen von Partei, Staat, Wirtschaft und Kultur weitverzweigte Clansysteme entwickelt und verfestigt, die von Familien und Sippen der aufsteigenden Intelligenzschichten getragen werden...« (Meyer).[3] Unterhalb der Ebene des zentralen Plans kontrollieren sie bereits die Verteilungswege und sind – oder waren – in manchen Sowjetrepubliken auch mit den Ministerien und der Parteispitze verfilzt. An den Schnittstellen zwischen Schattenwirtschaft und behördlicher Kontrolle bilden sich illegale Vernetzungen, ein ganzes System der Korruption. Es beginnt mit »Vetternwirtschaft«, die sich zur Reproduktion des Clans im Apparat auswächst: »Die unkontrollierte Macht in den Händen der Funktionäre führt zu Machtrausch, zu Liebedienerei, zu Korruption und zur Veruntreuung von Staatsgel-

dern, was wiederum zu moralischer und sittlicher Zersetzung, zur Entfremdung der breiten Volksmassen vom System führt« (Migranjan).[4] Jedenfalls leiden die sowjetischen Bürger nicht deshalb Mangel, weil sie – wie ein hartnäckiges westliches Vorurteil glauben möchte – im Sozialismus leben, sondern deshalb, weil sie in einer Gesellschaft leben, in der Schiebertum, schwarze Ökonomie und Korruption, d. h. bürokratisch organisierte Anarchie in der Verteilung, herrschen. (Ähnliches galt in der Spätphase auch für die anderen Volksrepubliken des ehemaligen Ostblocks.) Vom Krebsgeschwür der Schieberei und Korruption sind längst auch jene befallen, die mit seiner Bekämpfung beauftragt sind: Polizei, Kriminalbehörden und Justiz. Das organisierte Verbrechen vernetzt sich mit den Exekutivorganen zur sozialistischen Variante der »Mafia«. Als der Staatsapparat, vor allem die Miliz, von der Spitze her mit der Mafia verflochten war, »gipfelte die Paradoxie dieses historischen Lehrstücks schließlich darin, daß der Geheimdienst den letzten intakten Stützpunkt des ›Kommunismus‹ bildete« (W. F. Haug).[5] Der KGB erwies sich »dank seiner Elitestellung als die nahezu einzige nicht korrumpierte Kraft, die der Mafia gegenüberstand« (A. Sacharow),[6] und somit als einzige wirkungsvolle Waffe gegen die seit Breschnew grassierende Korruption.
Eine ähnliche Paradoxie ist es, daß ausgerechnet der KGB Gorbatschows Karriere befördert hat. Im Unterschied zur alten Breschnew-Partei, die den Weg der machtgestützten Ideologie – und damit der Verleugnung der Realität – unbeirrt weitergehen wollte, war der KGB als zentrale Datenbank zugleich die einzige Instanz, die einen realistischen Begriff vom Ausmaß der Stagnation und der Krise der sowjetischen Gesellschaft gewonnen hatte und daher den dringenden Handlungs- und Reformbedarf erkannte.

2. Die Zersetzung des menschlichen Faktors

Gorbatschows Perestroika traf aber nicht nur auf den Widerstand der konservativen und korrupten Teile des Staats-, Partei- und Wirtschaftsapparates, der sog. »Nomenklatura«, deren Mitglieder oft Lippenbekenntnisse zur »Perestroika« abgaben, um desto hartnäckiger ihre Posten und Privilegien zu verteidigen; sie stieß auch mit der seit Jahrzehnten angestauten sozialen Apathie der Massen zusammen. Weithin herrschen – so klagten die sowjetischen Reformer – »Passivität, Gleichmacherei, Schmarotzertum, Tagelöhnerdenken, Privilegiengier«. Kriminalisiert wurde auf allen Ebenen des gesellschaftlichen Lebens und in allen erdenklichen Sanktionsformen zunächst Initiative, also Nichtapathie. Unter den Werktätigen ist die »Tagelöhnerpsychologie« sehr verbreitet. Das Interesse, eine ruhige Kugel zu schieben, überwiegt z. T. sogar, wie Gorbatschow selbst beklagte, das am höheren Einkommen. An der Tagesordnung ist die bloße Simulation von Arbeit, »das Kostgängertum, die Bezahlung nicht für die Arbeit, sondern für das Erscheinen am Arbeitsplatz«.[7]

Vor allem in der Landwirtschaft schwingen die katastrophalen Folgen der gewaltsamen und überstürzten Kollektivierung unter Stalin nach. Diese »Schule der Zwangsarbeit« wirkte wie eine »verderbliche Antischule« (Butenko).[8] Sie hat »im Laufe von Jahrzehnten ... viele daran gewöhnt, nicht zu arbeiten, sondern nur so zu tun, sie hat viele Menschen an Heuchelei, Lüge, Egoismus und Konformismus gewöhnt« (A. Sacharow).[9]

Die »kolossale Zersetzung des menschlichen Faktors« (Butenko), die sich in chronischem Disziplinmangel, in Verantwortungslosigkeit, Schlamperei, Interesselosigkeit an der Produktion, Lokalegoismus, Ausbreitung der Trunksucht, Veruntreuung und Korruption ausdrückt, bildet die Hinterlassenschaft des auf die stalinsche Weise erzielten Wachstums der Produktivkräfte und ist letztlich das Resultat der »politischen Expropriation« der Werktätigen. Wie in anderen ökonomischen Despotien der Geschichte – etwa bei den Inkas, deren Apathie sie zuletzt zum hilflosen Objekt der spanischen Konquistadoren machte – hat auch die stalinistische Despotie im Gesamtergebnis *zu einer historischen Dequalifizierung und Demotivierung der unmittelbaren Produzenten geführt.*

Hier liegt wohl auch die tiefere Ursache dafür, daß den verschiedenen Wirtschafts- und Dezentralisierungsreformen der nachstalinistischen Ära – von Chruschtschow, Libermann bis Kossygin – kaum ein Erfolg beschieden war und auch Gorbatschows Versuche des wirtschaftlichen »Umbaus« letztlich gescheitert sind. Auch die Lockerung und der Abbau der Planvorgaben, die Dezentralisierung der ökonomischen Entscheidungen, die Einführung des Prinzips der wirtschaftlichen Rechnungsführung und der Eigenverantwortlichkeit der Betriebe, die für ihre Betriebs- und Investitionsmittel selbst aufkommen sollten, haben den wirtschaftlichen Niedergang nicht aufhalten können. Die zur »zweiten Natur« gewordene Initiativlosigkeit und Subalternität der Leiter und Geleiteten, die allgemeine Krankheit des Wartens auf Weisungen von oben konnten bislang durch keine Wirtschaftsreform kuriert werden. So kommt es, daß die Werktätigen und viele »örtlichen Organe«, die »jetzt große Rechte besitzen«, es »nicht nur nicht verstehen, diese Rechte zu nutzen, sondern dies auch nicht wollen« (Gorbatschow).[10] Dies gilt auch für die Betriebsleiter, von denen etwa 70 Prozent die ihnen von den Reformern eingeräumte wirtschaftliche Selbständigkeit und Entscheidungsfreiheit als lästig empfinden, wie Untersuchungen der sowjetischen Soziologin Saslawaskaja ergeben haben. »Die Betriebe«, resümierte Gorbatschow im vierten Jahr der Perestroika, »die das Recht erhalten haben, gute Mitarbeiter gebührend zu belohnen und die Bezahlung von Faulenzern, Murksern und Nichtsnutzern herabzusetzen, nutzen diese Möglichkeit nur bescheiden.«[11] Es ist als würde dieses System »ein großes Bügeleisen nehmen und die ganze Gesellschaft glattbügeln ... alle über einen Kamm scheren: ein Talent und eine Niete, einen gewissenhaften Arbeiter und einen Faulenzer«.[12]

Der Rückfall hinter die bürgerliche Arbeitskultur, die wesentlich auf der individuellen Initiative, Freiheit und Verantwortungsbereitschaft beruht, ist aber nicht nur dem Kommandosystem und dem passiven Unterordnungsverhältnis in der Wirtschaft zuzuschreiben, sondern auch die Folge des »rohen Kommunismus« und seiner schlechten Negation des Privateigentums. Denn das öffentliche, vom Staat kontrollierte Eigentum wird dann zu niemandes Eigentum. »Wenn sich keiner um das Volkseigentum kümmert, verbreiten sich Mißwirtschaft und Verschwendung« (Bogomolow).[13] Dann wird das Staatseigentum als »Niemandsland« betrachtet und verleitet zu Selbstbedienung und nachlässigem Umgang mit den vorhandenen Werten. Das Mitgehenlassen von Produkten und Arbeitsmitteln in Betrieben und Baustellen gehörte daher zum Alltag »realsozialistischer« Aneignung. »Was allen gehört, gehört keinem, und was keinem gehört, verrottet« (W. F. Haug).[14]

Der ursprüngliche Sinn der Abschaffung des Privateigentums an Produktionsmitteln, nämlich die Aufhebung der Ausbeutung fremder Arbeitskraft, verkehrt sich so in sein Gegenteil: Das Staatseigentum wird zu niemandes Eigentum, die Arbeit wird zur Scheinarbeit und an die Stelle der alten (klassenmäßigen) Formen der Ausbeutung tritt »die Ausbeutung des Talents durch die Mittelmäßigkeit, des Fleißes durch die Faulheit, der redlichen Werktätigen durch korrupte Elemente, der geleiteten Menschen durch die Leiter usw.« (Kisseljow).[15]

Da dieses System nur die administrative Form der Über- und Unterordnung als »eigentlich sozialistische gesellschaftliche Verhältnisse« anerkannte, waren ihm alle Verhältnisse des modernen Marktes, von Recht, Demokratie und Öffentlichkeit wesensfremd. *Das eigentliche Entwicklungsferment moderner Gesellschaftsentwicklung – Eigeninteresse, Eigenverantwortung, Selbstgestaltung – wurde zerstört.* Die »zivile Gesellschaft«, die Existenz einer vom Staat relativ unabhängigen Wirkungssphäre der Bürger, wurde aufgelöst. Ein wirkliches Mehrparteiensystem z. B. konnte sich unter diesen Bedingungen nicht entwickeln. Die kommunistischen Parteien degenerierten denn auch im Laufe der Zeit zu Vereinigungen von Beamten, die mit Kommandogewalt die Weisungen ihrer Führung in Staat und verstaatlichter Gesellschaft durchsetzten.

3. Extensive Akkumulation und ökologische Verwüstung

Bis in die sechziger Jahre konnten die UdSSR und die Staaten des Warschauer Paktes noch ein imposantes Wirtschaftswachstum in gewissen Prioritätsbereichen auf der Basis des reinen Mengenwachstums und des erhöhten Produktionsvolumens (»extensive Akkumulation«) erzielen, vor allem in der Schwerindustrie und im Investitionsgütersektor. Doch spätestens seit Beginn der siebziger Jahre war weiteres Wirtschaftswachstum primär von qualitativen Wachstumsfaktoren, vor allem von der Anwendung der neuen EDV- und Informationstechnologien und von den durch sie erzielten Produktivitätsfortschritten abhängig geworden. Der Logik des »befehlsadministrativen Systems« entsprach aber eine mechanische und quantitative Auffassung des ökonomischen Prozesses. Im besten Fall dienten die Kader treu ihrer Majestät, der Bruttoproduktion, der sog. »Tonnen-Ideologie«, den Kennziffern des reinen Mengenwachstums. Die Trägheit der extensiven Entwicklung und das »administrative Plan- und Leitungssystem« erwiesen sich denn auch als entscheidende Entwicklungsbarriere in allen Ostblockländern. Ohne qualitatives Wachstum als Schlüsselziel durchzusetzen, konnte es keinen weiteren wissenschaftlich-technischen Fortschritt und damit auch keine wirkliche Produktivitätssteigerung geben.

Der wissenschaftlich-technische Fortschritt war schon für viele Nachkriegsjahrzehnte durch Stalins und Lyssenkows Diktum blockiert worden, wonach Kybernetik und Molekularbiologie, Relativitätstheorie und Quantenmechanik mit dem Wesen des »Marxismus-Leninismus« und der »Dialektik der Natur« unvereinbar seien. Kein Wunder, daß sich Radar, Penicillin, Kybernetik, Computer etc. in der Sowjetunion erst durchzusetzen begannen, als die Kluft zwischen dem erklärten Ziel der kommunistischen Propaganda, den »kapitalistischen Westen einzuholen und zu überholen«, und der tatsächlichen technologischen Rückständigkeit, bald auch auf dem Gebiet der High-Tech-Waffen, gegenüber dem Westen immer größer wurde.

Wie sollte sich auch unter der Herrschaft einer allmächtigen Bürokratie, die jede Initiative von unten als »Störung« empfand und mit Sanktionen belegte, die schöpferische Eigeninitiative des Erfinders entfalten können? Nur etwa 5 Prozent aller technischen Erfindungen in der UdSSR sind in den letzten Jahrzehnten überhaupt zur Anwendung gekommen; der übergroße »Rest« landete in den Schubladen der Bürokratie. Kein Wunder, daß die Sowjetunion auch die elektronische Revolution verschlafen hat (nur auf dem Gebiet der Militärelektronik konnte sie eine Zeitlang Schritt halten) und heute kaum ein Produkt auf den Weltmarkt bringen kann, das wirklich konkurrenzfähig ist!

So hat die sowjetische Wirtschaft denn auch nur auf dem Gebiet der Waffen- und Weltraumtechnik Weltniveau erreicht. Allerdings hat auch die jahrzehntelange US-Embargo-Politik und die aus dem Kalten Krieg stammende Cocom-Liste, die den Export von Hochtechnologie in den Ostblock verbot, den technologischen Rückstand des Systemgegners bewußt mit herbeigeführt. (Erst nach dem Umbruch von 1989 wurden die restriktiven Bestimmungen der Cocom-Liste gegenüber den osteuropäischen Ländern aufgehoben, nur partiell aber gegenüber der Sowjetunion.)

Die Zentralverwaltungswirtschaft stalinistischer Bauart war in ihrer Orientierung auf Kennziffern des bloßen Mengenwachstums allenfalls mit einem Niveau der Industrialisierung vereinbar, das spätestens seit Mitte der siebziger Jahre überholt war, als der westliche Kapitalismus auf der Basis der Chip- und Robotertechnologie einen neuen Produktivitäts- und Modernisierungsschub erhielt. *Die strukturell bedingte Unfähigkeit der östlichen Volkswirtschaften, den Übergang zur hochtechnologischen Produktionsweise zu vollziehen, ist denn auch zur Hauptursache des Scheiterns in der Systemkonkurrenz geworden.*

Die sich langfristig aufbauende Effizienzschwäche und der immer größere Produktivitätsabstand zum Westen, die zur Existenzkrise des ganzen Ostblocks führten, lassen sich durchaus in klassisch-marxistischer Weise erklären: als Widerspruch zwischen den Entwicklungsimperativen einer sich rapide verändernden, hochtechnologischen Produktionsweise einerseits, die zunehmend auf optimaler Informationsverwertung basiert und eine dezentrale Steuerung und Kooperation (Teamwork) verlangt, und der Unbeweglichkeit und Starre der staatsmonopolistischen Produktionsverhältnisse andererseits, die von einer diktatorischen Zentrale (Planbehörde, ZK, Politbüro) aus gesteuert werden und auf subalternen Über- und Unterordnungsverhältnissen basieren. Anders ausgedrückt: Solange es um den Bau von Eisenbahnen, Hochöfen und Textilfabriken geht, mögen Industrialisierung, Zentralverwaltungswirtschaft und diktatorisch gegängelte Gesellschaftsordnung noch miteinander vereinbar sein; sie sind es jedoch nicht mehr, wenn es um Mikroprozessoren und EDV-basierte Informationssysteme, um die Fähigkeit zu beschleunigtem Wandel und Anpassung an nichtvoraussagbare und berechenbare Entwicklungen geht.

Das fortdauernde Diktat der extensiven Akkumulation (mangels qualitativer Wachstumsfaktoren) mußte darüber hinaus zu einer gravierenden Krise im »Stoffwechsel mit der Natur« (Marx) führen. Die einseitige Orientierung der Planziele auf bloßes Mengenwachstum in Brenn- und Rohstoffen, der jahrzehntelange Raubbau von Ressourcen und Bodenschätzen bei gleichzeitiger Vergeudung, die Chemisierung der Landwirtschaft, die Praxis der Monokulturen und der Großflächenbewirtschaftung haben in allen RGW-Ländern gravierende Umweltschäden verursacht. Die Umweltverschmutzung im Osten ist pro Kopf der

Bevölkerung um ein Vielfaches höher als im Westen, bei einem Lebensstandard, der weniger als die Hälfte des westlichen ausmacht.
Erst in der Epoche der »Perestroika« ist auch im Osten ein kritisches Umweltbewußtsein und eine Umweltbewegung entstanden. Und erst seit der Atomkatastrophe von Tschernobyl, über deren Langzeitfolgen die Bevölkerung in den verseuchten Gebieten noch bis vor kurzem im Unklaren gehalten wurde (ebenso wie über die radioaktive Belastung im Umfeld des unterirdischen Atomwaffentestgeländes Semipalatinsk in Kasachstan), standen Umweltpolitik und Umweltvorsorge auch auf der Prioritätenliste der sowjetischen Reformpolitik.
Das »Staatskomitee für Umweltschutz der UdSSR«[16] veröffentlichte im Februar 1990 erstmals genaue Zahlen über die gravierendsten Ökokatastrophen und -belastungen. Über die Hälfte der landwirtschaftlich nutzbaren Böden in der Sowjetunion sind bereits unfruchtbar oder werden in den nächsten Jahren unfruchtbar. Von den 605 Millionen Hektar landwirtschaftlicher Nutzfläche waren Ende 1988 bereits 157 Millionen durch falsche Bewässerungsmethoden versalzen. Bei 113 Millionen Hektar ist die Humusschicht durch Erosion weitgehend abgewaschen, weitere 76 Millionen Hektar sind vollständig übersäuert. In Usbekistan, Aserbaidschan, Armenien und der Moldaurepublik sind die Böden teilweise achtmal so hoch mit dem (in der BRD seit 1974 verbotenen) Schädlingsbekämpfungsmittel DDT belastet, wie in der UdSSR erlaubt.
Immer mehr Sowjetbürger werden durch die extreme Luftverschmutzung in den Ballungszentren krank. In 68 Städten werden die zulässigen Grenzwerte um mindestens das 15fache überschritten. Flüsse und Seen (u. a. der Baikalsee) sind durch Chemieabfälle verseucht. Vor allem die Erkrankungen von Kindern häufen sich. Die schlechte Trinkwasserqualität in den ländlichen Gebieten Zentralasiens und Kasachstans führt häufig zu Bauchtyphus und Hepatitis. Bronchialasthma, allergische Erkrankungen und Infektionskrankheiten finden sich gehäuft an den Standorten der chemischen Industrie bei Leningrad und Wolgograd.
Alarmierend ist auch die Belastung der Böden mit hochgiftigen Schwermetallen. In Novosibirsk werden Grenzwerte um das 40- bis 200fache überschritten. In der Nähe einiger Metallhütten erreicht die Belastung mit Blei, Quecksilber und Kupfer zum Teil extreme Werte.

Unvorstellbare Schadstoffmengen gelangen in die Luft: 61,7 Millionen Tonnen im Jahr 1988. Der Hauptanteil entfällt auf Schwefeldioxyd, Kohlenmonoxid und Kohlenwasserstoffe wie das giftige Phenol. Rund 70 Millionen Menschen leben in Städten, deren Schadstoffkonzentrationen in der Luft um das Fünffache höher sind als die von der Gesundheitsorganisation der Vereinten Nationen (WHO) empfohlenen Grenzwerte. In über 600 Städten gibt es keine Abwasserreinigung, 30 Millionen Tonnen Schadstoffe werden den Flüssen und Seen zugemutet. Als besonders besorgniserregend wird von den sowjetischen Umweltschützern die Situation am Kaspischen Meer bezeichnet. Der Fischfang ging aufgrund der hohen Schadstoffeingänge (vor allem durch die Wolga) von 280 000 Tonnen im Jahr 1956 auf inzwischen 76 000 Tonnen zurück. Völlig verdreckt ist auch die Ostsee im Bereich der sowjetischen Küste.
Dies sind die Folgen von Stalins »Großem Plan zur Umwandlung der Natur«, den auch seine Nachfolger noch gewissenhaft exekutiert haben. Nichts faszinierte sie mehr als phantastische technische Großprojekte: die Bewässerung der Wüsten, die Umleitung der sibirischen Ströme zur Bewässerung der mittelasiatischen Baumwollfelder (erst vor wenigen Jahren wurde dieses Projekt gestoppt: der bislang größte Erfolg der sowjetischen Umweltbewegung), die Erschließung der sibirischen Rohstofflager, der Bau gigantischer Atomkraftwerke und die bemannte Raumfahrt. Darin allerdings dachten und handelten die sowjetischen »Zauberlehrlinge« ganz im Sinne ihrer westlich-kapitalistischen Lehrmeister, deren technokratische Großvisionen und Machtträume sie teilten. Gerade hier zeigte sich die strukturelle Abhängigkeit der Sowjetunion von dem, was sie unbedingt »einholen und überholen« wollte.
Daß der Osten auch im Ökologievergleich schlechter dasteht als der Westen, pflegt man bei uns als zusätzlichen Punktsieg im Systemvergleich zu werten, anstatt in den horrenden Umweltzerstörungen der Sowjetunion und ihrer ehemaligen Satellitenstaaten das destruktive Wesen der eigenen Industriezivilisation wiederzuerkennen. Auch kommt dem Westen für die ökologischen Zerstörungen der östlichen Hemisphäre eine indirekte Mitverantwortung zu, weil er durch den jahrzehntelangen Rüstungswettlauf den sowjetischen Superindustrialismus miterzwungen und in den Jahrzehnten des kalten Krieges den

Transfer von energiesparender und schadstoffarmer Hochtechnologie boykottiert hat.
Erst Gorbatschows Abrüstungsinitiativen und die Demilitarisierung des Ost-West-Konfliktes haben, auch auf dieser Ebene, eine blockübergreifende Kooperation eingeleitet. Diese Kooperation, vor allem der Transfer von Hoch- und Umwelttechnologie ist um so notwendiger, als die Sowjetunion von sich aus weder über die finanziellen noch über die technischen Mittel verfügt, auch nur die dringendsten Umweltreparaturen vorzunehmen.

*4. Die ständige Überforderung durch
den technologischen und den Rüstungswettlauf*

Und doch ist das Versagen der Sowjetunion (und des ganzen RGW-Bereichs) in der Systemkonkurrenz nicht nur auf die systembedingte Stagnation zurückzuführen. Man darf nicht vergessen, daß die Sowjetrevolution insgesamt aus dem ersten imperialistischen Weltkrieg geboren und der Sowjetstaat im Spannungsfeld des Zweiten Weltkrieges gewachsen ist. Er war im gegebenen Kräfteverhältnis überwiegend zur Reaktivität verurteilt, und erst der zweite, vom Deutschen Reich begonnene imperialistische Krieg hat den Sowjetstaaat imperial reaktiviert. Bis 1945 jedenfalls ist in weit höherem Maße Deutschland für Rußland zum historischen Schicksal geworden, und erst mit dem Jahre 1945 hat sich das Verhältnis umgekehrt.
Eben weil die Sowjetunion über Jahrzehnte zur Reaktivität verurteilt war, stand auch ihre Wirtschaft stets unter dem Diktat der Kriegswirtschaft. Und daran sollte sich auch nach 1945 kaum etwas ändern. Zwar standen Stalins expansive Großmachtpolitik nach 1945, das Vordringen des Sowjetkommunismus bis an die Elbe, und die amerikanische Globalstrategie der Eindämmungspolitik in einem wechselseitigen Bedingungszusammenhang. Und so hat denn auch Stalins Expansionismus einen wesentlichen Anteil an der Entstehung des Kalten Krieges und der durch ihn ausgelösten Rüstungsspirale gehabt. Auch stand die sowjetische Überrüstung nicht nur im Dienste der Verteidigung nach außen, sondern sie wurde zunehmend auch zum Instrument der Niederhaltung der aufbegehrenden und aufständischen Bevölkerungen in

den sowjetisierten Satellitenstaaten (17. Juni 1953 in Ostberlin, Ungarnaufstand 1956, Einmarsch in Prag 1968). Dies alles eingeräumt, ist doch der Primat der sowjetischen Sicherheitspolitik nach 1945 ganz wesentlich durch den deutschen Angriffskrieg und durch die amerikanische Vorrüstungspolitik nach 1945 bestimmt worden.
Ihren ungeheuren Kapital- und Arbeitskräftebedarf nach dem Krieg suchte die Sowjetunion dadurch zu beheben, daß sie die »sozialistischen Bruderländer«, zumal jene, die mit den deutschen Faschisten gegen sie kollaboriert hatten (Rumänien, Bulgarien, Ungarn und die DDR), in den Prozeß ihrer industriellen Rekonstruktion miteinspannte. Zugleich war den mittel- und osteuropäischen Satellitenstaaten die Funktion einer Pufferzone zugedacht; sie und ihre Volkswirtschaften wurden zum integralen Bestandteil des Sicherheitskonzepts der UdSSR und ihrer Rüstungswirtschaft. In der Folgezeit wurden diese Länder gezwungen, »an Stelle der angestrebten Spezialisierung je für sich eine eigene Schwerindustrie aufzubauen, was eine rationelle Arbeitsteilung verhinderte, zur Multiplikation identischer ökonomischer Strukturen und zur ungeheuren Verschwendung von Ressourcen führte« (R. Deppe).[17]
Bedingt durch den ihr aufgezwungenen Rüstungswettlauf mit den Amerikanern, mußte die Sowjetunion einen immer größeren Teil ihres Bruttosozialproduktes in die Verteidigung und die Rüstung stecken. Bald wurde auch die Bundesrepublik ideologisch und militärisch aufgerüstet; dabei saß den Russen der Schock des deutschen Überfalls noch in den Knochen.
Es ist bei diesem verzweifelten Wettrüsten nicht mehr herausgekommen als zwei, drei Jahrzehnte lang eine militärische Parität, genauer gesagt deren Anschein, denn qualitativ war die amerikanische Rüstung der sowjetischen immer um eine ganze Etappe voraus. Im Sommer 1945 warfen amerikanische Flugzeuge auf Hiroshima und Nagasaki die ersten Atombomben, die alle bis dahin geltenden Vorstellungen von der Zerstörungsfähigkeit einer Waffe weit überstiegen und keinen Unterschied mehr zwischen kämpfenden Truppen und Zivilbevölkerung machten. Vier Jahre lang waren die USA atomare Monopolisten; erst dann besaßen auch die Sowjets die erste einsatzfähige Atombombe.
1948 hatten die USA zur Bombe das passende Flugzeug, nämlich einen Bomber mit interkontinentaler Reichweite. So weit war die Sowjet-

union erst 1955. 1952 meldeten die Vereinigten Staaten einen neuen Durchbruch: Sie brachten einen Sprengkörper zur Explosion, aus dem dann jene Wasserstoffbombe wurde, die selbst die fürchterliche Wirkung der Atombombe noch einmal weit übertraf und nicht mehr nur ganze Städte, sondern ganze Regionen zerstören konnte. Ein Jahr später hatte die Sowjetunion gleichgezogen. 1960 waren die Vereinigten Staaten in der Lage, Unterseeboote als Abschußbasen für ballistische Raketen zu benutzen. Die Sowjets brauchten acht Jahre, um den Vorsprung aufzuholen. Die USA besaßen einsatzbereite Mehrfachsprengköpfe für ihre Raketen bereits 1966. Die Sowjets benötigten zwei Jahre, ehe sie auch diese Rüstungsstufe erreichten. 1968 meldeten die Vereinigten Staaten die Einsatzbereitschaft ihrer ersten Anti-Raketen-Rakete. Diesmal währte der Vorsprung der Amerikaner vier Jahre. Fernwirkende Cruise-Missiles wurden zuerst, nämlich 1982, in den Vereinigten Staaten erprobt. Zwei Jahre später hatte die Sowjetunion diesen Vorsprung egalisiert.

Die Neutronenbombe, der strategische Bomber der »neuen Generation«, der »stealth«-Bomber, das Flugzeug also, das vom gegnerischen Radar nicht oder nicht mit Sicherheit geortet werden kann, und schließlich die »Strategic Defense Initiative«, SDI, der »Krieg der Sterne« – fast immer führten die Vereinigten Staaten das jahrzehntelange und bizarre Rennen um immer noch bösartigere und effizientere Waffen (und Abwehrsysteme) an.[18]

Die Investitionen des Ostblocks in die »Parität«, in das Mithalten an der Rennstrecke des wissenschaftlich-technischen Fortschritts und der Rüstungstechnologie, mußten durch eine Doppelstrategie beschafft werden, die auf Kosten der Konsumgüterproduktion und der Landwirtschaft, des Wohnungsbaus und der Infrastruktur ging: »Erstens nämlich wurde nahezu das gesamte Mehrprodukt für den ungleichen Kampf des Hasen mit dem Igel gebraucht; zweitens war das dennoch zweitrangige Niveau der jeweiligen Schlüsselsektoren nur über geistige und materielle Technologieimporte größten Stils erreichbar. *Also stand die Devisenbeschaffung im Mittelpunkt der Gesamtplanung.* Zu decken war der Devisenbedarf nie ohne überplanmäßige Exporte, die zusätzliche Lücken in die ohnehin schon angespannte Grundversorgung rissen. Alles was »bloß« für den Binnenmarkt wichtig war, mußte zurückbleiben, die Infrastruktur des Alltagslebens allmählich verrotten.

»Wenn man einen Trabi und einen Mercedes zugleich auf die Rennstrecke schickt, die Spielregeln akzeptiert und nicht aufgibt, muß man natürlich mit dem Trabi wieder und wieder den ganzen Einsatz verspielen.« (Rudolf Bahro)[19] Wenn der Westen den Systemkampf (im Grunde lange vor 1989) gewonnen hat, dann nicht zuletzt deshalb, *weil es ihm bis zu einem gewissen Grade gelungen ist, seinen Gegner totzurüsten.* Dieser wiederum hat es unter Chruschtschow und Breschnew versäumt, nach politischen Wegen und Mitteln zu suchen, um aus diesem Wettlauf auszusteigen, der für seine Volkswirtschaft langfristig ruinös sein mußte. Ruinös war er allerdings auch für die westliche Supermacht, die ihre Hochrüstung in der Reagan-Ära nur um den Preis eines gigantischen Haushalts- und Handelsbilanzdefizites finanzieren konnte. Daß die USA heute der größte Schuldner der Welt ist und am Tropf Japans hängt, daß ihre zivile Industrie zu einem drittklassigen Anhängsel ihrer hochtechnologischen Rüstungswirtschaft geworden und auf den Weltmärkten in vielen Bereichen nicht mehr konkurrenzfähig ist, wird mit Blick auf die ungleich größere sowjetische Wirtschaftsmisere von den westlichen Medien meistens ignoriert.

Die ständige Überforderung der östlichen Volkswirtschaften durch den Rüstungswettlauf hat schließlich dazu geführt, daß die meisten RGW-Staaten in den siebziger Jahren zu den Mitteln eines »außenkreditfinanzierten Wachstums« greifen, d. h. sich immer mehr verschulden mußten, sowohl um die Grundbedürfnisse der Bevölkerung befriedigen und ihren (in einigen RGW-Staaten wie der DDR und der ČSSR ziemlich hohen) Sozialstandard aufrechterhalten zu können, als auch um die benötigte westliche Technologie einzukaufen. Damit aber gerieten sie, am deutlichsten Polen, in die für Drittweltländer typische Zwickmühle von Verschuldung und Devisenbeschaffung zur Begleichung des Schuldendienstes, was wiederum nur durch Exportsteigerungen und Importbeschränkungen möglich war. Das bedeutete weitere Restriktion des Massenkonsums und, in der Folge, wachsende Unzufriedenheit der Bevölkerung. Als Gegenmaßnahme wurden dann in der Regel die Apparate der »Inneren Sicherheit« verstärkt und weiter ausgebaut, womit die Möglichkeiten von Demokratisierungs-, Reform- und Umsteuerungsprozessen endgültig blockiert wurden.

»Die Legitimationskrise, deren Ausbruch schließlich nicht mehr ver-

hindert werden konnte, nahm in den einzelnen Ländern einen verschiedenen Verlauf. In der Volksrepublik China wurde 1989 eine Weltmarktdiktatur errichtet. Sie sollte die Voraussetzungen für die Bedienung der Zins- und Tilgungsverpflichtungen und für die weitere Aufnahme ausländischen Kapitals gegen aktuelle Konsum- und Demokratisierungsinteressen von politisch aktiven Teilen der Bevölkerung sichern. In Polen war die Verhängung des Kriegsrechts 1981 praktisch ein politisches Diktat, zu dem Zweck, den Weltmarktverpflichtungen des Landes gegen die Interessen der Bevölkerung nachzukommen. Dies ließ sich auf die Dauer ebensowenig realisieren wie in den anderen RWG-Staaten.« (Georg Fulberth)[19a]
Nicht nur die systembedingte Stagnation und die gesellschaftliche Demokratie- und Sozialismuslosigkeit in den Ländern des ehemaligen Ostblocks, sondern auch die ständige Überforderung ihrer Volkswirtschaften durch den technologischen und Rüstungswettlauf und dessen restriktive Folgewirkungen nach innen haben die Legitimationskrise verschärft und den Zusammenbruch beschleunigt. Dieser Zusammenbruch, d. h. die kumulative Zuspitzung aller – hier keineswegs vollständig skizzierten – Krisenmomente bis zu dem Punkt, da das längst ausgehöhlte und delegitimierte Ancien Régime des asiatischen Kommunismus in seinen osteuropäischen Vorhöfen dem Druck der Volkserhebungen weichen mußte und zu Bruch ging, ist denn auch nach strikt marxistischen Kriterien vor sich gegangen. Die entscheidende Lehre, die Marx aus dem empirischen Studium der Geschichte gewonnen hatte, hat er im Jahre 1859 so formuliert: »Auf einer gewissen Entwicklungsstufe geraten die materiellen Produktivkräfte der Gesellschaft in Widerspruch mit den vorhandenen Produktionsverhältnissen oder, was nur ein juristischer Ausdruck dafür ist, mit den Eigentumsverhältnissen, innerhalb derer sie sich bewegt hatten. Aus Entwicklungsformen der Produktivkräfte schlagen diese Verhältnisse in Fesseln um. Es tritt dann eine Epoche sozialer Revolution ein. Mit der Veränderung der ökonomischen Grundlage wälzt sich der ganze ungeheure Überbau langsam oder rascher um.«[20] Genau dies geschah im Herbst 1989. Die Produktionsverhältnisse des asiatischen Kommunismus (Zentralverwaltungswirtschaft und Monopolismus, Einparteienherrschaft, Zensur, Beschneidung der individuellen Rechte und Freiheiten, Lähmung jeder Initiative

von unten etc.) waren seit langem zur Fessel für die weitere Entwicklung der materiellen und menschlichen Produktivkräfte geworden. Sie mußten daher früher oder später gesprengt werden – und sie wurden gesprengt, nachdem der Große Reformer im Kreml die Breschnew-Doktrin außer Kraft gesetzt, d. h. das Selbstbestimmungsrecht auch der »sozialistischen Bruderländer« anerkannt hatte.

VI. DER GROSSE UMBRUCH (1989-91)

1. Die Durchsetzung der »civil society«

Die Ironie der Geschichte, von der Hegel und Marx stets mit einem gewissen Unterton der Schadenfreude sprachen, hat selten für soviel Überraschung gesorgt wie im heißen Herbst des Jahres 1989. Die die Revolution in einem staatlichen Gehäuse von Hörigkeitsverhältnissen verwaltenden »Marxisten-Leninisten« erfuhren plötzlich am eigenen Leibe, wie klar Lenin den Ursprung einer Revolution erkannt hat. »Zur Revolution«, heißt es bei Lenin, »genügt es nicht, daß sich die ausgebeuteten und geknechteten Massen der Unmöglichkeit, in der alten Weise weiterzuleben, bewußt werden und eine Änderung fordern ... Erst dann, wenn die ›unteren Schichten‹ die alte Ordnung nicht mehr *wollen* und die ›Oberschichten‹ nicht mehr *in der alten Weise leben können*, erst dann kann die Revolution siegen.«[1]
Just im 200. Jahr der Großen Französischen Revolution haben die Deutschen in der DDR, die Tschechen, Slowaken, Rumänen und Bulgaren den französischen Jubilaren buchstäblich die Show gestohlen. Während man in Paris eine große Vergangenheit mit Pomp zelebrierte und auf die frivolste Weise vermarktete, wurde in Leipzig und Ostberlin, in Prag, Bukarest und Sofia Geschichte wirklich gemacht. Die »Bastillen« des poststalinistischen Absolutismus wurden geschleift, und in Rumänien wurde (nach einem allerdings dubiosen »Prozeß«) das letzte Diktatorenehepaar an die Wand gestellt. Die kommunistischen Anciens Régimes fielen wie die Steine in einem Dominospiel.
In den ehemaligen »Volksdemokratien«, in denen »alles real war, nur nicht der Sozialismus, nur nicht die Demokratie« (Rudi Dutschke),[2] wurden innerhalb kürzester Zeit die allmächtigen Staatsparteien und ihre Geheimpolizeien zum Rückzug aus Staat, Wirtschaft und Geistesleben gezwungen, die Meinungs-, Versammlungs- und Reisefreiheit, das Demonstrations- und Streikrecht, das Recht zur Bildung unabhängiger Parteien und Gewerkschaften erkämpft, die Gewaltenteilung vollzogen, erste rechtsstaatliche Garantien für die »Freiheit des Individuums« gegenüber der Staatsbürokratie institutionalisiert und allgemeine, freie und geheime Wahlen auf die Tagesordnung gesetzt. Die Kettenrevolutionen von 1989 zielten auf die Durchsetzung der Grundprinzipien der bürgerlichen Gesellschaft (civil society) und repräsentativer, pluralistischer, rechts- und verfassungsstaatlicher Regierungs-

formen. Sie sind daher Teil der Tradition westlichen politischen Denkens seit der Aufklärung. In diesem Sinne waren sie »Aufhol«-Revolutionen. In diesem Sinn hat das Jahr 1989 wirklich gezeigt, daß die Französische Revolution die Zukunft der russischen war und nicht umgekehrt.

Die im Revolutionsjahr 1989 erhobenen Forderungen nach Demokratie und Menschenrechten, Freiheit, Gleichheit und Brüderlichkeit beschworen aber nicht nur das Erbe von 1789 und 1848. Zugleich waren, am deutlichsten in der ostdeutschen Revolution, auch Postulate zu hören, dieses Erbe in einem erneuerten, einem demokratischen Sozialismus und in einer eigenen Identität zu verwirklichen. Dafür trat die von der nationalen Frage überrollten und bald wieder an den politischen Rand gedrängte basisdemokratische Bewegung in der DDR ein, die die Prinzipien von 1871 (Pariser Kommune) und von 1918 (die rätedemokratische Novemberrevolution) reklamierte.

Nichts charakterisiert die Ereignisse des Jahres 1989 besser als Walter Benjamins Wort vom »Tigersprung der Geschichte«; sie haben die politische Landkarte Europas in einer Weise verändert, wie dies sonst nur das Ergebnis großer, blutiger Kriege und Bürgerkriege gewesen ist. Tatsächlich ist ja auch eine Art Krieg zu Ende gegangen: ein vierzigjähriger Kalter Krieg nämlich, der die Welt in zwei feindliche Blöcke gespalten und zu einem die ganze Menschheit bedrohenden Rüstungswettlauf geführt hat.

Für das Verständnis der antikommunistischen Kettenrevolutionen des Jahres 1989 ist es wichtig, sich der Umstände zu erinnern, unter denen die kommunistischen Volksrepubliken des Ostblocks nach 1945 konstituiert worden sind. Sie waren ja in der Regel weniger aus nationalen Aufstandsbewegungen gegen den deutschen Faschismus hervorgegangen, vielmehr im Zuge des siegreichen Vormarsches der Roten Armee im Bündnis mit den einheimischen Widerstandsbewegungen installiert worden. Die Modellierung des Ostblocks nach dem sowjetischen Vorbild mag vom Standpunkt der sowjetischen Sicherheitsinteressen eine verständliche Politik nach einem ungeheuer verlustreichen Krieg gewesen sein, zumal in den Ländern, die zuvor auf seiten des deutschen Aggressors gestanden hatten. Obwohl die eigenen Widerstandsbewegungen, mit deren kommunistisch orientierten Gruppen die sowjetischen Besatzungstruppen die neuen Staatsgebilde aufbauten, je nach den einzelnen Ländern verschiedenes Gewicht in der Errichtung der antifaschistischen Nachkriegsordnungen hatten (in Jugoslawien und in der Tschechoslowakei mit viel größerem Gewicht als in Ungarn, Bulgarien und in der DDR), ist doch keine dieser »sozialistischen« Ostblockgesellschaften ohne den militärischen Gewaltanteil zu verstehen. Was unter solchen Bedingungen Selbstbestimmungsrecht der Völker genannt werden konnte, beschränkte sich auf die Überwindung der deutschen Okkupation. Aber keines dieser Völker hatte die Möglichkeit, selber über die Art und Weise, wie es leben wollte, zu bestimmen und die eigenen nationalen Traditionen in das einzubringen, was die sowjetische Besatzungsmacht unter Sozialismus und Kommunismus verstand. Die zwangsweise Auflösung der antifaschistisch-demokratischen Volksfronten und Mehrparteienbündnisse, die nach 1945 in all diesen Ländern entstanden waren, und ihre Ersetzung durch kommunistische Einheitsparteien sowjetischen Typs offenbarte denn auch die neue imperiale Potenz der militärischen Supermacht Sowjetunion. So wie in früheren Jahrhunderten Imperatoren zur Sicherung ihrer Loyalität ihre Vettern und Brüder in den unterworfenen Länder zu Königen krönten, so setzte die Sowjetunion ihre Bruderparteien als Statthalter in den »verbündeten Republiken« ein.

Für die industriell wie kulturell bereits entwickelteren Länder des Ostblocks, vor allem für die DDR und die ČSSR, die nun nach dem Exempel eines seiner Rückständigkeit wegen despotisch regierten Landes gestaltet wurden, wurde damit die historische Uhr zurückgedreht – um der sowjetischen Sicherheits- und Machtbedürfnisse willen. Das war eine Konsequenz des von Deutschland begonnenen und verlorenen Krieges – und nicht Ausdruck des »ehernen Entwicklungsgangs der Geschichte«, die unaufhaltsam vom Kapitalismus zur »höheren Stufe des Sozialismus« fortschreitet, wie es im SED-Jargon hieß.

Über Teheran, Jalta und Potsdam hatten die neuen Supermächte ihren Interessen gemäß ihre Herrschafts- und Ausbeutungszonen festgelegt. Jede setzte ihre eigene Produktionsweise in diesen Zonen durch. So war die Spaltung Deutschlands unvermeidlich. Der amerikanische Imperialismus ließ die alte Produktionsweise grundsätzlich bestehen, amerikanisierte die West-Zone (BRD) und forderte Tribut in verschiedenen Formen. Der sowjetische Imperialismus stieß in Polen, der ČSSR, der Ost-Zone (DDR) natürlich auf viel größere Probleme. Er

wollte seine staatlich-zentralistische Produktionsweise mit der asiatischen Staatsordnung, mit dem Übergewicht der Schwerindustrie und Rüstung durchsetzen. Dabei stieß er auf eine Arbeiterklasse der europäischen Tradition »hinter der Grenzscheide« (Marx). So waren die Kämpfe zwischen der Roten Armee und der osteuropäischen Arbeiterklasse vorprogrammiert. Der Rußlandforscher Richard Lorenz hat schon früh darauf verwiesen, daß eine despotische Innenpolitik keine sozialistische Außenpolitik mit sich bringen kann. »Eine Fortsetzung dieser Politik in der Nachkriegsperiode ... mußte jede autonome und vor allem jede sozialistische Entwicklung in Osteuropa unterbinden.«[3]
So war der Sprengstoff, der im Revolutionsjahr 1989 zu den nationalen und antikommunistischen Explosionen führte, bereits in den Grundkonstruktionen der osteuropäischen Staats- und Gesellschaftsordnungen gelegt worden. Der bürgerliche Entwicklungsanteil dieser Gesellschaftsordnungen, der vorher ja bestanden hatte, wurde zerstört oder seiner Eigenständigkeit beraubt, wie das System der Blockparteien in der DDR und anderen Ostblockstaaten zeigte. Das verdrängte, ausgegrenzte »bürgerliche Erbe« mußte sich um so dringlicher geltend machen, je entschiedener Formen des öffentlichen Ausdrucks verweigert worden waren.
Nachdem die Staaten des Warschauer Vertrages die im Jahre 1968 sich bietende letzte Chance eines radikalen Wandels verspielt und die Reformbewegung des Prager Frühlings mit Panzern niedergewalzt hatten, sind sie, mit katastrophalem Ergebnis, den Weg der machtgestützten ideologischen Verleugnung der Realitäten gegangen. Doch selbst der Ausbau eines totalen Überwachungsstaates, Einschüchterung und Abschiebung und (im Fall der DDR) massive Wahlfälschungen konnten das Ausmaß des wirtschaftlichen Niedergangs und den rasanten Glaubensschwund in der Bevölkerung nicht mehr verschleiern.
Die tiefe Schwächung der Sowjetunion, der letzten großen supranationalen Hegemonialmacht in Europa, hatte, in engster Verbindung mit dem Versagen in der Systemkonkurrenz, Mitte der achtziger Jahre zu einer Reformpolitik von oben geführt. Schon die erste Phase von Gorbatschows Perestroika wies frappierende Ähnlichkeiten mit dem Beginn der Französischen Revolution auf, die ja auch als Folge einer allgemeinen Finanz- und Versorgungskrise ausbrach. Der Hof Ludwig des XVI. war bankrott, der Adel stand tief beim Bürgertum in der Kreide,

und die Bevölkerung hungerte. In dieser Situation mußte der Hof Kompromisse an den Dritten Stand machen und die »Generalstände« einberufen, aus der die Vertreter des Dritten Standes dann auszogen, um eine eigene Nationalversammlung, das erste republikanische Parlament, zu konstituieren. Auch die sowjetische Nomenklatura hat, infolge der rapide zurückgehenden Zuwachsraten und der sich verschlechternden Wirtschaftslage, solche Zugeständnisse an die Reformer machen müssen: in Gestalt von »Glasnost«, der Zulassung einer kritischen Öffentlichkeit, in Gestalt des neuen Wahlgesetzes, aus dem der Kongreß der Volksdeputierten hervorging, u. a. mehr. Aber auch in den »sozialistischen Bruderländern«, die sich dem sowjetischen Reformkurs verweigerten und keine Zugeständnisse an die innere Opposition machten oder diese gar – wie im Fall Polen – mit dem Kriegsrecht zu unterdrücken suchten, war der rasante Autoritätsverfall und Legitimationsschwund der regierenden kommunistischen Parteien nicht mehr aufzuhalten.

2. Der friedliche Systemwechsel

Im Unterschied zur Französischen Revolution aber, die unter dem Druck der preußischen und habsburgischen Interventionsheere zum jakobinischen Terror entartete, im Unterschied auch zur russischen Revolution, die ihren unblutigen Sieg mit einem desto blutigeren Bürgerkrieg und der weißen Intervention aus 14 Ländern bezahlen mußte, hatten die Umwälzungen in den Ländern Mittelosteuropas (mit Ausnahme Rumäniens) einen *friedlichen und gewaltfreien Charakter*. Sie haben – außer in Bukarest und Temesvar – kaum Opfer gekostet und weder zum Bürgerkrieg noch zur militärischen Intervention geführt. Es lohnt sich, über dieses geschichtliche Novum genauer nachzudenken. Was hat sich da gegenüber früheren Zeiten verändert?
Zweifellos haben Gorbatschows Perestroika und Moskaus Verzicht auf die Breschnew-Doktrin in den Ländern des Warschauer Vertrages die Rahmenbedingungen für den friedlichen Verlauf der Umwälzungen geschaffen. Den Oppositionsgruppen, die den Massenprotest organisierten, war klar, daß diesmal keine sowjetischen Panzer durch Ostberlin (wie am 17. Juni 1953) und durch Prag (wie im Sommer 1968)

rollen würden. Diese Gewißheit hat ihnen Mut gemacht und ihre Zivilcourage beflügelt. Trotzdem hätten die vom Machtverlust unmittelbar bedrohten kommunistischen Generalsekretäre und Politbüro-Mitglieder in der DDR, der ČSSR und in Bulgarien auch nach dem Vorbild Pekings handeln und auf das Volk schießen lassen können, wie es der rumänische »Konduktator« ja auch getan hat. Auch bei der Massendemonstration am 4. Oktober in Leipzig wäre es beinahe zu einem Blutvergießen gekommen. Daß die Generalsekretäre und Alleinherrscher der Politbüros – mit Ausnahme Ceaucescus – die Waffen streckten, ohne auf das eigene Volk zu schießen, dies immerhin unterscheidet sie von den asiatischen Despoten im kommunistischen »Reich der Mitte« wie von den südamerikanischen Diktatoren von US-Gnaden.

Überwiegend wurde der Systemwechsel zwar durch Druck von Massen außerhalb der Parlamente und Parteiführungen erzwungen, aber dann doch unter Respektierung gesetzlicher und innerparteilicher Verfahren vollzogen, die das alte System bereithielt. Ähnlich wie die postfaschistischen Diktaturen in Spanien und Portugal verfügten die poststalinistischen Diktaturen Mittel- und Osteuropas 1989 über ein rechtlich-politisches System, das sich nach Wegfall der außenpolitischen Abstützung durch die Sowjetunion und unter dem Druck der Volksbewegungen als flexibel genug erwies, schnellsten Wandel ohne Gewalt und viel Rechtsbrüche zu ermöglichen.

Daß es nicht zum Äußersten und zum Bürgerkrieg kam, ist – nicht zuletzt – den reformkommunistischen Kräften innerhalb des brüchig gewordenen Apparates zu danken, die sich in der DDR, der ČSSR und Bulgarien lange bedeckt hielten, aber in dem Moment, da der Massenprotest einsetzte, die »Hardliner« in den ZKs und Politbüros bremsten. Statt des Einsatzes staatlicher Gewaltmittel befürworteten sie einen Dialog mit den oppositionellen Gruppen, in der Hoffnung, durch Reformen von oben nach dem Vorbild der sowjetischen Perestroika die eigene Macht oder wenigstens einen Teil derselben erhalten zu können. Letzteres Kalkül erwies sich allerdings als trügerisch; denn die osteuropäischen Völker waren zu diesem späten Zeitpunkt längst nicht mehr bereit, einen maßvollen Reformprozeß von oben unter Führung der kommunistischen Parteien hinzunehmen. »Wer zu spät kommt, den bestraft das Leben« – dieses prophetische Wort Gorbatschows, das an die Adresse Erich Honeckers gerichtet war, ging denn auch schon wenige Tage später in Erfüllung

Aber nicht nur weil sie »zu spät« kamen, verloren die Staatsparteien in der DDR, der ČSSR, in Rumänien und Bulgarien binnen weniger Wochen die Macht. Die ungeheure Dynamik des Massenprotestes in diesen Ländern richtete sich gegen die totalitäre Herrschaft von Monopolparteien, die zugleich Organe der Fremdherrschaft, verlängerte Arme des Kremls gewesen waren. Der Wille, das ihnen aufoktroyierte stalinistische Gesellschafts- und Wirtschaftssystem abzuschütteln, verlieh den Volkserhebungen hier ihre Wucht und Beschleunigung. Der Kampf gegen einen importierten Totalitarismus eint und radikalisiert die Völker mehr, als wenn sie es – wie die sowjetischen Völker – mit einem hausgemachten Totalitarismus zu tun haben, der das Produkt ihrer eigenen Geschichte ist. Dieser ist schwerer abzuschütteln als jener. Aus dem *Wesensunterschied zwischen einem importierten und einem hausgemachten Totalitarismus* erklärt sich wohl auch das viel zögerlichere Tempo des sowjetischen Systemwandels, der unter der Führung eines »aufgeklärten Zaren« vonstatten ging.

3. Besonderheiten der osteuropäischen Emanzipationsprozesse

Der Erfolg und der (mit Ausnahme Rumäniens) friedliche Verlauf der Umwälzungen in Osteuropa hing aber auch mit ihren spezifischen Organisationsformen und Zielvorstellungen zusammen, die sich von denen der klassischen Arbeiterbewegung in vieler Hinsicht unterscheiden. Das eigentliche Subjekt dieser Umwälzungen war nicht die Klasse im engeren Sinn, sondern die *Bürgerbewegung,* die ein breites Bündnis aller Volksschichten ermöglichte; und ihr organisatorischer Träger war nicht die Partei oder die klassische Gewerkschaft, sondern das »Bürgerforum«, das sich, wie im Fall des tschechoslowakischen »Bürgerforums« und des »Neuen Forums« in der DDR, aus diversen Dissidentenzirkeln, Komitees für Menschenrechte, Friedens- und Ökogruppen zusammensetzte. Auch die polnische »solidarność«, deren Kampf- und Oranisationsformen noch am ehesten in der Tradition der Arbeiterbewegung standen, war von Anfang an mehr als eine Gewerkschaft im engeren Sinne. Sie war zugleich eine »Bewegung« zur Bekräftigung

der nationalen Identität und zur Demokratisierung des politischen Systems, d. h. eine »gesellschaftliche Viel-Punkte-Bewegung«, wie der polnische Intellektuelle Adam Michnic[4] es ausdrückte.
Eben hier lag auch der Grund für die Irritation und das teilweise Unverständnis der westeuropäischen Linken, deren Geschichtsbild sehr stark von einem dichotomischen Denken geprägt ist: links/rechts, Reform/Revolution, Kapitalismus/Sozialismus, Christ-/Sozialdemokratie, Partei/Gewerkschaft. Die osteuropäischen Bürgerbewegungen waren weder das eine noch das andere und doch auch beides zugleich. In ihnen engagierten sich weder die Parteien noch der Staat, sondern *die Gesellschaft*. Damit bewegten sie sich jenseits der linken wie auch der liberalen Tradition, in denen die politischen Parteien die zentrale Rolle spielten. Ihre »Solidarität« zielte auf den »*Aufbau einer eigenständigen civil society*, d. h. auf die Organisation einer Pluralität von Interessen außerhalb des Staates in einer zunehmend sich verselbständigenden gesellschaftlichen Sphäre ... Sie sind als ein Indikator für das Ende jener neuzeitlichen Geistesepoche anzusehen, die in sich geschlossene Systeme und Gesellschaftsentwürfe wie Sozialismus, Marxismus, Liberalismus oder Kapitalismus hervorgebracht hat« (Klaus Pumberger).[5]
Vor allem die junge Generation wuchs in Osteuropa unter einer Devise heran, die der polnische Lyriker und Essayist Adam Zagajewski treffend mit dem Satz charakterisierte: »Die Geschichte ist bereits abgeschlossen!«[6] Nach offizieller Lesart war nach dem Kriege in all diesen Ländern ein fortschrittliches und klassenloses System aufgebaut worden, in dem sich große historische Konflikte und Freiheitskämpfe von selbst erübrigten. Da die Arbeiterklasse im formellen Besitz der Produktionsmittel und des »Volkseigentums« war und ihre Partei über die Staatsmacht verfügte, die »Geschichte der Klassenkämpfe« in dieser Hemisphäre folglich beendet schien, war – im offiziellen Verständnis – geschichtliche Entwicklung nur noch als lineare Fortentwicklung der »sozialistischen Gesellschaft« zu einer immer »höheren kommunistischen Stufe« hin vorstellbar.
In dieser »eindimensionalen Gesellschaft« (Herbert Marcuse), in der die realen Widersprüche verleugnet wurden, fehlte gerade der jungen Generation jede Möglichkeit, ihre eigene Identität im Austragen von Widersprüchen und Konflikten mit der herrschenden Partei- und Staatsmacht und damit ihren eigenen Platz in Geschichte und Gesell-

schaft zu finden. Die kollektive Identitätslosigkeit der Generation, die nach dem Kriege geboren und in relativ gesicherten Verhältnissen unter der Ägide eines vormundschaftlichen Staates aufgewachsen war, ist von osteuropäischen Soziologen immer wieder beschrieben worden. Sie hat auch ihren Niederschlag in der osteuropäischen Literatur und Filmkunst gefunden; man denke nur an Juris Podnieks berühmten Film »Ist es leicht, jung zu sein?«. Dieser zeigt das Psychogramm einer Generation, die sich weder mit dem »sozialistischen Staat« noch mit dessen »marxistisch-leninistischer« Ideologie, weder mit der Eltern- und Wiederaufbaugeneration noch mit deren antifaschistischer Erziehung und Geschichte identifiziert. Die wachsende Kluft zwischen sozialistischen Verheißungen bzw. Werten und »realsozialistischem« Alltag mußte jene in den Augen der Jugend immer mehr diskreditieren. Systematische Befragungen, die der Sozialhistoriker Lutz Niethammer 1987 in mehreren Industriestädten der DDR durchführte, haben schon damals deutlich werden lassen, daß die Bevölkerung durch einen Generationenriß gespalten war. Die Älteren, die durch eine »Revolution von oben« in den »Sozialismus« hineingezwungen worden waren, hatten sich im Laufe der Zeit mit dem System arrangiert oder sich sogar teilweise mit diesem als »antifaschistischer Alternative« zum Kapitalismus identifiziert. Die Mehrzahl hatte sich private Nischenexistenzen geschaffen, in die man sich abends nach dem sozialistischen Alltag zum Westfernsehen zurückzog. Mit dem Blick auf die östlichen Nachbarn in Polen und der Sowjetunion war man sogar stolz auf das Erreichte und schaute befremdlich auf die junge Generation, die sich an westlichen Lebensvorbildern orientierte und das ganze DDR-Leben unzumutbar öde und hoffnungslos rückständig fand. Ausgerechnet die Hoffnungsträgergeneration der DDR, die zum großen Teil erst nach dem Bau der Mauer geboren wurde und also unter sozialistischen Laborbedingungen aufwuchs und beruflich deutlich besser qualifiziert war als die Generation der Eltern und Großeltern, repräsentierte mit ihren anderen Erwartungen und Wertvorstellungen den Sprung in eine neue Lebensqualität, der historisch fällig war, den aber das System mit seiner greisen, versteinerten Führung nicht hatte vollziehen können. Die Antwort darauf war die Massenflucht. Und sie war – so Dieter Wellershoff – »die primäre revolutionäre Gewalt, die das System in die Knie zwang und den Demonstrationen, die den Protest laut und beharrlich artikulierten, erlaubte, gewaltlos zu bleiben«.[7] Zu den – für westeuropäische Linke befremdlichen – Eigentümlichkeiten der osteuropäischen Emanzipationsbewegungen gehört, daß nationale Werte und Symbole in ihnen eine zentrale Rolle spielten. Doch eigentlich war dies gar nicht so verwunderlich. In dem ideellen Vakuum, das der »Realsozialismus« allenthalben erzeugt hatte, konnte allein der Rekurs auf die eigene nationale Tradition und Geschichte für die junge Protestgeneration identitätsstiftend und mobilisierend wirken. Wenn man sich schon mit dem »Kommunismus« nicht (mehr) identifizieren konnte, dann wollte man sich wenigstens mit der eigenen Nation oder Volksgruppe identifizieren. Das Schwenken der tschechoslowakischen bzw. der rumänischen Trikolore bei den Demonstrationen in Prag und Bukarest, das Tragen der baltischen Nationalflaggen bei den Massenkundgebungen in Vilnius, Tallinn und Riga, der Wald der schwarz-rot-goldenen Fahnen bei den Leipziger Montagsdemonstrationen hatte denn auch weniger mit nationalem Chauvinismus zu tun, wie die westliche Linke zumeist vorschnell unterstellte, sondern war primär Ausdruck der nationalen Selbstbehauptung gegen ein System, das die osteuropäischen Völker als Fremdherrschaft erlebt und empfunden haben. Nach dem Abschmelzen des stalinistischen Eises, das sie jahrzehntelang umhüllt, gequält und geschützt hatte, kehren die Gesellschaften des Ostblocks nun in die europäische Geschichte zurück und bringen durchaus Zwiespältiges ein: die Erfahrung erkämpfter Demokratie – aber auch die nationalistischen Vorkriegsgeister von gestern, die sich, wie im Fall Jugoslawien, in blutigen Bürger- und Nationalitätenkriegen entladen können. Noch ist keineswegs ausgemacht, ob die »Rückkehr nach Europa« (Vaclav Havel) nicht zu einer erneuten Balkanisierung führen wird.

In ihrem Auftreten ähnelten die osteuropäischen Massenbewegungen dem Verhalten rebellierender Menschen, wie es Albert Camus in den fünfziger Jahren in seinem Buch »Der Mensch in der Revolte« beschrieben hat. Rebellen geht es im Gegensatz zu Revolutionären nicht um die Eroberung der Macht, sondern primär um die Zurückweisung eines als unerträglich empfundenen Zustandes. Kein Zufall also, daß auch die demokratische Revolution in der DDR just von Leipzig ihren Ausgang nahm, einer Stadt, wo die Bausubstanz besonders verrottet, die Smogwerte und die Krankheitsraten höher und die Lebenserwartung niedriger liegt als anderswo, wo es also zu einer Kumulation negativer Lebensbedingungen gekommen ist. Es waren nicht nur soziale und politische, sondern existentielle Motive, die die Menschen hier auf die Straßen getrieben haben. Während der Revolutionär zur Gewaltfrage ein eher taktisches Verhältnis hat, ist der Rebell im Sinne Camus' eher ein Moralist, der die herrschende Gewalt verneint, ohne ihr eine organisierte Gegengewalt entgegensetzen zu wollen. Das *moralische Prinzip der Gewaltfreiheit*, dem sich die Bürgerbewegungen verpflichtet fühlten und das ihnen die Sympathie der Bevölkerung sicherte, bestimmte denn auch die organisatorischen Formen ihres Protestes. Diese waren in der Regel klar strukturiert und auf Vermeidung jeglicher Konfrontation mit der Staatsmacht bedacht. Bei den großen Demonstrationen im Oktober und November in Leipzig und anderen Städten der DDR schirmten spezielle Ordnungsdienste des »Neuen Forums« besonders gefährdete Gebäude (vor allem der Staatssicherheit) ab; nicht selten wurden sogar Kordons von Blumen und Kerzen aufgestellt. Nicht nur mit ihren Forderungen, vor allem mit ihrer Disziplin und ihrer unüberschaubaren Präsenz wollten die Massen überzeugen.

Noch ein anderer Umstand hat zum friedlichen Charakter der osteuropäischen Umwälzungen beigetragen: der Einfluß der Kirche und der Religion. Sowohl die katholische Kirche in Polen als auch – wenngleich anders gelagert – die evangelische Kirche in der DDR stellten den oppositionellen Gruppen einen Schutz- und Protestraum zur Verfügung, in dem sie ihre Abneigung gegen die offizielle Staatsreligion des »Marxismus-Leninismus« und gegen die Allmacht des Staates zum Ausdruck bringen konnten, auch in den ritualisierten Formen des Friedensgebetes, des Mahngottesdienstes oder des Schweigemarsches mit brennenden Kerzen.

In vielen Fällen, vor allem in der DDR, aber auch in Polen und Rumänien, waren denn auch die Kirchen Sammel- und Ausgangspunkt für viele Protestaktionen. Ironie der Geschichte, daß gerade der staatlich verordnete Atheismus die Religion wieder rehabilitiert hat und das »Opium für das Volk« zum Ferment des Aufruhrs gegen die kommunistische Herrschaft geworden ist. »Die Hinwendung zu Gott«, schreibt Adam Michnic, »war in diesen Jahren ein Zeichen des Widerstandes«.[8]

Aber nicht nur das Medium der Religion und der Kirche, auch die Massenmedien haben für die Beschleunigung und Ausweitung der Massenbewegungen eine wichtige Rolle gespielt. Ihr Auftreten im Fernsehen kam ihrer unausgesprochenen Legalisierung gleich und wurde zum Signal auch für die Provinz, sich dem Protest anzuschließen. Je präsenter sie in den Medien wurden, desto geringer wurden die Möglichkeiten des Apparates, gegen sie mit staatlichen Gewaltmitteln vorzugehen. Das Fernsehen wurde, ob gewollt oder nicht, zu einem Multiplikator der Losungen des Massenprotestes. Dies war am deutlichsten in Rumänien, wo das staatliche Fernsehen zur zentralen Drehscheibe der Revolution umgewandelt wurde. Selbst als es noch im Besitz der Ceaucescu-Clique war und die letzte Ansprache des »Konduktators« auf der Tribüne des Präsidentenpalastes ausgestrahlt wurde, der plötzlich aufkommende Proteststurm des versammelten Volkes war nicht mehr zu überhören und zu übersehen, und das anschließende abrupte Blackout, von dem eine eilige Musikeinspielung ablenken sollte, signalisierte auch dem letzten Rumänen in der Provinz, daß Ceaucescus Macht dahin war. Die landesweite Ausstrahlung des Verhörs und der Hinrichtung des Diktatorenehepaares hat schließlich mit dazu beigetragen, den zähen Widerstand der Sekuritate zu brechen.

Eine entscheidende Bedingung für den friedlichen Verlauf der osteuropäischen Revolutionen aber war das Fehlen einer expliziten Strategie der Machteroberung, wie sie zum politischen Instrumentarium und Selbstverständnis aller bisherigen revolutionären Avantgarden gehörte. Die Bürgerbewegungen hatten es von Anfang an *nicht auf die Macht im Staate abgesehen* – und haben doch oder gerade deshalb den Sturz der allmächtigen Staatsparteien herbeigeführt. Sie wollten »nur« radikale Reformen und haben doch einen radikalen Systemwandel erzwungen, der früher nur als Ergebnis eines verlorenen Krieges oder eines gewaltsamen Umsturzes zustande kam. Dies ist ein Novum in der Geschichte.

Nicht die klassischen Mittel des Arbeitskampfes und des (General-)Streiks haben in der DDR zum Sturz des SED-Regimes geführt, sondern die Übersiedlerströme und die Feierabenddemonstrationen in Leipzig, Ostberlin und anderswo. In der ČSSR und in Rumänien aber war der kurze Generalstreik in den letzten Stunden des Regimes eher eine machtvolle Bekundung und Warnung des vereinten Volkswillens denn eine Entscheidungsschlacht auf Biegen und Brechen.

Offenbar hatten die Bürgerbewegungen aus früheren Erfahrungen gelernt. Denn Streiks und lang andauernde Arbeitskämpfe in kommu-

nistischen Staaten, wie etwa die der polnischen Gewerkschaft »solidarnoćś« im Herbst 1981 oder die der sowjetischen Grubenarbeiter im sibirischen Kussbass im Juli 1989, hatten immer auch zu einer Isolierung der Streikenden geführt; die gesellschaftliche Akzeptanz ihnen gegenüber nahm ab, je länger die Streiks dauerten, weil sie vor dem Hintergrund einer katastrophalen Versorgungslage das ökonomische Chaos zusätzlich verschärften. Damit aber gewann auch die Staatsmacht die Legitimation und Möglichkeit zurück, solche Streiks rigoros zu unterdrücken, wie in Polen durch Ausrufung des Kriegsrechts im Dezember 1981, oder sie durch halbe Zugeständnisse abzuwiegeln und zu entschärfen, wie es der sowjetischen Führung beim sibirischen Bergarbeiterstreik im Sommer 1989 gelungen ist.
Die osteuropäischen Bürgerbewegungen setzten dagegen weniger auf ökonomische Macht- und Druckmittel, die die Gefahr der offenen Konfrontation mit der Staatsgewalt heraufbeschwören, vielmehr *auf den Kompromiß mit den reformwilligen Teilen des Apparats*; auf den Dialog zwischen beiden Seiten, der – ohne daß sich diese gegenseitig an die Wand stellen mußten – eine Perspektive des gesellschaftlichen Wandels eröffnete. Genau darin bestand die Philosophie des Runden Tisches. Der stupende Erfolg und der (mit Ausnahme Rumäniens) friedliche Verlauf der osteuropäischen Revolutionen ist mithin ganz wesentlich auf die *Praktizierung eines neuen Politikmodells* zurückzuführen, das quer zu den alten Klassenkampfmodellen steht.
Dessen Erscheinungsbild ist freilich auch im Westen nicht unbekannt. Auch hier beobachten wir eine wachsende Bereitschaft, an Demonstrationen oder Aktionen des zivilen Ungehorsams teilzunehmen und sich in Bürgerinitiativen zu organisieren, die weder soziologisch noch politisch oder weltanschaulich klar abgegrenzt sind. Auch hier nimmt das Mißtrauen gegenüber den traditionellen politischen Eliten und Parteien zu, die sich durch Korruption und Machtmißbrauch immer mehr diskreditieren. Die strikte Gewaltlosigkeit des Massenprotestes in Osteuropa, die Bedeutung symbolischer Protestformen, die Absenz charismatischer Führer sowie die Bereitschaft zu Dialog und Kompromiß mit den kooperationswilligen Teilen des Machtkartells sind Merkmale der politischen Praxis einer gesellschaftlichen Emanzipationsbewegung, die sich, in verkleinertem Maßstab, auch in den Aktionen der bundesrepublikanischen Friedensbewegung finden lassen. Darin scheint sich ein neues Politikver-

ständnis Bahn zu brechen, das sich – hier wie dort – gegen die institutionelle Einengung und Kanalisierung der »Volkssouveränität« zur Wehr setzt und statt dessen auf dem Anspruch beharrt, *jenseits und außerhalb der Parteien und Institutionen direkte Demokratie zu praktizieren.*
Es war wohl dieser Anspruch der osteuropäischen Emanzipationsbewegungen, diese direkte Bekundung der Volkssouveränität, die das politische Establishment und die Medienvertreter des Westens, bei aller pflichtgetreuen Sympathiebekundung oder ehrlichen Begeisterung, auch verunsichert und irritiert hat. Die Angst, daß die ostdeutsche Demokratiebewegung über die Grenzen schwappen könnte, war den Bonner Politikern selbst dann noch anzumerken, wenn sie diese in den höchsten Tönen lobten. Sehr rasch wurde denn auch, im Wahljahr der deutschen Vereinigung, der basisdemokratische »Wildwuchs« der ostdeutschen Volkserhebung auf das institutionelle Maß der Bonner Parteiendemokratie zurückgestutzt. Die Erfahrungen und Beschlußfassungen des »Runden Tisches« sind heute nur noch Legende. Die ostdeutschen Herbstrevolutionäre sahen sich schon bald um die Früchte der Revolution betrogen, die sie initiiert hatten, während Helmut Kohl und das Bonner Establishment zu Gewinnern einer historischen Situation wurden, die sie selbst nicht herbeigeführt hatten.
Auch dies ist keine neue Erfahrung der Geschichte. Die Sansculotten von Paris haben sie 1793/94 genauso durchlebt. Bis heute blieb die von Rousseau im »Gesellschaftsvertrag« begründete Urforderung nach direkter Demokratie unerfüllt; so gesehen, harrt das »Erbe von 1789«, an das die osteuropäischen Revolutionen des Jahres 1989 wieder anknüpften, noch immer auf seine Einlösung. Desgleichen das uneingelöste Versprechen der Französischen Revolution und der russischen von 1917 nach sozialer Demokratie und Gerechtigkeit.

4. Der Import der kapitalistischen Produktionsweise

Der Kampf um nationale Einheit und die Herausbildung souveräner Nationalstaaten (als staatlicher Ordnungsrahmen für die Herstellung des inneren Marktes und für die freie Konkurrenz der nationalen Kapitale auf dem Weltmarkt) war bekanntlich ein entscheidendes Ziel und Charakteristikum der klassischen bürgerlichen Revolutionen des 18.

und 19. Jahrhunderts. Auch in den Kettenrevolutionen von 1989 haben sich die im Sowjetblock zusammengeschweißten Nationen wieder als selbständige Souveräne und Völkerrechtssubjekte rekonstituiert. Der gleichzeitige Zerfall der ehemaligen Zentralmächte hat in der Folge zu einer Welle nationalstaatlicher Neugründungen geführt, in Jugoslawien auf dem Wege eines blutigen Bürgerkrieges zwischen Kroaten, Serben und Slowenen, in der Sowjetunion ausgelöst durch den gescheiterten Putsch der Junta vom 19. August 1991.

Jürgen Habermas hat die demokratisch-bürgerlichen Revolutionen in Osteuropa zu Recht als »nachholende Revolutionen« bezeichnet. Und doch unterscheiden sich diese in zwei wesentlichen Aspekten von ihren historischen Vorbildern von 1789 und 1848. Der erste Unterschied ist: *Ihre Träger haben »im Schoß der alten Gesellschaft« nicht die Elemente einer neuen Produktionsweise hervorgebracht.* Die Entwicklung der Produktivkräfte vollzog sich nicht in den Ländern, deren Produktions- und Herrschaftsverhältnisse nun gesprengt worden sind, sondern *außerhalb ihrer Grenzen, in den Nachbarländern des kapitalistischen Westens, die ins Uneinholbare zu entschwinden drohten.*

Die feudale Gesellschaft mit all ihren Einschränkungen und Fesseln gab immerhin den Rahmen für die Entwicklung einer neuen, der bürgerlichen Produktionsweise ab, die sich »im Schoß der alten Gesellschaft« gebildet hatte, um diese durch ihre übermächtigen Potenzen von innen zu sprengen. Wenn dem sowjetischen Staatssozialismus auch viele feudal-absolutistische Züge eigen waren, in dieser Hinsicht unterscheidet er sich fundamental von der älteren feudalen Formation. Dies wiederum hängt damit zusammen, daß er »nicht mit, sondern entgegen der Marxschen Theorie in Existenz getreten war, nicht als eine Gesellschaftsform, die sich hochentwickelte Staaten geben, um ihre Produktivität reicher und menschlicher entfalten zu können, sondern als eine Regierungsweise, um unterentwickelte Länder kurzfristig – und auf ähnlich barbarische Weise wie die sklavenhandelnden Stammländer des Kapitalismus – zu industrialisieren ... Dasselbe Mittel, das sich als geeignet erwies, agrarisch rückständige Länder in historisch kurzer Frist in Industrieländer zu verwandeln, führte – so zeigte sich spätestens Ende der siebziger Jahre, über das erreichte Ziel nicht hinaus. Es war selbst nicht entwicklungsfähig – eine Sackgasse des Einholens, das einmal vom Überholen träumte. Es ist darum, daß nun die Völker und Staaten des Imperium

Sovieticum von der Wartburg bis Kamschatka mit leeren Händen in die neue Zeit eintreten – leer nicht sowohl an Gütern (und Rohstoffen) als an der Erfahrung einer fortgeschrittenen Produktionsweise, wie sie sich in der Zeit der absoluten Monarchien immerhin auszubilden vermochte« (Friedrich Dieckmann).[9] Im Schoß der monopol-»sozialistischen« Gesellschaft war keine Schicht, keine Klasse herangewachsen, die sich als Träger des ökonomischen Fortschritts erwies. Wie sollen auch Menschen, die zwanzig, dreißig oder mehr Jahre durch die Staatsbürokratie gegängelt und entmündigt worden sind, auf einmal befähigt sein, die Produktionsapparate, in denen sie stets nur subalterne Wirtschaftsbeamte und Planerfüller waren, selbst in die Hände zu nehmen, selbst verwalten und dirigieren zu können? Die Intelligenzija war von der »realsozialistischen« Gesellschaft in eine viel zu abhängige und isolierte Lage gebracht worden, um in der Situation der Krise und des Umbruchs eine mehr als moralische und politische Initiative ergreifen zu können; sie zeigte sich dazu fähig, die morschen Gerüste zum Einsturz zu bringen, nicht aber dazu, etwas Neues aufzurichten.

Darum ist das für die westliche (Alt-)Linke so irritierende und scheinbar paradoxe Phänomen eigentlich gar nicht verwunderlich: daß überall in Osteuropa der Konkurs des »Realsozialismus« zur Wiedereinführung oder zum Import der bürgerlich-kapitalistischen Produktionsweise und Zivilisation führt, die in diesen Ländern zum Teil schon vor dem Zweiten Weltkrieg bestanden hat. Die Linke sollte sich indes davor hüten, diesen Prozeß als »Restauration« abzuqualifizieren. Denn dieser Begriff suggeriert notwendig, daß es sich hierbei um einen geschichtlichen Rückschritt handele. Einer solchen Bewertung liegt die mystifikatorische Vorstellung zugrunde, daß der administrative Staatssozialismus (sowjetischen Typs) letztlich doch eine höhere Zivilisationsstufe als die bürgerlich-kapitalistische verkörpert habe.

Die Wiederherstellung der vollen Gewerbefreiheit und der republikanischen Freiheiten bedeutet gegenüber dem restriktiven Gesellschafts- und Wirtschaftsmodell des »asiatischen Kommunismus«, das nur ein politisches Subjekt, die Staatspartei, und nur ein Wirtschaftssubjekt, den Staat, kannte, zunächst einen qualitativen historischen Fortschritt. Das aus der Rückständigkeit geborene sowjetisch-stalinistische Modell, das den ost- und mittelosteuropäischen Staaten nach 1945 oktroyiert worden ist, hat diese in eine Sackgasse geführt. Aus einer Sackgasse

aber kommt man nur heraus, wenn man den Rückzug antritt. Dieser ist für den, der in ihr steckt, ein Fortschritt.
Eben weil sich im Schoß der feudalsozialistischen Gesellschaften keine Elemente einer neuen Produktionsweise herausgebildet hatten, *ließ der Systemwechsel auch keinen Raum für die Konzepte und Träume von einem »dritten Weg«* jenseits der bereits verwirklichten Formen von »Staatssozialismus« (stalinistischer Bauart) und Kapitalismus. Auch die schönen und ursozialistischen Vorstellungen der ostdeutschen Herbstrevolutionäre und Bürgerbewegungen von einer Umwandlung des Staatseigentums in Gesellschaftseigentum, von Selbstverwaltung, Produzenten- und Rätedemokratie, von einer förderlichen Konkurrenz zwischen Genossenschaften, Kooperativen und Aktiengesellschaften im Besitz der Belegschaften – all diese Träume und Konzepte haben an der Basis, in den »volkseigenen« Betrieben und Produktionsgenossenschaften, kaum ein Echo ausgelöst. Und selbst wenn sich die ostdeutschen Arbeiter und Bauern für diese Konzepte stark gemacht hätten, so wären sie doch an den harten ökonomischen Realitäten gescheitert: Eben weil die »realsozialistischen« Länder in punkto Produktivität so weit hinter den Westen zurückgefallen waren und nur mit westlicher Hilfe modernisiert werden können, mußten sie sich auch den Bedingungen fügen, die das westliche Kapital und seine politischen Funktionsträger ihnen diktierte: nämlich alle rechtlichen Rahmenbedingungen für die freie Marktwirtschaft (Privateigentum an Produktionsmitteln, freie Veräußerung des ehemals staatseigenen Grund und Bodens, freier Gewinntransfer etc.) unverzüglich herzustellen. »Keine Mark ohne Einführung der freien Marktwirtschaft!« hieß die Devise der Bonner Regierung und der hinter ihr stehenden Großwirtschaft. Das Gewerkschaftsgesetz des Ostberliner »Runden Tisches«, das ein Vetorecht der Betriebsräte vorsah, war denn auch ebenso rasch wieder vom Tisch, wie der Plan des stellvertretenden Ministerpräsidenten Wolfgang Ullmann, den Werktätigen ihren Anteil am Volksvermögen durch Aktienanteile zu sichern.
Die Entwicklung, die nach dem gescheiterten Putschversuch vom 19. August 1991 in der UdSSR einsetzte, haben auch die Voraussetzungen jenes Projektes aufgehoben, das Gorbatschow mit der Perestroika verbunden hatte: nämlich die umfassende Demokratisierung der Gesellschaft zugleich mit einer neuartigen »sozialistischen Marktwirtschaft«, d. h. mit einem »erneuerten Sozialismus«, zu verbinden.

Dieser Putsch war der letzte Versuch der konservativen Kräfte in der KPdSU, im KGB, der Armee und den Unionsministerien, durch die Entmachtung Gorbatschows den Zerfall des Reiches aufzuhalten und durch die Verhängung des Ausnahmezustandes die demokratische Bewegung zu unterdrücken. Er scheiterte am Widerstand vor allem der russischen Demokraten und ihres Präsidenten Boris Jelzin, der die Gunst der historischen Stunde sogleich zu einem tödlichen Schlag gegen die KPdSU und das Moskauer Zentrum nutzte: Der Staatspartei wurde »bis auf weiteres« jede politische Tätigkeit verboten, ihr Parteivermögen konfisziert, der KGB entmachtet, das mit den Putschisten sympathisierende Regierungskabinett aufgelöst, und die alten Unionsministerien wurden dem russischen Präsidenten unterstellt. Die Macht des Moskauer Zentrums war gebrochen und auf die Führungen der Republiken übergegangen, die der Reihe nach ihre Souveränität erklärten.

Als der von den Systemkonservativen gestürzte Gorbatschow zurückkehrte, der die Balance der antagonistischen Kräfte (zwischen Radikalreformern und Systemkonservativen) personifiziert und als Puffer zwischen ihnen gewirkt hatte, war die Grundlage seiner Macht verschwunden. Der Putsch sollte die Unterzeichnung des Unionsvertrages verhindern, und die Niederlage des Putsches vernichtete die Grundlage dieses Vertrages. Die Rettung der Union geriet zu ihrer Zerstörung. Als der Umsturzversuch in sich zusammenbrach, hatte er den Gegenumsturz entfesselt.

Daß der Sieg der russischen Demokratie mit antidemokratischen und autokratischen Mitteln abgesichert wurde, wurde in der allgemeinen Euphorie der Augusttage übersehen. Der Nationaldemokrat Boris Jelzin, dem die ungeteilte Sympathie und kritiklose Bewunderung der westlichen Regierungen und Medien galt, hatte in durchaus »neobolschewistischer Manier« (Uwe Engelbrecht)[10] gehandelt, als er mit einem Federstrich die KPdSU, eine Partei mit 15 Millionen Mitgliedern, ausschaltete und zugleich all ihre Presseorgane verbot. Auch die Art und Weise, wie Jelzin den zurückgekehrten Präsidenten vor dem russischen Parlament öffentlich demütigte, ließ für die künftige demokratische Kultur Rußlands nicht bloß Gutes erahnen.

Wo Jelzin mit sicherem Griff erntete, hatte Gorbatschow das Feld bestellt. Unbestreitbar ist, schrieb Antje Vollmer, »daß dieser Putsch in der ersten Etappe der Perestroika todsicher gesiegt hätte und daß nur das

hautdichte Dranbleiben Gorbatschows an diesem Parteiapparat die Zerrüttung der gewaltigsten Bürokratiemaschine bewirkt hat, die die Welt bisher kannte.«[11]
Ihm ist es gelungen, das Machtmonopol der herrschenden Politbürokratie zu brechen und ihren Einfluß auf Staat, Wirtschaft und Armee Zug um Zug zurückzudrängen, nicht im Frontalangriff, der wahrscheinlich zu einem vorzeitigen Staatsstreich bzw. zum Bürgerkrieg geführt hätte, sondern mit den eigenen Mitteln des Apparats, die Gorbatschow in dreißig Funktionärsjahren erlernt hatte: durch Nötigungen und Kompromisse, personalpolitische Winkelzüge und wechselnde Koalitionen, Versprechen und Listen. Scheibchen um Scheibchen sägte er von den Schreibtischsesseln und schuf so neue Machtverhältnisse, die den demokratischen Umbau ermöglichten. Ihm gelang das schier Unmögliche: die gewaltigste Bürokratiemaschine der Neuzeit langsam, aber sicher zu zersetzen, gleichzeitig die Militärs ruhigzustellen, den Parteiorganen die Kompetenzen zu entwinden – und dies alles ohne Blutvergießen. Am Ende entzog er dem Plankomitee die oberste Verfügungsgewalt über die Volkswirtschaft und entmachtete sogar das Politbüro. Der mächtigste Mann der Sowjetunion war nicht nur ein Genie in Sachen politischer Taktik, sondern auch *die zivilste Führergestalt der sowjetischen Geschichte: er hat seine Macht zur Entmachtung der mächtigsten Bürokratie Europas mit ausschließlich zivilen und friedlichen Mitteln gebraucht.*
Darüber hinaus hat er der Menschheit die Furcht vor einem Weltkrieg genommen, den Kalten Krieg beendet, den Abbau von Raketen und den Rückzug seiner Truppen aus fremden Ländern vereinbart, die Doktrin einer Pflicht zur Intervention in Nachbarstaaten getilgt und damit den (mit Ausnahme Rumäniens) gewaltlosen Systemwechsel in den Ländern des ehemaligen sowjetischen Machtbereichs und die deutsche Wiedervereinigung ermöglicht. Es gibt in der Geschichte kein Beispiel für die alles in allem friedliche Auflösung eines so hochgerüsteten Großreiches, wie es die Sowjetunion war. Gorbatschow war der zivilste Konkursverwalter einer atomaren Supermacht und eines gleichzeitig bankrotten Imperiums, den die Geschichte je gesehen hat; – eine politische Bilanz, die dem letzten sowjetischen Präsidenten, der nun den Undank des eigenen Volkes erntet, eine historische Bedeutung und Größe von einzigartiger Statur verleiht. Wahrscheinlich werden die Bürger der einstigen Sowjetunion, die den Abgang ihres ungeliebten Präsidenten mit Gleichmut quittieren, erst Jahre

oder Jahrzehnte später realisieren, wer da seinen Abschied genommen hat: nämlich ein wirklicher »Erlöser-Zar«, wie ihn die russischen Untertanen stets ersehnt hatten.

Die geschichtliche Größe und Tragik der Perestroika Gorbatschows besteht darin, daß erst und allein sie den demokratischen Wandel der sowjetischen Gesellschaft ermöglicht hat, zugleich aber wesentliche Voraussetzungen eines solchen Wandels zerstörte: an erster Stelle den Erhalt und die Erneuerung der Union auf der Grundlage neuer demokratischer Strukturen zwischen den einzelnen Republiken und dem Zentrum. *Der blinde Fleck in Gorbatschows Konzept der Umgestaltung war die Nationalitätenfrage.* Er hat, wie die meisten seiner linken Sympathisanten im Westen, den politischen Zündstoff gewaltig unterschätzt, den im Lauf der Jahrzehnte die Nationalitätenfrage angehäuft hatte. Die von seinen Vorgängern unterworfenen Völker haben den sowjetischen Zentralstaat als kolonialen Zwangsverband erfahren und erlitten, der ihnen, ob Balten oder Moslems, von der Grundschule an die russische Sprache samt kyrillischer Schrift auferlegte, dazu russische Statthalter und das Moskauer Entscheidungszentrum, zuständig für die alltäglichsten Probleme wie den Preis der Milch oder einer Dose Sprotten, den Beginn der Schulferien und den Tag der Erntebeginns. Durch »Glasnost« und »Perestroika« wurden, anders als der Reformator im Kreml gehofft hatte, zuvörderst die Fliehkräfte im Vielvölkerstaat freigesetzt. *Bis zuletzt hat der Sozialist und Zentrist Gorbatschow – und darin lag sein »tragischer Irrtum« – an den »Sowjetmenschen« geglaubt*; dabei hatten die sowjetisierten Völker und Ethnien keinen sehnlicheren Wunsch, als gerade diese ideologisierte Gestalt der russischen Hegemonie loszuwerden, zumal infolge des verzögerten wirtschaftlichen Umbaus die Lebensumstände der Bürger immer dürftiger wurden. Doch selbst wenn Gorbatschow die Nationalitätenfrage realistischer eingeschätzt hätte, die erdrückende Erbschaft des alten Systems, die zu jenem explosiven Gemisch aus Nationalismus plus Neigung zur Sezession plus leerer Regale geführt hat, war objektiv nicht zu bewältigen; von keinem anderen Politiker an seiner Stelle und schon gar nicht innerhalb von sieben Amtsjahren.

»Glasnost« und »Perestroika« waren erfolgreich im Zerschlagen der eisernen, lähmenden Struktur des administrativen Kommandosystems. Aber dabei wurden fast all jene Energien verbraucht, die der wirtschaftliche Umbau in dem von Gorbatschow intendierten Sinne benötigt hätte. Jetzt,

nach der Auflösung der Sowjetunion und dem Ende der Ära Gorbatschow, gibt es kaum eine Möglichkeit mehr, bei der notwendigen Entstaatlichung der Wirtschaft einen »dritten Weg« zu gehen, d. h. eine »sozialistisch regulierte Marktwirtschaft« auf der Grundlage pluralistischer Eigentumsformen (staatlichen, privaten, genossenschaftlichen, kooperativem Eigentums) verwirklichen zu können.
Was jetzt in Rußland auf der Tagesordnung steht und was die siegreiche nationaldemokratische Strömung um Boris Jelzin zu ihrem Programm erhoben hat, ist vielmehr eine mit Hilfe des Westens beschleunigte marktwirtschaftliche Systemreform, und zwar mit allem, was dazu gehört: mit freier Marktwirtschaft, Privateigentum an Produktionsmitteln, freiem Finanz- und Aktienmarkt (Börse), freien Gewerkschaften, struktureller Massenarbeitslosigkeit, starker Asymmetrie in den Verteilungsverhältnissen, neuer Klassenbildung usw. Auch haben Rußlands neue Demokraten und Neoliberale sehr wohl verstanden, daß mit massiver Finanzhilfe und Investitionen des Westens erst zu rechnen ist, wenn die neuen Republiken die entsprechenden Voraussetzungen geschaffen haben: Ausländische Unternehmen müssen die Möglichkeit haben, sich an den heimischen Firmen zu beteiligen und auch die Mehrheit zu übernehmen. Sie werden nur dann investieren, wenn sie Fabriken und Bürogebäude mieten oder kaufen und Grundeigentum erwerben können, wenn sie Gewinne in ihre eigene Währung umtauschen und transferieren können. Selbstredend wird kein westlicher Konzern in Rußland oder der Ukraine investieren, wenn er gewärtigen muß, daß ihm irgendein Ministerium, geschweige denn ein mit größeren Befugnissen ausgestatteter Belegschafts- oder Betriebsrat in seine wirtschaftlichen Entscheidungen hineinreden darf. Das aber heißt im Klartext: Die Nachfolgestaaten der Sowjetunion müssen, ob sie nun wollen oder nicht, nicht nur die »Marktwirtschaft«, sondern mit ihr auch die kapitalistische Produktionsweise bei sich einführen. Sonst läßt der Westen sie hängen. Ob der Import der westlichen Wirtschaftsweise, vor allem in den Kernländern des ehemaligen Imperium Sovieticum, in denen es keinerlei Tradition des Privateigentums und der Privatinitiative gegeben hat, gelingen kann und zum Erfolg führt, steht allerdings auf einem anderen Blatt.
Wie hatten doch Marx und Engels im »Kommunistischen Manifest« geschrieben: »Die Bourgeoisie ... zwingt alle Nationen, die Produktionsweise der Bourgeoisie sich anzueignen, wenn sie nicht zugrunde gehen

wollen; sie zwingt sie, die sogenannte Zivilisation bei sich selbst einzuführen, d. h. Bourgeois zu werden. Mit einem Wort, sie schafft sich eine Welt nach ihrem eigenen Bilde.«[12]
Daß ausgerechnet diese Prophetie des »Kommunistischen Manifestes« sich bewahrheiten sollte – und nicht seine revolutionär-eschatologische von der kommenden »Weltrevolution« –, daß ausgerechnet im Staate Lenins, im Ursprungsland des »Kommunismus«, siebzig Jahre nach der Oktoberrevolution jene Produktionsweise Einzug halten sollte, die die Bolschewiki 1917 glaubten überspringen zu können bzw. längst hinter sich zu haben – auf diese überraschende Pointe der Geschichte waren die Kommunisten und Sozialisten aller Länder, war auch die westliche Linke nicht gefaßt.

5. Rückkehr nach Europa oder Balkanisierung?

Die demokratischen »Nachhol-Revolutionen« des Ostens unterscheiden sich von ihren historischen Vorbildern aber noch in einer anderen Hinsicht: Hatten die amerikanische Unabhängigkeitserklärung und die Französische Revolution die Gleichberechtigung der nationalen, ethnischen und religiösen Minderheiten seinerzeit zum Verfassungsgebot erhoben, so gehört das Toleranzgebot bis jetzt nicht zum republikanischen Tugendkatalog der sich emanzipierenden oder sich neubildenden östlichen Nationalstaaten.
Vielmehr sind aggressive und rassistische Ausbrüche gegen ethnische und nationale Minderheiten seit den großen Umbrüchen in allen osteuropäischen Ländern und vielen ehemaligen Sowjetrepubliken an der Tagesordnung: Im Baltikum und in der Ukraine gegen die dort lebenden Russen, in Georgien gegen die Abchasen und Osseten, in Usbekistan gegen die Mescheten, in Rumänien gegen die ungarische Minderheit und die Zigeuner, in Bulgarien gegen die türkische Minderheit, in Ostdeutschland gegen die Gäste und Gastarbeiter aus den einstigen »sozialistischen Bruderstaaten«. Der Zerfall des Sowjetimperiums hatte schon vor dessen offizieller Auflösung zu blutigen Nationalitätenkonflikten geführt, die – wie in den transkaukasischen Republiken – sogar die Form des offenen Bürgerkrieges annahmen. Die dramatischsten Folgen zeitigte der Zerfall des jugoslawischen Vielvölkerstaates, wo Serben und Kroaten seit Anfang 1991 in

einem blutigen Bürgerkrieg liegen. Der Staatssozialismus hatte geglaubt, das alte schwärende Problem des Nationalismus (aber auch der regionalen Besonderheiten) auf dem Verkündigungswege, durch die staatsoffizielle Litanei des »proletarischen Internationalismus«, aus der Welt schaffen zu können. Er hat jahrzehntelang als gigantischer Kühlschrank im politischen Sinne gewirkt, in dem alle möglichen Tätigkeiten und Konflikte eingefroren wurden. Nach der Wende agierten die freigesetzten politischen Kräfte so, als ob sie nach 1914, nach 1917, nach 1945 handeln würden. Und da werden plötzlich uralte Rechnungen beglichen, die eigentlich längst der Geschichte angehören müßten.

Die neu aufbrechenden Nationalismen, von Kosovo bis Berg-Karabach, von Riga bis Tbilissi gefährden das nun endlich in greifbare Nähe gerückte Projekt eines Europa des nichtkriegerischen Austausches, eines Europa, in dem – sollen zivile Gesellschaften der kulturellen Vielfalt eine Chance haben – der Nationalstaat allmählich zu einem auslaufenden Modell werden müßte. Doch just in einer Zeit, da das westliche Europa sich supranationale Strukturen gibt, feiert der nationale Mythos im Osten neue Urständ. Jeder Nationalitätensplitter, selbst autonome Minirepubliken in Rußland, erklären sich für souverän – eine späte Reaktion auf die stalinistische Nationalitäten- und Russifizierungspolitik und auf ein Zentrum, das jahrzehntelang mit diktatorischer Gewalt »seine« Republiken wie Kolonien verwaltet und zum Teil ausgebeutet hat.

Im Selbstverständnis jener Völker, die sich in der zerfallenden Sowjetunion und in Jugoslawien nun zu unabhängigen Staaten konstituieren, ist ganz umstandslos von »nationaler Identität« die Rede. Ihre Quellen sollen die gemeinsame Sprache und Kultur, lebendige geschichtliche Bilder im Kollektivbewußtsein, vor allem aber das Erlebnis gemeinsamen Widerstandes gegen die jeweilige Zentralmacht sein. Dabei belebt nicht selten die Erinnerung an den Glanz untergegangener Königreiche die Phantasie. In der serbisch-orthodoxen Kirche sind die mittelalterlichen Herrscher gleich reihenweise kanonisiert, der Gläubige schließt sie und damit Serbien in sein Gebet ein. In Moskau und Leningrad hat eine nostalgische Rückbesinnung auf die von den Bolschewiken verjagte Romanow-Dynastie eingesetzt. Neue monarchistische Gruppierungen und Parteien organisieren Ausstellungen, Vernissagen und Kostümfeste zu Ehren der letzten Zarenfamilie.

Als prägender noch erweist sich die ständig wiederholte Vergegenwärtigung vergangenen Unrechts. In der Gleichsetzung des kroatischen Volkes mit den Ustasha-Faschisten durch die serbische Öffentlichkeit und des serbischen Volkes mit den Mordkommandos der Cetniks durch die kroatische bricht diese alte, während des Zweiten Weltkrieges geschlagene Wunde auf. Desgleichen erscheinen den christlichen Armeniern die heutigen Aserbaidschaner als potentielle Wiederholungstäter jenes Völkermordes, den diese vor dem Ersten Weltkrieg an jenen verübt haben.

Indem dem jeweils anderen Volk eine charakterliche Disposition zum Völkermord unterstellt wird, entsteht jener fürchterliche Außenfeind, an dem der Nationalismus sich erst schärfen kann. »Problematisch an der Feier nationaler Identität«, schreibt Christian Semmler, »ist nicht der Wunsch, die Fremdbestimmung durch die bisherige Hegemonialmacht – die Sowjetunion, der jugoslawische Zentralismus – abzuschütteln, die Fähigkeiten des eigenen Volkes zu erproben und den eigenen ›Ort‹ zu finden in der Staatengemeinschaft. Erst wo die nationale Identität, sei sie nun ethnisch oder kulturell begründet, zum exklusiven Besitz des jeweils neuen ›Staatsvolks‹ erklärt wird, ist Distanz geboten. Identität ist dann das selbstgebaute Gefängnis, aus dem niemand entrinnen kann ... Ihre Wurzeln reichen bis zu dem romantischen Volks- und Nationenbegriff zurück, zu einer Konzeption, nach der die Völker und ihre Staaten einzigartige, unverwechselbare Organismen sind, jedes ›unmittelbar zu Gott‹.«[13]

Aber die Staatenbildung in Europa, vor allem die der Nationalstaaten, war keine »organische«, sondern eine vollständig »künstliche« Angelegenheit. Ebenso wie die formelle Unabhängigkeit der Staaten von den europäischen Kolonial- und Mandatsmächten, im Vorderen und Mittleren Orient. Auch die meisten der sich 1991 für souverän erklärenden Nachfolgestaaten der Sowjetunion sind solche künstlichen Gebilde, deren Grenzen unter Stalin rein administrativ und willkürlich, oft unter völliger Mißachtung der ethnischen Zugehörigkeit, gezogen worden sind. (Dies gilt vor allem für die mittel- und zentralasiatischen Republiken und »autonomen Gebiete«.) Darum stellt auch die neuerliche Rede von der »Wiedergeburt Rußlands«, der »Wiedergeburt der Ukraine«, der »Wiedergeburt Georgiens« etc. eine pathetische Mystifikation dar.

Wie schon in der Zwischenkriegszeit sind die Minderheitenfragen und der Disput über die Staatsgrenzen derzeit das größte Gefahrenmoment. Wer sich, das Selbstbestimmungsrecht einfordernd, aus einem Zwangsverband wie dem Jugoslawiens oder der Sowjetunion löst, der muß den Minderheiten auf eigenem Boden ebenfalls das Selbstbestimmungsrecht zugestehen. Die Berufung auf den territorialen Besitzstand ist dagegen sekundär, das Beharren auf »jedem Quadratzentimeter heimatlichen Bodens« ist - gemessen an der Entwicklung der Produktivkräfte - sowieso ein Anachronismus.

Tbilissi, Baku und Jerewan waren früher multinationale Städte, in denen das jeweilige Staatsvolk in der Minderheit war. Ihre »Reinigung« hat diese Städte nicht nur ärmer gemacht und provinzialisiert, sie hat auch die nationalen Konflikte nicht beruhigen können. Es steht zu befürchten, daß auch die Hauptstädte des Baltikum ärmer und provinzieller werden, wenn sie ihren Nationalismus gegen die dort lebenden Russen kehren (in Riga ist jeder zweite Einwohner ein Russe), desgleichen die großen Städte in Kasachstan und in der Ukraine, die einen hohen russischen Bevölkerungsanteil haben.

Und doch wäre es falsch, die Wiedergeburt des Nationalismus im Osten nur unter der Rubrik »Erblast des Realsozialismus« aufzufassen (wie dies im Westen meistens getan wird). Die in Entstehung begriffenen Staaten entfliehen nicht nur zentralistischen Unterdrückungsregimen, sondern auch und vor allem ihrer sozialen und ökonomischen Misere. Die Berufung auf die nationale oder ethnische Identität ist auch eine Reaktion auf die kollektiven Verunsicherungen, die mit dem Systemwechsel einhergehen. Der Nationalismus ist zum einen ein Surrogat für die zusammengebrochene kommunistische Ideologie, zum anderen eine Verdrängungsstrategie, um die drückenden Alltagsprobleme wegschieben zu können. Wo alles sich auflöst, alle traditionellen Wertzusammenhänge zerbrechen und einem der Boden unter den Füßen schwankt, hält man sich am Rettungsanker der jeweiligen Nationalität oder ethnischen Zugehörigkeit fest. Denn die wenigstens ist unverlierbar.

Im Slogan »Heimkehr nach Europa«, den man jetzt von Bosnien bis Tallinn an den Häuserwänden lesen kann, drückt sich die Sehnsucht nach einem halbwegs erträglichen Alltag aus, nach der Normalität einer funktionierenden Zivilisation. Wir Westeuropäer, und gerade wir Deutschen, sollten diese Sehnsucht nicht als Rückfall in die Kleinstaaterei verachten und die Europabegeisterung nicht als Drapierung bloßer Konsumbegehrlichkeiten denunzieren.

Die Kopplung an Europa eröffnet immerhin die Möglichkeit, daß die Wucherungen des nationalen Mythos sich bei den neuen Staaten zurückbilden, daß der Weg frei wird zu einer vernünftigen Identität, die ihre Maßstäbe nicht in sich selber sucht. Wer an der Vereinigung Europas teilnehmen will, muß die Standards der Vereinigung akzeptieren – einschließlich des Verlusts an eben gewonnener Souveränität. Es wird sehr von den Europäern und dem Maß ihrer Hilfeleistungen und Integrationswilligkeit abhängen, ob in den neuen östlichen Staaten eine beschränkte Vorstellung nationaler Identität obsiegt. Werden sie mit ihren drückenden sozialen und ökonomischen Problemen allein gelassen, dann werden sie auf die Unfähigkeit, sie zu lösen, psychotisch reagieren. Dann muß Europa sich nicht wundern, wenn es in seinen östlichen »Vorhöfen« zu immer neuen nationalistischen Exzessen kommt.

Lange genug hat der Westen an der Fiktion festgehalten, daß nur der Fortbestand Jugoslawiens und der Sowjetunion für Stabilität in Europa und der Welt bürge. Jetzt ist der Stabilitätsfetisch dahin und guter Rat teuer. Aber das Drama des Zerfalls der ehemaligen Zentralstaaten und der massenhaften Neubegründung von Staaten im Osten läßt sich nicht aussitzen. Und vage Angebote für irgendwelche Assoziierungsabkommen sind der historischen Stunde nicht angemessen, sondern eine umfassende politisch-ökonomische Strategie ist nötig, die den europäischen Nachfolgestaaten der UdSSR den Weg nach Europa und ins »Europäische Haus« ebnet und die asiatischen in neue Regionalsysteme einbezieht. Eine solche Strategie aber kann nur dann erfolgreich sein, wenn sie nicht von kapitalistischen Rentabilitäts-Kalkülen und Profiterwägungen ausgeht, sondern *von einer langfristig angelegten paneuropäischen, ja, eurasischen Entwicklungspolitik, einem gewaltigen Marshallplan der westlichen Industriestaaten.* »Es wird höchste Zeit«, so das Düsseldorfer *Handelsblatt*, daß dies »als eine Gemeinschaftsaufgabe in globalen Dimensionen begriffen wird.«[14]

Wie die geschichtliche Erfahrung lehrt, pflegen Demokratien unter dem Druck hoher Verschuldung, Inflation, Massenarbeitslosigkeit und wirtschaftlicher Depression früher oder später in autoritäre oder diktatorische Notstandsregime umzukippen. Dann wären nicht nur die östlichen Völker um ihre neue Freiheit geprellt, auch das »Palais Europa« sähe sich vom Osten her (und nicht nur vom Süden) mit einer Völkerwanderung von Elendsflüchtlingen konfrontiert – sie heißen in der Sprache unserer Bürokratien groteskerweise »Wohlstandsflüchtlinge« –, wie das christliche Abendland sie noch nicht gesehen hat.

VII. VOM FLUCH DER RÜCKSTÄNDIGKEIT UND DEM HOCHMUT DES WESTENS

1. Ausbruchsversuche aus Armut und Rückständigkeit, »Sozialismus« genannt

Dem Triumphieren jener konservativen Kreise, die jetzt den Marxismus für endgültig erledigt betrachten, und der Resignation der linken Szene, die nun hilflos vor den Trümmern ihres »marxistischen« Weltbildes steht, ist eines gemeinsam: Beide verkennen, daß ironischerweise gerade das Ende der Hammer & Sichel-Epoche eine zentrale These des klassischen Marxismus postum bestätigt hat.

Wie schon gesagt, gingen Marx und Engels davon aus, daß der Sozialismus sich nur auf der Grundlage der hochentwickelten kapitalistischen Gesellschaften herausbilden kann, d. h. auf der Basis des materiell entwickelten Reichtums und Überflusses, nicht auf der Basis des Mangels und der Rückständigkeit. Zwar sahen sie in den achtziger Jahren des 19. Jahrhunderts das rückständige Rußland als wahrscheinlichsten Kandidaten für eine soziale Revolution an, doch konnte diese aus ihrer Sicht nur dann eine Perspektive haben, wenn sie von einer sozialen Revolution in den fortgeschrittenen Ländern des Westens begleitet würde. Dies war ja auch Trotzkis und (bis 1922) Lenins Überzeugung.

Nun haben aber, entgegen der Marxschen Grundannahme, sämtliche sozialen Revolutionen und nationalen Befreiungsbewegungen des 20. Jahrhunderts gerade nicht in den Zentren des Weltkapitalismus, sondern an seiner Peripherie, d. h. in den rückständigen, halbasiatischen, halbkolonialen oder kolonialisierten Ländern Asiens, Afrikas, Mittel- und Lateinamerikas stattgefunden. Es ist charakteristisch für den vorwiegend moralischen und begrifflosen Umgang mit Geschichte, daß *die zentrale Kategorie der Rückständigkeit und der Ungleichzeitigkeit der Entwicklung in der öffentlichen Reflexion über das »Scheitern des Sozialismus« fast gar nicht (mehr) vorkommt;* auch nicht in der Reflexion der »postsozialistischen« Intellektuellen, die sich das historisch-materialistische Denken offenbar längst abgeschminkt oder es konjunkturbewußt wieder verlernt haben.

Dabei müßte doch der ins Auge springende Tatbestand zu denken geben, daß die meisten der sich »kommunistisch« nennenden Parteien und Regime des 20. Jahrhunderts, hervorgegangen aus antikolonialen und antiimperialistischen Befreiungskämpfen, in den rückständigen Regionen und Kontinenten zur Macht gelangt sind, in denen es weder eine entwickelte Industrie noch eine entwickelte politische Kultur gegeben hat, während in den fortgeschrittenen Ländern des Westens die Sozialdemokratie den dominanten Typus der sozialen (bzw. sozialistischen) Bewegung verkörpert(e).

Der Boden, auf dem sich nach 1917 die Sowjetunion erhob, war der Boden des früheren Zarenreiches, in Südosteuropa und auf dem Balkan war es der Boden der östereichisch-ungarischen Doppelmonarchie und des osmanischen Reiches, das eine klassische »orientalische Despotie« war. Auch im Fernen Osten, wo nur Japan eine sehr schnelle kapitalistische Entwicklung unter eigentümlichen Voraussetzungen durchmachte, waren es zuerst die küstenfernen Regionen mit vorwiegend asiatischer Produktions- und Herrschaftsweise, die unter kommunistische Herrschaft gerieten.

All diese Gebiete waren für den aufstrebenden Kapitalismus im nordatlantischen Raum Hinterland, mit wenigen Industriezentren, mit hohen Verkehrskosten aufgrund der kontinentalen Lage, mit einer viel weniger entwickelten städtischen Zivilisation im Vergleich zu Westeuropa. Und so zurückgeblieben wie Industrie, Landwirtschaft, Technik und Verkehr in all diesen Regionen, so zurückgeblieben war auch ihre politische Kultur. Eine Ausnahme von dieser Regel bilden allerdings die Länder diesseits der europäischen »Grenzscheide« (Marx), die Balten, die Tschechen, die Polen und die Ostdeutschen, denen der »Realsozialismus« durch die großmachtstrategische Politik der Sowjetunion nach 1940 bzw. 45 aufgezwungen worden ist. Sie haben schon vor ihrer Einverleibung in den sowjetischen Machtbereich m. E. irgendeine Art der Republik gekannt und über eine entwickeltere Industriekultur verfügt; darum mußten sie auch das sowjetische Modell, das den Zwängen einer nachholenden Industrialisierung (in der halbasiatischen Kulturzone) entsprungen war, als Rückschritt und politische Anomalie empfinden.

Glaubt man der öffentlichen Meinung im Westen, dann ist der Osten deshalb so rückständig, weil hier fünfundvierzig Jahre oder noch länger der »Sozialismus« geherrscht hat. Umgekehrt wird ein Schuh draus: Eben weil der europäische Südosten, Rußland und Asien so rückständig, in jedem Sinne Hinterland waren und nicht wenige seiner Länder vom Schicksal der Kolonisierung bedroht waren, kam es hier – wie auch in vielen Ländern des Südens – zu national- und sozialrevolutionären Befreiungsbewegungen. Sie waren zunächst nichts anderes als kollektive Notwehraktionen von Völkern, die entweder – wie im Fernen Osten – schon halb kolonisiert waren oder die – wie das im europäischen Vergleich weit abgeschlagene Zarenreich – ihre baldige Kolonisierung, in jedem Fall den Ausverkauf ihrer Rohstoffe und Ressourcen befürchten mußten. Durch eine staatskapitalistische Konzentration und Zentralisation der Produktionsmittel hofften die Bolschewiki, dem unwürdigen Schicksal eines halbkolonialen Schwellenlandes zu entgehen und den Anschluß an den fortgeschrittenen Westen durch eine beschleunigte Industrialisierung zu erreichen. Dieses Notstands- und Nachholprogramm nannten sie dann »Sozialismus«. Vermittels dieser ideologischen Wunderdroge suchten sie die (noch weitgehend) analphabetischen Massen für den Aufbruch ins zwanzigste Jahrhundert zu mobilisieren – der Marxismus war hier das Opium des revolutionierten Volkes – und zugleich ihr objektives Dilemma zu beschönigen: nämlich eine nachholende Industrialisierung von rückständigen Bedingungen aus gegen den Druck einer schon etablierten kapitalistischen Weltmarktökonomie betreiben zu müssen.

Die meisten national- und sozialrevolutionären Befreiungsbewegungen, die nach 1945 in den Ländern der Dritten Welt siegten, waren in der Einschätzung des unter ihren rückständigen Bedingungen Mach- und Erreichbaren nüchterner als die Bolschewiki in den zwanziger und dreißiger Jahren. Sie verstanden den »Staatssozialismus« keineswegs als Alternative zum entwickelten Kapitalismus des Westens, dieser erschien ihnen vielmehr als eine erfolgreiche Konzeption, um den Status eines abhängigen, unterentwickelten Landes verlassen zu können. Nicht die Klassenkonflikte zwischen Bourgeoisie und Proletariat, sondern der Kampf gegen koloniale und neokoloniale Ausbeutung und nationale Unterdrückung waren ja die eigentlichen Triebkräfte dieser Revolutionen. Was das sowjetische Modell für viele von ihnen gleichwohl attraktiv machte, war die Aussicht auf Befreiung von größter Armut, Unwissenheit und Rückständigkeit.

Rückständigkeit freilich ist ein relativer Begriff. Der Vergleich all dieser Länder mit dem technischen und zivilisatorischen Standard der westlichen Industrienationen ist nicht nur ahistorisch, er entspringt auch einer eurozentrischen Arroganz, die selbst unter »progressiven« westlichen Intellektuellen immer mehr um sich greift. Auf den derzeit populären »Europa-Kongressen« und in der allgemeinen »Europa-Euphorie« werden drei Tatbestände vollkommen vergessen bzw. verdrängt: erstens, daß die europäische Zivilisation, die nun als Erfolgsmodell für den »Rest« der Welt propagiert wird, auf dem Rücken der kolonisierten Völker in Afrika, Asien und Lateinamerika errichtet worden ist; zweitens, daß die Entfaltung des kapitalistischen Weltmarktes den rückständigen Regionen den Weg zu einer eigenen Industrialisierung und nationalen Unabhängigkeit versperrt hat; drittens, daß die neokoloniale Ausbeutung dieser Länder, vor allem durch ungleiche Tauschverhältnisse, noch heute den Reichtum der westlichen Industrienationen vermehrt.

Während der westliche (Welt-)Kapitalismus und Imperialismus in den rückständigen Zonen ein Heer von Hunderten Millionen beschäftigungslosen und hungernden Menschen mit hervorgebracht hat, schuf er in seinen Metropolen einen ungeahnten Überfluß an Lebensmitteln und Industrieprodukten, der z. T. künstlich gedrosselt und vernichtet wird. Schürte er dort, oft im Bündnis mit den korrupten und diktatorischen einheimischen Eliten, unzählige Stellvertreterkriege und nationale Gegensätze, so herrscht in Westeuropa seit 45 Jahren Waffenruhe. Stützte er dort oftmals blutige Militärdiktaturen, so hat er hier eine – bislang – unglaubliche politische Stabilität mit relativ vielen demokratischen Freiheiten und sozialen Sicherheiten hervorgebracht. Mit anderen Worten: Die Erfolgsbilanz des (Welt-)Kapitalismus in seinen Zentren beruht ganz wesentlich darauf, daß es ihm gelungen ist, *seine Widersprüche über den Weltmarkt zu externalisieren und die sozial und ökologisch destruktiven Auswirkungen seiner Produktionsweise auf die Völker der Peripherie, vor allem der südlichen Peripherie, abzuwälzen.*

Es ist klar, daß diese ungleiche Entwicklung allen sozialistischen Gehversuchen der zurückbleibenden Völker – ob in Asien, Afrika oder Mittel- und Lateinamerika – grausame Schranken auferlegen mußte. Was sich bisher »Sozialismus«, »Realsozialismus« oder »Kommunismus« nannte (die »Realsozialismen« diesseits der europäischen Grenzscheide seien hiervon ausdrücklich ausgenommen), sollte daher unter der Rubrik subsumiert werden: *Ausbruchsversuche aus rückständigen Verhältnissen bzw. Versuche der Überwindung der kolonialen Erbschaft.*

2. Der westliche Eurozentrismus ist ein schlechter Richter

Mit jeder neuen Revolution in der Dritten Welt spielte sich auf der westlichen Zuschauertribüne das immer gleiche stereotype Schauspiel ab. Erst waren die europäischen (Links-)Intellektuellen begeistert über das »Volk, das seine Ketten sprengte«, und beeilten sich, als Revolutionstouristen in das endlich erhoffte sozialistische Paradies auf Erden zu jetten. Kaum aber hatte die junge Revolution ihren Glanz und ihre Unschuld verloren und sich – wie es die Regel war – die einstige sozialrevolutionäre Avantgarde in eine mehr oder weniger repressive Partei- oder Staatsbürokratie verwandelt, pflegten die europäischen Anwälte und Wächter in Sachen »Demokratie und Menschenrechte« sich von dem Objekt ihrer revolutionären Begierde voll Abscheu wieder abzuwenden. Inzwischen summieren sich ihre Enttäuschungen zu der bündigen Formel: »Der Sozialismus hat weltweit versagt!« Auf die Idee, daß sie vielleicht von falschen Erwartungen und allzu privilegierten Wunschträumen ausgegangen sind, die nur auf den westlichen Wohlstands- und Luxusinseln gedeihen konnten, kommen sie nicht.

Wie sollten ausgerechnet die rückständigen und ehemals kolonisierten Länder der Dritten Welt jenen freiheitlichen und demokratischen Sozialismus verwirklichen können, den die europäischen Sozialisten und Kommunisten mit ihrer hundertfünfzigjährigen Geschichte der Arbeiterbewegung auf dem eigenen Kontinent, im eigenen Land bis heute nicht zustande gebracht haben? Woher nehmen wir Europäer eigentlich das Recht, von den national- und sozialrevolutionären Befreiungsbewegungen in diesen Ländern, sei dies Angola oder Mosambik, Somalia oder Äthiopien, Algerien oder Vietnam, Kuba oder Nicaragua, wo es zunächst einmal um die Aufhebung der kolonialen Erbschaft, d. h. um die Beseitigung des Hungers, des Elends und des Analphabetismus ging und noch immer geht, die Einlösung all jener Freiheiten, demokratischer ruhte und Menschenrechte zu verlangen, die bei uns ja auch noch nicht allzu lange gesichert sind? Und wieso verlangen wir ausgerechnet von den Revolutionären Afrikas, Asiens und Lateinamerikas, daß sie jene »saubere« und »untadelige« Revolution vollbringen, die in der europäischen Geschichte auch nicht aufzufinden ist? Die Geschichte der bürgerlichen Revolution hatte bekanntlich die Guillotine zum Geburtshelfer. Und wie oft im 19. und 20. Jahrhundert sind die westeuropäischen Demokratien nicht in irgendeine Form der Diktatur zurückgefallen? Erst nach dem Ende des Zweiten Weltkrieges scheint sich in Westeuropa die Republik als Norm stabilisiert zu haben. Dies hat vor allem etwas mit dem wachsenden Wohlstand zu tun. Schließlich kann die Demokratie nur auf einem halbwegs gesicherten ökonomischen Fundament gedeihen. Und wo dieses fehlt, wie in allen Ländern des Südens, gibt es in der Regel auch keine Demokratie (oder nur Scheindemokratien, mit denen die jeweiligen Oligarchien ihre Herrschaft bemänteln).

Es wäre daher an der Zeit, die Befreiungsbewegungen in den rückständigen, in Unterentwicklung-gehaltenen Ländern zuerst einmal von unseren eurozentrischen Projektionen und privilegierten Wunschträumen zu befreien. Das wäre der erste Schritt zur kritischen Solidarität mit ihnen. Aber wahrscheinlich wird sich das Problem erübrigen. Denn jetzt, nach der Auflösung des sowjetischen Machtblocks, wird keine Befreiungsbewegung in den Ländern des Südens mehr die Möglichkeit haben, einen nichtkapitalistischen Weg zu gehen.

Es ist die gleiche eurozentrische Arroganz, die dem (bis auf Kuba, China und Südostasien) abgetretenen »Realsozialismus« jetzt eine pauschale Negativbilanz ausstellt. Als sei dessen ganze Geschichte ein einziger Irrweg, eine epochale Aberration gewesen! Der »Realsozialismus« ist nicht einfach auf der ganzen Linie gescheitert. Dort, wo diese Aufgabe einen realen gesellschaftlichen Boden hatte, hat er durchaus eine nachholende Industrialisierung zustande gebracht. Gescheitert ist er, gemessen an dem verklärten ideologischen Ziel, »den Sozialismus« aufbauen zu wollen. Dies konnte, von den gegebenen rückständigen Bedingungen aus, nur eine epochale Mystifikation sein. Was er trotzdem geleistet hat, kann man gerecht nur beurteilen, wenn man den Ist-Zustand von heute in all diesen Ländern nicht am westlichen Standard, sondern an den Zuständen vor der Revolution mißt. Nur wenn man die Sowjetunion von 1990 mit dem zaristischen Rußland vor 1917, das heutige China mit dem kaiserlichen China, das Kuba Castros mit dem Batista-Regime usw. vergleicht, kann man die Leistungen ermessen, die diese Regime und Völker trotz allem vollbracht haben. Nur wenn man sich die Armut und den Hunger, die verheerenden Krankheiten und Seuchen, den Analphabetismus und die Kulturlosigkeit vergegenwärtigt, die in all diesen Ländern vor der Revolution herrschten und zumeist noch immer in jenen Ländern herrschen, die keine soziale Revolution gehabt haben, nur dann kann man den relativen Fortschritt in punkto Industrialisierung, Urbanisierung, Bildungsrevolution, Sicherung der Grundbedürfnisse der Bevölkerung etc. ermessen, der unter der Roten Fahne trotz allem erzielt worden ist. Daß – im Unterschied etwa zu Indien, Bangladesch oder der Sahelzone – in der Volksrepublik China heute niemand mehr verhungern muß, dieses Faktum können nur Leute als »quantité négligeable« behandeln, die im Überfluß leben und die Welt von ihren Ferienbungalows auf den Kanarischen Inseln oder im Tessin aus betrachten. Die Tatsache, daß der Staatssozialismus – vor allem in der asiatischen Zone – in bestimmten Phasen zum Staatsterrorismus entartete (wie das stalinistische System in der UdSSR, wie das Pol-Pot-Regime in Kampuchea, wie Maos China während der »chinesischen Kulturrevolution«), heißt nicht, daß er von Anfang bis Ende ein einziger »historischer Betriebsunfall« gewesen sei.

Dem ideologischen westlichen Betrachter, der »dem Sozialismus« nun eine pauschale Bankrotterklärung aufs ganze Jahrhundert ausstellt, verwischen sich natürlich auch sämtliche Unterschiede zwischen den in eine Sackgasse der Entwicklung geratenen »Realsozialismen« sowjetisch-asiatischen Typs und den auf einer ganz anderen Grundlage entstandenen »Sozialismen« etwa des lateinamerikanischen Typs. Die 1990 in Nicaragua abgehaltenen Wahlen haben die Sandinistas bekanntlich verloren. Sie wurden von Hunger und Armut besiegt, obwohl sie weder für den Krieg noch für den Hunger verantwortlich sind. Man kann ihnen auch nicht das kleinste Quentchen Schuld für die totalitären Fehlentwicklungen im Osten zuschieben. Widerspruch aller Widersprüche: Diese demokratische Revolution, die pluralistisch und unabhängig war und weder die Sowjets noch die Chinesen, weder die Kubaner noch irgend jemand sonst imitierte, die auch kein »realsozialistisches Regime« errichtet hatte – 60 Prozent der Wirtschaft des Landes waren unter den Sandinistas in privater Hand –, zahlt jetzt die Rechnung für die Fehler und Verbrechen anderer.

Die Revolution, die das Somoza-Regime stürzte, hat in den letzten zehn Jahren keine ruhige Minute gehabt. Sie wurde täglich von den USA und ihren angeheuerten Contras angegriffen und zugleich einem jahrzehntelangen Wirtschaftsboykott auf allen Ebenen und damit einem unaufhörlichen Ausnahmezustand unterworfen. Kein Wunder,

daß Kapitalflucht einsetzte, die Inflation astronomische Höhen erreichte, die Wirtschaft allmählich bankrott ging. Trotzdem schaffte es die sandinistische Revolution, zivilisierter zu sein als die französische, denn es wurde weder jemand geköpft noch erschossen. Sie war toleranter als die amerikanische Revolution, weil sie mitten im Kriegszustand die Redefreiheit für die Vertreter der Kolonialherren mit einigen Einschränkungen zuließ. Die Sandinisten alphabetisierten Nicaragua, sie senkten die Kindersterblichkeit beträchtlich und gaben den Bauern Land. Aber der Krieg blutete das Land aus. Die Kriegsschäden entsprechen dem anderthalbfachen des Bruttoinlandprodukts, was bedeutet, daß Nicaraguas Wirtschaft eineinhalb mal zerstört wurde.
Die Richter des Internationalen Gerichtshofes von Den Haag verurteilten die nordamerikanische Aggression, aber dies hatte keine Auswirkung. Die Eindringlinge haben selten militärische Ziele angegriffen; ihre bevorzugten Zielscheiben waren die landwirtschaftlichen Kooperativen. Wieviele Tausende von Nicaraguanern wurden in diesem Jahrzehnt auf Befehl der US-Regierung getötet oder verletzt! Die demokratischen Intellektuellen Europas aber entrüsteten sich vor allen darüber, daß die Sandinistas nicht bereit waren, die Presse der von den USA ausgerüsteten Contras und Killerbanden zuzulassen.
Nun aber, da das Land bankrott ist und die Sandinistas die Macht verloren haben, heißt es: »Die Sandinistas sind gescheitert. Das Volk hat ihnen bei den Wahlen die Quittung erteilt!« So urteilt mittlerweile auch eine »linke« Intelligenz, die das häßliche Wort »Imperialismus« nicht mehr in den Mund nehmen möchte.
Was aber ist mit Kuba? Gibt es dort nicht auch eine tiefe Kluft zwischen der Macht und der Bevölkerung? Hat das Volk dort nicht auch genug von der Einheitspartei, der Einheitspresse und der Einheitswahrheit?
Kuba hat kein von Moskau vorfabriziertes Modell hierarchischer Machtstrukturen übernommen, sondern wurde dazu gezwungen, sich in eine Festung zu wandeln, damit sein allmächtiger Feind es nicht mit Haut und Haar verspeiste. Unter diesen widrigen Bedingungen leistete das kleine unterentwickelte Land Erstaunliches: Kuba hat heute (in Prozent der Bevölkerung) weniger Analphabeten und weniger Kindersterblichkeit als die USA. Der durchschnittliche Bildungsstand der Kubaner liegt wesentlich höher als der der amerikanischen public-school-

Abgänger. In Havanna gibt es (bis jetzt) keine Slums wie in fast allen amerikanischen Großstädten. Die Versorgung der Kubaner mit sozialen und medizinischen Einrichtungen ist besser als im reichen Amerika.

Im Unterschied zu vielen Ostblockländern wurde der kubanische Sozialismus weder von oben noch von außerhalb aufgezwungen, sondern ist im Innern enstanden und aus dem Volke hervorgewachsen. Die vielen Kubaner, die für Angola gestorben sind oder für Nicaragua ihr Bestes gegeben haben, haben nicht widerwillig die Befehle eines Polizeistaates ausgeführt. Wenn dem so wäre, wäre es unerklärlich, daß es keine Deserteure gab, dafür jedoch Hingabe im Überfluß.

Daß auch Castros Kuba den Zusammenbruch des »realsozialistischen« Lagers nicht überstehen wird, ist klar. Denn es war und ist auf die Unterstützung der Sowjetunion, die zudem der Hauptabnehmer des kubanischen Zuckers war, existentiell angewiesen. Von den etwa 60 Projekten der sowjetisch-kubanischen Zusammenarbeit (vor allem auf wirtschaftlichen Gebiet) sind fast alle aufgekündigt worden. Die selbst am Bettelstab gehende Ex-UdSSR verlangt für ihre Lieferungen von Rohöl, Maschinen etc. jetzt harte Devisen, die Kuba nicht hat. Auch der Versuch, über den Ausbau des touristischen Sektors Devisen hereinzuholen, kann die Auszehrung der kubanischen Wirtschaft, gegen die das amerikanische Embargo noch immer in Kraft ist, nicht verhindern. Die US-Invasion Panamas und das Auseinanderbrechen der ehemaligen »sozialistischen« Weltmacht beeinflussen natürlich auch den innenpolitischen Prozeß. Die Tendenz zum bürokratischen Stumpfsinn, zur ideologischen Starre und zur Militarisierung der kubanischen Gesellschaft nimmt denn auch zwangsläufig zu. Daß Fidel Castro, ein zuletzt erklärter Gegner der Perestroika, sogar den Putsch der konservativen Junta vom 19. August 1991 begrüßt hat und ebenso heroische wie weltfremde Durchhalteparolen ausgibt, wer kann sich darüber noch wundern? Weiß der verbitterte Caudillo doch längst, daß seiner Revolution das gleiche Schicksal bevorsteht wie der sandinistischen: Ihre Ergebnisse werden revidiert, und bald werden die aus Kuba vertriebenen oder emigrierten Grundbesitzer unter dem Schlachtruf »freedom and democracy« wieder zurückkehren. Wahrscheinlich wird die Zuckerinsel dann wieder jenes touristische US-Bordell, das sie schon unter Batista war. Doch alle Welt erregt sich über Castros ideolo-

gischen Starrsinn und über die mangelnde Demokratie seines Regimes; die Tragödie indessen, die der letzten sozialrevolutionären Enklave in Mittelamerika bevorsteht, scheint der demokratischen Öffentlichkeit Europas keine Anteilnahme mehr wert.
Während dieses Jahrhunderts ist die USA mehr als hundertmal in Latein- und Mittelamerika einmarschiert, immer im Namen der Demokratie, und immer, um Militärdiktaturen oder leicht lenkbare, demokratisch kostümierte Regierungen einzusetzen, die das bedrohte Geld in Sicherheit brachten. »Das imperialistische System«, schreibt der uruguayische Schriftsteller Eduardo Galeano, »will nämlich keine demokratischen Länder, es will erniedrigte Länder. Die Invasion Panamas war ein Skandal, aber skandalöser als die Invasion selbst war die Tatsache, daß die Invasoren folgenlos davonkamen. Die ganze Welt legte die Arme in den Schoß. In diesem Sinne ist das Schweigen und das kaum verhüllte Einverständnis einiger Ostblockländer vielsagend. Bedeutet die Befreiung des Ostens grünes Licht für die Unterdrückung des Westens? Die Freiheit ist zweifellos immer eine gute Nachricht. Für den Osten, der sie mit berechtigtem Jubel erlebt und für die ganze Welt. Aber ist der Lobpreis des Geldes und der freien Marktwirtschaft eine gute Nachricht? Die Vergötzung des ›American way of life‹? Die naive Illusion vom leichten Zugang zum Club der Reichen? Aus lateinamerikanischer Sicht sollte man eines bedenken: der dahingegangene Sowjetblock hatte zumindest eine wesentliche Tugend, er ernährte sich nämlich nicht von der Armut der Armen und nahm nicht an der Ausplünderung der Dritten Welt durch den internationalen Kapitalmarkt teil. Im Gegenteil, er half bei der Finanzierung der Gerechtigkeit in Kuba, in Nicaragua und in vielen anderen Ländern.«[1]

3. Staat und Revolution in rückständigen Ländern

Auch die bürokratische und etatistische Erstarrung fast aller sozialer Revolutionen in diesem Jahrhundert, die Verwandlung ihrer einstigen sozialrevolutionären Avantgarden in repressive Staatsbürokratien haben etwas mit dem Fluch der Rückständigkeit, dem Zwang zum »Nachholen« und dem wirtschaftlichen und militärischen Druck des Imperialismus zu tun.

Tatsächlich waren und sind Ideologie und Wirklichkeit des bisherigen »Sozialismus« nirgendwo weiter getrennt als in der Frage des Staates. Was für Träume, wenn Lenin in nicht so ferner Zeit die Köchin in die Lage versetzt sah, bestimmend an den Staatsgeschäften teilzunehmen! Die Realität des »Staatssozialismus« – nicht nur in Rußland, China oder Vietnam – hat diese Träume, zur großen Enttäuschung der Linken im Westen, gründlich desavouiert. Die Linke (oder was sich dafür hält) wäre freilich gut beraten, gerade diese Träume einer selbstkritischen Prüfung zu unterziehen. Schon die Marxsche Utopie vom »Absterben des Staates« war ja ein rousseauistisch-anarchistisches Wunschprodukt des neunzehnten Jahrhunderts und ist dies erst recht im zwanzigsten. Der bürgerliche Staat hat inzwischen so viele soziale und regulative Funktionen übernommen, daß er auch in einem vollendeten sozialistischen Gemeinwesen nicht mehr verzichtbar wäre. Von gänzlicher Realitätsblindheit aber zeugt es, die Einlösung dieser Utopie just von den sozialen Revolutionen in den rückständigen Ländern zu erhoffen. Hätten sich Marx und Engels mit deren Transformationsproblemen näher befaßt, hätten sie ihre Utopie für diesen besonderen Fall, der zum Regelfall werden sollte, wohl suspendieren müssen.
Diejenigen Völker, die sich gerade erst für die Industrialisierung formierten und die Ausbeutung der nationalen Ressourcen durch das ausländische Kapital verhindern wollten, konnten auf das Instrument des Staates und der Verstaatlichung – und damit auf den Beamten – nicht verzichten. Warum plädiert denn Nelson Mandela und der afrikanische ANC selbst heute noch für die Verstaatlichung der afrikanischen Bergwerke, der Gold- und Kupferminen? Damit die Reichtümer des Landes nicht länger von den amerikanischen und westeuropäischen Multis ausgeplündert werden können. Das hat mit »Staatssozialismus« gar nichts zu tun.
Die Notwendigkeit des Staates – und damit auch der Bürokratie – liegt aber auch in der rückständigen Produktionsweise begründet. Wie Marx selbst gezeigt hat, konnten weder die Manufaktur des Mittelalters, die die Szene beim Übergang vom Feudalismus zum Kapitalismus beherrschte (und die ja noch keineswegs weltweit überwunden ist), noch das Fabriksystem der entwickelten bürgerlichen Gesellschaft ohne staatlichen Gewaltapparat organisiert werden, der die Menschen unter das Joch der Maschine und des Werkzeugs zwang. Der Staat als

Zuchtmeister der Gesellschaft für ihre technische und soziale Modernisierung – dieses Grundmuster finden wir daher nicht zufällig seit 1917 wieder, wo immer sich vorkapitalistische Länder bzw. ihre maßgebenden Minderheiten für den aktiven Aufbruch ins 20.Jahrhundert formierten. Daß unter diesem Gesichtspunkt die Sowjetunion mit China, Nordkorea, Vietnam, Algerien, Albanien etc. vergleichbar ist, unterstreicht nur den fundamentalen Stellenwert des Staates in dem gemeinten Kontext. Eben weil all diese rückständigen Länder vor der Aufgabe standen, eine Ökonomie aus dem Boden zu stampfen, konnten sie auf einen neofeudalen Staat, der in der asiatischen Zone zumeist nur eine »sozialistische« Variante der alten Orientalischen Despotie darstellte, offenbar so wenig verzichten wie Westeuropa in der Phase seiner »ursprünglichen Akkumulation« auf den absoluten Staat. Der neuerlich geprägte Begriff »Feudosozialismus«[2] trägt diesem Tatbestand Rechnung. Freilich ist der despotische Staat in der asiatischen Zone nicht nur mit der Rückständigkeit und dem Zwang zur nachholenden Industrialisierung erklärbar, er war, wie bereits ausgeführt, auch Ausdruck der Kontinuität bzw. Restauration uralter Herrschaftsformen und hatte, im Fall der Sowjetunion, auch die Funktion, ein Imperium mit Gewalt zusammenzuhalten.

Wie Marx gezeigt hat, lag ja der eigentliche Fortschritt der entwickelten bürgerlichen Gesellschaft gegenüber ihrer barbarischen Frühphase darin, daß der »außerökonomische (staatliche) Zwang« allmählich durch den »stummen Zwang« der ökonomischen Verhältnisse, der Marktgesetze, ersetzt wurde. Auch der Staats- oder Feudosozialismus mußte einen analogen systemischen Formationswandel, wenn auch lange kaschiert unter der anderen bürokratisch-zentralistischen Wirtschafts- und Herrschaftsform, nachvollziehen; er konnte dies aber, von seinen rückständigen Ausgangsbedingungen her, erst mit entsprechender historischer Verspätung. Bereits die vielen Versuche seit Chruschtschow, die Staatswirtschaft zu dezentralisieren und durch den Einbau von Ware-Geld-Beziehungen zu liberalisieren und dynamisieren, deuteten in diese Richtung. So betrachtet, war die Auflösung der »realsozialistischen« Staatsökonomien unter der Flagge von »Freiheit, Demokratie und Markt« nur ein zeitlich versetzter Sonderfall jener Entwicklung, die in Westeuropa seinerzeit vom feudal-absolutistischen Staat zur modernen bürgerlichen Gesellschaft geführt hat, und Gorbatschows Perestroika nur die sozialistisch verbrämte Hülle, die ihr selbst noch nicht bewußte, verpuppte Gestalt eben dieses Formationswandels. Der mystifikatorische Begriff »Realsozialismus« und die große Zeitverschiebung haben den Blick auf die strukturelle Ähnlichkeit dieses Formationswandels verstellt, der sich in Westeuropa schon im Laufe des 19. Jahrhunderts, in einigen Ländern erst am Ende des Ersten Weltkrieges, im rückständigen Osten aber erst im späten 20. Jahrhundert vollzogen hat.

Schließlich darf man nicht vergessen, daß der Sowjetkommunismus von Anfang an einem höchst ungleichen Wettkampf mit dem kapitalistischen Westen ausgesetzt war, der ihn in einer dauernden Abhängigkeit von dem hielt, was er überwinden wollte; ein Kampf, den er bei seinen miserablen Ausgangsbedingungen, vor allem auf der Ebene der Produktivität, nur verlieren konnte. Er verkörperte nicht, wie er glaubte und propagierte, die progressive sozialistische Alternative zum Kapitalismus, er blieb diesem vielmehr strukturell bis in den Industrialisierungstyp, bis in das ökologisch zerstörerische Wachstums- und Akkumulationsmodell hinein verhaftet. Er war nicht das »ganz Andere« des Kapitalismus, sondern dessen einfache, dessen schlechte Negation, sein Schattenreich gleichsam.

Die »postsozialistischen« Intellektuellen brauchen sich also nicht so rasch von etwas zu verabschieden, was es noch gar nicht gegeben hat.

VIII. WIE IM WESTEN ALSO AUCH AUF ERDEN?

Warum das »siegreiche« westlich-kapitalistische Modell kein Modell für die ganze Welt sein kann.

> »... jeder Fortschritt der kapitalistischen Agrikultur ist nicht nur ein Fortschritt in der Kunst, den Arbeiter, sondern zugleich in der Kunst, den Boden zu berauben, jeder Fortschritt in Steigerung seiner Fruchtbarkeit ... zugleich ein Fortschritt im Ruin der dauernden Quellen dieser Fruchtbarkeit ... Die kapitalistische Produktion entwickelt daher nur die Technik und Kombination des gesellschaftlichen Produktionsprozesses, indem sie zugleich die Springquellen allen Reichtums untergräbt: die Erde und den Arbeiter.«[1]   (Karl Marx)

»Das Rad der Geschichte rollt über die Trümmer großer Reiche«, schrieb Friedrich Engels und sah es damals in Richtung Sozialismus rollen. Da halten sich seine heutigen Nachfolger für klüger. Sie glauben, es rollte unerbittlich aufwärts in Richtung Westen. Den Kapitalismus in seinem Lauf, um Erich Honecker zu travestieren, »halten weder Ochs noch Esel auf«. Der sieht sich mit Wohlstand und Wachstum, Demokratie und Industrie als den Endpunkt, als den geheimen Zweck aller bisherigen Geschichte oder sogar als das »Ende der Geschichte« an. Die ganze Welt soll Westen sein, so wie der japanische Osten schon lange Westen geworden ist. Karl Popper hat jedwede Geschichtsteleologie, eben jene Selbstgewißheit vom zielbewußten Fortschritt der Geschichte, als Kennzeichen des Totalitarismus angesehen. Solche Skepsis wird nun von den zahllosen globalen Siegern ertränkt. Statt dessen ernennt sich der Westen zum legitimen Nachfolger der Lehren von Marx und Engels, den »Besserwissern der Geschichte«. Daß auch der

Kapitalismus keine ewige Formation ist, daß das »Rad der Geschichte« auch über ihn eines Tages hinwegrollen könnte, weil sein Wirtschafts- und Konsummodell nämlich nicht für die ganze Welt funktionieren und er die globalen Probleme nicht lösen kann, wenn es nicht zu radikalen Strukturveränderungen kommt, solche skeptischen Einwände sind den Siegern fremd.

Der »Kommunismus« war ein Versuch der rückständigen Länder, die soziale Frage zu lösen, die der Industriekapitalismus erzeugt hatte und den Anschluß an den fortgeschrittenen Westen zu finden. Dieser Versuch ist auf einer bestimmten geschichtlichen Stufe gescheitert. Aber *die soziale Frage, die Marx und Engels seinerzeit am schärfsten gestellt haben, ist mit dem Verlöschen des »Kommunismus« nicht gelöst, sie hat sich vielmehr verallgemeinert, im Weltmaßstab zugespitzt und zugleich mit der ökologischen Frage verquickt: Welthunger, Weltflüchtlingsbewegung, strukturelle Massenarbeitslosigkeit und Neue Armut (auch in den kapitalistischen Metropolen), fortschreitende Zerstörung der Lebenswelten, der Natur und Biosphäre* – um nur die wichtigsten Stichpunkte zu nennen!

Welche Lösungsmöglichkeiten aber bietet der »siegreiche«, nun erst wirklich global gewordene Kapitalismus für diese Fragen an? Ist er in der Lage, ja, hat er überhaupt ein Interesse daran, diese globalen Fragen zu lösen oder läßt er den Karren einfach laufen – in Richtung Katastrophe? Welche Instrumente zur Problemlösung stehen ihm überhaupt zur Verfügung? Sind es nicht gerade die von ihm angepriesenen und nun überall verordneten »Heilmittel«, die die soziale und ökologische Krise erst verursacht haben und ständig verschärfen?

1. Die »Marktwirtschaft« – der neue Heilsbegriff

Die »Marktwirtschaft« ist nicht nur zum zentralen, schier unangreifbar gewordenen Mythos der westlichen Wirtschaftssieger, sondern auch zum Heilsbegriff der neuen Demokratien des Ostens geworden. Zur Unterstreichung der Wirkung des westlichen Erfolgsrezeptes, das nun auch den armen Ländern des Ostens (und des Südens) als Therapie verordnet wird, benutzen die Neoliberalen und Konservativen zwei ebenso simple wie scheinbar einleuchtende Kurzformeln. Die erste lautet: freie bzw. soziale Marktwirtschaft = Privateigentum an Produktionsmitteln & freier Wettbewerb. Resultat: höchstmögliche Effizienz, Wachstum und Wohlstand für alle. Die zweite, die abschreckende Kontrastformel lautet: Sozialismus = Staatseigentum & zentrale Planwirtschaft. Resultat: wirtschaftliche Ineffizienz, chronische Krise und allgemeine Verarmung. Diese kanonischen Antithesen, die seit dem großen Umbruch im Osten aus allen multimedialen Kanälen des Westens schallen, sollen den Gedanken an eine dritte Möglichkeit gar nicht erst aufkommen lassen: »Tertium non datur«, lautet ihre eigentliche Botschaft. Daß es sich in Wirklichkeit um demagogische Kürzel und Ungleichungen handelt, beeinträchtigt nicht im geringsten ihre propagandistische Wirkung. Im Gegenteil: je verkürzter und demagogischer, desto publikumswirksamer!

Warum sind diese populären Gleichungen, die den nunmehr beendigten Systemkampf auf die knappste PR-Formel zu bringen scheinen, falsch? Erstens wird die Zentralverwaltungswirtschaft (stalinistischer Provenienz), deren Ineffizienz historisch erwiesen ist, umstandslos mit »Sozialismus« identifiziert. Zweitens wird der »real existierende Kapitalismus« schlicht mit »Marktwirtschaft« gleichgesetzt. Drittens werden Marktwirtschaft und wirtschaftliche Effizienz suggestiv an eine einzige Eigentumsform, nämlich die des Privateigentums, gekoppelt. Viertens wird der empirisch leicht belegbare Tatbestand unterschlagen, daß »freie Märkte« überhaupt nur dort funktionieren, wo ihre Freiheit vom Staat reguliert und von gesellschaftlicher Gegenmacht eingeschränkt wird, und daß sie überall dort zerstörerische Auswirkungen haben, wo diese Regulationen fehlen. Fünftens wird der falsche Schein erzeugt, als seien Markt und Plan unvereinbare Gegensätze. Sechstens werden die hohen sozialen und ökologischen

Folgekosten profitorientierter Wachstumsökonomien ausgeblendet. Selbstverständlich kann es keine komplexe Gesellschaft ohne Märkte und ohne Warenbeziehungen geben. Die völlige Abschaffung der Ware-Geld-Beziehungen würde entweder die Abschaffung der gesamtgesellschaftlichen Arbeitsteilung und Spezialisierung voraussetzen, also die Rückkehr zu autarken Gemeinschaften bzw. zu einer Gesellschaft des Kibbuzim, oder sie führt – wie im »Realsozialismus« – zu einer riesigen Staats- und Planbürokratie, die Produktion und Austausch zentral über politische Preise steuern, d. h. Ökonomie und Gesellschaft zunehmend verstaatlichen und in Fesseln schlagen muß. Ist der »Realsozialismus« u. a. daran gescheitert, daß er den Markt als Vergesellschaftungsmodus, das Privateigentum und die Privatinitiative abstrakt – total negiert hat, so ist daraus jedoch keineswegs der Umkehrschluß zu ziehen, nämlich alles dem »freien Spiel des Marktes« zu überlassen, wie die neoliberalen Marktradikalen und die neokonservativen Deregulierer lautstark verkünden. Dies hieße nicht nur, die falsche Lehre aus dem Scheitern des »realsozialistischen« Wirtschaftsmodells zu ziehen; dies wäre auch fatal in einer historischen Krisensituation, da die großen Weltprobleme nicht mit weniger, *sondern nur mit mehr gesellschaftlicher Intervention und Partizipation, planvoller Regulierung und Steuerung auf nationaler wie globaler Ebene zu lösen sind.*

Auch die Ostdeutschen und Osteuropäer neigen heute zur kritiklosen Lobhudelei des »Marktes« und zur Idolatrie des Privateigentums, weil beides im »Realsozialismus« jahrzehntelang verpönt war. Um so notwendiger ist es, den neuen wirtschaftspolitischen Heilsbegriff zu entmystifizieren und einige grundsätzliche Bemerkungen über die Funktionsweise, die ebenso dynamische wie destruktive Wirkung von »freien Märkten«, vorauszuschicken.

Wie schon weiter oben bemerkt, ist der Markt viel älter als der Kapitalismus und kein Spezifikum dieser Produktionsweise. Auf dem Markt erfolgt das Zusammenspiel von Angebot und Nachfrage von Gütern und Dienstleistungen. Seit Beginn der Arbeitsteilung und des Tausches, der »einfachen Warenproduktion«, gab es Märkte, in der antiken ebenso wie in der mittelalterlich-feudalen Gesellschaft, Märkte, auf denen Waren getauscht wurden, Geldmärkte, Arbeits- und Sklavenmärkte. Märkte sind also nicht an die Existenz bzw. Dominanz des Privateigentums gebunden, wie neuerdings ständig suggeriert wird; es kann sie bei ganz verschiedenen Produktionsweisen und Eigentumsformen geben.

Erst wenn alles zur Ware und zum Privateigentum geworden ist, die beweglichen wie die unbeweglichen Güter, Geld, Produktionsmittel, Grund und Boden, Immobilien und menschliche Arbeitskraft, haben wir es mit einem modernen *kapitalistischen Markt* zu tun. Dieser setzt die Scheidung der Produzenten von ihren Produktionsmitteln, d. h. die Spaltung der Gesellschaft in eine kleine Schicht von Produktionsmittelbesitzern und Nachfragern von Arbeitskraft und in eine große Klasse von Menschen voraus, die nichts weiter als ihre Arbeitskraft anzubieten und zu verkaufen haben.

Der Begriff »Marktwirtschaft« suggeriert die irrtümliche Vorstellung, als würden sich auf dem Arbeitsmarkt (wie auf den anderen Märkten auch) zwei gleichrangige ökonomische Subjekte gegenüberstehen: der Käufer und der Verkäufer der Ware Arbeitskraft. Tatsächlich aber ist der Arbeitsmarkt kein Markt wie jeder andere, sondern ein Markt, der systematisch Ungleichheit hervorbringt, weil diejenigen, die von Arbeitsplätzen abhängig sind, ihr Angebot nicht frei entfalten können. Er ist durch die *Verfügungsmacht der Eigentümer bzw. Manager über die abhängig Arbeitenden* strukturell geprägt. Diese Verfügungsmacht erstreckt sich auf Zahl und Qualität der Arbeitsplätze, auf die Wahl der Technologie und des Produktprogramms, auf die Organisation der Arbeit, die Arbeitszeit, Arbeitsintensität etc. Gewerkschaftliche Gegenmacht hat zwar wesentlich dazu beigetragen, diesem strukturellen Machtungleichgewicht entgegenzuwirken; doch ist seit den anhaltenden Rationalisierungswellen im Zuge der elektronischen Revolution, die zur strukturellen Massenarbeitslosigkeit in allen hochkapitalistischen Ländern geführt hat, diese Gegenmachtbildung schwieriger geworden.

Das für die kapitalistische Marktwirtschaft im engeren Sinn Charakteristische ist das wettbewerbliche Zusammenspiel von Angebot und Nachfrage, bei flexiblen Preisen auf der Basis von Gewinn – bzw. Nutzenmaximierung. Die Konkurrenz auf dem Markt zwingt zur maximalen Effizienz im Einsatz der Produktionsfaktoren. Darauf beruht die besondere Dynamik, die Innovationsfähigkeit und der geschichtliche Erfolg der kapitalistischen Produktionsweise. Im »Realsozialismus« gab es zwar auch Märkte, aber sie waren nicht funktionsfähig: Die Produzenten wurden mangels Konkurrenz nicht zur ökonomischen Effizienz beim Einsatz der Produktionsfaktoren gezwungen. Der konkurrenzvermittelte Markt ist also ein fabelhafter Mechanismus der Effizienzsteigerung, Dynamisierung und Innovation – auf ihn kann keine moderne Ökonomie verzichten.

Gleichwohl besteht zwischen ökonomischer Effizienz und kapitalistischem Privateigentum kein zwingendes Junktim, wie die obigen Kurzformeln suggerieren. Dies zeigt schon ein Blick auf die bundesdeutsche Großwirtschaft. Hier herrschen bekanntlich drei Typen von Konzernen vor: solche, in denen die Banken Hauptaktionäre sind, solche, in denen viele kleine Aktionäre die Mehrheit des Aktienkapitals halten, und solche, in denen die öffentliche Hand – Kommune, Land oder Bund – Hauptgesellschafter ist, wie z. B. bei der Lufthansa oder früher bei VW. Weder der Lufthansa noch dem Konzern in Wolfsburg wird man indes den Vorwurf machen können, daß sie heute oder in der Vergangenheit ineffektive oder verlustbringende Unternehmen (gewesen) seien, obwohl doch hier das öffentliche Eigentum überwiegt.

Der wirtschaftliche Erfolg und die Effizienz eines Unternehmens hängen also mitnichten von der Eigentumsform, vielmehr von der Qualität des Managements, der Stellung des Konzerns am (Welt-)Markt, dem technischen Modernisierungsgrad, dem Know-how und der Qualifikation der Mitarbeiter, den Rücklagen und vielen anderen Faktoren ab, die nichts mit dem Wesen des Privateigentums zu tun haben. Darum werden auch die ineffizienten Staatsbetriebe in Ostdeutschland und anderen osteuropäischen Ländern nicht automatisch dadurch effizienter wirtschaften, daß man sie reprivatisiert. Entscheidend ist vielmehr, daß sie unter der Regie eines qualifizierten Managements in voller Selbständigkeit und Eigenverantwortung wirtschaften können und dem Wettbewerb anderer Wirtschaftssubjekte, seien dies genossenschaftliche, kommunale, staatliche oder private Betriebe, ausgesetzt sind. Es könnten auch »sozialistische« Unternehmer oder Manager sein, die das öffentliche, genossenschaftliche oder auch das (in Form von Belegschaftseigentum eingebrachte) Individualeigentum treuhänderisch verwalten. Pluralistische Eigentumsformen, die einem förderlichen Wettbewerb zwischen verschiedenen Wirtschaftssubjekten ausgesetzt sind, können durchaus zu einem hohen Grad von Effizienz führen.

So unverzichtbar Markt und Konkurrenz für eine moderne, dynamische und effiziente Ökonomie auch sind, der *kapitalistische* Markt- und Konkurrenzmechanismus erzeugt auch – vor allem dort, wo er nicht durch Gesetze, staatliche Intervention, gewerkschaftliche Gegenmacht etc. eingegrenzt und reguliert wird – *asoziale, destruktive und katastrophische Wirkungen.* Daran zu erinnern, scheint im derzeitigen Klima der allgemeinen »Marktbesoffenheit« wohl angebracht. Bereits in der Voraussetzung des kapitalistischen Marktes, dem Privateigentum, liegt eine zerstörerische Potenz: Dieses muß sich, um als Privateigentum verfügbar zu sein, gegen andere Menschen und gegen seine natürliche Umgebung verselbständigen und isolieren. Die Verwandlung von Grund und Boden in Privateigentum etwa bedeutet, daß andere Menschen von ihm vertrieben und damit oftmals ihrer Lebensgrundlagen beraubt werden. Dieser Prozeß (der »ursprünglichen Akkumulation«) findet noch heute im großen Maßstab in den Ländern des Südens – und demnächst wohl auch (wieder) in denen des Ostens – statt. Der »Wert« und die gewinnbringende Verwertung des angeeigneten Privateigentums, bestehe dieses nun aus tropischen Edelhölzern, antarktischen Tierparks oder Fischereigründen, setzt die Entwertung und Beraubung der natürlichen Umgebung und Biotope voraus.

Kapitalistische Märkte, egal, ob es sich um Waren-, Kapital- oder Finanzmärkte handelt, sind *ihrem Wesen nach expansiv.* Sie zerstören die vorkapitalistischen Produktionsweisen und Kulturen, entwurzeln die einheimischen Völker, proletarisieren und pauperisieren sie und machen sie vom ausländischen Kapital abhängig. Der weltweite kapitalistische Finanzmarkt hat die Staatenwelt in Gläubiger- und Schuldnernationen geteilt. Viele Länder des Südens, aber auch des Ostens sind über den Mechanismus des freien Finanzmarktes in eine moderne Schuldknechtschaft geraten, die ihre Entwicklung blockiert und sie zwingt, ihre natürlichen Ressourcen zu plündern, um Devisen für den Schuldendienst zu erwirtschaften. So geraten sie immer tiefer ins Elend.

Die Produktion im Kapitalismus ist kein bedarfsorientierter Selbstzweck, sondern – und dies unterscheidet ihn von allen vor- und nichtkapitalistischen Produktionsweisen – *Mittel zum Zweck der Kapitalverwertung und Profitmaximierung.* Infolgedessen ist es grundsätzlich gleichgültig, was produziert und verkauft wird, ob Autos oder Waffen, Coca Cola oder Giftgas, Pharmazeutika oder chemische Präparate zur

Kokainherstellung, CD-Player oder Hardporno-Videos – Hauptsache, es bringt den maximalen Profit. Und so werden denn über den freien Markt ganze Länder und Kontinente mit zerstörerischen Produkten beliefert, nur weil sie für die Hersteller und Händler hohen Gewinn abwerfen.

Überhaupt wird Kapital nicht etwa dort investiert, wo die unbefriedigten Bedürfnisse am größten sind, wie die Ideologen der freien Marktwirtschaft behaupten, sondern dort, wo mit den höchsten Profiten zu rechnen ist. Denn wenn man produziert, was die dringendsten Bedürfnisse einer mittellosen Bevölkerung befriedigt, kann man nicht hoffen, das meiste Geld zu machen. Das kann man nur, wenn man Güter und Dienstleistungen produziert, die die Nachfrage der zahlungskräftigen Bevölkerungsschichten wecken. Dies vor allem bezweckt die Politik der Deregulierung, die Aufhebung der Einschränkungen, die dem freien Spiel der Marktmechanismen im Wege stehen. Sie fängt folglich immer damit an, die Armen ärmer und die Reichen reicher zu machen. So war und ist es nicht nur im Amerika Reagans und Bushs, sondern auch im England der »eisernen Lady« und Majors.

Die drei führenden Länder Europas mit der leistungsfähigsten Wirtschaft und dem höchsten technischen Niveau sind genau die Länder, in denen eine starke gesellschaftliche Gegenmacht die Märkte, vor allem die Arbeitsmärkte, reguliert und höhere Löhne, bessere Arbeitsbedingungen und einen höheren Sozialstandard durchgesetzt hat: Es handelt sich um Schweden, die Schweiz und die BRD. Die Lohnkosten, einschließlich der Sozialabgaben, sind hier um 30% höher als in Frankreich und um 50% höher als in Großbritannien.

Das »Erfolgsmodell« Bundesrepublik beruht ganz wesentlich darauf, daß diese keine »reine Marktwirtschaft« auf privatwirtschaftlicher Grundlage ist, sondern eine Mischwirtschaft mit starkem direkten und indirekten Staatseinfluß. Rund ein Viertel der Beschäftigten arbeitet im öffentlichen oder halböffentlichen Dienst. Über die Staatseinnahmen und -ausgaben, über eine Vielzahl von Gesetzen und Verordnungen hat sich ein breites Geflecht von Regulierungen herausgebildet, die zum Teil private Gewinninteressen direkt oder indirekt sozialstaatlich begrenzen. Daneben gibt es einen beträchtlichen Bereich gemeinwirtschaftlicher und anderer »non profit«-Organisationen. Nicht »das freie Spiel der Marktkräfte« hat das hohe Niveau materieller Versorgung und sozialer Absicherung im Verlauf der 40jährigen Geschichte der Bundesrepublik hervorgebracht, wie allenthalben behauptet wird, sondern die besondere Kombination von Markt, Klein- und Großunternehmen, Staat, gewerkschaftlicher und basisdemokratischer Gegenmacht und vieler anderer Faktoren.

Würde man alles dem »freien Spiel des Marktes« überlassen, würden die Preise für landwirtschaftliche Produkte oder die Löhne allein von Angebot und Nachfrage bestimmt werden, wären die meisten von uns schon verhungert. In fast allen Industrieländern wird denn auch alles, was lebenswichtig ist, subventioniert: landwirtschaftliche Produktion, Wohnungswesen, Gesundheitswesen, Verkehrswesen, Forschung, Bibliotheken, Museen, Theater etc. Und der Rest wird mehr oder weniger stark besteuert, durch ein System von Mehrwertsteuern oder durch besondere Produktsteuern wie auf Erdölprodukte, Alkohol, Tabak etc. – Maßnahmen, die allesamt das »freie Spiel des Marktes« verfälschen. Je umfassender die Waren- und Marktbeziehungen, desto mehr ist der Staat gehalten, in die Marktmechanismen korrigierend und regulierend einzugreifen. Elmar Altvater: »Märkte brauchen die politische Regulation, ohne die sie nur destruktiv und katastrophisch wirken würden. Märkte sind Modi der Vergesellschaftung nur in Verbindung mit einem komplexen System von sozialen Institutionen.«[2]

Wo diese Regulationen und Institutionen fehlen oder nur rudimentär ausgebildet sind, zerfällt die Gesellschaft. Dies zeigt sich heute am drastischsten gerade in jenem Land, in dem die »freie Marktwirtschaft« und das hemmungslose individuelle Profitstreben zu den obersten Grundwerten gehören: in den USA.

*2. »Short profitting«, Deregulierung und
der wirtschaftliche Niedergang der USA*

»Der Westen ist aus dem Kalten Krieg als Sieger hervorgegangen. Wir können auf diesen Sieg stolz sein ... Was funktioniert, liegt auf der Hand: das Prinzip der freien Marktwirtschaft« – so kommentierte Vernon Walters,[3] der US-Botschafter in Bonn, Anfang 1990 die Umbrüche in Osteuropa und der Sowjetunion. Seit dem Fall der Mauer wiegt sich die westliche Führungsmacht in dem selbstherrlichen Glauben, die gesamte östliche Welt nunmehr zum »american way of life« bekehrt zu haben. Woher die Amerikaner ihre triumphale Selbstgewißheit eigentlich nehmen (wenn nicht aus dem Sendungsbewußtsein der amerikanischen Nation), muß dem nüchternen Betrachter allerdings ein Rätsel bleiben; steckt doch gerade »god's own country« in der tiefsten Krise seiner ganzen bisherigen Geschichte. Die Sieger im Kalten Krieg jenseits und diesseits des Atlantiks scheinen nicht wahrhaben zu wollen, daß der Niedergang der östlichen Supermacht sein Pendant *im wirtschaftlichen und sozialen Niedergang der USA* hat (auch wenn es sich hierbei um einen Niedergang auf einem ungleich höheren Niveau handelt).

Da die USA, ähnlich wie die Sowjetunion, in den acht Jahren der »Reaganomics« einen wachsenden Teil ihrer Ressourcen, Finanzmittel, Forschungskapazitäten und Produktionsanlagen für die militärische Verwendung, d. h. für die Projekte des Pentagon, reservierte, haben sie auf sträfliche Weise den zivilen und infrastrukturellen Sektor vernachlässigt und so ihre zweite, ihre industrielle Front zunehmend entblößt. Das Federal Reserve Board der USA hatte in den 80er Jahren eine Phase der Hochzinspolitik eingeleitet, um dem seit 1978 dramatischen Verfall des Dollars zu begegnen. Traumhaft hohe Zinsen zogen das ausländische, vor allem das japanische Geldkapital an. Mit den einströmenden Krediten konnte das beispiellose militärische Aufrüstungsprogramm finanziert werden, während gleichzeitig die Hochzinspolitik die Ökonomien vieler verschuldeter Drittweltländer strangulierte. Reagans Versuch, die militärische Überlegenheit gegenüber der Sowjetunion zu behaupten und den »Krieg der Sterne« gegen das »Reich des Bösen« führen zu können, war zuletzt nur noch dank der finanziellen und technologischen Alimentierung durch die wichtigsten Bündnispartner möglich. Das astronomische Höhen erreichende amerikanische Doppeldefizit von Haushalt und Handelsbilanz markierte die doppelte Schwäche: *die nachlassende internationale Wettbewerbsfähigkeit ebenso wie die nachlassende nationale Leistungsfähigkeit der US-Industrie, die zu einer »second-rate-economy«, ja, in manchen Bereichen sogar zu einer »third-rate-economy« verkümmerte.*

Binnen eines Jahrzehntes hat sich die ehemals führende Industriemacht in die größte Finanz- und Börsenmacht mit einem nur noch in Teilbereichen (High-Tech-Waffen, Elektronik) konkurrenzfähigen An-

hängsel »Industrie« verwandelt. Sie verlor einen Exportmarkt nach dem anderen an die japanische, südostasiatische und westdeutsche Konkurrenz. Zugleich wurde aus dem ehemals größten Gläubigerland das größte Schuldnerland der Welt. Die Staatsschulden während Ronald Reagans Regierungszeit addierten sich auf eine Höhe, die größer war als die Staatsschulden aller amerikanischen Präsidenten vor ihm zusammengenommen. Ihr riesiges Staatsdefizit aber konnten die USA nur dadurch finanzieren, daß sie Staatsschuldverschreibungen in Milliardenhöhe an japanische Finanziers verkauften. Seither hängt das ehmals reichste Land der Erde am Tropf Japans. Allein die jährlichen Zinsen der USA belaufen sich auf 200 Milliarden Dollar (Stand 1989).[4]
Aber nicht nur der abenteuerliche Versuch, die wirtschaftliche Depression mit dem Zugpferd eines expandierenden Rüstungssektors zu überwinden, sondern auch die *gezielte neokonservative Politik der Deregulierung, d. h. das laissez-faire-Prinzip eines zügellosen, wilden Kapitalismus haben die US-Wirtschaft ruiniert und die amerikanische Gesellschaft in weiten Teilen pauperisiert.* Ähnliches gilt für Großbritannien unter der Herrschaft der »eisernen Lady«. Steuern wurden gesenkt, Sozialprogramme radikal gekürzt, Staatsfirmen privatisiert und die Macht der Gewerkschaften gebrochen. Manager erwarben ungeahnte Entscheidungsfreiräume, die deregulierten Finanzmärkte explodierten, blutjunge Wertpapierhändler konnten in der Wall Street über Nacht riesige Vermögen machen.
Zugleich blühte eine weltweit tätige und von den Banken finanzierte Branche auf: die »raiders«, die Unternehmensaufkäufer. Sie ist der Zwillingsbruder der Spekulation und – wie diese – ein Produkt des »freien Spiels der Marktkräfte«. Das Ziel jeglichen wirtschaftlichen Handelns der »raiders«, der Firmenaufkäufer, lautet: schnellstmöglicher Profit durch Zerstörung! Firmen und ganze Firmenkomplexe werden durch überhöhte Angebote an die Aktionäre von Raiders übernommen, Stück für Stück zerlegt und die profitablen Teile veräußert. Aus dem Profit von Teilverkäufen, Lohndrückerei, Senkung von Entwicklungskosten usw. werden dann die Kreditkosten beglichen, und der eigene Gewinn wird eingestrichen. Nicht nur werden auf diese Weise Arbeitsplätze systematisch zerstört, das nur noch als Spekulationsobjekt behandelte Unternehmen wird ausgezehrt und meistens ruiniert.[5]

Die Politik der Deregulierung und ihre logische Folge, das »short profitting«, das in den »goldenen achtziger Jahren« zum Hauptziel von Unternehmen, Banken und Brokerfirmen wurde, ist – neben der Rüstungsexpansion per Staatsverschuldung – zur entscheidenden Ursache für den Niedergang der US-Wirtschaft und für die Verarmung wachsender Bevölkerungsschichten geworden. Nur der zählebige Mythos vom »Land der unbegrenzten Möglichkeiten« und der einseitige (Medien-)Blick auf die (im Vergleich) noch größere sowjetische Wirtschaftsmisere hat die Europäer bis heute daran gehindert, das ganze Ausmaß der inneramerikanischen Misere wahrzunehmen.

In dem Land, das den Fall der Berliner Mauer und den Zusammenbruch des »Realsozialismus« als grandiose Bestätigung seines Wirtschafts-, Konsum- und Lebensmodells feierte, ist jeder neunte Bewohner ständig hungrig, gibt es insgesamt 40 Millionen Amerikaner, die nach der amtlichen Sprachregelung in Armut leben (mehr, als man seit der großen Depression je in den Vereinigten Staaten gezählt hatte), sind 14 Millionen Menschen arbeitslos, leben, nach Schätzungen privater Fürsorgeeinrichtungen, 12 Millionen »homeless people« auf den Straßen, unter Brücken oder in Asylen, sind 32 Millionen Menschen ohne Sozialversicherung, 63 Millionen ohne Krankenversicherung, ist die Lebenserwartung der Armen niedriger und die Kindersterblichkeit höher als in allen anderen westlichen Industriestaaten, die der Schwarzen und coloured people sogar höher als in manchen Drittweltländern. In dem Land, das intelligente Bomben entwickelt, die um Straßenecken fliegen können, verlassen 2 Millionen Bürger jährlich die Schulen, ohne schreiben und lesen zu können. Inzwischen wird die Zahl der funktionellen Analphabeten auf 20 bis 30 Millionen geschätzt. Längst gehört es zum häßlichen Alltag Amerikas, daß Kinder auf Kinder schießen, daß Aids vorzugsweise unter den Minoritäten wütet, daß jedes fünfte Kind nicht nur arm, sondern auch verhaltens- und lerngestört ist und daß zwölf Großstädte Ende 1990 wieder eine Rekordzahl an Morden meldeten. In dem Land, das sich als »moralische Führungsmacht« der westlichen Welt begreift, sind in den letzten zwei Jahren mehr US-Bürger durch Gewaltakte umgekommen als US-Soldaten im Zweiten Weltkrieg.

Murray Bookchin, Professor für soziale Ökologie, charakterisierte 1990 den Zustand seines Landes folgendermaßen: »Eines der Zentren des Kapitalismus, die USA, zerfällt. Die öffentlichen Haushalte sind nicht in der Lage, öffentliche Einrichtungen, von Gebäuden bis Straßen, auch nur instandzuhalten: 40 Prozent aller Fluß- und Straßenbrücken sind ein Sicherheitsrisiko. Massenhafte Betriebsstillegungen mit massenhafter Arbeitslosigkeit sind die Folge ungehemmter Anlagepolitik des Kapitals, das für schnellen Profit auf jegliche langfristige Infrastrukturmaßnahme verzichtete. Ein großer Teil des gesellschaftlichen Reichtums steckt in der Rüstung. Die USA schlittern derzeit in eine schwere Rezession. Der Staat und viele Firmen sind überschuldet, der Staat war vor dem Golfkrieg bereits in Höhe von 2000 Milliarden Dollar verschuldet. Seit Sommer 1990 gehen wöchentlich 1300 Firmen pleite. Die Krise drückt sich auch drastisch im maroden Bankensystem aus: Es steckt in der größten Krise seit der Depression der 30er Jahre. Bereits in den 80er Jahren brach das Sparkassensystem zusammen. Das wird die US-BürgerInnen mindestens 1000 Milliarden US-Dollar kosten, die zur Staatsverschuldung hinzukommen. Dem Bankensystem droht in den 90er Jahren eine Krise ähnlichen Ausmaßes, wenn nicht der Zusammenbruch. 1980 existierten noch 14 435 US-Geschäftsbanken, 1990 sind es nur noch 12 706. Augenblicklich sind rund 1300 US-Banken vom Bankrott bedroht...«[6]

Daß es zwischen dem wirtschaftlichen und sozialen Niedergang der USA und ihrer von einer überwältigenden Bevölkerungsmehrheit getragenen Option für die kriegerische Lösung der Kuwait-Krise einen kausalen Zusammenhang gab, wird denn auch von kritischen US-Bürgern kaum noch bestritten. Der prominente Vietnamkriegsgegner Noam Chomsky hat anhand von zahlreichen Orginalzitaten und Aussagen aus amerikanischen Wirtschafts-, Pentagon- und Regierungskreisen nachgewiesen, daß das größter Schuldnerland der Welt den Krieg als »letzten Ausweg aus seiner Verschuldungsökonomie« wählte, wobei es sich seine Rolle als »globaler Mietpolizist« und seine militärischen Serviceleistungen von seinen Verbündeten und gleichzeitigen Weltmarktkonkurrenten Japan und Deutschland in klingender Münze bezahlen ließ. So forderte u. a. der Finanzredakteur einer führenden konservativen US-Tageszeitung, die USA sollten »ihr praktisches Monopol auf dem Sicherheitsmarkt... als Hebel benutzen, um Mittel und ökonomische Zugeständnisse« von Deutschland und Japan zu erhalten und »für unsere beträchtlichen Dienste als Mietpolizisten der Welt«

einen »angemessenen Preis« zu erzielen; die USA sollten fordern, daß unsere Konkurrenten »unsere Anleihen zu niedrigen Zinssätzen zeichnen oder den Dollarkurs stützen oder am besten direkt an unser Finanzministerium zahlen« (William Nelkirk in »Chicago Tribune«).[7]
Bei dieser Sachlage können nur diejenigen noch von einem »Sieg« des Prinzips der »freien Marktwirtschaft« und des Weltkapitalismus sprechen, die den ökonomischen und sozialen Abstieg seiner bisherigen Führungsmacht nicht wahrhaben wollen. Geradezu absurd aber ist es, wenn Politiker, Regierungsvertreter und Medien der USA ihr bankrottes Wirtschaftsmodell nun den neuen Demokratien des Ostens zur Nachahmung empfehlen.

3. Das »Erfolgsmodell BRD« und seine verschwiegene Kehrseite

Der Hauptmagnet für die Osteuropäer und für die Asylanten aus aller Welt ist heute die prosperierende Wohlstands- und Wachstumszitadelle im Herzen Europas: die Bundesrepublik Deutschland. Sie gilt allerorten als Paradebeispiel für den schlagenden Erfolg des Modells der sozialen Marktwirtschaft, die den bedürftigen Osteuropäern denn auch von deutscher Seite als »gelungene Synthese zwischen Kapitalismus und Sozialismus« (Norbert Blüm) angepriesen und zur Nachahmung empfohlen wird. Und wer wollte bestreiten, daß sich die hier existierende Wirtschaftsordnung nicht in vieler Hinsicht als leistungsfähig und hocheffizient erwiesen hätte! Sie hat zu einem hohen Niveau der materiellen Versorgung mit Gütern und Dienstleistungen geführt. Die BRD ist, neben Japan, Weltmeister im Export, das Land mit der höchsten Produktivität, der entwickeltesten Infrastruktur, der solidesten Währung, den höchsten Löhnen und dem höchsten Sozialstandard in Europa – eine Erfolgsbilanz, die die Bundesrepublik zum begehrtesten Einwanderungsland in Europa gemacht hat.
Das Erfolgsmodell BRD hat allerdings auch eine verschwiegene Kehr- und Schattenseite, auf die das Licht der hiesigen Medien nur selten fällt und die viele Aus- und Übersiedler, Ausländer und Asylanten meist erst dann wahrnehmen, wenn sie das westeuropäische »Wohlstandsparadies« etwas genauer kennengelernt haben. Die Bundesrepublik ist zwar die reichste Gesellschaft Europas, aber dies heißt nicht, daß auch

alle Bürger an ihrem Wohlstand partizipieren. Und ihr im Vergleich mit anderen Ländern hoher Sozialstandard bedeutet nicht, daß in ihr soziale (Verteilungs-)Gerechtigkeit waltet. Im Gegenteil: Unter der gleißenden Wohlstandsdecke, die nach unten hin immer dünner und brüchiger wird, zeichnen sich soziale Kontraste ab, die in den letzten Jahren sogar an Schärfe zugenommen haben.
Im Klima des neudeutschen »DM-Nationalismus« (Jürgen Habermas) und der Identifikation mit dem nach Osten zu erweiterten DM-Imperium werden *die steigenden sozialen und ökologischen Folgekosten der bundesdeutschen Wachtums- und Spitzenökonomie gemeinhin verdrängt* und aus den stolzen wirtschaftlichen Leistungsbilanzen ausgeklammert. Das Umweltprognoseinstitut Heidelberg (UPI) hat berechnet, daß sich 1989 die ökologischen und sozialen Kosten der Umweltbelastung auf 474,4 Milliarden DM beliefen, ein Fünftel des Sozialproduktes. Die Summe der Ökoschäden ist damit höher als der Wert aller BRD-Waren der Autoindustrie, der Energiewirtschaft, der chemischen Industrie, des Baugewerbes und der Landwirtschaft. Die Forscher berechneten dabei »nur die absolute Untergrenze der tatsächlichen Kosten«.[8]
Auch ist die prosperierende Bundesrepublik ein Land mit hoher Massenarbeitslosigkeit geblieben. Deren jahresdurchschnittliche Höhe hat während des langen Aufschwungs seit 1983 niemals die 2-Millionen-Grenze unterschritten. Die Langzeitarbeitslosigkeit hat sich verfestigt. Hierbei ist zu berücksichtigen, daß seit 1983 die offiziellen Arbeitslosenstatistiken regelmäßig geschönt werden. Die Umwandlung von Vollarbeitsplätzen in Teilzeitarbeitsplätze, das Hinauskomplimentieren ausländischer Arbeiter aus der BRD via »Rückkehrhilfen«, die Ausweitung der Weiterbildungsprogramme und der ABM-Beschäftigung, die Einführung von Vorruhestands- und Frühverrentungsregelungen – durch all diese Maßnahmen werden die offiziellen Arbeitslosenzahlen nach unten gedrückt, ohne daß deswegen die Beschäftigung zunimmt. Seit 1986 werden diejenigen Arbeitslosen, die 58 und mehr Jahre alt sind, nicht mehr gezählt. Seit 1988 werden Arbeitslose, die keine Leistungen der Bundesanstalt für Arbeit erhalten, dann aus der Statistik gestrichen, wenn sie sich nicht mindestens alle drei Monate beim Arbeitsamt melden.[9] In den offiziellen Zahlen fehlen auch die Jugendlichen, die noch nie eine Arbeit hatten, und die Frauen, die die Suche auf-

gegeben und sich in Ehe und Familie zurückgezogen haben. Nach Schätzungen des Deutschen Instituts für Wirtschaftsforschung (DIW) werden 1991 in der ehemaligen DDR 1,4 Millionen Arbeitslose und weit über eine Million Kurzarbeiter dazukommen, die nichts anderes sind als verkappte Arbeitslose. Die wirkliche Gesamtarbeitslosigkeit in Deutschland, einschließlich der verkappten, dürfte demnach in einer Größenordnung von 6 bis 7 Millionen liegen.

Außerdem hat die Zahl der in prekären Arbeitsverhältnissen Stehenden oder nur kurzfristig Beschäftigten enorm zugenommen. Mindestens ein Drittel aller Arbeitsplätze sind ungeschützt. Ohne korrekten Arbeitsvertrag und ohne volle Sozialversicherung sind es Sonderbeschäftigungsformen wie Teilzeitarbeit, geringfügige Beschäftigung, befristete Arbeit, Leiharbeit oder Scheinselbständigkeit.[10] Mehr als 90 Prozent aller Teilzeitarbeitsplätze haben Frauen inne, die im Schnitt sowieso erheblich weniger verdienen als die Männer (mit gleicher Arbeit) und denn auch nur kärgliche Renten beziehen. 2/3 aller ehemaligen Arbeiterinnen erhalten weniger als 500 DM Rente monatlich.

Auch wenn es unseren blinkenden Konsummeilen nicht anzusehen ist und darüber öffentlich kaum gesprochen wird: Fakt ist, daß sich auch im reichsten Land Europas die Armut ausbreitet. Nach dem Armutsbericht des Deutschen Paritätischen Wohlfahrtsverbandes von 1990 [11] (noch vor der deutschen Einheit) leben 10 Prozent der Bundesbürger in Armut. Bestimmt man die Armutsgrenze nach dem halben Monatslohn, der den Arbeitnehmern im Durchschnitt zur Verfügung steht, dann sind heute sogar 18 Prozent der Deutschen arm. Arm sein heißt aber nicht nur, zu wenig Geld für Konsum zu haben. Armut umfaßt auch Krankheit, zerstörte soziale Beziehungen, schlechte Ausbildung und ungesunde Wohnverhältnisse – oder sogar Obdachlosigkeit. Inzwischen gibt es in der BRD etwa 1 Million Obdachlose, darunter immer mehr junge Leute. Eine weitere Million ist mittelfristig von Obdachlosigkeit bedroht.[12] Der IG-Metall-Chef Franz Steinkühler warnt bereits vor einer Verslumung bundesdeutscher Großstädte. Schon vor der Einheit (am 3. Oktober 1990) hat es 4 Millionen Sozialhilfeempfänger gegeben, fast doppelt soviele wie 1980. Etwa 1/6 davon sind Jugendliche unter 15 Jahren. Der bundesdeutsche durchschnittliche Eckregelsatz der Sozialhilfe von 425 DM (zu denen noch Zahlungen für Miete und gelegentlich Beihilfen kom-

men) vermag eine Ahnung davon zu vermitteln, in welchen unwürdigen Verhältnissen die Armen in der BRD nach wie vor zu leben gezwungen sind.
Auch der bundesdeutsche Sozialstaat spart zuerst bei seinen schwächsten Mitgliedern: den Alten und Kranken. Hunderttausende von ihnen vegetieren in Altenwohnheimen und Krankenhäusern vor sich hin, oft chemisch gedämpft und »ruhiggestellt«, weil es – bei der miserablen Bezahlung – viel zu wenig Pflege- und Krankenpersonal gibt. Und was die geputzten Wohlstandsfassaden an psychischem Elend verbergen, läßt sich mit der Statistik sowieso kaum erfassen. Immerhin: Zehntausende von jungen Menschen bis 28 Jahre sind drogensüchtig, abhängig von Alkohol, Heroin, Tabletten. In der europäischen Statistik der Selbstmordquoten gehört die BRD zu den Spitzenreitern. Alle 40 Minuten tötet sich hierzulande ein Mensch selbst, rund 14 000 Selbstmörder im Jahr, eine Kleinstadt voller Toter. Auch in der Statistik der Verkehrstoten (an die 8000 jährlich) liegt die bundesdeutsche High-Speed-Gesellschaft, die kein Tempolimit braucht, ganz vorne.
Während der langen Hochkonjunktur von 1982 bis 1990 ist es zu einer weiteren Umverteilung der Einkommen zu Lasten der Löhne und Gehälter gekommen. Nach Berechungen des DGB sind die Unternehmergewinne in diesem Zeitraum um 108 Prozent gestiegen, während die durchschnittliche Nettolohnsteigerung nur 10 Prozent betrug. Nach Abzug der jährlichen Preissteigerungen von der Nettolohnentwicklung sei der durchschnittliche reale Einkommensstandard der abhängig Beschäftigten seit 1980 um knapp 1 Prozent gesunken, für Arbeitslose sogar um 4,7 Prozent.[13] Der Anteil der Bruttolöhne und Gehälter am Bruttosozialprodukt, d. h. wieviel vom gesamten Volkseinkommen auf die abhängige Arbeit entfällt, bestimmt sich durch die sog. Lohnquote. Sie fiel von 70,8 Prozent Mitte der siebziger Jahre auf 62,7 Prozent im Jahre 1990, auf den bisher tiefsten Stand seit Bestehen der Bundesrepublik. Die Gewinnquote stieg dagegen auf den bisher höchsten Stand.[14]
Auch die Vermögenskonzentration hat in den achtziger Jahren rapide zugenommen. Nach der letzten Vermögensstatistik entfiel 1986 auf 0,6 Prozent der Steuerpflichtigen ein Viertel des gesamten Geldkapitals aller »natürlichen Personen«. Drei Jahre zuvor war es erst ein Fünftel. 89 000 »natürliche Personen« mit über einer Million Besitz halten 60

Prozent des gesamten hiesigen Geldvermögens.[15] 1989 wurden fünfmal soviel an Zinsen und Dividenden ausgezahlt, wie den Sozialhilfeempfängern insgesamt zur Verfügung stand.[16] Das untere Drittel der privaten Haushalte bezieht nur 16 Prozent des Gesamteinkommens, das mittlere Drittel 27 Prozent, das obere Drittel 57 Prozent des Gesamteinkommens.[17] Geradezu neofeudal sind die Verhältnisse im Hinblick auf das Produktivvermögen. Hier konzentrierten sich schon Mitte der achtziger Jahre 75 Prozent des produktiven Kapitals auf etwa 1,7 Prozent aller bundesdeutschen Haushalte. Die deutsche Einheit hat einen neuen Konzentrationsschub des Geld- und Produktivvermögens ausgelöst, der statistisch noch nicht erfaßt ist.

Die soziale (Verteilungs-)Gerechtigkeit in der BRD hat also mit steigendem Wohlstand keineswegs zugenommen, wie stets zu hören ist; genau das Gegenteil ist richtig. Angesichts der chronischen Massenarbeitslosigkeit und der Marginalisierung ganzer Bevölkerungsschichten, der sich ausbreitenden Armut und Obdachlosigkeit sowie der fortschreitenden Umverteilung von unten nach oben – Tendenzen, die in allen hochentwickelten Industriegesellschaften des Westens zu beobachten sind –, wird man schwerlich behaupten können, die »soziale Marktwirtschaft« habe die »soziale Frage« gelöst. Kapitalistische Marktwirtschaften mit hoher Konzentration von Produktionsmitteleigentum auf schmale Bevölkerungsgruppen beruhen strukturell auf Chancenungleichheit und reproduzieren diese beständig.

*4. Prosperität auf Pump und die Krisenanfälligkeit
des internationalen Finanzmarktes*

Gegenüber seinem abgeschlagenen »kommunistischen« Konkurrenten hat sich der Kapitalismus zwar als ungleich effizienter und erfolgreicher erwiesen, doch heißt dies nicht, daß er darum – im Weltmaßstab gesehen – sozialer und krisenfester geworden wäre. Zwar hat der sich erstmals im New Deal durchsetzende Keynesianismus dem bürgerlichen Staat die Möglichkeit verschafft, mit Hilfe eines umfangreichen wirtschaftspolitischen Instrumentariums die Wirtschaft zu steuern, schwere Rezessionen abzumildern und durch direkte Intervention einzugreifen. Vor allem durch »deficit spending«, d. h. Staatsinvestitionen durch Verschuldung, können heute die zyklisch auftretenden Krisen und ihre früher katastrophalen Folgen abgeschwächt und durch ein umfassendes Sozialversicherungssystem die Arbeitslosen vor absoluter Verelendung geschützt werden. Doch all diese regulativen Funktionen, Steuerungsinstrumente und Rahmensetzungen wurden bislang nur auf der Ebene der einzelnen Nationalstaaten institutionalisiert (länderspezifisch auf sehr unterschiedlichem Niveau), nicht dagegen auf der Ebene der kapitalistischen Weltmarktökonomie, die nach wie vor dem »freien Spiel der Marktkräfte« überlassen bleibt und darum auch in hohem Maße krisenanfällig ist.

Aber – so wird man einwenden – erleben wir nicht seit 1983 einen anhaltenden Aufschwung, der auch durch den Börsen-Crash von 1987 kaum unterbrochen wurde und bis heute anhält? Hat nicht die relativ lange Dauer der guten Konjunktur zwischen 1983 und 1990 die linken Krisenapostel und Kassandras endgültig blamiert?

Untersucht man, wie und um welchen Preis die spektakulären Wachstumsraten der 80er Jahre zustandekamen (die – im Kontrast zu den rückläufigen der ehemaligen östlichen Volksrepubliken – den »historischen Sieg« des westlichen Kapitalismus noch glanzvoller erscheinen ließen), dann spricht viel für die (von kritischen Ökonomen[18] geäußerte) These, daß die Rechnung für die lange Boomperiode erst noch bezahlt werden muß: und zwar in den 90er Jahren! Wie alle seriösen wirtschaftswissenschaftlichen Untersuchungen belegen, basierte der lange und blendende Wirtschaftsboom der 80er Jahre nämlich erstens *auf einer Schuldeninflation* (»defizitäre Konjunktur« heißt dies in der Sprache der Branche) und zweitens darauf, daß ein immer größerer Teil des erwirtschafteten Reichtums *nicht produktiv, sondern in der Finanz- und Spekulationssphäre und im Rüstungssektor angelegt wurde.*

Die gigantische Steigerung der Rüstungsausgaben und die zusätzliche Nachfrage, die durch den ersten Golfkrieg ausgelöst wurde, waren ein entscheidender Stimulus für den langen Aufschwung von 1982 und 1989. Die kriegsbedingten zusätzlichen Ausgaben des Irans und Iraks zwischen 1980 und 1989, die einem Recycling des Petrodollars gleichkamen und vor allem westeuropäischen und japanischen Konzernen zukamen – oft wurden von ein und demselben Konzern beide Seiten beliefert –, beliefen sich auf mehr als 250 Milliarden Dollar.[19] Auch westdeutsche Konzerne, die das – längst aufgeweichte –

Verbot des Exports von Rüstungsgütern in Spannungszonen erfolgreich unterliefen, haben bekanntlich schon vom ersten Golfkrieg profitiert.

Ein großer Teil dieser besonderen Nachfrage (nach Rüstungsgütern) und ein wachsender Teil der »normalen« kaufkräftigen Nachfrage in diesem langen Boom basierten auf Kredit, d. h. auf Pump. Nicht nur in den Ländern der Dritten Welt, auch in den westlichen Industriestaaten hat der Verschuldungsprozeß auf allen Ebenen – die Staatsverschuldung, die Verschuldung der Unternehmen und privaten Haushalte – dramatisch zugenommen. Das heißt: *Die kapitalistische Weltwirtschaft glitt auf einer Woge von Schulden in die Prosperität.* Die Methode des »deficit spending«, der Konjunkturförderung durch (vor allem staatliche) Schuldenaufnahme, ist aber, wie alle Ökonomen wissen, ein zweischneidiges Schwert: Erstens muß ein immer größerer Teil der (Steuer-)Einnahmen und Gewinne für den Schuldendienst verausgabt werden; zweitens heizt die Kreditgeldaufblähung die Inflation an – in der Tat ist (mit Ausnahme der Bundesrepublik) die Inflation in allen westlichen Industriestaaten im fraglichen Zeitraum gestiegen, in einigen hat sie zweistellige Zahlen angenommen –; und drittens hört die Kreditexpansion irgendwann auf, expansions- und konjunkturfördernd zu wirken. Wachsende Inflationsraten führen nämlich automatisch zu wachsenden Kreditzinsen. Das heißt, für die Unternehmen lohnt sich dann die Kreditaufnahme kaum noch, wenn der Zins sich dem erwarteten Profit annähert; die Investitionstätigkeit läßt nach oder geht zurück. Erst recht aber geht sie dann zurück oder stagniert, wenn das Spekulations- und Börsengeschäft höhere Gewinne verspricht als die Rendite bei Realinvestitionen. Dann flüchtet das anlagehungrige Kapital in jenes Eldorado der Spekulation, das sich inzwischen weltweit ausgebreitet hat. Die »rascheste Bereicherung um jeden Preis« ist denn auch zu einem universellen Sport geworden. Die Erwartung und die Möglichkeit, höhere und schnellere Gewinne an der Aktien- und Devisenbörse oder im »Termingeschäft« zu erzielen als beim Bau neuer Fabriken und Produktionsstätten oder beim Handel mit Waren und Dienstleistungen, hat zu einem *weltweit disproportionalen Wachstum des Geldkapitals im Vergleich zum Industrie- und Handelskapital geführt.* Der tägliche Umsatz auf dem Devisenmarkt der vier größten Devisenbörsen der Welt – New York, Tokio, London und Zürich –

erreichte vor dem Börsen-Crash die fantastische Summe von 300 Milliarden US-Dollar. Dies ergibt einen Jahresumsatz von etwa 60 000 Milliarden Dollar, mehr als 100 000 Milliarden DM.[20] Man stelle sich die Summe »plastisch« vor, eine 1 gefolgt von 14 Nullen. Dem stand ein jährliches Volumen des Welthandels von nur 2000 Milliarden Dollar gegenüber.[21] Etwa 95 Prozent dieser riesigen Devisengeschäfte sind »reine« Geldkapitalbewegungen, zu einem beträchtlichen Teil Devisenspekulationen. Billiardenwerte werden heute auf den internationalen Finanz- und Devisenmärkten hin- und hergeschoben, ohne daß in diesem Kreislauf ein einziges reales Produkt, ein einziger Arbeitsplatz geschaffen wird.

Der bei weitem größte Teil des für die Spekulation eingesetzten Geldkapitals beruht auf Kredit. In den USA ist es üblich, daß das Eigenkapital der Spekulanten, Broker und Brokerfirmen kaum mehr als 10 Prozent beträgt und 80 bis 90 Prozent von den Banken gepumpt werden. Die Hauptgewinner der weltweiten Spekulation sind denn auch die Großbanken, die die Spekulation finanzieren, und die Multis, die ihre gewaltigen Liquiditätsreserven als Spekulationsmasse einsetzen können. Tatsächlich »leiden« Großkonzerne und Banken in allen entwickelten westlichen Industrieländern nicht etwa an Kapital- und Ertragsmangel – ein Argument, mit dem sie ihre Investitionsunlust den Gewerkschaften gegenüber zu begründen pflegen, sondern an Überliquidität. 2700 Milliarden DM liegen insgesamt in der BRD auf der hohen Kante bzw. sind im Wertpapier- und Börsengeschäft angelegt. Damit könnte man die marode ostdeutsche Wirtschaft gleich mehrfach sanieren. Daimler-Benz beispielsweise bezieht aus seinen Anlagen in hochverzinslichen Wertpapieren und Finanztiteln heute schon mehr Gewinn als aus dem Verkauf seiner sämtlichen Automobile. Ähnlich liegen die Verhältnisse bei jener »Bank mit angeschlossener Elektroabteilung«, die den Namen Siemens trägt. Sie gilt in Fachkreisen als »überflüssig«. Da muß man sich freilich nicht wundern, daß sich die Multis bei Realinvestitionen zurückhalten und daß die Arbeitslosigkeit europa- und weltweit zunimmt.

Die Formel des »Weltökonomen« Helmut Schmidt, wonach die Pferde, sprich: die Unternehmer, zur Tränke, d. h. zu den Profiten, geführt werden müßten, damit sich dann die Investitionen und Arbeitsplätze einstellten, stimmt schon lange nicht mehr. Diese ökonomische Milchmädchenrechnung, die gleichwohl noch immer zu den unerschütterlichen Glaubenssätzen der meisten Sozialdemokraten und Gewerkschafter gehört, stammt aus der Epoche des »Wirtschaftswunders«, da die Hochkonjunktur auch zur Vollbeschäftigung führte. Heute indessen schaffen höhere Gewinne der Unternehmen nicht mehr, sondern meist sogar weniger Arbeitsplätze, nicht nur weil immer mehr wegrationalisiert werden, sondern weil der Zins die Rendite und oftmals auch die Dividende bei weitem übersteigt. Steigende Zinsen aber führen zur Flucht aus Aktien in Anleihen.

Die Spekulation ist einer der Hauptgründe dafür, daß sich in den westlichen Demokratien auch das Krebsgeschwür der Korruption immer mehr ausbreitet – bis in die Sphäre der Politik und der Regierungen hinein. Dem berühmten »Selbstlauf der freien Marktkräfte« auf den internationalen Geld- und Aktienmärkten ist es zu danken, daß Politik, Ökonomie und Kriminalität inzwischen eine ununterscheidbare Symbiose eingehen, bis der aktienschiebende Bourgeois Minister bzw. dieser zum Spekulanten geworden ist. In Japan beispielsweise gibt es kaum noch eine Regierung, deren führende Repräsentanten nicht in einen Börsenskandal (zuletzt um den Recruit-Konzern) verwickelt gewesen wären. Es ist keinesfalls übertrieben, zu behaupten, daß die letzten drei japanischen Regierungen (unter Nakasone, Takeshita und Uno) und die Parteiführung der faktisch seit Jahrzehnten die Staatsgeschäfte kontrollierenden Liberal-Demokratischen Partei aus einer Bande von Aktienschiebern bestanden. In Frankreich waren einzelne Regierungsmitglieder und Freunde Mitterands in den Börsenskandal Pechiney verwickelt. Die 1989 abgewählte Regierung Papandreou hat Hunderte von Millionen Mark auf dunklen Kanälen verschwinden und in private Taschen wandern lassen. Und die italienische Regierung läßt ihr von Jahr zu Jahr wachsendes Staatsdefizit durch die Mafia finanzieren. Wie 1989, in einem geheimen Bericht von Innenminister Gava,[22] herauskam, investiert das organisierte Verbrechen immense Summen in kurzlaufende und hochverzinsliche Staatsschuldtitel. Die auf Schweizer Banken »gewaschenen« Gelder wiederum stammen aus dem Drogen- und Waffengeschäft. Wie man sieht, sind die Spekulationsgeschäfte und Devisenschiebereien kommunistischer ZK-Häuptlinge oder Politbüro-Fürsten, wie die des Schalck-Golodkowski, keine Spezialität des östlichen

ZK-Reiches; eher wirken sie wie kleinkarierte Plagiate und grobschlächtige Karikaturen dessen, was in der westlichen Finanzwelt seit langem gang und gäbe ist und in ganz anderen Größenordnungen praktiziert wird.
Unter der Ägide neokonservativer Regierungen wurden auch immer mehr Staatsbetriebe reprivatisiert und verscherbelt. Angeblich dienen solche Reprivatisierungen der Erhöhung der Effizienz und der Schaffung neuer Arbeitsplätze; in Wirklichkeit ging es darum, kurzfristig die Löcher in den Staatskassen zu stopfen. So wurden in Japan die staatlichen Eisenbahnen verhökert, 10 000 Bahnarbeiter waren auf einen Schlag arbeitslos. Den Rekord im »Verscherbeln des Tafelsilbers« hielt Großbritanniens »Eiserne Lady«. Sie sorgte dafür, daß fast das gesamte britische Fernmelde- und Kommunikationswesen den Gang an die Börse antreten mußte. Seit 1983 sind auch in der Bundesrepublik frühere Staatsunternehmen oder staatliche Anteile von Unternehmen, u. a. bei VW und VIAG, für 6,6 Milliarden DM verkauft worden.
Die Firmenaufkauf- und Reprivatisierungswelle beflügelte die weltweite Spekulation ebenso wie die internationale Fusionswelle. Zwischen 1984 und 1987 sind in den USA über 9200 Firmen Opfer von Fusionen und Aufkaufoperationen (Take-Over) geworden.[23] Schon erwächst aus dieser Boombranche der Aufkäufer eine zusätzliche Gefahr für die Stabilität der internationalen Finanzsphäre. Denn die Schulden, die dieses Gewerbe allein in den USA bei den Banken hat, beliefen sich Ende 1989 auf 200 Milliarden Dollar.[24] »Niemand«, so der *Spiegel*, »weiß, wer bei einer Rezession das alles zurückzahlen soll«.[25]
Der Börsenboom, die Verwandlung von zahllosen privaten Unternehmen in Aktiengesellschaften, die auch den Gang an die Börse antraten, die Firmenübernahme- und Reprivatisierungswellen, die Entwicklung einer spezifischen Aufkäuferbranche, die wachsende Verschuldung und Kreditgeldaufblähung – all dies hat die Struktur der kapitalistischen Weltökonomie tiefgreifend verändert und ein *gefährliches Ungleichgewicht zwischen dem reinen Finanz- bzw. Geldkapitalsektor und dem eigentlichen Produktionssektor geschaffen*. Der Anteil der Profite des industriellen Kapitals gegenüber den Gewinnen im Spekulations- und Börsengeschäft hat denn auch in allen westlichen Industriestaaten abgenommen. Die gigantische Aufblähung des zirkulierenden Spekulations- und Börsenkapitals gegenüber dem Industriekapital ist aber zu

einem erstrangigen Krisenherd geworden. Erstens schafft nur das »produktiv« angelegte Kapital Arbeitsplätze und Mehrwert, genauer: holt Mehrwert aus der Arbeitskraft heraus. Zweitens heizt die wachsende Überschuldung und Kreditgeldaufblähung die Inflation weltweit an. Und drittens überflügeln die per Spekulation hochgetriebenen Kurswerte des Aktienkapitals den Realwert der materiellen Produktion um ein Vielfaches. Eine ordinäre »Rezession« reicht dann aber nicht mehr aus, um das entstandene Ungleichgewicht zu »bereinigen«, sondern es kommt notwendig zu einem »crash«, zu einem Börsenkrach – mit all seinen unwägbaren Folgen für das Finanzsystem und den Produktionssektor.

In dieser wachsenden Disproportionalität zwischen dem reinen Finanz- und dem industriellen Sektor hat auch der Börsencrash von 1987 seine eigentliche Ursache. Der computergesteuerte »Programmhandel« und die »Termin«-Geschäfte, die die offizielle Finanzwelt und die Wirtschaftspresse sogleich als Sündenböcke auszumachen suchten, waren demgegenüber nachgeordnete Faktoren. Die Computerisierung und Elektronisierung der Börsengeschäfte beschleunigte nur die Globalisierung der Spekulation, schuf den weltweiten Aktien- und Finanzmarkt rund um die Uhr. Doch seinen eigentlichen Grund hatte der crash darin, daß die per Spekulation hochgedoppten Aktienwerte nur noch Phantasiewerte darstellten, d. h. jede realistische Beziehung zum Realwert der materiellen Produktion verloren hatten. Darum mußte früher oder später »die Stunde der Wahrheit« kommen.

Dies zeigt – für die BRD – ein einfacher Vergleich: Der Marktwert aller an den bundesdeutschen Börsen gehandelten Aktien stieg zwischen 1982 und 87 um knapp das Dreifache.[26] Dagegen stieg das Sachanlagevermögen nur um knapp 16 Prozent.[27] In den USA war die Kluft zwischen den per Spekulation hochgedoppten Aktienwerten und der realen Industrieproduktion noch größer. Der Börsencrash entwertete dann auf einen Schlag den Gesamtwert des Aktienkapitals der »freien Welt« um mehr als 2000 Milliarden US-Dollar,[28] d. h. um das Doppelte der berüchtigten Auslandsschulden der Dritten Welt. Das »reinigende Gewitter« wurde zum Ruin der Kleinen, die in Panik und mit hohen Verlusten verkaufen mußten, schon um ihre Kredite und fälligen Schuldzinsen zurückzahlen zu können, und zum Reibach für die finanzstarken Großen. Die Enteignung von Millionen Kleinaktionären löste, wie zu erwarten war, einen neuen Konzentrationsschub auf den Aktien- und Finanzmärkten aus.

Die »Vernunft« der kapitalistischen Weltökonomie erinnert an den Geist des Alten Testaments: Wenn für die einen der tröstliche Satz gilt: »Der Herr hats gegeben, der Herr hats genommen!«, so für die anderen der Psaltervers: »Einer teilet aus und es wird immer mehr und ein anderer karget, da er nicht soll, und wird doch ärmer.«

Die längst chronisch gewordene Krise der US-Wirtschaft aber stellt für das kapitalistische Weltwirtschaftssystem und sein mittlerweile total vernetztes Finanzsystem einen dauerhaften Krisenherd dar. Die Möglichkeiten einer wirksamen Gegensteuerung und Krisendämpfungspolitik nach traditionellem keynesianischem Muster verringern sich aber in dem Maße, wie der Verschuldungsprozeß auf allen Ebenen zunimmt. So schreibt selbst das Wall-Street-Journal, das US-Defizit »schränkt die Fähigkeit der US-Regierung, eine kommende Krise zu bekämpfen, radikal ein.«[29] Es spricht viel für die Einschätzung Ernest Mandels, daß der Börsencrash von 1987 nur »das Wetterleuchten vor einem großen Gewitter über der Weltwirtschaft«[30] gewesen ist.

Wenn die östlichen Systeme an ihrer überrationalen Planung und deren irrationalen Folgen zugrunde gegangen sind, dann gilt für die kapitalistische Weltmarktökonomie keineswegs das Umgekehrte: daß ihre Ergebnisse eben deshalb rational und gesellschaftlich nützlich sind, weil sie gar keinen Plan hat und keinerlei Regulierungen unterworfen ist. Dem anarchischen »Spiel der freien Marktkräfte« überlassen, kann vor allem ihr aufgeblähter Finanz-, Kredit- und Spekulationssektor sehr bald wie eine Seifenblase platzen – mit unabsehbaren Folgen auch für den produktiven Sektor.

5. »Freier Markt« im Trikont – ein Piratenschiff

Nur wer die Lage von zwei Dritteln der Menschheit in den – vom Kapitalismus beherrschten – Ländern des Trikontinents (Asien, Afrika und Lateinamerika) ausblendet, kann die »freie Marktwirtschaft« zum universellen Erfolgsrezept und Wundermittel zur Erzeugung von Wohlstand ausrufen, wie dies seit 1989 die westlichen Politiker, Wirtschafts- und Medienleute in einer Art kollektivem Sprachdelirium tun. Faktum ist, daß *der sog. marktwirtschaftliche Entwicklungsweg für die meisten Drittweltländer in den vergangenen Jahrzehnten eine einzige Katastrophe bedeutete.*

Die westlichen Wohlstandsinseln sind bekanntlich integrale Bestandteile des kapitalistischen Weltwirtschaftssystems. Darum kann dessen Erfolgsbilanz nicht nur daran gemessen werden, wie es sich in seinen Metropolen darstellt, sondern es muß auch daran gemessen werden, wie es sich in Honduras, El Salvador, Brasilien, in Kenia, Guinea, Nigeria, Indien, Bangladesch, Taiwan und auf den Philippinen darstellt. Nur Zyniker oder Ignoranten können so tun, als sei das Elend der Dritten Welt ebenso »hausgemacht« wie der Reichtum der kapitalistischen Metropolen.

Warum sind denn die (von den Ostdeutschen so begehrten) sprichwörtlichen Bananen hierzulande so billig? Weil die Pflanzer in Guinea für ein Kilo Bananen nur ein paar Cents erhalten. Und warum kann kein osteuropäischer Importeur mit dem billigen Tchibo-Kaffee oder den billigen T-Shirts, Textilien und Teppichen westdeutscher Kaufhauskonzerne mithalten? Weil den Kaffeepflanzern aus Kenia, den Näherinnen aus Taiwan und den indischen Teppichknüpfern, von denen die meisten Kinder sind, ihre Produkte zu Spottpreisen abgenommen werden.

Experten schätzen, daß z. B. in Indien mindestens 17,5 Millionen Kinder arbeiten. In den indischen Ziegeleien schleppen Kinder 12, oft 13 und 14 Stunden am Tag Ziegel, dreidreiviertel Tonnen pro Tag, mehr als 26 Tonnen pro Woche. Nur wenn die Ruhr sie wieder erwischt oder die allgegenwärtige Tuberkulose, brauchen sie ein paar Tage lang nicht zu arbeiten, aber dann verdienen sie auch nichts. Nach drei Jahren haben sie irreparable Wirbelsäulenschäden und/oder eine kaputte Lunge, weil der Ziegelstaub alles durchdringt.

Achtzig bis neunzig Prozent aller Arbeitskräfte in der indischen Teppichproduktion sind Kinder. Sie erhalten, wenn sie überhaupt bezahlt werden, nicht einmal ein Fünftel des gesetzlichen Mindestlohnes. Die Kinderarbeit verstößt zwar gegen die indischen Gesetze, aber jeder indische Politiker und Beamte weiß, wenn die Kinder nicht arbeiten würden, müßten sie und ihre Familien hungern. Nicht die Kinderarbeit müßte verboten werden, sondern die Armut. Und nicht nur die einheimischen Ausbeuter sind schuld an der Kinderarbeit, sondern auch die

Reichen, die die Produkte dieser Arbeit kaufen. Der größte Abnehmer indischer Teppiche ist die Bundesrepublik. Ein Viertel aller Teppiche, die nach Deutschland importiert werden, kommt aus Indien.[31] Nach Angaben von UNICEF müssen weltweit derzeit etwa 200 Millionen Kinder arbeiten.[32] Kinder graben nach Kohle und waschen Gold. In den Gerbereien von Marrakesch stehen sie bis zu den Knien in ätzenden Chemikalien. In Kairo holen sie am frühen Morgen den Müll aus den Häusern. In Istanbul putzen Zehnjährige Schuhe, und in Hongkong setzen Zwölfjährige Taschenrechner zusammen. Kinder werden als Hausangestellte ausgebeutet und als Prostituierte mißbraucht. Und überall, wo Kinder schuften müssen, werden sie erbärmlich entlohnt und unmenschlich behandelt. Oft werden sie wie Sklaven gehalten. Für diese Kinder gibt es keine Kindheit, keine Schule, keine Freizeit und keine Zukunft.

Der reiche Norden hat – via Sozialstaat, gewerkschaftliche Gegenmacht und weitgehende Bestimmungen zum Schutz der Arbeitskraft – den Manchester-Kapitalismus des 19. Jahrhunderts (der das eigentliche Studienobjekt von Marx und Engels war) überwunden; doch für den übergroßen Teil der Menschen vor allem in den Ländern des Südens ist diese barbarische Frühform des Kapitalismus mit Niedrigstlöhnen, 10- und 12-Stundentag, Kinderarbeit, Schwerstarbeit für Frauen, gesundheitszerstörenden Arbeitsbedingungen, Fehlen jeglicher sozialen Absicherung etc. noch heute bittere Realität. Nutznießer dieser unmenschlichen Arbeitsbedingungen aber sind das Kaufmannskapital, die Import-Export-Firmen und Supermarktketten des reichen Nordens einschließlich seiner über kaufkräftige Nachfrage verfügenden Arbeiterkonsumenten. *Der Weltkapitalismus hat die brutalen Formen der Ausbeutung, der Zerstörung der Arbeitskraft, der Verelendung und Pauperisierung aus seinen eigenen Zentren weitgehend verbannt und dorthin verschoben, wo die zivilisierte Welt sie nicht mehr (oder höchstens mal fünf Minuten auf dem Bildschirm) sieht: an die Peripherie, in die Länder des Südens.* Darin vor allem liegt der »Fortschritt« vom 19. ins 20. Jahrhundert. Ist Karl Marx also widerlegt?

Ungleiche (nichtäquivalente) Tauschbeziehungen bilden nach wie vor die Grundlage der »terms of trade« zwischen den westlichen Industrieländern und den Ländern des Trikont. Die ungleichen Handelsbeziehungen garantieren den kapitalistischen Metropolen niedrige Rohstoffpreise und den unterentwickelt gehaltenen Ländern den Zwang, industrielle Fertigwaren, Maschinen (und Dienstleistungen) zu überhöhten Preisen abnehmen zu müssen. Über den kapitalistischen Weltmarkt kommt es zu einer ständigen Entwertung menschlicher Arbeitskraft und von Naturressourcen im Trikont. Die Folge ist eine verschärfte soziale und ökologische Ausbeutung.

Für die wettbewerbsschwachen Volkswirtschaften der Dritten Welt, aber auch in Europa, bedeutet Freihandel mit den Stärkeren zumeist Diktat des Weltmarktes, Leistungsbilanzdefizite, Auslandsverschuldung und Imperialismus der Gläubiger, Zerstörung der natürlichen Ressourcen, Hunger und Elend, kurz: abhängige Entwicklung, in vielen Fällen sogar Rückentwicklung.

Der Wirtschaftsboom der achtziger Jahre ging denn auch an den meisten Ländern der Dritten Welt, zumal an denen Afrikas, spurlos vorüber. Freilich begann nicht erst im vergangenen Jahrzehnt das Stolpern vieler Drittweltstaaten ins Aus. Und die Stolperdrähte spannten nicht nur raffgierige Kapitalisten, sondern oft die nicht minder raffgierigen einheimischen Eliten. Das Geschäftemachen per Bestechung, das ganze Völker ins Elend stürzt, gilt international stillschweigend als normaler Umgang mit armen, also käuflichen Handelspartnern.

Der Aufbruch in die politische (formelle) Unabhängigkeit zu Beginn der sechziger Jahre ließ das Märchen von Freiheit und Wohlstand für kaum ein Land des schwarzen Kontinents Wirklichkeit werden. Afrika ist heute – seinen natürlichen Reichtümern zum Trotz, die andere ausbeuten – das Aschenputtel dieser Erde. Im Westen geben viele den »sozialistischen Experimenten« in einigen Staaten die Schuld am afrikanischen Desaster. Aber so einfach wie in Osteuropa und der Sowjetunion ist die Wurzel allen Übels hier nicht auszumachen. Wie sonst geriete selbst eine Zone wie die Elfenbeinküste, ein Land wie Kenia als braver Anhänger der Marktwirtschaft und des kapitalistischen Entwicklungsweges in die ökonomische Klemme? Mit dem Verfall der Kaffee- und Kakaopreise auf dem von den Industrienationen beherrschten Weltmarkt verfiel auch der Reichtum des als »Schweiz Afrikas« gerühmten Landes.

Der Fall der Rohstoffpreise und das gleichzeitige Ansteigen der Kreditzinsen in der Phase der Reaganschen Hochzinspolitik bedeutete für viele Halbkolonien und Schwellenländer in Afrika und Lateinamerika den sicheren Ruin. Das Negativverhältnis zwischen Export- und Importwarenpreisen kostete die Dritte Welt zwischen 1982 und 1987 rund 100 Milliarden Dollar.[33] Hinzu kamen weitere 100 Milliarden Dollar, die sie den Metropolen in Form von Dividenden für Direktinvestitionen und Benutzungsrechte (Lizenzen) für ausländische Technologie und die hohen Gehälter ausländischer Berater und Experten zahlen mußte.[34]

Seit 1983, also dem Beginn des lang anhaltenden Booms in den westlichen Industriestaaten, fließt der Kapitalstrom nicht mehr aus diesen in den armen Süden, sondern umgekehrt aus diesem in den reichen Norden. Gerade diese Aufschwungphase hat den Ländern des Trikont mehr als eine Verdopplung ihrer Auslandsschulden gebracht. Die Gesamtauslandsschulden des Trikont, bei öffentlichen wie privaten Gläubigern, lagen Anfang 1990 bei 1 400 Milliarden US-Dollar[35] (1980 erst bei 573 Milliarden US-Dollar). Der Schuldendienst, Tilgung und Zinsen, stiegen, wegen höherer Zinsen und Wechselkursänderungen, auf rund 180 Milliarden US-Dollar jährlich. Die Staaten der kapitalistischen Zentren zahlen in Form von Krediten, Zuschüssen und Entwicklungshilfe jährlich etwa 110 Milliarden Dollar. Es flossen Jahr für Jahr mindestens 50 Milliarden US-Dollar mehr aus der Dritten Welt in die kapitalistischen Zentren als umgekehrt. Andere Schätzungen gehen sogar von 60 bis 70 Milliarden Dollar »Entwicklungshilfe« für den reichen Norden aus.[36]

»Das System der Verschuldung der Dritten Welt«, schreibt Ernest Mandel, »funktioniert in solch einem Ausmaß und auf solch eine fatale Weise weiter als Pumpe, die auf internationaler Ebene Mehrwert von der Dritten Welt auf die Konten des internationalen Kapitals in den Metropolen fördert, daß nach all diesen Anstrengungen und bei all dem Elend, das sie für die Werktätigen und Armen der Dritten Welt bedeuten, die Schuldenlast am Ende noch höher ist als bei Ausbruch der Krise.«[37]

Gewiß ist das Elend des Trikont zum nicht geringen Teil auch hausgemacht. Die einheimischen Eliten und die zumeist korrupten Regierungen befördern die Verschuldungsspirale und den Transfer von Geldkapital und Ressourcen, indem sie sich einen bedeutenden Teil der erhaltenen Kredite aneignen, ins Ausland verschieben, zu rein spekulativen Zwecken oder für Waffen- und Drogengeschäfte mißbrauchen.

So profitieren auch sie vom System des modernen Neokolonialismus. Dieser hat gegenüber dem klassischen Kolonialismus den großen »Vorteil«, daß er politisch und moralisch weniger angreifbar ist. An die Stelle der von den alten Kolonialmächten unterhaltenen militärischen Machtapparate und Interventionen (die es freilich noch immer gibt, siehe die US-Intervention in Panama) ist der »stumme Zwang der ökonomischen Verhältnisse« (Marx) getreten, die anonyme Ausbeutung über die Weltmarktmechanismen. So scheinen die formell unabhängigen Drittweltstaaten an ihrem Elend selber schuld zu sein. Dies um so mehr, als der Ressourcentransfer von Süd nach Nord nun sogar im Namen und unter dem Deckmantel großangelegter »Entwicklungsförderungsprojekte« betrieben wird. Deren globale Agenturen IWF (Internationaler Währungsfonds) und Weltbank werden vom Club der reichen Industrienationen beherrscht. Die Weltbank hat zwar 150 Mitgliedsländer, doch gilt hier eine Art neofeudales Zensuswahlrecht: Wer mehr einzahlt, erhält mehr Stimmanteile. So hält z. B. die USA knapp 20 Prozent des Stimmenanteils. Die BRD und Japan stehen mit rund 5,5 Prozent an zweiter Stelle, das große Land Brasilien hält dagegen nur 1,63 Prozent der Stimmenanteile. Es ist also klar, wer hier das Sagen hat.

Die Entscheidungen von IWF und Weltbank, die in winzigen geschlossenen Zirkeln gefällt werden, betreffen Millionen Menschen und die Ökosysteme der Erde. Die Roßkur bzw. die Auflagen des IWF für die Gewährung von Zahlungserleichterungen an die Drittwelt – Schuldnerländer – radikale Einschränkung des Haushaltsdefizits durch Streichung der Subventionen für Grundnahrungsmittel und Sozialleistungen (Unterricht- und Gesundheitswesen) – haben denn auch für diese katastrophale Folgen gehabt. Um ihre Schulden zurückzahlen zu können, mußten die Schuldner – vor allem die Großschuldnerländer Brasilien, Mexiko, Argentinien und Venezuela – eine Exportoffensive auf breitester Front durchführen. Da sie aber auf niedrigstem technologischen Niveau produzieren, konnte diese Exportoffensive nur im Zuge einer radikalen Herabsetzung der »reinen Arbeitskosten«, d. h. der Reallohnsenkung, gelingen. Ferner mußten sie harte Sparmaßnahmen in den öffentlichen Haushalten durchsetzen. Die Subventionen für Grundnahrungsmittel fielen weg, Milch, Brot, Fleisch und Gemüse wurden immer teurer oder unbezahlbar. Die Preiskontrollen für Konsumgüter wurden beseitigt, die indirekten Steuern erhöht, gleichzeitig die Importe aus den kapitalistischen Zentren erleichtert, so daß die heimischen Kleinbetriebe und Manufakturen serienweise kaputt gingen. Zwischen 1980 und 1987 sank der Lebensstandard in Mexiko um mehr als 50 Prozent, um 40 bis 50 Prozent in Brasilien.[38] Die Senkung des Reallohneinkommens der ärmeren Teile der Bevölkerung in Ländern wie Bolivien, Guatemala, Haiti, San Salvador bringt diese buchstäblich in die Nähe des Hungertodes. Dies ist das perverse Resultat der vom IWF erzwungenen Exportoffensive der Schuldnerländer auf dem Weltmarkt.

Die erzwungene Exportoffensive führt außerdem dazu, daß die natürlichen Ressourcen verschleudert und Produkte angebaut werden, die die reichen Gläubigerländer begehren: Monokulturen lösen die traditionellen Mischwirtschaften ab. Der Boden wird hart und mit Chemie verseucht. Viele Böden erodieren, weil sie brutal und kurzsichtig ausgeplündert und nicht für die Zukunft der Menschen erhalten werden. Immer größere Landflächen werden damit der Ernährung der Bevölkerung vor Ort entzogen. Wem der Boden genommen wird und wer auf dem Land zu verhungern droht, zieht in die Städte.

Die Slums der Elenden wachsen schneller als die Verschuldung. In Brasilien gehört der ärmeren Hälfte der Landbevölkerung nur 3 Prozent des Bodens. Die Konzentration des fruchtbaren Bodens in den Händen weniger vertreibt in ganz Lateinamerika Millionen Arme in die städtischen Ballungszentren, allein nach Sao Paulo strömen jährlich rund 250 000 Arme. Millionen Kinder und Jugendliche leben auf den Straßen. Verbrechen sind an der Tagesordnung. Die Reichen in den Megastädten schützen sich mit schwer bewaffneten Privatarmeen. Über den Ballungszentren verdunkeln Smog und Luftvergiftung den Himmel. Die Städte versinken in giftigen Müllbergen.

Während der IWF die verschuldeten Länder zu dramatischen Strukturveränderungen zwingt, um die Rückzahlung der Kredite zu garantieren, setzt die Weltbank, vorbei an den grundlegendsten Bedürfnissen der Ärmsten, »produktive Entwicklungsprojekte« durch. Dies sind vor allem Staudämme, bewässerungs- und kapitalintensive Agrarprojekte, der großangelegte Abbau von Naturressourcen, u. a. die Abholzung der tropischen Regenwälder. »Indem sie für die notwendigen Kredite ganz oder teilweise bürgt, ziehen die Kreditvergaben der Weltbank

andere öffentliche und private Kredite nach. Wo wird das Geld ausgegeben? Rund zwei Drittel des Geldes, ob für Dienstleistungen, Verbrauchsgüter oder Maschinen, werden außerhalb des Schuldnerlandes ausgegeben. Die Gläubigerländer verdienen so nicht nur an den Zinsen. Die Schulden und Zinsen für die Großprojekte, in deren Planung oder Entscheidung die Masse der Menschen nicht einbezogen ist, zahlen dann diese Massen und nicht die nationalen Eliten« (Jutta Ditfurth).[39]
Die Folgewirkungen und die langfristigen Kosten der Vernichtung der Natur, des Einsatzes von Pestiziden, der Abholzungen, Überschwemmungen etc. aber gehen in die Projektkalkulationen der Weltbank nicht ein. In ihrer am 18. 9. 1991 vorgelegten Denkschrift »Die ökologische Krise als Nord-Süd-Problem« hat die Evangelische Kirche in Deutschland (EKD) dazu aufgerufen, die tropischen Regenwälder zu schützen. Die fortschreitende Zerstörung dieser Wälder, vor allem im brasilianischen Amazonasgebiet, bedrohe die Stabilität des Weltklimas und die genetische Vielfalt auf der Erde. Vorrangig aber müsse an die Millionen Menschen gedacht werden, deren Lebensraum der Regenwald sei. Ihre Existenz stehe auf dem Spiel. Die Denkschrift betont die besondere Verantwortung der Bundesrepublik und anderer Industrieländer im Norden, die an der Umweltzerstörung im Süden der Erde beteiligt seien: als Großverbraucher von Rohstoffen, als Gläubiger und als Hauptakteure einer Weltwirtschaftsordnung, die die Entwicklungsländer zum Raubbau an ihren natürlichen Ressourcen zwinge. Bergbau, Wasserkraftbau, Industrialisierung, Holzeinschlag, Plantagen- und Viehwirtschaft im Amazonasgebiet seien auf den Export ausgerichtet. Unter dem Druck der gewaltigen Verschuldung, die auf Brasilien wie auf seinen Nachbarländern laste, müßten diese Länder ihre natürlichen Ressourcen vergeuden. Dabei nähmen Regierung, Militärs und internationale Banken kaum Rücksicht auf die amazonischen Kleinbauern und Indianer. Diejenigen, die Natur so schonend nutzen, daß sie sich immer wieder erneuere, würden jetzt entrechtet; ihre Erfahrungen würden ignoriert. Der Abbau von Bauxit, der Erzbergbau und die Verhüttung des Eisens, schreibt die EKD, hätten die unumkehrbare Verwüstung der Ökosysteme zur Folge. Gewinne würden dabei individuell gemacht, die Kosten der Allgemeinheit aufgebürdet. Im Interesse der Goldsucher, hinter denen große Konzerne stünden, habe die brasilianische Regierung die Verfassung von 1968 gebrochen, in der die

Rechte des am Amazonasoberlauf lebenden Yanomani-Volkes garantiert worden waren. Jetzt sterbe dieses Volk. Die Goldwäscherei mit Quecksilber vergifte Menschen, Flüsse und Fische. Auch der Staudammbau führe dazu, daß es zum Beispiel im Tocantinsfluß keine Fische mehr gebe. 40 000 Fischer hätten dort ihren Lebensunterhalt verloren.[40]
Wie man sieht, findet jener gewaltsame Prozeß der »ursprünglichen kapitalistischen Akkumulation«, den Karl Marx seinerzeit für Westeuropa (vor allem für England und Schottland) beschrieben hat und der die Bauern und Ureinwohner ihrer Lebensmittel und Lebensgrundlagen beraubt, um sie dann als »vogelfreies Proletariat« in die Slums der Großstädte zu werfen, noch heute in vielen Ländern des Südens statt. Ist Karl Marx also widerlegt oder hat sich seine »Kapital«-Analyse nicht vielmehr im Weltmaßstab bestätigt?
Der Ökumenische Rat der Kirchen (ÖRK) sieht die Ursachen für das sich vergrößernde Nord-Süd-Gefälle und die Naturzerstörung nicht nur in der Verschuldung der Dritten Welt und im Konsumkult des reichen Nordens, sondern vor allem in der mangelnden Kontrolle internationaler Konzerne sowie der Weltbank und des IWF. Die im Februar 1990 in Canberra tagende Vollversammlung, die 317 protestantische, anglikanische und orthodoxe Kirchen mit weltweit 350 Millionen Gläubigen vertritt, hält es denn auch für einen »schweren Fehler« zu glauben, daß angesichts des Zusammenbruchs der östlichen Planwirtschaften eine Mischung aus freier Marktwirtschaft und parlamentarischer Demokratie die einzig mögliche Form sei, eine gerechte Gesellschaft zu verwirklichen. Gegenwärtig entstehe die Situation, die es den USA und ihren NATO-Partnern erlaube, die Vereinten Nationen in einem »Würgegriff« zu halten.[41]
Daß die reichen Länder immer reicher und die armen immer ärmer werden – dieser Tatbestand kann durch Demokratie und »freie Wahlen« zwar bemäntelt, nicht aber aufgehoben werden. »Kapitalismus ist in Lateinamerika antidemokratisch, mit oder ohne Wahlen: die meisten Menschen sind Gefangene der Not, verurteilt zu Einsamkeit und Gewalt«, schreibt der uruguayische Publizist Eduardo Galeano im Frühjahr 1990. »Für uns ist der Kapitalismus kein noch zu verwirklichender Traum, sondern ein Wirklichkeit gewordener Alptraum. Unsere Herausforderung besteht nicht darin, den Staat zu privatisieren, sondern

ihn zu entprivatisieren. Unsere Staaten und alles andere auch sind zu Schleuderpreisen von Großgrundbesitzern und Banken eingekauft worden. Für uns ist der Markt nichts anderes als ein Piratenschiff: Je freier, desto übler...«[42]
Gemessen an dem sozialen Elend, das der kapitalistische Entwicklungsweg den meisten Drittweltländern in den letzten Jahrzehnten gebracht hat – für viele war er gleichbedeutend mit Rückentwicklung, Deindustrialisierung, absoluter Verelendung und Chaotisierung der gesellschaftlichen Verhältnisse –, war der »Realsozialismus« in der asiatischen Zone noch ein Erfolgsmodell.

6. Östliche Wohlstandsillusionen und die soziale Spaltung Europas

Seit den großen Umbrüchen im Osten glauben viele Leute in Bonn und in etlichen osteuropäischen Hauptstädten, das Modell Bundesrepublik könne für den ganzen Osten als eine Art Entwicklungsmodell fungieren. Diese Vorstellung ist absurd! Man braucht sich nur den hiesigen Motorisierungsgrad auf die Ex-Sowjetunion übertragen vorzustellen – und dieser Planet würde zusammenbrechen! Auch waren es ganz spezifische und ziemlich einmalige historische, politische, geopolitische, binnen- und außenwirtschaftlichen Bedingungen, die den rasanten Wiederaufstieg der Westdeutschen nach dem Kriege ermöglicht und ihnen eine beherrschende Stellung auf dem Weltmarkt eingetragen haben – Bedingungen, die in den östlichen Ländern nirgendwo vorhanden sind. Allein ihr 60prozentiger Außenhandelsüberschuß kennzeichnet die singuläre wirtschaftliche Wettbewerbsposition der BRD, die für die östlichen Länder weder erreichbar ist, noch unbedingt wünschenswert wäre. Sie sind zwar, allen voran die Nachfolgestaaten der Sowjetunion, auf deutsche Wirtschafts- und Aufbauhilfen (Kredite, Investitionen etc.) dringend angewiesen, aber sie werden darum noch lange nicht am »deutschen (Wirtschafts-)Wesen genesen«.
Ihr marktwirtschaftlicher Systemwandel geht zwar mit großen Hoffnungen auf baldigen Wohlstand einher, doch dürften diese für die wenigsten in Erfüllung gehen. Nicht der Reformwille der Bürger im Osten Europas und der demokratischen Bewegung in der neuen Gemeinschaft Unabhängiger Staaten (GUS), nicht ihre eindeutige Option

für marktwirtschaftliche Lösungen anstelle der bisherigen Staatsplanwirtschaft ist für den künftigen Reichtum dieser Gesellschaften entscheidend, sondern ihre Eingliederung in die internationale Arbeitsteilung und ihre Stellung innerhalb der Hierarchie der kapitalistischen Weltmarktteilnehmer. Und da haben die meisten Länder Osteuropas und der GUS keine guten Karten. Da sie den Übergang zur Marktwirtschaft in aller Regel unter dem Druck einer großen Schuldenlast und Inflation vollziehen, dürfte ihnen ein Platz unter den wohlhabenden Industrienationen versperrt bleiben. Es ist zwar nicht so, daß auf dem von den führenden Ökonomien EG (Deutschland), USA und Japan beherrschten Weltmarkt ein für alle Mal keinerlei kapitalistische Newcomer mehr reüssieren könnten – von Zeit zu Zeit schaffen einzelne »Schwellenländer« wie etwa die »vier großen Tiger« (Hongkong, Singapur, Taiwan, Südkorea) den Anschluß –, aber gleich einen ganzen Haufen nachdrängender Weltmarktaspiranten können die sich zunehmend verengenden Märkte kaum verkraften.

Normalkapitalistische Produktionsweise auf einer niedrigen Stufenleiter und bei niedriger Produktivität ist, wie die Erfahrung lehrt, weder mit höherem Sozialstandard noch mit Löhnen vereinbar, die über das bloße Existenzminimum hinausgehen. Alle benötigte Ware wird außerdem fix und fertig auf dem Weltmarkt zu Bedingungen angeboten, mit denen die sich erst von der Staatswirtschaft umstellende Industrie kaum dienen kann. Der Kauf von Importware wiederum entzieht dem eigenen Markt Einkommen und damit kaufkräftige Nachfrage. Der Versuch aber, selbst eine Exportoffensive auf dem Weltmarkt zu starten, muß sich gegen die ganze Härte der dort herrschenden Konkurrenz seitens der überlegenen und etablierten Marktführer behaupten. Das bedeutet in der Regel, wenn überhaupt, nur mit niedrigsten Löhnen, d. h. vermittels Elendsproduktion im eigenen Land, weltmarktpreis- und damit konkurrenzfähig zu werden, wie wir dies von vielen Drittweltländern bereits kennen.[42a] Die Hoffnung der befreiten östlichen Völker, daß die Marktwirtschaft für sie genauso »sozial« sein werde wie für die Menschen im Westen, wird daher ebenso enttäuscht werden wie die, bald den westlichen Konsumstandard zu erreichen.

Hinzu kommt, daß mit der Umstellung auf kapitalistische Marktwirtschaft noch bestehende soziale Standards beseitigt werden: Die Quote der erwerbstätigen Frauen nimmt ab, die Angebote zur öffentlich orga-

nisierten und finanzierten Kinderbetreuung gehen drastisch zurück, die kostenlose allgemeine weiterführende Schulbildung kann so wenig aufrechterhalten werden wie die kostenlose medizinische Versorgung. Mit den freigegebenen Mieten steigt auch die Wohnungsnot und Obdachlosigkeit für diejenigen, die nicht über zahlungskräftige Nachfrage verfügen usw. Zu den signifikanten Verlierern des Systemwechsels in fast allen osteuropäischen Ländern gehören denn auch die Rentner, die alleinerziehenden Mütter, die älteren Arbeitnehmer und die Studenten. Schon heute zeigt die Entwicklung in Polen und Ungarn, daß kapitalistische Produktion auf niedrigstem Niveau vor allem dazu führt, daß wenige Leute sehr schnell reich und viele noch ärmer werden, als sie unter dem alten System gewesen sind. In Warschau und Budapest sieht man immer mehr Alte und Rentner in Abfalleimern und Müllhalden nach verwertbaren Resten stochern. Die meisten Ostdeutschen aber erlebten – und erleben noch – den Einzug der kapitalistischen Marktwirtschaft, die sie selbst herbeigewünscht haben, als kollektiven Schock und als soziale Katastrophe: Das große Arbeitsplatz- und Unternehmenssterben hat hier zum Ruin ganzer Industriereviere, zu zweieinhalb Millionen Arbeitslosen und Kurzarbeitern geführt und ganze Bevölkerungsschichten pauperisiert und sozial deklassiert. Langfristig allerdings hat die ostdeutsche Wirtschaft durch den direkten »Anschluß« an die westdeutsche Spitzenökonomie ungleich bessere Chancen, in den Weltmarkt integriert zu werden, als ihre östlichen Nachbarn.
Für die meisten der nunmehr souveränen Republiken der einstigen Sowjetunion dagegen stehen diese Chancen schlecht. Einmal davon abgesehen, daß die radikale Umstellung der Staatswirtschaft auf Marktwirtschaft hier zu mindestens 30 Millionen Arbeitslosen führen würde (nach Berechnungen der sowjetischen Radikalreformer), in den Kernländern des ehemaligen Imperium Sovieticum gibt es keinerlei Tradition des Privateigentums und der mit ihm verbundenen Wirtschaftsweise und Zivilisation. Wo die aber plötzlich herkommen soll, fragen sich die westdeutschen Anbieter des Erfolgsmodells BRD nicht.
Nach 70 Jahren Planwirtschaft und der durch sie geprägten subalternen Staatsbeamtenmentalität ist weder der durchschnittliche Bürokrat noch der durchschnittliche sowjetische Arbeiter psychologisch auf die private Wirtschaftsweise und Initiative vorbereitet. Das individuelle

Profitstreben wurde hier seit altersher verpönt, und die neuen Händler und Privatkooperativen, die sonst nicht erhältliche Ware zu horrenden Preisen anbieten, gelten in der Meinung des Volkes als raffgierige Wucherer, die den reichen NÖP-Leuten von früher gleichgestellt werden. Selbst der *Spiegel*, der nicht müde wird, die Wunderdroge »Marktwirtschaft« anzupreisen, bescheinigt nur den Balten, Georgiern und Armeniern eine gute »marktwirtschaftliche Mentalität«.[43] Dies aber sind nur 17 Millionen Menschen; den anderen 268 Millionen Einwohner der ehemaligen Sowjetunion dagegen wird eine fehlende Disposition zur Marktwirtschaft attestiert.

Der sowjetische (jetzt in München lebende) Schriftsteller Alexander Sinowjew erklärte kürzlich in einem Gespräch mit der *taz*: »Die Marktwirtschaft wäre für die Sowjetunion tödlich. Den Russen erginge es damit wie Fischen auf dem Trockenen ... Selbst einmal angenommen, es entschieden sich hundert Prozent der sowjetischen Bevölkerung für das westliche Modell, dann hieße das noch lange nicht, daß es auch verwirklicht wird – weil man die Materie Mensch zu wenig in Betracht zieht. Nicht jedes Volk ist in der Lage, die westliche Zivilisation zu übernehmen oder sie selber zu entwickeln. Im Westen dauerte es viele Jahrhunderte bis in die Neuzeit; es geht nicht in fünfhundert Tagen. Aber diese Idioten ignorieren alle die Geschichte.«[44]

Was in den letzten fünf Jahren an »Kapitalismus« in der UdSSR entstanden ist, beschränkt sich auf ein paar tausend private Kooperativen und ein paar hundert Aktiengesellschaften. Die »neue Bourgeoisie« besteht vor allem aus skrupellosen Spekulanten, Freibeutern und mafiosen Rubelmillionären, die ihr Kapital aus Schiebungen und Schwarzmarkt-Geschäften akkumuliert und dieses zumeist auf ausländischen Konten deponiert haben, anstatt es produktiv im Lande zu reinvestieren. Daß sie die »Hoffnung des Landes« verkörpern, ist mehr als zweifelhaft. Und wo soll ein neuer industrieller, kaufmännischer und bäuerlicher Mittelstand herkommen, den Stalin seinerzeit vernichtet hat? Noch weiß niemand, wieviele Kolchos- oder Sowchosbauern überhaupt das Risiko eingehen wollen, sich eine private Existenz zu schaffen. Bisher sind es verschwindend wenige.

Aufgrund der völligen Desorganisation der Wirtschaft, dem dramatischen Rückgang des sowjetischen Bruttosozialproduktes (allein im ersten Halbjahr 1991 um 10 Prozent), der hohen Auslandsverschuldung

(von 70 Milliarden Dollar), der rasenden Inflation und Entwertung des Rubels, die den Staat an den Rand der Zahlungsunfähigkeit bringt, und vor allem aufgrund der niedrigen Produktivität, werden die sowjetischen Betriebe, auch wenn sie privatisiert werden, auf lange Sicht nicht in der Lage sein, ihre Produkte zu weltmarktfähigen Preisen anbieten zu können. Sie werden nur für den Binnenmarkt produzieren können. Der Zwang aber, Devisen für den Schuldendienst und zum Einkauf westlicher Technologie, hochwertiger Konsumgüter und von Getreide zu erwirtschaften, wird dazu führen, daß Rußland mehr noch als bisher seine Rohstoffe und Energieträger auf den Weltmarkt werfen wird. Das heißt: der Raubbau an der Natur und die ökologischen Verwüstungen werden weitergehen.
Die Umstellung auf eine Marktwirtschaft, das lehrt das Beispiel DDR, wird den Niedergang zunächst noch beschleunigen. Rund 150 Milliarden Mark, die 1991 aus dem Westen Deutschlands in seinen neuen Osten floßen, konnten dort die Talfahrt bislang nicht stoppen. Und die neuen Nachfolgestaaten der Sowjetunion haben keine reichen Vettern im Westen, die während der viele Jahre dauernden Umstellungsphase die nötigen sozialen Transferzahlungen erbringen, damit 30 bis 60 Millionen Arbeitslose über Wasser gehalten werden können.
Hinzu kommt, daß das Auseinanderbrechen der Union in mindestens 15 selbständige Republiken, von denen manche nun auch eine eigene Währung einführen wollen und sich durch eigene Zollschranken gegeneinander abkapseln, die Herstellung eines gemeinsamen Wirtschaftsraumes sehr erschweren wird. Das Konzept des Präsidentenrates der GUS, einen der EG ähnlichen gemeinsamen Markt herzustellen, ist zwar sehr vernünftig, aber die jetzt aufgebrochenen nationalen Egoismen und Separatismen werden seine Funktionsfähigkeit auf lange Zeit sehr beeinträchtigen. Höchstens die Einsicht, daß keine der neu konstituierten souveränen Republiken (außer Rußland und der Ukraine) für sich alleine wirtschaftlich überleben kann und daß alle, auch die gen Westen strebenden baltischen Staaten, von den östlichen Märkten und den Rohstoffen Rußlands abhängig sind, könnte die zentrifugalen und Abkapselungstendenzen bändigen und einer Wirtschaftsunion auf demokratischer Grundlage zum Zuge verhelfen, die nicht durch zahllose innere Barrieren, Währungs- und Zollschranken behindert wird. Daß es zu einer solchen kommt, ist vor allem für die verarmten mittel-

asiatischen Republiken, die heute schon alle Merkmale von Drittweltländern aufweisen, eine Überlebensfrage.
Es ist aus all den hier skizzierten Gründen noch keineswegs ausgemacht, ob das vom Westen empfohlene kapitalistische »Erfolgsrezept« wirklich zu einer Modernisierung und zu einer sozialen, wirtschaftlichen und politischen Stabilisierung der neuen Republiken Eurasiens führen wird, oder ob nicht gerade die Anwendung dieses Rezeptes in einer Zone, die historisch keinerlei Tradition in Sachen Privatwirtschaft hat, neue katastrophische Entwicklungen einleitet. Schon Lenin und die Bolschewiki sind ja an dem Vorhaben gescheitert, dem »halbasiatischen« Rußland ein westeuropäisches Entwicklungskonzept aufzudrücken und wurden zuletzt von der »aschiatina« und der alten asiatischen Staatsordnung wieder eingeholt. Nur weil das ehemalige Zentrum zerbrochen ist und die KPdSU nicht mehr im Wege steht, geht der Zug der neuen Staaten noch lange nicht gen Westen und nach Europa. Innerhalb des neuen Bundes geht der Trend, wie Kenner des ehemaligen Sowjetreiches prognostizieren, zu mindestens drei verschiedenen Staatsformen: zu slawischen Demokratien (Baltikum, Ukraine, Rußland), zu modernisierten asiatischen Despotien (in Mittelasien) und zu balkanisierten Diktaturen (im Kaukasus). Entsprechend unterschiedlich dürfte auch die Wirtschaftsverfassung in den verschiedenen Zonen ausfallen: Die Marktwirtschaft kann, je nach ökonomischem Entwicklungsgrad und politischer Machtkonstellation, die Form eines brutalen Neo-Manchesterkapitalismus, die mafiose Gestalt eines asiatischen Staatskapitalismus oder auch die einer kapitalistischen Modernisierungsdiktatur nach chilenischem Muster annehmen. Die Herausbildung einer »sozialen Marktwirtschaft«, die den Namen verdiente, dürfte in dem neuen eurasischen Staatenbund eher die Ausnahme als die Regel sein.
Auch die Chancen der einzelnen Länder, westliche Investitionen anzuziehen, sind sehr unterschiedlich. Das industriell und infrastrukturell entwickelte Baltikum, die wirtschaftlich relativ starke Ukraine und das rohstoffreiche Rußland haben vielleicht noch die besten Aussichten; nach Tadschikistan oder Turkmenien aber wird es wohl kaum ein europäisches Unternehmen ziehen.
Die Hoffnung, daß das westliche Kapital, wenn nur die rechtlichen Rahmenbedingungen für Investitionen hergestellt sind, auch sofort

kommt und investiert, hat sich bis jetzt für die meisten osteuropäischen Länder als trügerisch erwiesen. In der Standortkonkurrenz mit den Staaten der EG haben sie zumeist schlechte Karten, vor allem wegen der hohen Altlasten, der miserablen Infrastruktur, der schlechten Verwaltung und der schlechten Qualifikationen. Selbst Polen konnte mit seinen Bettellöhnen bisher kaum westliches Kapital ins Land locken. Und so bleibt den Polen denn nicht viel anderes übrig, als sämtliche Schwarzmärkte von Berlin bis Peking abzugrasen. Die reichen EG-Nationen werden allenfalls noch die Tschechen und Ungarn in ihren Club lassen – mit Polen, Russen, Rumänen und Moslems werden sie genausowenig zu tun und zu teilen haben wollen wie mit Maghrebinern, Pakistanis oder Kurden.»Die Osteuropäer«, schreibt der rumäniendeutsche Autor Richard Wagner, »haben vierzig Jahre lang voller Hoffnung gen Westen geblickt, ohne zu begreifen, daß sie auf die Rükken der Westeuropäer starten.«[45]
Vor allem ist in der Produktion zu Weltniveau verpflichtete Industrie gar nicht mehr in der Lage, das gesamte gesellschaftliche Arbeitskräftereservoir zu integrieren und zu beschäftigen. Dies gilt heute für alle kapitalistischen Länder. Zu einer flächendeckenden Durchkapitalisierung des Ostens, wovon viele Osteuropäer träumen, wird es auch dann nicht kommen, wenn das westliche Kapital dort mehr und mehr investierten sollte. Denn aufgrund des stetig steigenden Anteils des fixen Kapitals (Maschinerie, Gebäude etc.) gegenüber dem variablen (d. h. der Arbeitskraft) kann es gar nicht mehr so riesige Mengen lebendiger Arbeitskraft beschäftigen wie noch während der ersten und zweiten industriellen Revolution. Es ist denn auch eine Illusion, zu glauben, die Massenarbeitslosigkeit in den osteuropäischen Ländern (und demnächst auch in den Ländern des ehemaligen Sowjetreiches) sei lediglich ein transitorisches Phänomen der Umstellung von einem System aufs andere und werde deutlich zurückgehen, wenn der Übergang vollzogen ist. Eher steht zu fürchten, daß es auch im Osten zu einer weiteren Segregation der Arbeitsmärkte, zu einem Zerfall der traditionellen Arbeitsgesellschaften und damit zu Pauperismus, Verelendung, Gewalt und Chaos kommt, die sich in weiter zuspitzenden Nationalitäten-Konflikten entladen. Auch wenn die militärische und politische Spaltung Europas überwunden ist, die soziale Spaltung dürfte sich zunächst in kapitalistischen Formen noch vertiefen.

Erfahrungsgemäß sind die befreiten Gesellschaften des Ostens für das westliche Kapital weniger als Investitions- und Anlagegebiete, vielmehr als Absatzmärkte interessant. Und so ist denn auch die Exportoffensive des Westens, vor allem der BRD, in die ehemaligen RGW-Räume zum Konjunkturprogramm für die westlichen Industrie- und Kaufhauskonzerne geworden. Die westdeutschen Multis haben längst den russischen Außenhandel im ehemaligen RGW-Bereich verdrängt. Die Waren in den polnischen Supermärkten stammen schon heute zu 80 Prozent aus westdeutscher Produktion. Sollte ganz Kontinentaleuropa zu einer riesigen »Freihandelszone« werden, wofür die Marktradikalen der Bundesrepublik, der EG und der USA plädieren, dann ist folgende Entwicklung absehbar: Noch bevor die östlichen Länder in der Lage sein werden, mit den Produkten der EG zu konkurrieren, werden die EG – und vor allem die »made in Germany«-Produkte die östlichen Märkte von Warschau bis Moskau, von Riga bis Wladiwostok durchdrungen haben. Der Verdrängungswettbewerb, der schon vor der Einführung der »Wirtschafts- und Währungsunion« die DDR-Produkte niederkonkurrierte, hat diesen Vorgang beispielhaft demonstriert.

Zwar könnte sich eine östliche Wirtschaftsunion gegen den Strom der westlichen Waren protektionistisch abschotten; doch es wäre nicht das erste Mal, daß westliche Finanzhilfe und Kreditvergabe an ökonomisch schwache und abhängige Staaten mit der Auflage verbunden sind, die heimischen Märkte den westlichen Importeuren zu öffnen. U. a. auf diese Weise haben die USA ganz Lateinamerika zu ihrer Absatzkolonie gemacht. Auch die erfolgreichen Exportoffensiven der Westdeutschen in den Osten verdanken sich vor allem dieser Kombination von Kreditvergabe, Gewährung von Finanzhilfen, Subventionen und Exportförderungen bei gleichzeitiger Verpflichtung des Nehmerlandes, den eigenen Markt dem Geberland zu öffnen, wie der französische Wirtschaftswissenschaftlicher und Topmanager Alain Minc in seinem Buch »Die deutsche Herausforderung«[46] gezeigt hat.

Und sollten IWF, Weltbank und die Bank für europäische Wiederaufbau- und Entwicklungshilfe gegenüber den neuen Demokratien des Ostens die gleiche Politik betreiben wie bisher gegenüber den Ländern des Trikonts und an ihre Kredite und »Entwicklungsförderungsprojekte« ähnlich restriktive Auflagen knüpfen, dann würde ganz Osteuropa, einschließlich der meisten Nachfolgestaaten der Sowjetunion, nicht nur zum Absatzmarkt, zum billigen Zulieferer und Rohstofflieferanten, sondern auch zum hoffnungslosen Schuldner der Weltbank und der deutschen Banken, kurzum: *zum südamerikanischen Vorhof der EG-»Vereinigten Staaten von Europa« werden.* Auch ihr noch immer gewaltiges Militär- und Atomwaffenpotential würde die östliche »Gemeinschaft Unabhängiger Staaten« nicht vor diesem subalternen Status bewahren können.

Auf die Frage nach der künftigen Rolle der ehemaligen gegnerischen Supermacht antwortete der frühere US-Sicherheitsberater Zbigniew Brzezinski kürzlich der *taz*: »Rußland ist ein führendes Mitglied der Dritten Welt.«[47] Und der norwegische Friedensforscher Johann Galtung prognostizierte: »Statt des bipolaren militärpolitischen Ost-West-Konfliktes haben wir jetzt einen Hegemonialkonflikt. Sehr ähnlich der Lage auf der westlichen Halbkugel. Mit der EG in der Rolle der USA und Osteuropa in der Rolle von Lateinamerika, mit Polen in der Rolle von Mexiko und vielleicht der ČSSR in der Rolle von Argentinien. Dann mit Rußland als dem großen Südamerika und den kleinen Staaten als Mittelamerika. Und Deutschland mittenmang als Hegemonialmacht... als ein Hauptträger, vielleicht ambivalent und gespalten, aber auch mit großem Sendungsbewußtsein. Genau wie die Amerikaner über die Pax americana reden, werden wir über die Pax germanica hören.«[48]

7. Primat der Ökologie oder Generalstreik der Natur

Seit der Osten gewissermaßen zum Westen geworden ist (oder zu sein scheint), glauben die politischen und wirtschaftlichen Eliten in den westlichen Industrieländern, die globalen Probleme ließen sich mit ein paar Korrekturen und internationalen Konventionen in Sachen (Welt-) Ökologie und mit ein paar neuen UN-Hilfsprogrammen für die Länder des Südens schon bewältigen; ansonsten aber könne man einfach so weiter machen und weiter wirtschaften wie bisher. Wenn etwas die Zukunft der Menschheit bedroht, dann ist es der trügerische Hochmut des Westens, zu glauben, der Konkurs seines kommunistischen Rivalen habe sein Wirtschafts- und Zivilisationsmodell auf der ganzen Linie bestätigt. Der Motor für die Zerstörung der Erdatmosphäre, der Weltmeere und der Wälder, die Vergiftung der Böden und des Grundwassers ist das beiden Systemen innewohnende, aus einer mechanistischen Fortschrittsphilosophie abgeleitete blinde Vertrauen in industrielle Wachstumsstrategien; wobei der »realsozialistische« Industrialismus und Wachstumsfetischismus nur die schlechte Kopie des kapitalistischen Originals gewesen ist. Die planwirtschaftliche Nachzüglerindustrialisierung in den Ländern des Ostens mit ihren verheerenden ökologischen Folgen war im Grunde nur ein historischer Sonderfall, gewissermaßen das Stiefkind industriekapitalistischer Entwicklung. Die unreflektierte Bejahung der »Je mehr, desto besser« - Ideologie ist Freihändlern wie ehemaligen Planwirtschaftlern eigen. Verantwortung tragen nicht zuletzt die Freihandelsapologeten von heute, die Nachfolger jener naiven Marktwirtschafter des 19. Jahrhunderts, die ohne Rücksicht auf die weltweiten sozialen Folgen, auf die Natur und die Lebensgrundlagen künftiger Generationen, davon ausgehen, daß allein die hemmungslose Verfolgung des individuellen Eigennutzes, sprich: das individuelle Profitstreben, Wohlstand für alle bringe. Dabei hat die Realität der kapitalistischen »one-world« mit ihren gigantischen Produktivitäts- und Zerstörungspotentialen ihre alten Denkmodelle längst überholt. Wenn die Menschheit überleben will, braucht sie neue Leitbilder und neue Modelle des Wirtschaftens in Ost und West, Nord und Süd!

Der gezielte und dauerhafte (Medien-) Blick auf die ökonomische und ökologische Misere in den Ländern des Ostens hat in den letzten Jahren merklich den Blick getrübt für das ganze Ausmaß der Verantwortung, das den westlichen Industrieländern für die Zerstörung der globalen Ökosysteme und der Lebenswelten im Trikont zukommt. Schließlich ist es *unser* westliches Konsummodell, das auf Verschwendung und Verschleiß basiert; sind es *unsere* Fabriken, die unvorstellbare Mengen sinnloser und schädlicher Güter samt den dazugehörigen Müllbergen produzieren und die Konsumenten zum Kauf von Dingen stimulieren, die eigentlich kein Mensch braucht. Es ist *unser* (nun auch von vielen osteuropäischen und östlichen Völkern begehrtes) energie- und ressourcenfressendes Konsummodell, das die Natur dem grenzenlosen Wachstum der Profitwirtschaft als immerwährendem Rohstofflieferanten unterwirft. Für die Aufrechterhaltung *unseres* Konsummodells werden die unterentwickelt gehaltenen Länder ständig übervorteilt, ihre Ressourcen geplündert und ihre Bewohner oftmals ihrer Lebensgrundlagen beraubt. Und für die Verteidigung *unseres* Lebensstandards, dessen unentbehrlichster Rohstoff das Öl – wohlgemerkt, das *billige* Öl – ist, sind wir bereit, über Leichen zu gehen (zumal dann, wenn es sich hierbei »bloß« um Araber handelt). Doch weil wir, die Bewohner des reichen Nordens, nicht nur die Ressourcen und Rohstoffe des Südens, sondern auch noch die Moral und die Menschenrechte für uns gepachtet haben, müssen wir unsere niederen Beweggründe und materiellen Interessen stets verleugnen bzw. hinter so hehren Motiven wie »Verteidigung des Völkerrechts« verschanzen. Dies ist dann die Stunde *unserer* Intellektuellen (Marx nannte sie zuweilen die »nützlichen Idioten der Bourgeoisie«), die die Aufgabe haben, den schmutzigen Kriegsgeschäften einen höheren Sinn und eine höhere Moralität abzugewinnen.

Schon einmal in seiner Geschichte war das (westeuropäische) Kapital dabei, seine eigene Grundlage zu ruinieren: nämlich die menschliche Arbeitskraft. Nicht aus Philanthropie, sondern aus nacktem Eigeninteresse sahen sich die Manchester-Kapitalisten des 19. Jahrhunderts gezwungen, ihrem »Werwolfshunger nach Mehrarbeit« (Marx) vom Staat die Zügel anlegen zu lassen: durch die gesetzliche Beschränkung des Arbeitstages, durch Verbot der Kinderarbeit, der Nacht- und Sonntagsarbeit und andere Bestimmungen zum Schutz der Arbeitskraft. Dies war aber nur möglich durch die Kämpfe und den organisierten Widerstand der klassischen Arbeiter- und Gewerkschaftsbewegung.

Am Ende des 20. Jahrhunderts sind das internationale Kapital und seine ehemals »realsozialistischen«, nun zur »freien Marktwirtschaft« bekehrten Zauberlehrlinge dabei, die Naturbedingungen der Produktion und die Lebenswelten zu ruinieren. Mit den Kapital- und Finanzströmen haben sich auch *die sozialen und ökologischen Folgekosten der kapitalistischen Produktionsweise globalisiert.* Ozonloch, Klimakatastrophe, Versteppung der Böden, Ausbreitung der Wüsten, Hebung des Meeresspiegels etc. werden zur existentiellen Bedrohung für das ganze »Weltdorf« und seine Bewohner, einschließlich derer in den kapitalistischen Zentren. Der Widerstand dagegen brachte eine weltweite ökologische Bewegung hervor. Sie hat das öffentliche Bewußtsein über die Tragweite der ökologischen Problematik geschärft und in den westlichen Industrienationen eine Reihe gesetzlicher Mindestbestimmungen zum

Schutz der Natur und der Lebenswelten durchgesetzt. Diese sind allerdings noch völlig ungenügend und bleiben zumeist auf den nationalstaatlichen Rahmen beschränkt. Da die ökologische Frage nicht ohne die soziale Frage gelöst werden kann, da Armut und Naturvernichtung in der Dritten Welt einander bedingen, gebietet das nackte Eigen- und Überlebensinteresse den reichen Gesellschaften des Nordens, *eine radikale Wende in den Nord-Süd-Beziehungen und in der Weltökologiepolitik einzuleiten.*

Nichts steht einer solchen Wende mehr im Wege als der hochmütige und *menschheitsgefährdende Aberglaube, daß der Fortschritt der Welt in ihrer fortschreitenden Verwestlichung bestehe.* Vor allem der westliche Entwicklungsbegriff bedarf einer radikalen Kritik und Korrektur. Ökonomische Entwicklungsprozesse in einzelnen Volkswirtschaften wie der Weltwirtschaft insgesamt, die die natürlichen Lebensgrundlagen gegenwärtiger und zukünftiger Generationen zerstören und die sozialen Ungleichheiten verschärfen, können nicht mehr länger als »Entwicklung« definiert werden; sie sind als Ausbeutung zu charakterisieren. Entwicklung, die auf sozialen Ausgleich und auf Schonung der natürlichen Ressourcen und Ökosysteme bedacht ist, ist nicht meßbar in quantitativen Wachstumsgrößen des Welthandelsvolumens oder des Bruttosozialproduktes. Dies gilt nicht nur für die vielen Weltmarktverlierer, sondern auch für die wenigen Weltmarktgewinner, d. h. auch für die BRD und Japan. Ökonomisches Wachstum kann und darf keine absolute Zielgröße mehr sein, sondern allenfalls Teilergebnis eines nach qualitativen Maßstäben zu definierenden Entwicklungsprozesses. Und dieser verlangt eine *planvolle Politik selektiven Wachsens und Schrumpfens.* Das haben inzwischen auch die Sozialdemokraten begriffen. So heißt es im Bremer Grundsatzprogramm der SPD: »Wachsen muß, was natürliche Lebensgrundlagen sichert, Lebensqualität erhöht, . . . Selbstbestimmung und kreative Eigenarbeit fördert. Schrumpfen und verschwinden muß, was die natürlichen Lebensgrundlagen gefährdet.«[49] Dazu gehören, die SPD läßt hieran keinen Zweifel, vor allem Großchemie, Automobilindustrie und Energiewirtschaft.

Ökologiepolitik beschränkt sich jedoch nicht, wie die meisten Politiker und Wirtschaftsvertreter heute meinen, auf Umweltpolitik. Sie setzt vielmehr eine grundlegende Neudefinition des Verhältnisses

Mensch – Natur voraus: Zwei Systeme, das Natursystem und das gesellschaftlich-ökonomische System, müssen sich aufeinander beziehen, so daß Mensch und Natur langfristig existieren können. Von der »realsozialistischen« wie kapitalistischen Fortschrittsillusion, daß der Mensch gewissermaßen über der Natur stehe, weil er gelernt hat, sie zu beherrschen, ist endgültig Abschied zu nehmen. Er steht nicht außerhalb der Natur, er ist vielmehr ein Teil von ihr; und wenn er diesen seinen existentiellen Zusammenhang mit der Natur weiter verleugnet, wird das Verhältnis sich umkehren: *dann wird die Natur gegen ihn und seine auf Raubbau und Ausbeutung gegründete Zivilisation in einen vernichtenden Generalstreik treten.* Ihre zahlreichen »Warnstreiks« erleben wir bereits heute.

Im Mittelpunkt der Neubestimmung des Mensch-Naturverhältnisses muß eine grundsätzlich andere gesellschaftliche Regulierung des Ressourcenverbrauchs und der Belastung der natürlichen Lebensgrundlagen stehen, die als *strukturelle Ökologisierung* bezeichnet werden kann. Diese aber erfordert weltweit verbindliche Konventionen und entsprechende Weltbehörden, die deren Durchsetzung überwachen und die Verstöße gegen sie mit entsprechenden Sanktionen belegen. In diesem Zusammenhang schlagen die bundesdeutschen Grünen vor:

– daß die 1982 von der UN-Generalversammlung angenommene Weltcharta für die Natur, die umfassend die Pflichten zum maßvollen und sparsamen Umgang mit den natürlichen Ressourcen festhält und die laufende Überwachung von Ökosystemen regelt, mit völkerrechtlich verbindlichen und einklagbaren Rechtspflichten ausgestattet wird;

– daß wertvolle Naturräume und Ökosysteme gegen wirtschaftliche Ausbeutung geschützt werden, etwa durch Einrichtung eines Weltparks »Antarktis« und durch entsprechende Parks zum Schutz der noch verbliebenen Primärwälder;

– eine internationale Klimakonvention, die wirksame Emissionsreduktionsziele vorschreibt;

– Vereinbarungen über einen internationalen Umweltfonds in der Größenordnung von 1 Prozent des BSP aller Staaten, aus dem die Weltökologiepolitik der Zukunft gespeist werden kann. Zentrales Instrument der Mittelaufbringung müßte eine Weltenergiesteuer sein. Diese würde dafür sorgen, daß die Industriestaaten als die Nutznießer und

Hauptverursacher der bisherigen Fehlentwicklungen auch den Hauptteil der Mittel zur ökologischen Umstrukturierung der Weltwirtschaft aufbringen;
- internationale Handelsverbote, z. B. für Giftmüll, für Atomtechnologie und für bei uns verbotene Pestizide;
- Beschränkungen des internationalen Tourismus, um Umweltschäden und die Zerstörung kultureller Identitäten zu verhindern.[50]

Die sozialökologische Umstrukturierung der Weltwirtschaft wird die zentrale Aufgabe der neunziger Jahre und des kommenden Jahrhunderts sein. Sie wird die Arbeit mehrerer Generationen benötigen, einmal vorausgesetzt, die Menschheit hat noch soviel Zeit. Denn bekanntlich eskalieren die sozialen und ökologischen Krisen im Weltmaßstab schneller, als sich der politische Wille zur Durchsetzung globaler Regulierungen und bindender Konventionen und die dafür notwendigen internationalen Bündniskonstellationen formieren lassen. Und nicht wenig spricht dafür, daß die Menschheit diesen Wettlauf mit der Zeit verlieren wird, weil der nationale Egoismus der Staaten (vor allem der des reichen Nordens), die zügellose Profitsucht der transnationalen Kapitale im Bündnis mit den einheimischen Eliten in den Drittweltländern ökologische Konventionen und Schutzbestimmungen auf internationaler Ebene mit allen Mitteln zu torpedieren pflegen.

Entsprechend kümmerlich und unverbindlich fallen denn auch die Ergebnisse der diversen Klimakonferenzen, der Konferenzen zur Rettung der Nordsee, der Antarktis und der letzten großen Regenwaldgebiete der Erde aus. Bis sich die Experten und Regierungsvertreter zur nächsten Konferenz zusammenfinden, sind wieder viele tausend Quadratkilometer Nordseeboden veralgt und damit tot, sind wieder zahllose antarktische Tierarten vernichtet, sind wieder Millionen Tonnen Fische, Meeressäugetiere, Delphine, Seevögel in den Schleppnetzen der japanischen Fischereiflotten hängen geblieben. Und bis sich die Entwicklungshilfe-Geberländer endlich auf einen fragwürdigen »Internationalen Tropenwald-Aktionsplan«[51] geeinigt haben, der die Konservierung und Aufforstung der tropischen Wälder in den letzten Regenwaldgebieten (Amazonas, Westafrika und Südostasien) zum Ziel hat und sie gleichzeitig der kommerziellen Nutzung freigibt, wird die »grüne Lunge der Menschheit« von ausländischen Holz- und Bergbaukonzernen, landlosen Siedlern und feudalen Viehzüchtern weiter abgeholzt. Angesichts der kriminellen ökologischen Praktiken der kapitalistischen Geschäftswelt und der Unfähigkeit der Regierungen, ihnen die Zügel anzulegen, hat man wahrlich nicht allzuviel Grund, auf eine radikale und vor allem noch rechtzeitige ökologische Wende zu hoffen.

Das Etikett »umweltverträglich« ist längst zum Topgütesiegel in der Werbung von Automobil- und Lebensmittel-, Chemie- und Pharmakonzernen geworden. Und der »ökologische Umbau der Industriegesellschaft« firmiert inzwischen auf beinahe allen Kongressen von Parteien, Gewerkschaften und Wirtschaftsverbänden an vorderster Stelle, selbst bei den Christlich-Konservativen. Doch die meisten Herren in den grauen Nadelstreifenanzügen und mit den schwarzen Köfferchen, die heute diese flotte Formel auf den Lippen tragen und vor den Bildschirmen beredt kommentieren, scheinen noch nicht zu wissen, was sie da wirklich fordern: *nämlich nichts Geringeres als die Überwindung des Kapitalismus.* Denn der sozialökologische Umbau des kapitalistischen Systems steht im Widerspruch zu seinem innersten Antriebs- und Akkumulationsmotor: dem der Profitmaximierung um jeden Preis. »Der Sinn ökologischer Rationalisierung«, schreibt André Gorz, »kann zusammengefaßt werden unter dem Stichwort: ›*weniger, aber besser*‹. Ihr Ziel ist eine Gesellschaft, in der es sich mit weniger Konsum und Erwerbsarbeit besser leben läßt; denn man wird anders leben, arbeiten und konsumieren können und müssen als bisher. Ökologische Erneuerung erfordert letzten Endes, daß nicht mehr zum Zweck des Wachstums der Ökonomie investiert wird, sondern zum Zweck ihres Schrumpfens ... Es kann aber keine ökologische Erneuerung ohne Begrenzung der Dynamik kapitalistischer Akkumulation geben.«[52]

Die sich jetzt multimedial als Sieger im Systemkampf ausrufen, scheinen noch nicht begriffen zu haben, daß dem »siegreichen« Kapitalismus sein schwerster, sein härtester, ja, sein eigentlicher Epochenkampf erst noch bevorsteht: der gegen sich selbst, gegen seinen alles verschlingenden, alles verwertenden und in Mehrwert verwandelnden Dämon! Sollte die vom Kapitalismus sozialisierte Gesellschaft es nicht schaffen, seiner vollkommen verselbständigten ökonomischen Expansions- und Zerstörungslogik die Zügel anzulegen und den Primat der Ökologie über die Ökonomie durchzusetzen, dann allerdings können wir uns samt unseren Kindern und Enkeln getrost den kommenden

Apokalypsen überlassen und beim Eintritt ins 21. Jahrhundert wie Dantes Vergil beim Betreten der Unterwelt sagen: »Laßt alle Hoffnung fahren!«

8. Neue Weltwirtschaftsordnung oder neue Völkerwanderung

Die mit der Abrüstung des Ost-West-Konfliktes einhergehende Hoffnung auf eine neue Epoche der Abrüstung und des Weltfriedens ist schon durch den Golfkrieg jäh ernüchtert worden. Das einzige, was in den Ländern des Südens im Überfluß vorhanden ist, sind Waffen, die »wir zwecks Erhaltung von Profit und Arbeitsplätzen dorthin geliefert haben« (Till Bastian).[53] Ölpreiserhöhung und steigende Zinsen drohen viele Völker des Südens endgültig in den Ruin zu treiben. Wasserknappheit und Nahrungsmangel nehmen weltweit zu. Weil sich das Klima verändert, werden die Lebensgrundlagen auf der südlichen Erdhälfte dramatisch schrumpfen. Und da der Meeresspiegel durch die globale Erwärmung steigen wird, sind besonders die Küsten, wo 50 Prozent der Weltbevölkerung leben, von Überschwemmungen bedroht. Nach Ansicht der Ärzte für die Verhütung des Atomkrieges (IPPNW) werden Hunger und Armut in der Dritten Welt als Folge der weltweiten Naturzerstörung zu *Verteilungskriegen von bisher ungeahnter Wucht führen*,[54] Kriege, die um die letzten intakten Biotope und Wasservorräte und um die letzten Areale fruchtbarer Böden geführt werden.

Wir, die Bewohner des reichen Nordens, haben uns daran gewöhnt, den »Regionalkonflikten und -kriegen« in den Drittweltländern als TV-Zaungäste beizuwohnen, um ansonsten ungestört unseren Geschäften nachzugehen. Doch so einfach werden wir in Zukunft nicht mehr davonkommen: denn jetzt kommen die vor Hunger und Krieg flüchtenden Menschen aus den Drittweltländern zu uns – und zwar in Heerscharen!

Der »Hohe Flüchtlingskommissar« der Vereinten Nationen (UNHCR) erkennt derzeit rund 17 Millionen Menschen als Flüchtlinge an. Zu diesen Flüchtlingen, die im Ausland zumindest zeitweilig Aufnahme gefunden haben, kommen immer mehr, die innerhalb ihres eigenen Landes vor Not und Terror geflohen sind. Der UNHCR

schätzt die Zahl dieser »international displaced persons« auf mindestens 20 Millionen, die Hälfte dieser obdachlosen und entwurzelten Menschen irrt derzeit durch Afrika.[55] Das Weltflüchtlingsproblem belastet bislang vor allem die armen und unterentwickelten Länder. Neun von zehn Flüchtlingen leben in der Dritten Welt.
Das Ende des kalten Krieges verschärft das Flüchtlingselend weiter: »Für die reichen Länder«, urteilt UNHCR-Direktor Michel Moussalli, »fielen bisher politische Interessen und humanitäre Traditionen zusammen. Die meisten Flüchtlinge waren Zeugen für die Propagandaschlacht gegen den Kommunismus.«[56] Jetzt aber, da die kommunistischen Regime und Einheitsparteien auch in Afrika beseitigt sind, kann man ihnen nicht mehr das Flüchtlingselend in die Schuhe schieben. Mengistu in Äthiopien ist gestürzt – Hunger und Massenflucht vor Hunger und Dürre aber sind geblieben.
Die Regionalkonflikte während des kalten Krieges erscheinen nachgerade harmlos gegen die Premiere der »Neuen Weltordnung« am Persischen Golf. Der überstürzte UN-Krieg gegen den Irak setzte Flüchtlingsströme in Bewegung, die in der Geschichte der UN-Hilfsorganisation ohne Beispiel sind. Innerhalb von Tagen flohen Ende April 1991 1,3 Millionen Schiiten und Kurden vor den Schergen Saddam Husseins in den Iran und rund eine halbe Million Kurden in die Türkei. Etwa eine halbe Million Palästinenser mußten ihre Gastländer am Golf verlassen, weil ihre Führung auf den falschen Schutzherrn gesetzt hatte. Der Golfkrieg hat fern der Front Hunderttausende von Menschen entwurzelt und eine innerarabische Völkerwanderung in Gang gesetzt, die nach jüngsten Schätzungen von Greenpeace etwa 3 Millionen Menschen umfaßt. Sie kommen in den Kriegskostenkalkulationen der amerikanischen Sieger nicht vor.
Die innerarabische Völkerwanderung aber ist nur ein »Nebenstrom«, verglichen mit jenem Hauptstrom von Elendsflüchtlingen, die bis zur Jahrtausendwende aus den Ländern des Trikonts, vor allem aus Afrika, den südlichen Mittelmeerländern und Asien erwartet werden. Die Europäische Gemeinschaft rechnet damit, daß es in zehn Jahren in den südlichen Mittelmeerländern für 100 Millionen Menschen keine Existenzgrundlage mehr gibt. Dazu kommt die Flüchtlingswelle aus dem Osten. Die Sinti und Roma aus Rumänien, die Aussiedlerströme aus Polen und der ehemaligen Sowjetunion sind die Vorboten der »größten

und längsten Migrationswelle, die die Welt je gesehen hat« – so der Generaldirektor der Internationalen Organisation für Wanderungsbewegungen in Genf.[57] Den reichen und auch nicht so reichen Mitteleuropäern droht ein Ansturm der Elenden und Entwurzelten aus aller Herren Länder. Nicht politische Verfolgung, sondern Angst vor der wirtschaftlichen Zukunft läßt Millionen Menschen in den neuen Demokratien des Ostens an eine Auswanderung nach Deutschland denken.

Entsprechend wächst in den reichen Ländern des Nordens die Angst vor den Immigrationsströmen aus dem Osten und Süden. Mit Horrorszenarien, in denen die Wandermenschen der Zukunft heuschreckengleich über die Alte Welt herfallen, schüren selbsternannte Experten Überfremdungsängste. Nicht mehr die Atomwaffen der Sowjetunion sind für den Bonner Verteidigungsstaatssekretär Willy Wimmer die Bedrohung, sondern der »Wandermensch ist die Waffe der Zukunft«.[58]

Jetzt, am Ende des 20. Jahrhunderts, da infolge der globalen Vernetzung der Kapital- und Finanzströme, der Verkehrs- und Kommunikationsmittel die Welt zu einem »Weltdorf« geworden ist, steht das vor Krieg und Hunger flüchtende und seiner natürlichen Lebensgrundlagen enteignete Proletariat des Südens vor den Toren der kapitalistischen Metropolen und begehrt Einlaß. Jetzt wird der Zivilisation des »weißen Mannes« die Rechnung dafür präsentiert, daß sie ihren Reichtum jahrhundertelang auf Kosten der Dritten Welt akkumuliert und diese an einer eigenständigen Entwicklung gehindert hat. Eben weil sich das »allgemeine Gesetz der kapitalistischen Akkumulation« (Marx), nämlich Prosperität für die einen und Hunger, Armut und Verelendung für die anderen zu erzeugen, im Weltmaßstab durchgesetzt hat, kehrt es sich jetzt, in Gestalt ungeheurer Migrationsströme, gegen seine historischen Verursacher. Die »Chaosmasse« der Dritten (und zunehmend auch der ehemals Zweiten) Welt ante portas!

Die ökonomischen Sieger im kalten Krieg scheinen noch nicht gemerkt zu haben, daß das so »erfolgreiche« und neuerdings wieder so unbescholtene kapitalistische Weltsystem vor der größten Herausforderung seiner Geschichte steht und daß es diese nicht wird bestehen können, wenn nicht die Ursachen der kommenden Migrationswellen

vorbeugend bekämpft werden. Vorbeugung aber heißt: die Lebensgrundlagen in den Ländern des Trikonts (und des Ostens) zu verbessern bzw. zu regenerieren und die Kriegsursachen zu bekämpfen. Dies aber setzt eine *Neustrukturierung der Nord-Süd-Beziehungen und eine grundlegende Neuordnung der kapitalistischen Weltmarktökonomie voraus.*
Diese Neuordnung impliziert die Schaffung von qualitativ neuen Rahmenbedingungen, globalen Strukturen und Regulierungen der Weltmarktökonomie, die erstens das ökologische Gleichgewicht auf dieser Erde zu bewahren helfen, zweitens den armen Ländern des Südens und Ostens eine eigenständige Entwicklung ermöglichen und drittens zu einer schrittweisen Demokratisierung der Weltwirtschaft und ihrer wichtigsten Agenturen führen.
Ein Ausgleich zwischen Nord und Süd ist, wie alle Analysen zeigen, über die bisherige »Entwicklungs«politik nicht herzustellen. Die jetzt in konservativen Kreisen vielzitierte »Hilfe zur Selbsthilfe« droht zu einer Veranstaltung zur subsidiären Bearbeitung der Armut durch die Armen selbst zu verkommen; eine Armut, die durch die aggressive und expansive Außenwirtschaftspolitik der hochkapitalistischen Länder ständig neu produziert wird.
Voraussetzung für eine eigenständige Enwicklung der verschuldeten Drittweltländer – und dies wird in Zukunft auch für die verschuldeten Länder des ehemaligen Sowjetblocks gelten – ist, *der Zwangsintegration in den Weltmarkt, vermittelt über Exportsteigerung zwecks Devisenbeschaffung für den Schuldendienst, zu entgehen.* Eigenständige Entwicklung bedeutet Regional- und Binnenorientierung statt Weltmarktorientierung: Diese Politik setzt die wirtschaftlichen und gesellschaftlichen Ressourcen für die Grundbedarfssicherung bzw. den ökologischen und sozialen Umbau ein. Das heißt nicht Streben nach nationaler Autarkie und völliger Abkoppelung vom Weltmarkt. Die Vorteile der internationalen Arbeitsteilung und Handelsbeziehungen müssen natürlich genutzt werden.
Notwendig wäre außerdem eine *umfassende und globale Entschuldung.* Würden die Länder des Südens umfassend »entschuldet« und auf den Weltmärkten nicht länger übervorteilt und betrogen werden, dann erhielten sie auch bessere »terms of trade« und damit auch größere Spielräume für eine eigenständige Entwicklung.

Eine solche Entschuldung wäre nicht einmal als generöses »Geschenk« der Gläubigerbanken und -länder zu bewerten, vielmehr als verspäteter Lastenausgleich für den einseitigen Ressourcentransfer in Richtung Süd-Nord.
Was die fünfhundertjährige Geschichte der europäischen Kolonisation den Völkerschaften des Trikonts zugefügt hat – systematischer Völkermord im Namen des Kreuzes, Massendeportation und Versklavung, Vernichtung der einheimischen Kulturen (die ja noch immer weitergeht) –, diese vor keinem Gerichtshof jemals eingeklagten Verbrechen des »weißen Mannes« ließen sich in Dollars sowieso nicht aufwiegen.
Zwar empfangen wir heute TV-Bilder von den fernsten Weltgegenden, zwar wird uns das Elend, werden uns die alltäglichen Katastrophen der Dritten Welt in zahllosen Reportagen vorgeführt; doch das scheint eher eine abstumpfende Wirkung zu haben, als dem Norden seine geschichtliche Verantwortung und Schuld bewußt zu machen. Selten wird von den Medien reportiert, wie westdeutsche Konzerne und Banken an der Ausplünderung der Dritten-Welt-Länder beteiligt sind, dafür ist die dortige Bevölkerungsexplosion ein mediales Dauerthema. Die Botschaft ist klar, auch wenn sie nicht offen ausgesprochen wird: Die Völker des Süden sind an ihrem Elend selber schuld! Warum vermehren sie sich auch so unmäßig? Daß bei einem anderen, schonenden Umgang mit den natürlichen Ressourcen und fruchtbaren Böden, bei einer anderen Wasserbewirtschaftung und bei einer anderen Weltagrarpolitik (statt Monokulturen Mischwirtschaften, statt Einsatz von Pestiziden natürliche Düngemittel, statt Exportzwang Produktion für den eigenen Bedarf usw.) dieser Planet auch die doppelte Weltbevölkerung noch ernähren könnte, wie jüngste Untersuchungen einer UN-Forschungsgruppe ergeben haben, erfährt der hiesige TV-Konsument nicht.[59]
Das Entwicklungsprogramm der Vereinten Nationen (UNDP) hat einen »Bericht der menschlichen Entwicklung 1991« vorgelegt, dessen Kernaussage ist: *Nicht fehlende finanzielle Mittel sind die wirkliche Ursache für die sozialen Versäumnisse im Trikont, sondern »der Mangel an politischem Willen«.* Rund 20 Milliarden Dollar pro Jahr seien notwendig, um bis zum Jahr 2000 in der Dritten Welt realistische soziale Ziele in bezug auf Grundbildung, elementare Gesundheits- und Wasserversor-

gung, Familienplanung, Beseitigung gravierender Unterernährung und absoluter Armut zu erreichen. Allein durch eine jährliche Kürzung der Rüstungsausgaben in den Industrieländern um drei Prozent könnten 25 Milliarden Dollar aufgebracht werden, durch ein Einfrieren der Militärkosten in der Dritten Welt auf dem jetzigen Stand wären weitere zehn Milliarden Dollar pro Jahr vorhanden.

Um zu einer anderen Verteilung der Mittel zu kommen, seien politische Strategien gegen die herrschenden Machtgruppierungen wie Militär, Großgrundbesitzer, städtische Eliten oder korrupte Bürokratien notwendig. Eine ganz entscheidende Rolle könnten nach Ansicht der UN-Experten die Industrieländer spielen, die die Vergabe von Entwicklungshilfe stärker an Auflagen (etwa Landreformen oder Rüstungsabbau) koppeln sollten. Gleichzeitig sollten sie die Mittel stärker auf soziale Prioritäten konzentrieren. Bisher werde international für solche Zwecke *nur ein Zwölftel der Entwicklungshilfe verwendet.* Viel zu viel Geld fließe in kapitalintensive Großprojekte und Expertengehälter statt in den Aufbau lokaler Institutionen und sozialer Grundversorgung. Zur Umsteuerung der Entwicklungshilfegelder für soziale Zwecke hätten die westlichen Industrieländer viele Druckmittel, die sie anwenden könnten, wenn sie nur wollten.[60]

»Demokratie«, »Menschenrechte« und das Recht auf Selbstbestimmung der Völker gehören zu den Grundwerten der westlichen Völkergemeinschaft, über deren weltweite Anerkennung und Durchsetzung internationale Organisationen wie die UN zu wachen haben. Wo diese fundamentalen Prinzipien verletzt oder mißachtet werden, werden die betreffenden Regime durch Wirtschaftssanktionen und Embargos unter Druck gesetzt oder sogar durch militärische Interventionen im Namen der Völkergemeinschaft auf die Knie gezwungen. Doch haben diese fundamentalen Prinzipien, als deren Hüterin sich die westliche Zivilisation begreift, gerade dort bislang keinerlei Geltung, wo das Selbstbestimmungsrecht der Drittweltvölker existentiell berührt wird: auf der Ebene der globalen Weltmarktagenturen und der transnationalen Konzerne. Hier haben wir es vielmehr *mit autokratischen, mit alt- bzw. neofeudalen Herrschaftsverhältnissen wie im Mittelalter zu tun.*

Der Zugriff der Multis auf die Welt nimmt an Macht und Ausmaß beständig zu. Transnationale Konzerne, vor allem Rüstungskonzerne, und Banken müssen daher in das Zentrum der öffentlichen Kritik und der gesellschaftlichen Kontrolle gerückt werden. Nur die Demokratisierung und Dezentralisierung wirtschaftlicher Macht kann auf Dauer eine größere weltweite Verteilungsgerechtigkeit garantieren und damit das Risiko künftiger Verteilungskriege (um die letzten intakten Biotope und Ressourcen) vermindern. Nur der Aufbau einer effektiven Mitbestimmung in transnationalen Konzernen, die weltweite Vernetzung von Gewerkschaften, kritischen Verbraucherinitiativen, Umweltverbänden etc., die Durchsetzung verbindlicher Verhaltenskodizes für transnationale Konzerne sowie eines wirksamen Kartell- und Entflechtungsrechts auf nationaler wie internationaler Ebene (d. h. letztlich auf der Ebene der Vereinten Nationen), kann verhindern, daß Multis und Banken sich in ihren Investitionsentscheidungen und ihrer Finanzpolitik allein von Gewinninteressen und vom sozialdarwinistischen »Recht des Stärkeren« leiten lassen.

Von größter Bedeutung in diesem Zusammenhang ist die Neustrukturierung der bisherigen Weltmarktagenturen. Der IWF müßte in seiner Funktionsweise demokratisiert und die Weltbank, dieser von den reichen Industrienationen beherrschte neofeudale Club, in dezentrale, nicht profitorientierte Fondsstrukturen umgewandelt werden, um eine gezielte, regional sinnvolle und mit den betroffenen Ländern und Völkern abgestimmte Förderungspolitik zu ermöglichen. Vor allem müßten Maßnahmen zur »Zähmung« und Kontrolle der internationalen privaten Finanzströme ergriffen werden: internationale Regulierungen der Banken und Finanzmärkte, gezielte Besteuerung von Spekulation und schärfere Kontrollen der Börsen. Analog zum Weltsicherheitsrat müßte ein UN-Weltwirtschaftsrat institutionalisiert werden, der regelmäßig tagt und anstelle der jährlichen Weltwirtschaftsgipfel der sieben mächtigsten kapitalistischen Staaten Koordinierungs- und Kontrollfunktionen übernimmt. Hier müßten – für alle Mitgliedsstaaten bindende – Leitlinien für Wirtschafts- und Währungspolitik vereinbart werden, die auch die Interessen des Südens und Ostens berücksichtigen.[61] Die vor allem in den USA und der EG üblichen Dumpingpraktiken beim Export von hochsubventionierten Agrargütern, die zu Lasten der Bauern in Lateinamerika, Asien und Afrika gehen und diese oftmals in den Ruin treiben, müßten mit entsprechenden Sanktionen belegt werden. Dazu gehörte auch die Selbstverpflichtung der Industrieländer zum Verzicht von Rüstungsexporten in die Drittweltländer.

Zwar scheint es den Vordenkern unter den Führungseliten der westlichen Industriestaaten inzwischen zu dämmern, daß an einer Neustrukturierung der Nord-Süd-Beziehungen und an einer Neuordnung der Weltwirtschaft kein Weg vorbeiführt, wenn man die Ursachen der weltweiten Migration wirksam bekämpfen will. Doch folgen solchen Einsichten und öffentlichen Appellen kaum Taten.

Statt dessen sucht das aufgeschreckte EG-Europa mit fieberhafter Eile Vorkehrungen gegen die kommende Flüchtlingswelle zu treffen und das »Palais Europa« nach Süden und Osten dichtzumachen. Der eben erst gefallene »Eiserne Vorhang« wird vom Westen peu à peu wieder aufgerichtet: durch militärische Grenzkontrollen an der ungarisch-österreichischen und der deutsch-polnischen Grenze, Verschärfung der Einwanderungsbestimmungen, drastische Einschränkung des Asylrechtes (eben deshalb soll ja auch das deutsche Asylrecht, das bisher großzügigste der Welt, per Grundgesetzänderung gekippt werden, weil es mit den restriktiven Asylrechtsbestimmungen der anderen EG-Länder koordiniert werden muß).

Die führenden Staaten der EG schicken sich an, in die von der Sowjetunion geräumte Stellung als Ordnungsmacht für Osteuropa einzurücken. Dies ist der eigentliche (Hinter-) Sinn der viel beschworenen politischen und sicherheitspolitischen Union Europas. An einer »europäischen Eingreiftruppe« wird schon gebastelt, und an den entsprechenden völker- und staatsrechtlichen Rahmen – innerhalb der NATO, der UNO, der KSZE, der WEU etc. Wird ihr in Zukunft vor allem die Funktion zufallen, die Migrationsströme an den Ost- und Südgrenzen Europas aufzuhalten?

Schon formiert sich in den europäischen Ländern eine, noch unter demokratischen Parolen verhüllte, latent rassistische Volks- und Wohlstandsgemeinschaft – gegen die Hungerleider, Habenichtse und »Nassauer« aus dem Süden und Osten, die verlangen, daß »wir unseren schwer erarbeiteten Wohlstand mit ihnen teilen«. Daß unser Wohlstand mit ihrer Armut historisch und ökonomisch zusammenhängt, davon will man in den hiesigen Wohlstandszitadellen nichts wissen. Statt dessen werden die kollektiven Überfremdungs- und Besitzstandsängste geschürt und wird Otto Normalverbraucher schon jetzt innerlich eingestimmt auf die staatlich-polizeilichen Abwehrmaßnahmen und bevorstehenden Abwehrschlachten gegen das Heer der Immigranten, die »wir mit durchfüttern sollen«.

Was in dem Cine-Melodram »Der Marsch« prophezeit wurde – ein gewaltiger Elendszug aus Afrika wird an Europas Wohlstandsgrenzen gewaltsam gestoppt – ist in Süditalien bereits Wirklichkeit geworden: Mit Polizeiknüppeln trieb man die Flüchtlinge aus Albanien zurück. Bereitet sich EG-Europa darauf vor, statt der Migrationsursachen die Migranten zu bekämpfen?

Heute steht der reiche Norden, steht insbesondere EG-Europa vor der historischen Alternative: *entweder eine neue Weltwirtschaftsordnung aufzubauen – und dies kann nur gelingen, wenn langfristige Enwicklungspolitik den Vorrang vor kurzfristigen Profitinteressen erhielte – oder aber sich gegen den Daueransturm einer neuen Völkerwanderung zu rüsten, wie das christliche Abendland sie noch nicht gesehen hat.* Es ist aber eine Illusion, zu glauben, ein EG-Europa, das seine inneren Grenzen beseitigt, um seine äußeren desto mehr abzuschirmen, könnte auf Dauer eine zivile und multikulturelle Republik werden. Es könnte nur eine kriegerische Festung werden, die auch in ihrem Innern neue Ausbrüche von Rassismus, Fremdenhaß und Nationalismus erzeugen würde. In vielen EG-Ländern, auch in Deutschland, hat die Hatz auf Asylbewerber, Immigranten, Ausländer und Gastarbeiter – bis hin zu Überfällen auf Asylantenwohnheime, Brandstiftung und Totschlag – schon begonnen. Und sie kann mit der klammheimlichen Sympathie erheblicher Bevölkerungsteile rechnen.

9. Verkürzung und Umverteilung der Arbeit oder duale Gesellschaft

Die sich innerhalb des »Palais Europa« formierende Abwehrfront gegen die anwachsenden Immigrantenströme hat allerdings auch handfeste soziale Ursachen: Wo nicht nur Wohnungen immer knapper und teurer werden, sondern auch Vollzeitarbeitsplätze immer weniger zur Verfügung stehen und die Konkurrenz auf dem Arbeitsmarkt gleichzeitig härter wird, da erscheinen Aus- und Übersiedler, Immigranten und Asylbewerber als unliebsame Konkurrenten und potentielle Lohndrücker.

Das Bewußtsein der kritischen Zeitgenossen ist vor allem durch das

Ticken der ökologischen Zeitbombe alarmiert worden, weniger dagegen durch das Ticken jener sozialen Zeitbombe, die der *fortschreitende Zerfall der Arbeitsgesellschaft* bedeutet. Dieser nimmt, bedingt durch den Systemwechsel, derzeit in Ostdeutschland und in einigen osteuropäischen Ländern zwar besonders dramatische Formen an, ist jedoch für alle hochkapitalistischen Länder charakteristisch. Auch auf dieser Ebene steht der Kapitalismus – und zwar in seinen eigenen Metropolen – vor einer neuartigen historischen Herausforderung. Die strukturelle Krise der Arbeitsgesellschaft ist die Kehrseite seiner unerhörten Produktivkraftentwicklung und seines letzten großen Modernisierungsschubs. Die mikroelektronische Revolution hat einen technischen Wandel von beispiellosem Umfang und Tempo in Gang gesetzt. Deren Wirkung und Zweck liegt in schnell wachsenden Arbeitsersparnissen, und zwar ebenso in der Industrie wie in Verwaltungen und im Dienstleistungsgewerbe. Durch Automatisierung und Computerisierung können wachsende Produktionsmengen mit ständig abnehmenden Arbeitsmengen gewährleistet werden.

Der technologische Modernisierungsschub des Kapitalismus wird – wie alle früheren – von den Arbeitnehmern als krisenhafter Prozeß erfahren: in Form anhaltender Rationalisierungswellen und struktureller Massenarbeitslosigkeit. Zum ersten Mal in der westdeutschen und westeuropäischen Wirtschaftsgeschichte stieg denn auch während des langen Konjunkturzyklus von 1983 bis 1990 die Arbeitslosigkeit *im Aufschwung* an und konnte seither nicht mehr (oder nur vorübergehend) abgebaut werden. In den OECD-Staaten (EG, EFTA, USA, Kanada, Australien, Neuseeland und Japan) hat die Arbeitslosigkeit längst die 30 Millionen-Grenze überschritten. Die durchrationalisierte kapitalistische Ökonomie *ist strukturell nicht mehr in der Lage, Arbeit für alle, geschweige denn Vollzeitarbeitsplätze für alle zu schaffen.* Auch die enorme Ausdehnung des Dienstleistungssektors kann die freigesetzten Arbeitskräfte kaum noch binden, denn dieser wird gleichfalls durchrationalisiert.

Was die Arbeitgeber »Flexibilität« nennen, bedeutet für die Arbeitnehmer unweigerlich, daß ihr Arbeitsplatz unsicher, ihr Arbeitsverhältnis prekär wird. In Frankreich gilt das sog. »Normalarbeitsverhältnis« bloß für ein Drittel der neueingestellten Arbeitskräfte, in der (alten) Bundesrepublik bloß für die Hälfte. In den USA und Großbritannien

machen die Arbeitslosen und die prekär Beschäftigten mehr als 45% der Erwerbsbevölkerung aus. In Großbritannien sind 50% der Frauen und 25% der Männer – d. h. 36% der Lohnabhängigen – aus dem Normalarbeitsverhältnis ausgeschlossen. 90% der Arbeitsplätze, die in den letzten fünf Jahren geschaffen wurden, sind prekäre oder Teilzeitarbeitsplätze. In den USA entsprechen 60% der Arbeitsplätze, die in den 80er Jahren geschaffen wurden, einem Lohnniveau, das unterhalb der Armutsgrenze liegt. Zwischen 35% und 50% der britischen, französischen, deutschen und amerikanischen Erwerbsbevölkerung sind also aus unserer sog. Arbeitsgesellschaft, ihrer Werteskala und ihrem Leistungsethos ausgegrenzt:[62] Das aber heißt: *Das Gesellschaftssystem hat sich gespalten und zur Enstehung einer »Dualgesellschaft« geführt.*
Nach einer Studie des Forschungsinstituts des Deutschen Gewerkschaftsbundes (die noch vor den großen Umbrüchen im Osten erstellt wurde) würde eine Fortsetzung der gegenwärtigen Entwicklung in einem Jahrzehnt zur völligen Segmentierung der Erwerbsbevölkerung führen – und zwar in folgende Bestandteile:
– 25 Prozent qualifizierte Stammarbeitnehmer, die innerhalb der Großbetriebe unter tarifvertraglich gesicherten Beschäftigungsverhältnissen arbeiten;
– 25 Prozent periphere Arbeitnehmer, die in Subkontraktunternehmen und im Dienstleistungsbereich prekären, schlecht qualifizierten und unterbezahlten Beschäftigungen nachgehen;
– 50 Prozent Randarbeitnehmer, Arbeitslose oder periodisch Arbeitslose, die Hilfs-, Gelegenheits- und Saisonarbeiten verrichten. Die DGB-Studie kommt zu dem Schluß, daß der klassische *»Interessengegensatz zwischen Arbeit und Kapital zunehmend von einem Interessenantagonismus zwischen Stammarbeitnehmern einerseits und Randarbeitnehmern bzw. Arbeitslosen andererseits überlagert wird«*;[63] wobei die beiden letztgenannten Kategorien vor allem in den neuen Bundesländern und in den osteuropäischen Ländern massiert auftreten werden.
Nur eine Langzeitstrategie der weiteren Verkürzung der Arbeitszeit bei gleichzeitiger Umverteilung der immer knapper werdenden Erwerbsarbeit – eine Strategie, wie sie in der BRD von der Vorreitergewerkschaft IG-Metall offensiv vertreten wird – kann den Marsch in die »duale Gesellschaft« aufhalten und zugleich für einen gewissen sozialen Ausgleich innerhalb der neuen Hierarchie der Arbeitnehmerschaft

sorgen. Dazu bedürfte es allerdings bindender Auflagen an die Unternehmen, die laufenden Arbeitszeitverkürzungen nicht bloß – wie bisher – zur weiteren Rationalisierung zu benutzen. In der BRD ist eine offensive gewerkschaftliche Arbeitszeitpolitik infolge der hohen und steigenden Produktivität und der gleichzeitig enormen Zuwanderung besonders notwendig. Seit Januar 1989 sind etwa 2,5 Millionen Menschen in die alten Bundesländer gekommen – Aussiedler, DDR-Übersiedler und ausländische Zuwanderer. Sollen sie integriert werden und nicht bloß der Sozialhilfe anheimfallen, muß die gesellschaftliche Gesamtarbeit neu verteilt werden.

Und doch wäre es falsch und einseitig, sein Augenmerk nur auf die negative, die sozial polarisierende Wirkung des technologischen Modernisierungs- und Rationalisierungsprozesses zu heften, ohne die emanzipatorischen und zivilisatorischen Potenzen wahrzunehmen, die dieser Prozeß gleichzeitig freisetzt. Was derzeit massenhaft als krisenhafter, die Arbeitnehmerschaft spaltender Prozeß erlebt wird, birgt in sich auch *die »Umwälzungsfermente« einer qualitativ neuen Gesellschafts- und Wirtschaftsform, die nicht mehr auf der klassischen »Ökonomie der Arbeitszeit« und der Lohnarbeit gründet*. Folgende Daten sprechen für sich: Die kapitalistischen Länder Europas schöpfen heute drei- bis viermal mehr Reichtümer als vor 35 Jahren. Für diese mehr als verdreifachte Produktion wird jedoch nicht eine dreimal größere, sondern eine viel kleinere Anzahl von Arbeitsstunden benötigt. In der BRD z. B. hat das jährliche Arbeitsvolumen seit 1955 um 30 Prozent abgenommen. Diese Entwicklung bedeutet ganz einfach, »*daß wir nicht mehr in einer Arbeitsgesellschaft leben*. Arbeit, Erwerbsarbeit ist nicht mehr das wichtigste Band, das die Menschen in die Gesellschaft einbindet, sie ist nicht mehr der wichtigste Sozialisierungsfaktor, nicht mehr die wichtigste Beschäftigung und auch nicht mehr die wichtigste Quelle des Reichtums, der Wohlfahrt und des Lebenssinns« (André Gorz).[64]

Diese Entwicklungstendenz hat Karl Marx bereits im Zeitalter der Dampfmaschine vorausgesehen. Aus der kapitalistischen Produktivkraftentwicklung hat er die Perspektive einer Gesellschaft abgeleitet, in der »nicht mehr die Arbeitszeit, sondern die disposable time (die Freizeit) das Maß des Reichtums wird ... Die freie Entwicklung der Individualitäten ist jetzt das Ziel ... und überhaupt die Reduktion der notwendigen Arbeit der Gesellschaft zu einem Minimum ... Denn der wirkliche Reichtum ist die entwickelte Produktivkraft aller Individuen«.⁶⁵

Ein Vorschein dieser Marxschen Vision ist der Wertewandel, der sich heute in Form wachsender Bedürfnisse nach individueller Selbstverwirklichung und Kreativität ausdrückt. Die vermehrte Freizeit hat die Menschen auf den Geschmack gebracht, selbstbestimmt leben und nicht mehr nur ökonomisch zweckbestimmt arbeiten zu wollen. Die Arbeit als Fron hat ihren Mythos verloren. Der Absolutheitsanspruch der alten Berufs- und protestantischen Arbeitsethik hat sich überlebt. Es stimmt weder, daß man mehr arbeiten muß, um mehr zu produzieren, noch daß Mehrproduktion, Wachstum um jeden Preis, zu einem besseren Leben führt. »Das Band zwischen dem ›mehr‹ und dem ›besser‹ ist gerissen; denn die meisten unserer Bedürfnisse sind weitgehend gedeckt, während viele unserer unbefriedigten Bedürfnisse nicht durch Mehrproduktion gedeckt werden können, sondern dadurch, daß *anders* produziert und *anders* hergestellt wird – ja sogar, daß *weniger* produziert wird. Dies gilt insbesondere für unsere Bedürfnisse nach gesunder Luft, trinkbarem Wasser, nach Raum, Ruhe, Schönheit, Zeit und zwischenmenschlichen Beziehungen« (André Gorz).⁶⁶

Diese neuen nicht- bzw. postmateriellen Bedürfnisse sind erstmals von den sozial-ökologischen Bürgerbewegungen der achtziger Jahre artikuliert worden; tatsächlich sind für die breiten Mittelschichten (nicht dagegen für die von neuer und alter Armut Betroffenen) die meisten materiellen Bedürfnisse gedeckt. Hier treten denn auch deutlich das Bedürfnis nach individueller Selbstverwirklichung und das Bedürfnis, zwischen alternativen Lebensentwürfen frei wählen zu können, deutlich in den Vordergrund. Entsprechend hat auch die Individualisierung der Lebensstile enorm zugenommen.

Aber auch für die Masse der Arbeiterkonsumenten, vor allem der in prekären und schlecht bezahlten Arbeitsverhältnissen stehenden »bad jobber«, ist (wie soziologische Untersuchungen ergeben haben), die Leitutopie nicht mehr die »Arbeitermacht«, sondern die Macht, nicht mehr als Arbeiter funktionieren zu müssen. Der Akzent liegt immer weniger auf der Befreiung in der Arbeit und immer mehr auf der Befreiung von der Arbeit – bei voller Einkommensgarantie.⁶⁷

In einem gesellschaftlichen Kontext, in dem es keine ausreichenden

Vollzeitarbeitsplätze für alle mehr gibt, wird es zum Überlebensgebot für die Gewerkschaftsbewegung selbst, die alte Arbeitsideologie aufzugeben, die nicht mehr dem Entwicklungsstand der Produktivkräfte im elektronischen Zeitalter entspricht. Das Recht auf Arbeit für alle kann aber nur dann gesichert werden, wenn mit der Verkürzung der Arbeitszeit innerhalb der Ökonomie zugleich außerhalb der Ökonomie neue Arbeitsmöglichkeiten, nicht ökonomisch zweckbestimmte Aufgaben entwickelt werden und allen offenstehen. Nur die Befreiung von der ökonomisch zweckbestimmten Arbeit durch Arbeitszeitverkürzung und die Entwicklung von »Alternativen zur Lohnarbeit« in Gestalt anderer, selbstbestimmter und selbstgesteuerter Tätigkeitsweisen können den Lohnarbeitseinsparungen, die unweigerlich aus der laufenden technologischen Revolution hervorgehen, einen Sinn verleihen. Das Konzept einer Gesellschaft der befreiten Zeit, in der alle Arbeit finden, aber immer weniger ökonomisch zweckbestimmt arbeiten müssen, dieses Konzept ist – so André Gorz – der mögliche Sinn der gegenwärtigen historischen Entwicklung.

Der Kampf für die Verkürzung der bezahlten Arbeit muß aber zugleich mit einer neuen fairen Verteilung der unbezahlten Aufgaben der Hausarbeit einhergehen. Die Gewerkschaftsbewegung darf den spezifischen Kämpfen, die die Frauenbewegung in dieser Hinsicht führt, nicht gleichgültig gegenüberstehen, sondern muß ihnen in ihren eigenen Forderungsprogrammen Rechnung tragen.

Der Kampf für eine beständige und einschneidende Verkürzung der Erwerbsarbeitszeit setzt ferner voraus, daß die Erwerbsarbeit aufhört, unsere wichtigste Quelle sozialer Identität und Zugehörigkeit zu sein. Andere als ökonomische Werte, andere als funktionale, instrumentelle, entlohnte Tätigkeiten, die unsere gesellschaftlichen Apparate und Institutionen kommandieren, müßten im Leben jedes einzelnen vorherrschend werden.

Mit der Computerisierung und größeren Flexibilität dezentralisierter Produktionseinheiten erweitern sich auch die Möglichkeiten individueller und/oder kollektiver Zeitsouveränität in der Arbeitsgestaltung. Bereits heute können z. B. die Beamten des Staates Quebec die 140 Arbeitsstunden, die sie im Monat zu leisten haben, nach Belieben aufteilen. Fabriken und Verwaltungsbehörden wurden umorganisiert, um die einzelnen Arbeitsplätze weitgehend voneinander unabhängig zu machen und die täglich obligatorischen Stundenpläne zu beseitigen. Der unternehmerischen »Flexibilisierung« der Arbeitszeit müssen solche Möglichkeiten einer Selbstbestimmung der Arbeitszeit durch die Arbeiter selbst entgegengesetzt werden. Man kann auch die Arbeitszeit auf das ganze Erwerbsleben bezogen festlegen und flexibilisieren. Eine derartige Selbstgestaltung der Lebensarbeitszeit wird heute in Schweden aufgrund folgender Vorteile schon diskutiert: Sie ermöglicht es einem jeden, während bestimmter Lebensperioden mehr oder weniger zu arbeiten und damit seine jährliche Arbeitszeit zu unter- oder zu überschreiten, gewissermaßen als »Vorschuß« auf oder »Anzahlung« von frei verfügbarer Lebenszeit; die Berufstätigkeit ohne Einkommensverluste für mehrere Monate oder Jahre zu unterbrechen, um das Studium wieder aufzunehmen, einen anderen Beruf zu erlernen, ein künstlerisches Projekt, eine wissenschaftliche Forschung etc. in Angriff zu nehmen.[68]

Freilich sind dies alles bisher nur Möglichkeiten, die im Schoß der postindustriellen Gesellschaft schlummern, ohne daß sie schon in der Lage wäre, ihnen Gestalt zu verleihen. »Wir sind dabei, die Arbeitsgesellschaft hinter uns zu lassen; aber wir verlassen sie im Rückwärtsgang und treten im Rückwärtsgang ein in eine Zivilisation der befreiten Zeit, unfähig, sie zu erkennen und zu wollen, unfähig, die freigesetzte Zeit zu zivilisieren, unfähig, eine Kultur der disponiblen Zeit und der freien Selbstbetätigung zu gründen, welche an die Stelle der vorherrschenden Expertenkultur treten könnte« (André Gorz).[69]

Die Entwicklung einer »Kultur der disponiblen Zeit« muß daher Hand in Hand gehen mit einer Bewußtseins- und Kulturrevolution im doppelten Sinne: sowohl mit einer Umwälzung aller bisherigen, auf (Lohn) Arbeit und bloßer Leistungsmaximierung gegründeten (Arbeits-) Ethiken, Moralbegriffe und Sinnbestimmungen als auch mit der kollektiven Fähigkeit zur autonomen Selbstgestaltung der frei gewordenen Zeit. Wollen die Menschen nicht passsive Konsumenten von Unterhaltung werden, die in einer Sintflut von Programmen, Sendungen und Telespielen ertrinken und durch sie manipuliert und fremdbestimmt werden, dann müssen sie eigene Interessenschwerpunkte und autonome Tätigkeiten entwickeln lernen.

Mehr als in irgendeiner anderen Epoche hängt daher der Einfluß der Gewerkschaften und der neuen sozialen Bewegungen von ihrer Fähig-

keit ab, der Kulturindustrie, den kommerziellen Vergnügungs- und Freizeitunternehmen das Monopol zu bestreiten, das diese über die Bewußtseinsbildung, die Vorstellungen der kommenden Gesellschaft, des guten Lebens und seiner Prioritäten beanspruchen. Diese kulturelle Aufgabe der Gewerkschaften und der neuen Bürgerbewegungen ist in Wirklichkeit eine eminent politische Aufgabe, weil sie die Zukunftsgestaltung der Gesellschaft, der »polis«, in all ihren Aspekten betrifft.
»Wenn wir an die Stelle der Arbeitsgesellschaft nichts anderes setzen«, resümiert André Gorz, »nehmen wir deren Zerfall einfach hin – und mit ihm alles, was er an Elend, Hoffnungslosigkeit, Unvernunft und Gewalttätigkeit hervorbringt.«[70] Die von Gorz entwickelte Vision dagegen ermöglicht es, die Erwerbstätigen wie die Arbeitslosen, die neuen sozialen Bewegungen und die Gewerkschaftsbewegung im gemeinsamen Kampf zu vereinen. Das Ziel einer Gesellschaft, in der ein jeder weniger arbeitet, damit alle Arbeit finden und sich gleichzeitig der Raum für selbstbestimmte, autonome Tätigkeiten außerhalb der Erwerbsarbeit erweitert, wird somit heute zu einem der wichtigsten Faktoren des Zusammenhalts der Gewerkschaft und der Erneuerung sozialer Emanzipationsbewegungen.
Allerdings leidet das Gorzsche Konzept unter einer eurozentrischen Blickverengung: Es verbleibt nämlich ganz im Binnenraum der europäischen Wohlstandszitadellen. Der Vision einer »Zivilisation der befreiten Zeit« haftet denn auch etwas ausgesprochen Luxuriöses an angesichts des massenhaften Elends, das »draußen« herrscht, und angesichts der gewaltigen globalen Probleme, die auf ihre Lösung warten. Ja, es wäre geradezu zynisch, wenn die Europäer inmitten ihrer Wohlstandsfestung zu all ihrem materiellen Reichtum und Überfluß nun auch noch eine ausgedehnte »Freizeitkultur« entwickelten und sich der Pflege ihrer Individualität widmeten, während zwei Drittel der Menschheit in Armut und Elend leben und Millionen vor Hunger und Krieg flüchtende Menschen an Europas Grenzen gestoppt werden.
Vielmehr käme es darauf an, die enormen Arbeitsersparnisse und die durch Verkürzung und Umverteilung der Arbeit gewonnene freie Zeit primär *gesellschaftlich zu nutzen, d. h. in soziale, ökologische und Entwicklungshilfeprojekte zu investieren, die zur Lösung der überwältigenden Probleme außerhalb der europäischen Wohlstandinseln beitragen.* Um auch nur einen schrittweisen Ausgleich im Verhältnis Nord-Süd

und West-Ost zu erreichen, bedarf es seitens des reichen Nordens gewaltiger Anstrengungen, eines gewaltigen Transfers von Kapital, Technologie und qualifizierter Arbeitskräfte. Desgleichen, um in- und außerhalb Westeuropas auch nur die dringendsten ökologischen Reparaturen vorzunehmen (Aufforstung der sterbenden Wälder, Entgiftung des Grundwassers und der Böden etc.). Auch wenn im Kernbereich der Ökonomie immer mehr Arbeit eingespart wird, außerhalb dieses Bereichs wird der gesellschaftliche Arbeitsbedarf zunehmend größer werden, wenn wir die ökologischen Grundlagen der Zivilisation erhalten und zugleich dafür sorgen wollen, daß an dieser auch jene Menschen und Völker partizipieren können, die bislang von ihr ausgeschlossen sind.

10. Ein neuer / alter Sozialismusbegriff

Der Zusammenbruch des »Realsozialismus« hat weltweit zu einer tiefen Krise der sozialistischen Vorstellungswelt geführt. Was bleibt jetzt noch vom Sozialismus? Kann man diesen vielfach instrumentalisierten und diskreditierten Begriff in Zukunft überhaupt noch benutzen? Oder sollte man ihn endgültig ausrangieren und dem Wurmfraß der Geschichte überlassen, wie die »postsozialistische Linke« fordert? Klar ist, daß mit dem Ende der Hammer & Sichel-Epoche auch dessen ideologisch-theoretischer Kanon, der »Marxismus-Leninismus«, ausgedient hat bzw. der Geschichte angehört. Fast alle kommunistischen Parteien in Ost und West, sofern sie nicht verboten oder aufgelöst sind, haben sich denn auch eiligen Namenstaufen unterzogen, wobei das Etikett »kommunistisch« oder »sozialistisch« zumeist durch den unverfänglichen Aufkleber »demokratisch« ersetzt wurde. Auch in den sozialdemokratischen Parteien und Hochburgen Europas wird eifrig darüber diskutiert, ob man den Zielbegriff »Sozialismus« nicht besser fallen lassen und aus den Präambeln wie Parteiprogrammen streichen solle. Im Grunde genügte dann ein einfacher Computerbefehl, nämlich in allen programmatischen Texten das Beiwort »sozialistisch« durch das unbescholtene Wörtchen »sozial« zu ersetzen – und das Problem wäre, jedenfalls für die Öffentlichkeitsarbeit, gelöst. Das Dumme ist nur, daß heute fast jeder Verein und jede Partei das Etikett »sozial«

benutzt. Wie soll man sich da gegenüber der Konkurrenz noch profilieren und abgrenzen?

Auch ich habe in diesem Buch das Attribut »sozialistisch« zumeist in Anführungszeichen gesetzt. Man kann sie erst dann wieder weglassen, wenn der malträtierte Begriff neu definiert oder jedenfalls so umschrieben wird, daß er mit seinem »realsozialistischen« Schatten nicht mehr zu verwechseln ist. Einen Begriff neu umschreiben kann aber auch heißen, seine alte, ursprüngliche oder verschüttete Bedeutung wieder hervorzuholen.

Der Sozialismus ist tot, insofern er sich als ein wissenschaftliches System begriff, das die Gesellschaft als eine zentralstaatlich gesteuerte Industriemaschine auffaßte und von den Individuen und Arbeitskollektiven die möglichst vollständige funktionelle Anpassung und Unterwerfung unter deren Systemimperative verlangte. Aber »Sozialismus wird als Bewegung und geschichtlicher Sinnhorizont weiterbestehen oder wiederaufleben«, schreibt André Gorz, »insofern er sich gemäß seiner ursprünglichen Bedeutung als Streben danach versteht, die *durch die bürgerliche Revolution begonnene Emanzipation der Individuen zu vollenden, d. h. sie auch in Bereichen zu verwirklichen, in denen die Individuen im Kapitalismus Systemimperativen, Herrschaftsbeziehungen und Fremdbestimmungen unterworfen bleiben*«.[71]

Im Grunde liest sich die Geschichte der modernen Oppositionsbewegungen, auch der sozialistischen, als ununterbrochener Versuch, den Gesetzen des freien Marktes (nachdem dieser einmal durchgesetzt war) und dem expansiven Verwertungsdrang des Kapitals Grenzen zu setzen. Dies war von Anfang an das Zentralproblem der bürgerlichen Gesellschaft und ihrer politischen Kultur – und ist es noch, ja erst recht, heute. Die Arbeiterbewegung entstand im Kampf gegen die stürmische Entwicklung des Industriekapitalismus und seine zerstörerischen Auswirkungen auf ihre Lebensweise. Vom Verbot der Sklaverei, des Frauenhandels, des Verkaufs und der Arbeit von Kindern usw. bis zur Reglementierung von Dauer und Preis der Arbeit, der Wohndichte, von hygienischen Normen, Grenzwerten für Luft- und Wasserverschmutzung usw. usf. – immer ging es und geht es darum, die körperliche Integrität der Arbeitenden, die Reproduktion des Lebens, das Recht auf individuelle und kollektive Selbstgestaltung der Lebenszusammenhänge gegen die kapitalistischen Verwertungsimperative zu verteidigen.

Wie mächtig diese erst recht heute sind, sieht man u. a. daran, daß selbst die von der Arbeiter- und Gewerkschaftsbewegung historisch durchgesetzten sozialen Errungenschaften jetzt wieder zur Disposition gestellt werden. Der verschärfte Konkurrenzkampf zwischen den Einzelkapitalen führt derzeit in allen Industrieländern zum Abbau von Sozialleistungen, zur Wiedereinführung von Nacht-, Samstags- und Sonntagsarbeit (weil die Maschinen nicht ruhen dürfen), zur Verunsicherung der Arbeitsplätze, zur Ausgrenzung wachsender Bevölkerungsteile, zur Verschlechterung von Lebensumwelt und -qualität, kurz: zur Preisgabe von Unentbehrlichem, um Entbehrliches so profitabel und kostengünstig wie möglich erzeugen zu können. Der Klassengegensatz zwischen Arbeit und Kapital besteht zwar weiter, er wird aber heute von anderen Gegensätzen überlagert, die jenseits des Arbeitsplatzes und des direkten Verwertungsprozesses liegen. Aus außer- und überbetrieblicher Erfahrung als BürgerInnen, Anrainer, Eltern, Erzieher, Studierende, Arbeitslose etc. fühlen sich die Menschen genötigt, sich gegen die Bedrohung ihrer Lebenswelten (durch industrielle Großprojekte, Risikotechnologien, Giftmülldeponien, gesundheitsgefährdende Smog- und Abgaswerte, Verkehrs- und Fluglärm, Autobahntrassen etc.) zu organisieren: in Bürgerinitiativen, Parteien und den traditionellen Klassenorganisationen (Gewerkschaften).
Zugleich aber geht es darum, die schrumpfenden Räume unmittelbarer gelebter Gesellschaftlichkeit und Kommunikation gegen das weitere Vordringen der Marktlogik und der ökonomischen Rationalität zu verteidigen. Der Kapitalismus war und ist die einzige Gesellschaftsform der Geschichte, die ständig danach strebt, die Gesellschaft, die Arbeit, die sozialen Beziehungen, den individuellen und kollektiven Konsum, die Bildung, die Kultur, den Sport etc. seiner Vermarktungslogik zu unterwerfen. Die monetären und marktförmigen Beziehungen haben denn auch fast alle gesellschaftlichen und Lebenssphären, selbst den Bereich der früher unbezahlten freiwilligen (oder ehrenamtlichen) Hilfs- und Dienstleistungen durchdrungen. Ja, wir sind heute so weit, daß wir nicht nur Güter und Dienstleistungen verkaufen, die wir herstellen, *sondern bereits verkaufen und vermarkten, was wir selber sind: die eigene Person,* die immer mehr zur bloßen »Charaktermaske«, zur Käufer- und Verkäufermaske wird, zum Instrument der Reklame und der Selbstinszenierung auf dem universell gewordenen Markt. Selbst

die biologischen Lebensfunktionen werden bereits von der Person abgetrennt und wie Waren gehandelt. Die Vermarktung der Schwangerschaft (Leihmütter) und der Zeugung, der Verkauf von Embryos, von Kindern und von Organen hat längst begonnen. Der mephistophelische Verwertungstrieb des Kapitals macht nicht einmal halt vor dem, was »die Welt im Innersten zusammenhält« (Goethe). Die mit ungeheuren Kapitalinvestitionen geförderte Biotechnologie ist schon dabei, sich den Zugriff auf den Bauplan der Schöpfung, auf den genetischen Code, zu sichern und mit den Patenten auf gentechnologisch verändertes Saatgut, Zuchtpflanzen und -tiere ein Multimilliardengeschäft rund um den Globus aufzuziehen.

Sinn und Ziel der sozialistischen Bewegung war und ist es also, der universellen Vermarktung von Gütern und Dienstleistungen, von Mensch und Natur entschiedene Grenzen zu setzen. Im Grunde geht es darum, die für die kapitalistische Produktionsweise charakteristische Zweck-Mittel-Bestimmung wieder umzukehren: *Nicht der Mensch darf Mittel zum Zweck der Kapitalverwertung sein, sondern umgekehrt muß die Ökonomie wieder zum Mittel für die menschliche Selbstentfaltung, für die individuelle und kollektive Emanzipation sein.* Dies heißt nicht (wie im bisherigen Sozialismusverständnis), das kapitalistische Wirtschafts*system* durch ein anderes, alternatives System zu ersetzen, denn auf betriebswirtschaftlicher Ebene gibt es keinen effizienteren, leistungsfähigeren und innovativeren Wirtschaftsmechanismus als den vom Konkurrenz- und Industriekapitalismus geschaffenen. Es heißt vielmehr, *das Wirtschaftshandeln wieder gesamtgesellschaftlichen, sozialen, ökologischen und ethischen Zwecken dienstbar zu machen.* Nur so kann ihm, kann auch den fortlaufenden Produktivitätssteigerungen und Arbeitseinsparungen ein qualitativ neuer Sinn verliehen werden. Denn das »Je mehr, desto besser« und das »Je schneller, desto besser« kann keinen Sinn begründen, der eine Gesellschaft konstituiert. Solche rein quantitative Zweckbestimmung ökonomischen Handelns ist vielmehr hauptursächlich für den rapide fortschreitenden Sinnverlust und für das »Rien ne vas plus« - Lebensgefühl der sog. Postmoderne.

Nicht nur der neokonservative »Markt«-Radikalismus und Wirtschaftsliberalismus, der jetzt wieder fröhliche Urständ feiert, auch die Sozialdemokratie, die als politischer Hauptgewinner aus dem Konkurs des »Realsozialismus« hervorgehen dürfte, haben bis heute die Vorherrschaft der ökonomischen Rationalität über die Gesellschaft stillschweigend akzeptiert. Die Politik der Sozialdemokratie konnte darum auch nie sozialistisch in dem Sinne sein, wie wir dies eben definiert haben. Sie hat sich zwar darum bemüht, gewisse sozialstaatliche Enklaven innerhalb des Reichs der Markt- und Kapitallogik zu etablieren – und dies mit einigem Erfolg –, aber der Primat der Ökonomie über die Politik und Gesellschaft wurde von ihr grundsätzlich nicht (mehr) in Frage gestellt. Da die Marktwirtschaft, sich selbst überlassen, stets auf einen Zusammenbruch zutreibt, mußte sie, um lebensfähig zu sein, von Reglementierungen, Verboten, Subventionen, Steuern und öffentlichen Interventionen eingegrenzt werden – Maßnahmen, die allesamt das Spiel des Marktes verfälschen. Doch reichen solche politischen Kriterien, Korrektive und Steuerungsmaßnahmen, reicht auch die Umverteilung von 40 oder 50 Prozent des Sozialproduktes nicht aus, eine *Gesellschaft zu begründen, die sich zur Herrin über das ökonomische Handeln macht und dieses ihren Zwecken unterwirft.*

Natürlich erfordert die gesellschaftliche Einschränkung der Marktmechanismen eine gewisse Steuerung und Planung der wirtschaftlichen Entwicklung. Aus ideologischen Gründen steht nach dem Konkurs der östlichen Staatsplanwirtschaften nun jede Form von Planung und von öffentlichem Eigentum in Verruf, auch bei der Mehrheit der Grünen und Sozialdemokraten. »Marx ade! Markt juchhe!« heißt die Parole, die derzeit europaweit auf Kongressen, Parteitagen, Symposien, Talk-Shows etc. ausgegeben wird.

Das ökonomische Scheitern der »realsozialistischen« Länder lag jedoch nicht im Prinzip der Planung als solcher, sondern in den Umständen und Methoden der Planung. Das administrativ-bürokratische Plansystem auf der Grundlage des Staatsmonopols verhinderte nicht nur die Konkurrenz zwischen den verschiedenen Betriebseinheiten und Kombinaten, sondern sogar die Kenntnis der realen Produktionskosten. So behinderte sie die Herausbildung ökonomisch rationaler Verhaltensweisen und den effizienten Einsatz der Produktionsfaktoren.

Eine komplexe Wirtschaft kann aber ohne bestimmte Formen der Planung und Programmierung nicht auskommen. Auch die sog. freie Wirtschaft arbeitet heute auf Konzernebene mit einem erheblichen Planungsaufwand: Amortisationskosten, Investitionskosten, Arbeitskräftebedarf, Kauf von Rohstoffen und Zwischenprodukten müssen mehrere Jahre im voraus geplant und mit den Planungen der Zulieferindustrien und öffentlichen Verwaltungen koordiniert werden. In den High-Tech-Betrieben ist die langfristige Entwicklung, Forschung und Programmgestaltung zur wichtigsten Voraussetzung der internationalen Konkurrenzfähigkeit geworden und bindet höhere Kapitalinvestitionen als die unmittelbare Produktion. Und auch auf der makroökonomischen Ebene gibt es in den meisten hochkapitalistischen Ländern Formen der Planung, selbst in der freiesten aller »freien Marktwirtschaften«, in den Vereinigten Staaten. In diametralem Gegensatz zur amerikanischen Ideologie steht die Tatsache, daß just der Sektor der US-Industrie, der noch am wettbewerbsfähigsten ist, nämlich die Rüstungswirtschaft, der Aufsicht einer zentralen Planbehörde namens Pentagon untersteht. Eine der erfolgreichsten Wirtschaften des Westens, die japanische, ist eine Planwirtschaft, wie man sie sich rigider kaum vorstellen kann: Das MITI, das Ministerium für Industrie und Handel, studiert die Entwicklung der Weltwirtschaft und ermittelt daraus exakte Daten und Vorgaben für Investitions- und Absatzentscheidungen der japanischen Industrie.

Nur ist im Hochkapitalismus die Planung am primären Ziel der Profitmaximierung und weniger am Gemeinwohl orientiert. Die Methodik kapitalistischer Planung besteht vor allem darin, den stets unberechenbaren Markt so zu manipulieren (via Marktforschung, PR, bestimmte Absatzstrategien), daß der Käufer sich im Interesse der Unternehmensziele verhält – statt umgekehrt!

Die Frage heißt also nicht: Plan oder Markt? Denn beide, Plan und Markt, sind unverzichtbare Hebel jeder ökonomischen Regulation. Die Frage lautet vielmehr: Wer plant, in wessen Interesse wird geplant, und welche Prioritäten bestimmen die Planung? Und wie kann gesichert werden, daß die Planung der Investitionsentscheidungen primär am Gemeinwohl orientiert, d. h. gesellschaftlichen (sozialen, ökologischen und ethischen) Zwecken untergeordnet wird?

Den Antipoden der bisherigen Systemkonkurrenz ist, bei allen sonstigen Unterschieden, eines gemeinsam gewesen: Es waren und sind *in beiden Systemen nur winzige Eliten, hier die Polit- und Planbürokratie, dort die Aufsichtsräte und Vorstände der Konzerne und Banken, die über die volkswirtschaftliche Entwicklung und die Prioritäten bei den Investi-*

tionen entscheiden. Auf der Ebene der Wirtschaft waren und sind beide Systeme – Marktwirtschaft hin, Planwirtschaft her – zutiefst undemokratisch, ja, geradezu autokratisch. Aus genuin sozialistischer Perspektive hat denn auch die Alternative niemals gelautet: entweder Markt- oder Planwirtschaft, entweder Privateigentum oder Staatseigentum – dies ist und war vielmehr die Ideologie des »rohen Kommunismus«, auf die, nur mit umgekehrter Wertung, auch die Ideologen der »freien Marktwirtschaft« rekurrieren. Die wirkliche Alternative, die in Zukunft auf der Tagesordnung steht und den Epochenkampf bestimmen wird, nachdem der »Realsozialismus« abgetreten ist, lautet vielmehr: *entweder privatkapitalistisch verfügte (und geplante) Marktwirtschaft oder die Demokratisierung der Großwirtschaft und der öffentliche Diskurs über die Unternehmensziele und die wichtigsten Prioritäten der volkswirtschaftlichen Entwicklung.* Die Frage etwa, ob das von allen erwirtschaftete Mehrprodukt in die Rüstung oder in die Bildung (und Ausbildung), in den »Jäger 90« (bzw. dessen Ersatzobjekte) oder in den Bau neuer (Sozial-)Wohnungen, in industrielle Großprojekte und Risikotechnologien, die sich zuletzt doch als Finanz- und Abschreibungsruinen entpuppen (siehe Kalkar, siehe Wackersdorf) oder in den Umweltschutz, in überflüssige technische Riesenspielzeuge (wie den neuen Transrapid) oder in vernünftige Entwicklungshilfeprojekte gesteckt werden – solche Schicksalsfragen der Nation gehen schließlich alle Bürger an und sollten in einer wirklich demokratischen Gesellschaft auch von allen mitentschieden werden.

Sozialismus, so verstanden, hat mit »Staatssozialismus« nicht das Geringste zu tun; denn es geht nicht um die Subsumption der Ökonomie unter das Kommando des Staates, nicht um Verstaatlichung der Produktionsmittel (wenngleich diese in Einzelfällen durchaus sinnvoll sein kann) noch um die Beschneidung und Lähmung der Privatinitiative; es geht vielmehr darum, durch gesellschaftliche Gegenmacht und eine möglichst umfassende Wirtschaftsdemokratie den fatalen Selbstlauf der kapitalistischen Wachstumsökonomie zu zügeln und diese so zu gestalten, daß privatwirtschaftliche Ziele so weit wie möglich wieder gesellschaftlichen Zwecken dienen. Dazu bedarf es in der Tat einer *Vergesellschaftung der Produktion – und zwar im Sinne der Vergesellschaftung und Demokratisierung der Verfügungsmacht über die Produktionsmittel.*

Zu diesem Ergebnis kommt auch die »Arbeitsgruppe Alternative Wirtschaftspolitik«. In ihrem Memorandum 90 schreibt sie: »Sollen die Unternehmensziele verändert werden, und darauf kommt es bei einer Strategie der umwelt- und sozialverträglichen Vergesellschaftung privater Produktion an, dann ist letztlich die Einflußnahme auf die Verfügungsverhältnisse entscheidend . . . Unternehmensverfassungen, die aktive Mitbestimmung vorsehen, sind deshalb dringend erforderlich. Weiterhin kann mit den unterschiedlichsten Instrumenten Einfluß auf die Gestaltung genommen werden (z. B. durch Grenzwerte für Emissionen, durch das Mietrecht und das Baurecht). Als neue Instrumente kommen vor allem Ökosteuern und -abgaben in Frage, ferner Auflagen bei Subventionen und Staatsaufträgen, Umweltverträglichkeitsprüfungen und Technologiefolgenabschätzungen. Aber es bedarf darüber hinaus auch grundlegender institutioneller Veränderungen wie der Ausdehnung der betrieblichen und überbetrieblichen Mitbestimmung, der Produktmitbestimmung, der Einflußnahme von Umweltverbänden auf die Unternehmenspolitik, Investitionskontrollen, der Einschränkung von Bankenmacht, staatlicher Rahmenplanung und der Einrichtung von regionalen und sektoralen Wirtschafts- und Sozialräten.«[72]
Demokratisierung der wirtschaftlichen Entscheidungsfindungen, erweiterte Selbsttätigkeitsmöglichkeiten und erweiterte Zeitsouveränität sind die einzigen Wege, die in Freiheit zu einem genügsameren, ökologisch tragbaren, auf Selbstbegrenzung gegründeten Wirtschafts- und Konsummodell führen können.
Die Eigentumsfrage, die im klassischen Sozialismus einen zentralen Stellenwert einnahm und im »Staatssozialismus« zum Fetisch erhoben wurde, hat demgegenüber an Gewicht verloren. Die Fetischisten des kapitalistischen Privateigentums sollten allerdings daran erinnert werden, daß das Grundgesetz der Bundesrepublik Deutschland nicht nur die Sozialbindung des Eigentums als Verfassungsziel definiert hat (Art. 14 GG: »Eigentum verpflichtet. Sein Gebrauch soll zugleich dem Wohle der Allgemeinheit dienen.«), sondern ausdrücklich auch das Gemeineigentum als mit der Verfassung vereinbar erklärt hat. Artikel 15 GG besagt: »Grund und Boden, Naturschätze und Produktionsmittel können zum Zweck der Vergesellschaftung durch ein Gesetz, das Art und Ausmaß der Entschädigung regelt, in Gemeineigentum und in andere Formen der Gemeinwirtschaft überführt werden.«

Auch wenn es keine *System*alternative mehr zum – jetzt erst global gewordenen – Kapitalismus gibt (oder zu geben scheint), seine wuchernde und expansive Wachstumsdynamik wird früher oder später eine objektive Schranke in den begrenzten Ressourcen und den immer knapper werdenden Wasservorräten und fruchtbaren Böden finden. Schon heute bekommt es der reiche Norden mit den sich in den Südzonen ausbreitenden fundamentalistischen Bewegungen und mit dem anschwellenden Strom der ihrer Lebensgrundlagen enteigneten Elendsflüchtlinge zu tun, die Einlaß und Asyl in die kapitalistischen Metropolen begehren. Angesichts der neuen Völkerwanderung und der globalen Ökokatastrophen, denen wir entgegengehen, wird der Kampf um eine neue Weltwirtschaftsordnung und um eine globale Umweltvorsorge, d. h. *der Kampf um den Primat der Ökologie über die Ökonomie, zur Überlebensfrage der Menschheit werden.*

Solange die Weltökonomie dem Selbstlauf der sog. Marktkräfte überlassen bleibt und einzig der Profitlogik gehorcht, werden weder der Welthunger und die absolute Verelendung beseitigt noch der Raubbau an der Natur gestoppt, noch der Marsch in die duale Gesellschaft aufgehalten werden können. Wann immer die Frage gestellt wird nach einer demokratischen Organisation von Rohstoffnutzung, Produktivkraftentwicklung, Güter- und Arbeitsplatzverteilung, steht daher der Sozialismus wieder zur Debatte: nicht als staatsmonopolistisches System, nicht als zentralistisch-bürokratische Planwirtschaft, sondern als eine neue, Markt und Wettbewerb einschließende und Eigeninitiative fördernde Ordnung der sozialökonomischen Beziehungen, die Rücksicht auf Natur und Schöpfung nimmt, die den armen Ländern Raum zu einer eigenständigen und selbstbestimmten Entwicklung gibt und die es gestattet, Gesellschaft und Gesellschaftlichkeit in wachsendem Ausmaß als Räume individueller Emanzipation und Selbstentfaltung zu gestalten.

Nach dem Zusammenbruch des »Realsozialismus« ist die Linke nicht nur in eine schwere Legitimationskrise geraten, sie hat vielerorts auch den Mut verloren, über den status quo des scheinbar siegreichen westlichen Kapitalismus hinauszudenken und eine »konkrete Utopie« zu formulieren. Wenn auch der alte Arbeitersozialismus von der Logik kapitalistischer Modernisierung überholt worden ist und die Industriearbeiterschaft per Rationalisierung fortschreitend geschrumpft ist, der »Sozialismus« ist damit noch lange nicht gestorben; er hat nur eine vollkommen neue Entwicklungsrichtung eingeschlagen. Sein »historisches Subjekt« kann und wird daher auch nicht mehr das »Proletariat«, sondern »die Gesellschaft« sein, soweit sie ihr gemeinsames Lebens- und Zukunftsinteresse zu erkennen und danach zu handeln vermag: *nämlich die verselbständigte ökonomische Entwicklungslogik des Kapitals ihrer gemeinschaftlichen Kontrolle zu unterwerfen und zugleich die ungeheuren Produktivitätsfortschritte in weitere Arbeitszeitverkürzungen bei gleichzeitiger Umverteilung der Arbeit, in mehr Lebensqualität, Freizeit und damit in die Entfaltung des menschlichen Reichtums, die »freie Entwicklung der Individualität« (Marx) umzusetzen*. Dies aber wäre bereits eine neue Produktionsweise und Kultur – jenseits des Kapitalismus.

Selbstredend gibt es für eine solche Entwicklung keinerlei geschichtliche Garantie. Noch nie in der Geschichte der Menschheit wohnten Katastrophe und Utopie so dicht beieinander wie heute. Es kann auch sein, daß noch vor den Völkern die Natur gegen die entfesselte Verwertungs- und Megamaschine unserer kapitalistischen Industriezivilisation in den Streik tritt und Änderungen diktatorischer und despotischer Art erzwingt, die das gesamte utopische Arsenal des Sozialismus: individuelle und kollektive Selbstbestimmung, politische und Produzentendemokratie, soziale Verteilungsgerechtigkeit, Gemeineigentum etc., unter sich begraben.

Es kann auch sein, daß die »siegreiche« Zivilisation des weißen Mannes den Sozialismus und das Gemeineigentum erst (wieder) entdeckt, wenn es außer vergifteten, versalzenen oder erodierten Böden, außer umgekippten Seen, verseuchten Flüssen und toten Meeren, außer abgestorbenen und entvölkerten Wäldern nichts mehr zu sozialisieren und zu vergemeinschaften gibt.

Dann könnte sich an der Zivilisation des weißen Mannes jener antike Mythos erfüllen, den Marx als Metapher für das Kapital und seinen rastlosen Verwertungstrieb benutzt hat: der Mythos des Königs Midas, der nichts mehr essen und trinken, nichts mehr genießen kann, weil sich alles, was er berührt, in Gold verwandelt. Der Dichter Ovid hat ihm folgenden Vierzeiler gewidmet: »Reich und elend zugleich, und betäubt von dem seltsamen Unglück / Will er dem

Reichtum entfliehen und haßt, was er eben begehrte / Nichts mehr stillt seinen Hunger, von Durst brennt trocken die Kehle / Überall quält ihn das leidige Gold, das er selbst sich gewählt hat.«[73]

Zitatnachweise

DIE SÄKULARE VERWECHSLUNG (Einleitung)

1 Ralf Dahrendorf, »Das sonderbare Ende des Sozialismus«, in: Die Zeit, Nr. 32 und 33/1989
2 Neil Postman, »Wir amüsieren uns zu Tode. Urteilsbildung im Zeitalter der Unterhaltungsindustrie«, Frankfurt a. Main 1988, S. 168/69
3 Christian Schmidt-Häuer, »Wie gewonnen, so zerronnen«, in: Die Zeit, Nr. 36/1991

I. KARL MARX, KIND SEINER ZEIT UND IHR DOCH UM EIN JAHRHUNDERT VORAUS

1 zit. nach Barbara Sichtermann, »Ad Marx 1990«, in »Der tote Hund beißt. Karl Marx, neu gelesen«, Berlin 1990, S. 21
2 Friedrich Engels, »Grundsätze des Kommunismus,« in: K. Marx, F. Engels, »Manifest der Kommunistischen Partei«, Philipp Reclam, Stuttgart 1989, S. 69
3 B. Sichtermann, a. a. o.,S. 20
4 K. Marx, F. Engels, »Manifest . . .«, a. a. o., S. 33
5 B. Sichtermann, a. a. o., S. 10/11
6 Richard Löwenthal, »Der Prophet einer diesseitigen Erlösung«, in: Frankfurter Allgemeine Zeitung, 12. März 1983
7 vgl. den Briefwechsel zwischen Marx und Ruge aus den »Deutsch-Französischen Jahrbüchern«, in: MEW, Bd. 1, Berlin 1964
8 K. Marx, »Zur Kritik der Hegelschen Rechtsphilosophie, Einleitung«, MEW, Bd. 1, S. 391
9 ebenda, S. 390
10 K. Marx, »Das Kapital«, 1. Bd., MEW, Bd. 23, S. 674
11 vgl. hierzu das 8. Kapitel »Der Arbeitstag« im »Kapital«, Bd. 1
12 K. Marx, F. Engels, »Manifest . . .«, a. a. o., S. 24/25 u. 22/23
13 ebenda, S. 24
14 ebenda, S. 37
15 K.Marx, Vorwort zur »Kritik der politischen Ökonomie«, in: Marx/Engels, »Ausgewählte Schriften«, Bd. 1, Ost-Berlin 1960, S. 337
16 K. Marx, F. Engels, »Manifest . . .«, a. a. o.,S. 32/33
17 MEW, Bd. 25, S. 452 f.
18 W. I. Lenin, »Der Imperialismus als höchstes Stadium des Kapitalismus«, Ausgewählte Werke, Bd. 1, Berlin 1966
19 MEW, Bd. 29, S. 358

20 MEW, Bd. 35, S. 357
21 MEW, Bd. 2, S. 637 bis 650
22 W. I. Lenin, »Der Imperialismus und die Spaltung des Sozialismus«, in: Kleine Bücherei des Marxismus-Leninismus, Ost-Berlin 1968, S. 17
23 ebenda, S. 22
24 K. Marx, »Grundrisse der Kritik der Politischen Ökonomie«, Ost-Berlin 1953, S. 584
25 ebenda, S. 585
26 ebenda
27 André Gorz, »Kritik der ökonomischen Vernunft«, Berlin 1989, S. 81
28 K. Marx, »Das Kapital«, Bd. 1, S. 784/785
29 vgl. »Die britische Herrschaft in Indien« und »Die zukünftigen Ergebnisse der Herrschaft in Indien«, MEW, Bd. 9
30 K. Marx, »Das Kapital«, Bd. 1, S. 675
31 Stefan Breuer, »Die Krise der Revolutionstheorie«, Frankfurt a. Main 1977, S. 45
32 zit. nach B. Sichtermann, a. a. o., S. 23
32a K. Marx, F. Engels, »Manifest«, a. a. o., S. 34
33 B.Sichtermann, a. a. O., S. 35
34 K. Marx, »Das Kapital«, Bd. 1, Vorwort zur 1. Auflage, S. 16
35 Wilhelm Reich, »Massenpsychologie des Faschismus«, Berlin 1968
36 F. Engels, Brief an Eduard Bernstein vom 12. 3. 1881, MEW, Bd. 35, S. 170
37 F. Engels, »Die Entwicklung des Sozialismus von der Utopie zur Wissenschaft«, in: Marx/Engels, Ausgewählte Schriften, Bd. II, S. 133
38 ebenda
39 K. Marx, »Grundrisse ...«, a. a. o., S. 73
40 MEW, Bd. 18, S. 425
41 »Der sozialdemokratische Zukunftsstaat«. Verhandlungen des deutschen Reichtages am 31. 1, 3., 4., 6., und 7. 2. 1893. Veröffentlicht nach dem offiziellen stenografischen Bericht, Berlin 1893

II. DER MYTHOS VON DER »GROSSEN SOZIALISTISCHEN OKTOBERREVOLUTION«

1 vgl. hierzu auch Rady Fish, Michael Schneider, »Iwan der Deutsche. Eine deutsch-sowjetische Reise aus der Vergangenheit in die Gegenwart«, Frankfurt 1989
2 M. Schatrow, Tübinger Diskussion mit E. Jäckel, W. Jens u. a., in: Deutsche Volkszeitung/die tat, 23. 12, 1988
3 D. Wolgokonow, Gespräch mit R. Medwedjew, in: Moskau news, Nr. 3, 1989

4 Thesen des ZK der KPdSU zur 19. Unionsparteikonferenz, 23. 5. 1988
5 S. Dsarassow, »Parteidemokratie und Bürokratie«, in: J. Afanasjew (Hrsg.), »Es gibt keine Alternative zu Perestrojka: Glasnost, Demokratie, Sozialismus«, Nördlingen 1988, S. 424
6 Rudolf Bahro, »Die Alternative. Zur Kritik des real existierenden Sozialismus«, Köln, Frankfurt a. Main 1977
7 Rudi Dutschke, »Versuch, Lenin auf die Füße zu stellen«, Berlin 1974
8 in: Michael Schneider, »Die Lange Wut zum Langen Marsch«, Reinbek bei Hamburg 1975
9 Juri Afanasjew, «Die Partei fällt auseinander», Interview in: Der Spiegel 14/1990
10 »Das faule Gift der Macht« in: Der Spiegel 14/1990
11 K. Marx, »Der achtzehnte Brumaire des Louis Bonaparte«, in: Marx / Engels, »Ausgewählte Werke«, Bd. 11, S. 308
12 K. Marx, »Das Kapital«, 1. Bd., S. 791
13 Arthur Rosenberg, »Geschichte des Bolschewismus», Frankfurt a. Main 1966, S. 68
14 W. I. Lenin, »Die Entwicklung des Kapitalismus in Rußland«, in: LW, Bd. 3, Ost-Berlin 1966
15 K. Marx, »Die russische Dorfgemeinde. Entwürfe für einen Brief an Vera Sassulitsch«, in MEW, Bd. 19
16 Rudi Dutschke, »Wie man Februar und Oktober ohne Legitimations->Marxismus‹ neu sehen kann«, in: R. Dutschke; »Aufrecht gehen. Eine fragmentarische Autobiografie«, Berlin 1981
17 K. Marx, »Grundrisse«, a .a .o., Vorwort
18 MEW, Bd. 23, S. 379
19 MEW, Bd. 18, S. 563 f.
20 MEW, Bd. 25, S. 799
21 vgl. hierzu R. Dutschke, »Neuer Rückgriff auf Hegel«, in: »Aufrecht gehen«, a. a. o.
22 Rolf Henrich, »Der vormundschaftliche Staat«, Reinbek bei Hamburg 1989, S. 50
23 MEW, Bd. 19, S. 243
24 MEW, Bd. 19, S. 390
25 MEW, Bd. 19, S. 296
26 LW, Bd. 3
27 F. Engels, »Die auswärtige Politik des russischen Zarenthums«, in: Die Neue Zeit, 1890, S. 193
28 W. I. Lenin, »Zur Frage der Nationalitäten oder der Autonomisierung«, Ausgewählte Werke, Bd. III, S. 847
29 A. Rosenberg, »Geschichte des Bolschewismus«, a. a. o., S. 83
30 W. I. Lenin, »Ein Vortrag über die Revolution von 1905«, Ausgewählte Werke, Bd. 1, S. 886

31 A. Rosenberg, »Geschichte des Bolschewismus«, a. a. o., S. 78
32 W. I. Lenin, »Der Imperialimus als höchstes Stadium des Kapitalismus«, Ausgewählte Werke, Bd. 1
33 W. I. Lenin, »Über die Aufgaben des Proletariats in der gegenwärtigen Revolution«, in: Ausgewählte Werke, Bd. II, S. 41
34 W. I. Lenin, »Die drohende Katastrophe und wie man sie bekämpfen soll«, Ausgewählte Werke, Bd. II, S. 271f.
34a A. Rosenberg, »Geschichte des Bolschewismus«, a. a. o. S.
35 Rosa Luxemburg, »Zur russischen Revolution«, Ges. Werke, Ost-Berlin 1974, Bd. 4, S. 341
36 A. Rosenberg, »Geschichte des Bolschewismus«, a. a. o., S. 136
37 R. Henrich, »Der vormundschaftliche Staat«, a. a. o., S. 56/57
38 W. I. Lenin, »Die nächsten Aufgaben der Sowjetmacht«, Ausgewählte Werke, Bd. II, S. 770
39 ebenda
40 A. Rosenberg, »Geschichte des Bolschewismus«, a. a. o., S. 161
41 zit. nach Helmut Wolfgang Kahn, »Die Deutschen und die Russen«, Köln 1984. Vgl. das 5. Kapitel: »Der Imperialismus und sein Erster Weltkrieg«
42 ebenda
43 ebenda
44 ebenda
44a Barbara Sichtermann, »Was heißt hier Sozialismus?«, in: Freibeuter Nr. 43, 1990
44b zit. nach Der Spiegel, »Das faule Gift der Macht«, Nr. 14/1990
45 A. Rosenberg, »Geschichte des Bolschewismus«, a. a. o., S. 152/153
46 Leo Trotzki, »Die Geburt der Roten Armee«, Wien 1924, S. 10 und 133f.
47 W. I. Lenin, »Die nächsten Aufgaben der Sowjetmacht«, a. a. o., S. 768/769
48 R. Luxemburg, »Zur russischen Revolution«, a. a. o., S. 364
49 LW, Bd. 33, S. 3
50 LW, Bd. 33, S. 46
51 LW, Bd 25, S. 484
52 W. I. Lenin, »Briefe über Taktik«, Erster Brief, in: »Die Bolschewiki und die Machtergreifung«, Teil 1, hersg. von Alexander Emel, Berlin 1931, S. 102
53 W. I. Lenin, »Werden die Bolschewiki die Staatsmacht behaupten?«, Ausgewählte Werke, Bd. II, S. 373
54 W. I. Lenin, »Staat und Revolution«, Ausgewählte Werke, Bd. II, S. 359
55 LW, Bd. 25, S. 369
56 W. I. Lenin, »Staat und Revolution«, a. a. o, S. 410
57 W. I. Lenin, »Werden die Bolschewiki die Staatsmacht behaupten?«, a. a. o., S. 461f.

58 ebenda, S. 467f.
59 LW, Bd. 25, S. 484
60 W. I. Lenin, »Staat und Revolution«, a. a. o., S. 403
61 ebenda, S. 402
62 LW, Bd. 27, S. 76/77
63 Willy Huhn, »Etatismus-Kriegssozialismus – Nationalsozialismus« in der Literatur der deutschen Sozialdemokratie«, in: Aufklärung, Jahrg. 11, Heft 3 und 4, Nachdruck in: Neue Kritik 55/56, 1970
64 W.Jerusalimski, »Die neue Sicht der eigenen Geschichte«, in: Marxistische Blätter 1/1989, S. 80
65 J. Ambarzumow, »Über die Wege zur Vervollkommnung des politischen Systems des Sozialismus«, in: Afanasjew (Hrsg.) 1988, a. a. o., S.117
66 Paul Lensch, »Die deutsche Sozialdemokratie und der Weltkrieg«, Berlin 1915
67 Otto Neurath, zit. nach Otto Rühle, »Weltkrise-Weltwende. Kurs auf den Staatskapitalismus«, Berlin 1931, S. 160
67a vgl. hierzu W. v. Kügelgen, Heidelberg 1935
68 zit. nach Willi Huhn, »Sozialismus – sein Wesen und sein Unwesen«, in: »Funken«, Sonderheft Nr. 1, 1952-53, S. 6
69 zit. nach Willi Huhn, ebenda
70 zit. nach Willi Huhn, ebenda
71 Johano Strasser, »Leben ohne Utopie?«, Frankfurt a. Main 1990
72 LW, Bd. 29, S. 168
73 LW, Bd. 33, S. 46
74 W. I. Lenin, »Noch einmal über die Gewerkschaften«, Ausgewählte Werke, Bd. III, S. 621 f.
75 W. I. Lenin, »Über die Rolle und Aufgaben der Gewerkschaften unter den Verhältnissen der Neuen Ökonomischen Politik«, Ausgewählte Werke, Bd. III, S. 749
76 zit. nach A.Rosenberg, »Geschichte des Bolschewismus«, a. a. o., S. 185
77 Isaac Deutscher, »Stalin«, Stuttgart 1962
78 R. Luxemburg, Ges. Werke, Bd. 4, S. 362
79 R. Dutschke, »Versuch, Lenin auf die Füße zu stellen«, a. a. o, S. 324
80 W. I. Lenin, »Kongreß der Kommunistischen Internationale, 22. Juni-12. Juli 1921«, Ausgewählte Werke, Bd. III, S. 711
81 LW, Bd. 32, S. 363
82 F. Engels, MEW, Bd. 18, S. 559
83 LW, Bd. 25, S. 496
84 W. I. Lenin, »Werden die Bolschewiki die Staatsmacht behaupten?«, a. a. o., S. 466
85 W. I. Lenin, »Die nächsten Aufgaben der Sowjetmacht«, a. a. o., S. 756

86 R. Bahro, a. a. o., S. 117
87 W. I. Lenin, »Lieber weniger, aber besser«, Ausg. Werke Bd. III, S. 877
88 W. I. Lenin, »Zur Frage der Nationalitäten oder der ›Autonomisierung‹«, a. a. o., S. 847
89 zit. nach Dsarassow, a. a. o, S. 431
90 W. I. Lenin, »Brief an den Parteitag«, Ausgewählte Werke Bd. III, S. 837
91 W. I. Lenin, »Zur Frage der Nationalitäten . . .«, a. a. o., S. 847 f.
92 Nicolai Bucharin, »Lenins politisches Vermächtnis«, Ansprache auf der Gedenkveranstaltung zum fünften Todestag Lenins, Nachdruck in: Initital, Nr. 1/1990
93 J. Jerusalimski, a. a. o., S. 78
94 M. Schatrow, »Weiter, weiter, weiter . . .«, a. a. o.
95 W. I. Lenin, »Über unsere Revolution«, Ausgewählte Werke, Bd. III, S. 868 f.

III. DSCHINGIS-KHAN MIT TELEFON (ALIAS STALIN) UND DIE WIEDERKEHR DES ASIATISCHEN DESPOTISMUS UNTER DER ROTEN FAHNE

1 Michael Schneider, »Die Lange Wut zum Langen Marsch», a. a. o.
2 Ulrich Greiner, »Das kranke Jahrhundert«, in: Die Zeit, 12. 1. 1990
3 Michael Schneider, »Die abgetriebene Revolution. Von der Staatsfirma in die DM-Kolonie«, Berlin 1990
4 André Glucksmann, »Die Meisterdenker«, Reinbek 1978
5 Bernhard-Henri Lévy, »La barbarie à visage humain«, Paris 1976
6 Werner Hofmann, »Was ist Stalinismus«, Heilbronn 1984
7 Michail Gorbatschow, zit. nach P. Kuznesow, Fragen an den Historiker, Prawda, 25. 6. 1988, S. 3
8 ebenda
9 Joachim Bischoff/Michael Menard, »Marktwirtschaft und Sozialismus«, Hamburg 1990
10 E. Preobrashenski, »Das Grundgesetz der ursprünglichen sozialistischen Akkumulation«, La nouvelle économique, Paris 1966
11 N. Bucharin, »Der Weg zum Sozialismus«, Wien 1925, S. 70
12 ebenda
13 Josef Stalin, »Über die rechte Abweichung in der KPdSU (B)«, in: Fragen des Leninismus, Westberlin 1970, S. 295
14 Roy Medwedjew, »Wer kennt die Opfer, kennt die Zahlen?«, in: Moscow news, Nr.9/1988
15 Gaston Salvatore, »Stalin«, Frankfurt a. Main 1987

16 M. Schatrow, »Weiter, weiter, weiter...«, a. a. o., S. 93
17 R. Dutschke/G.Berkhahn, »Über die allgemeine Staatsklaverei. Die Sowjetunion in der russischen Geschichte«, in: l 76, Nr. 6, EVA, Köln-Frankfurt/M. 1977
18 R. Dutschke, »Wie man Februar und Oktober ohne Legitimations->Marxismus< neu sehen kann«, a. a. o., S. 141/142
19 R. Bahro, a. a. o., S. 137
20 Wolfgang Fritz Haug, »Gorbatschow«, vgl. den zweiten Teil, »Abriß einer Apathiemaschine«, Argument-Verlag, Berlin 1989
21 K. Marx, »Das Kapital«, Bd. 1, S. 742
22 ebenda, S. 760/61 und 788
23 ebenda, S. 779
24 R. Dutschke, a. a. o., S. 142
25 zit. nach Isaac Deutscher, »Trotzki«, S. 422
26 Roy Medwedjew, a. a. o.
27 Vgl. Anton Antonow-Owssejenko, »Stalin«, Frankfurt/Main 1986, S. 100ff.
28 Heiner Müller, »Mauser«, in: H. Müller – Ausgabe »Texte«, Bd. 1-6, West-Berlin 1974 ff.– Vgl. hierzu meine Interpretation von »Mauser« in: M. S., »Den Kopf verkehrt aufgesetzt«, Darmstadt 1981, S. 202 ff.
29 Vgl. hierzu A. Rybakow, »Die Kinder des Arbad«, Köln 1990
30 nach Hermann Weber, »Weiße Flecken in der Geschichte«, Köln 1990
31 M.Schatrow, »Weiter, weiter, weiter...«, a. a. o., S. 77
32 Daniil Granin, »Der Weg zum gesunden Menschenverstand«, in: Prawda, 5. 8. 1988, S. 3 f.
33 V. Frolow, »Damit sich das nie wiederholt«, in Afanasjew (Hrsg.) 1988, a. a. o., S. 511
34 W. Jerusalimski, »Die neue Sicht der eigenen Geschichte«, in: Marxistische Blätter 1/189, S. 80
35 C. Ferenczi, »Der Stalinismus und die Folgen«, in: Ferenczi/Löhr 1987, S. 47
36 A. Adamowitsch, »The war was won by the people«, in: Moscow news, Nr. 9/1988
37 R. Rossanda, »Von den Mauern in Prag zu den Fenstern in Glasnost«, in: Il Manifesto, 28. 9. 1988
38 L. Trotzki, »Die verratene Revolution«,Frankfurt a. Main 1966
39 A. Butenko, »Über die revolutionäre Umgestaltung des staatlich-administrativen Sozialismus«, in: Afanasjew (Hrsg.) 1988, a. a. o., S. 656
40 W. A. Medwedew, »Rede zur Eröffnung einer Konferenz von Gesellschaftswissenschaftlern aus sozialistischen Ländern«, in: Prawda, 12. 12. 1988
41 zit. nach W. F. Haug, »Gorbatschow«, a. a. o., S. 134

42 M. Gorbatschow, »Siebzig Jahre Oktoberrevolution«, 2. 11. 1987, Moskau; auch in: M. G., »Perestroika. Die zweite russische Revolution« (Aus dem Amerikanischen), München 1987
43 K. Marx, Texte zu Methode und Praxis II (Pariser Manuskripte), Reinbek bei Hamburg 1968, S. 73 f.
44 K. Marx, Resultate des unmittelbaren Produktionsprozesses, in: MEGA, Ab. II, Bd 4, Teil 1, S. 189
45 K. Marx, F. Engels, »Manifest . . .«, a. a. o., S. 21
46 F. Engels, »Grundsätze des Kommunismus«, a. a. o., S. 63
47 Peter Ruben, »Nach dem ›rohen Kommunismus‹ . . .«, in: Das Argument, Heft 4, Juli/August 1990
48 Oskar Negt, »Der gebrochene Anfang«, in: »Nichts wird mehr so sein, wie es war. Zur Zukunft der beiden deutschen Republiken«, Frankfurt /Main 1990, S. 40

IV. »GROSSER VATERLÄNDISCHER KRIEG« UND ANTIFASCHISTISCHER WIDERSTAND – MYTHOS UND WIRKLICHKEIT

1 Vgl. hierzu Michael Schneider, »Das ›Unternehmen Barbarossa‹. Die verdrängte Erblast von 1941 und die Folgen für das deutsch-sowjetische Verhältnis«, Frankfurt/Main 1989
2 Jörg Friedrich, »Kollaboration und Pazifismus im II. Weltkrieg«, Referat, gehalten auf dem Nürnberger Gespräch 1991: Das »Unternehmen Barbarossa«, 20. 6 – 22. 6. 1991
3 ebenda
4 zit. nach Jörg Friedrich, a. a. o.
5 Jörg Friedrich, a. a. o.
6 Jürgen Förster, »Die Sicherung des Lebensraumes«, in: Das Deutsche Reich und der Zweite Weltkrieg, Bd. 4, Der Angriff auf die Sowjetunion. Hg. vom militärgeschichtlichen Forschungsamt, Stuttgart 1983, S. 1060/61
7 R. Medwedjew, »Wer kennt die Opfer, nennt die Zahlen?«, a. a. o.

V. DIE HINTERLASSENSCHAFT DER STALIN-ÄRA UND DAS VERSAGEN IN DER SYSTEMKONKURRENZ

1 A. Carlo, »Politische und ökonomische Struktur der UdSSR (1917-1970), Berlin 1972, S. 68/69
2 P. Ruben, »Nach dem rohen Kommunismus . . .«, a. a. o.
3 G. Meyer, »Kalinka, Kalinka«, in: Konkret 1, 1989, S. 37-41

4   A. Migranjan, »Der Bremsmechanismus im politischen System und die Wege zu seiner Überwindung«, in: Afanasjew (Hg.) 1988, a. a. o., S. 142
5   W. F. Haug, »Gorbatschow«, a. a. o., S. 177
6   A. Sacharow, »Die Unvermeidbarkeit der Perestroika«, in: Afanasjew (Hg.) 1988, a. a. o., S. 165
7   M. Gorbatschow, Eröffnungsrede auf dem Treffen mit Leitern aus dem Agroindustriesektor, in Prawda, 14. 10. 1988
8   A.Butenko, »Über die revolutionäre Umgestaltung...«, a. a. o, S. 658
9   A. Sacharow, «Die Unvermeidbarkeit der Perestroika«, a. a. o.,S. 166
10 M. Gorbatschow, »Das lebendige Schöpfertum des Volkes«, in: M. G., »Ausgewählte Reden und Aufsätze, Bd. 2, S. 109, Ost-Berlin 1987
11 M. Gorbatschow, »Die Verwirklichung der Beschlüsse des 27. Parteitages der KPdSU und die Intensivierung der Perestroika«, 28. Juni 1988, in: Prawda, dt. Ausgabe 29. 6. 1988, S. 24
12 M. Gorbatschow, »Demokratisierung – das ist das Wesen der Umgestaltung, das Wesen des Sozialismus«, in: Perestroika. Die zweite Etappe hat begonnen. Eine Debatte über die Zukunft der Reformpolitik, Köln 1988
13 O. Bogomolow, »Die Welt des Sozialismus heute«, in: Gesellschafts-Wissenschaften (Moskau) 4, S. 31
14 W. F. Haug, »Gorbatschow«, a. a. o., S. 163
15 V. Kisseljow, »Wieviele Sozialismusmodelle gab es in der UdSSR?«, in: Afanasjew (Hg.), a. a. o., S. 454
16 Bericht des »Staatskomitees für Umweltschutz der UDSSR«, Moskau 1990. Vgl. auch die Spiegelserie über die Umweltzerstörung im Sozialismus, Nr. 48, 49, 50 /1990
17 Rainer Deppe, »Bemerkungen zur osteuropäischen Politik der SU in der unmittelbaren Nachkriegszeit«, in: R. Deppe u. a., »Die Tschechoslowakei von 1945-1968. Zwischen Kapitalismus und Revolution«, Voltaire-Flugschrift 26, Berlin 1968
18 Angaben zum Rüstungswettlauf von Rolf Winter, »ami go home!«, vgl. das Kapitel »The sky is the limit«: Der patriotische Komplex, Hamburg 1989
19 R. Bahro, »Alles kommt auf eine ökologische Alternative an«, in: »Nichts wird mehr so sein, wie es war«, Frankfurt/Main 1990, S. 110
19a G. Fülberth, »Sieben Anstrengungen, den vorläufigen Endsieg des Kapitalismus zu begreifen«, Hamburg 1991, S. 46
20 K. Marx, Vorwort zu »Zur Kritik der politischen Ökonomie«, a. a. o., S. 337ff

VI. DER GROSSE UMBRUCH (1989-91)

1 Zit. nach Oskar Negt, »Der gebrochene Anfang«, a. a. o., S. 6
2 R. Dutschke, »Verteidigung und Erweiterung der Demokratie. Probleme der Sozialismusfrage«, in: Aufrecht gehen, a. a. o., S. 161
3 Richard Lorenz, »Sozialgeschichte der Sowjetunion I, 1917-1945, Frankfurt /Main 1977
4 Adam Michnik, zit. nach Klaus Pumberger, »Massenprotest und Reformen in Osteuropa«, in: Die Neue Gesellschaft/Frankfurter Hefte Nr. 3, 1990, S. 232
5 Klaus Pumberger, ebenda, S. 233
6 zit. nach Klaus Pumberger, ebenda, S. 228
7 Dieter Wellershoff, Vortrag zum deutsch-deutschen Schriftstellertreffen im Literarischen Colloquium Berlin, 22. 2. - 24. 2. 1990
8 zit. nach Klaus Pumberger, a. a. o., S. 230
9 Friedrich Diekmann, »Marx und Parkinson oder Preußens Verwandlungen«, Frankfurter Rundschau, 18. 9. 1990
10 Uwe Engelbrecht, Tagesspiegel, 25. 8. 1991
11 zit. nach W. F. Haug, »Das Ende einer Epoche«, in: Freitag, 30. 8. 1991
12 K. Marx/F. Engels, »Manifest . . .«, a. a. o., S. 24
13 Christian Semmler, »Nationalstaat und Vernunft«, in: die tageszeitung, 28. 8. 1991
14 zit. nach Der Spiegel, »Abwarten und hoffen«, 36/1991

VII. VOM FLUCH DER RÜCKSTÄNDIGKEIT UND DEM HOCHMUT DES WESTENS

1 Eduardo Galeano, »Ein verlorenes Kind im Sturm«, in: Argentinien-Nachrichten 4/90. Nachdruck in: Dritter Weg. Journal für eine solidarische Welt, 1/1991
2 vgl. hierzu Klaus Peter Kiske, »Ökonomische Lehren aus dem Scheitern des ›Feudosozialismus‹«, in: Das Argument, Heft 2, März/April 1990

VIII. WIE IM WESTEN ALSO AUCH AUF ERDEN?

1 K. Marx, Das Kapital, Bd. 1, S. 529/30
2 zit. nach André Gorz, »Und jetzt wohin?«, Berlin 1991, S. 60
3 zit. nach Die Grünen im Bundestag, »Auf dem Weg zu einer ökologisch-solidarischen Weltwirtschaft«, Bonn 1990, S. 2
4 nach Ernest Mandel/Winfried Wolf, »cash, crash & crisis«, Hamburg 1988, S. 181 ff.

5 vgl. hierzu den Film »Wallstreet« von Oliver Stone
6 Murray Bookchin im Gespräch mit Jutta Ditfurth, in: Jutta Ditfurth, »Lebe wild und gefährlich. Radikalökologische Perspektiven«, Köln 1991, S. 116 f. Vgl. hierzu auch: Rolf Winter, »ami go home«, a. a. o.
7 William Nelkirk in: Chicago Tribune, 9. 9. 1990
8 Umwelt- und Prognose-Institut Heidelberg (UIP) 1990, Stern 1/1991 vgl. hierzu auch Christian Leipert, »Die heimlichen Kosten des Fortschritts«, Frankfurt a. Main 1989
9 nach Süddeutsche Zeitung, 9. 6. 1987
10 IG Medien, Kontrapunkt 1990; die tageszeitung, 24. 10. 1990
11 Armutsbericht verschiedener Wohlfahrtsverbände, in: Frankfurter Rundschau, 15. 12. 1990
12 Bundesarbeitsgemeinschaft der Nichtseßhaftenhilfe (BAGNH), nach Frankfurter Rundschau, 10. 12. 1990
13 Stellungnahme des DGB zum Sachverständigengutachen 1990/91, Informationen zur Wirtschafts- und Strukturpolitik 7/1990 und 2/1990.
14 Der Spiegel Nr. 52/1990, Kontrapunkt/IG-Medien 25 und 26/1990
15 »Reiche werden immer reicher«, in: Frankfurter Rundschau, 27. 10. 1990
16 Ursula Engelen-Kefer, DGB, in: die tageszeitung, 24. 10. 1990
17 Frankfurter Rundschau, 3. 1. 1991
18 siehe hierzu E. Mandel/W. Wolf »cash, crash & crisis«, a. a. o.
19 vgl. hierzu: »Händler des Todes, Bundesdeutsche Rüstungs- und Giftgasexporte im Golfkrieg und nach Lybien«, hrsg. von medico international, Frankfurt/Main 1989, S. 58
20 nach: Current Industrial Reports. US-Commerce Department.
21 nach E. Mandel, W. Wolf, a. a. o., S. 90
22 »Die Mafia finanziert Italiens Staatsschuld«, in: Frankfurter Allgemeine Zeitung, 7. 7. 1989
23 nach E. Mandel, W. Wolf, a. a. o., S. 122
24 ebenda. S. 18
25 »Wall Street – Große Nummer«, in: Der Spiegel, Nr. 51/1988
26 nach E. Mandel, W. Wolf, a. a. o., S. 151
27 ebenda
28 ebenda
29 Wall Street Journal, 21. 1. 1989
30 E. Mandel, W. Wolf, a. a. o., S. 13
31 vgl. hierzu Wolfgang Lechner, »Ganesh darf nicht spielen«, Über Kinderarbeit in Indien, Zeit-Magazin Nr. 39/19. 9. 1991
32 UNICEF-Bericht in: Frankfurter Rundschau, 20. 12. 1990
33 E. Mandel; W. Wolf, a. a. o., S. 114
34 ebenda

35 Frankfurter Rundschau, 5. 9. 1989
36 vgl. hierzu Andre Gunder Frank/Marta Fuentes-Frank, »Widerstand im Weltsystem«, Promedia 1990
37 E. Mandel/W. Wolf, a. a. o., S. 115
38 ebenda S. 111
39 Jutta Ditfurth, »Lebe wild und gefährlich«, a. a. o., S. 155
40 Denkschrift der EKD, »Die ökologische Krise als Nord-Süd-Problem«, Frankfurter Rundschau, 19. 9. 1991
41 in: die tageszeitung, 19. 2. 1990
42 Eduardo Galeano, a. a. o.
42a vgl. hierzu: Klaus Braunwarth, »Materialien zur Kritik der bürgerlichen Gesellschaft / IV. 1 Weltmarkt- und Nationenkonkurrenz, Ulm 1991
43 vgl. Tabelle: »Wenig Chancen im Osten. Die Wirtschaftskraft der Sowjetrepubliken«, Der Spiegel, Nr. 36/1991
44 taz-Interview mit Alexander Sinowjew, 23. 8. 1991
45 Richard Wagner, »Sonderweg Rumänien, Bericht aus einem Entwicklungsland«, Berlin 1991, S. 7-11
46 Alain Minc, »Die deutsche Herausforderung«, Hamburg 1989
47 zit. nach A. Gorz, »Und jetzt wohin?«, a. a. o., S. 22
48 Johann Galtung, »Die Deutschen werden die Amerikaner aus Europa werfen«, in: die tageszeitung, 17. 12. 1990
49 Bremer Grundsatzprogramm der SPD von 1989, Bonn 1989
50 Die Grünen im Bundestag, »Auf dem Weg zu einer ökologisch-solidarischen Weltwirtschaft«, a. a. o.
51 »Tropenwald in Gefahr – Bauern zwischen Erosion und Großgrundbesitz«, Frankfurter Rundschau, 22. 12. 1990
52 A. Gorz, »Und jetzt wohin?«, a. a. o., S. 88
53 Till Bastian, »Keine Hoffnung auf Weltfrieden«, Frankfurter Rundschau, 29. 9. 1990
54 ebenda
55 zit. nach: Bartholomäus Grill, Michael Sontheimer, »Der Zug der Vergessenen«, Die Zeit Nr. 39, 19. 9. 1991
56 ebenda
57 zit. nach: »Krieg des Dritten Jahrtausends«, Der Spiegel 34/1991
58 zit. nach: »Alle Fäden in der Hand«, Der Spiegel 40/1990
59 vgl. hierzu auch Vandana Shiva, »Das Geschlecht des Lebens«, insbesondere Kapitel V: Die Frauen und die Nahrungskette, Berlin 1989
60 »Vereinte Nationen schildern Lage der Menschheit in neuem Licht«, Frankfurter Rundschau, 22. 5. 1991
61 vgl. hierzu: »Grüne Leitideen für die Neuordnung der Weltwirtschaft«, a. a. o.
62 Zahlen bei A. Gorz, »Und jetzt wohin?«, a. a. o., S. 71
63 vgl. Wolfgang Lecher, »Zum künftigen Verhältnis von Erwerbsarbeit

und Eigenarbeit aus gewerkschaftlicher Sicht, in: WSI-Mitteilungen, 3/1986, S. 259
64 A. Gorz, a. a. o., S. 68/69
65 K. Marx, »Grundrisse«, S. 593f.
66 A. Gorz, »Zur Kritik der ökonomischen Vernunft«, Berlin 1989, S. 308
67 vgl. hierzu auch A. Gorz, »Abschied vom Proletariat. Jenseits des Sozialismus«, Frankfurt/Main 1980, Teil III, Kapitel 1.
68 vgl. A. Gorz, »Zur Kritik der ökonomischen Vernunft«, a. a. o., S. 329 f.
69 A. Gorz, »Und jetzt wohin?«, a. a. o., S. 69
70 A. Gorz, »Zur Kritik der ökonomischen Vernunft«, a. a. o., S. 303
71 A. Gorz, »und jetzt wohin?«, a. a. o., S. 93/94
72 Arbeitsgruppe Alternative Wirtschaftspolitik, »Memorandum '90«, Köln 1990, S. 161
73 Ovid, »Metamorphosen«, lib. II, Vs 102/163, Ausw. Stuttgart 1963, S. 56